本书得到
浙江省哲学社会科学规划办（课题编号08MLZB012YB）和
宁波大学核心通识课程的立项支持

人际底线管理与沟通艺术

孔伟英 著

序 言

21世纪信息化时代生产方式发生巨大变革,给人类社会带来快速进步的同时,也导致人与人之间的关系疏远和人际交往功利化特点的凸现,现实表明乡村的人际关系趋向疏远,城镇的人际关系更加隔阂,机关、高校的人际关系越来越利益化。真诚在哪儿？信任何处觅？

互联网缩短了空间距离,开阔了交流平台,解除了暂时寂寞,但虚拟交往却难以构筑人与人之间的真诚与信任,随之而来的社会问题是许多年轻人不知道如何来寻找判断朋友,如何协调人与人之间关系的平衡,如何来赢得信任,求得帮助,如何把握利益底线、情感底线、人际交往底线。

每一个时代、每一个学派都有自己的主题。孔孟讲仁义,基督讲博爱,佛祖讲慈悲,道家讲自然,工业时代讲民主与科学,21世纪低碳时代又倡导和谐与发展……所有的主题其实都归于人类对幸福快乐安全的追求。真善美是快乐的,假恶丑是痛苦的;心想事成是幸运的,事与愿违是失落的;相逢是幸运的,分离是伤悲的;和平是发展的,战争是倒退的。快乐幸福的根源来自人际和谐,人与自然和谐,生存环境和谐。和谐需要求同存异,和谐倡导彼此尊重,和谐讲究妥协宽容,和谐追求共享共荣,和谐忌讳超越底线。国际政治有国格底线,商场博弈有利益底线,人际相处更有人际底线。底线之前是"和",底线之后是"斗",没有其他的选择。社会底线是遵守法律,企业底线是产品质量,百姓底线是维持生计,爱情底线是互不背叛,人际底线是彼此尊重。

人是群体动物,也是精神动物,除了生存欲、性欲,还有高层次的尊重欲。世界不是为某一个人而存在,人生彼此支撑,相容才活得精彩。做人不能恣意妄为,做事不能不计后果,社会需要规范,人生要有所限制,否则会得意忘形,忘乎所以,利欲熏心,无限膨胀,于是前功尽弃,得不偿失,甚至毁于一旦。做人做事要常怀律己之心、感恩之心、畏惧之心、惭愧之心。生活中有圣人、常人和庸人，在达不到做圣人的情况下，不妨学会做一个善良、正直、无害于他人的人，这是常人的底线。做任何事一般都有底线，底线管理在儒教上叫中庸，政治学上为妥协，哲学上谓中和，交际学上称适度，思想政治教育学把它叫后顾性管理，也称人际底线管理。一般物体都有承受的限度，如地球资源最多能养活100亿人口，北京鸟巢最多可容纳8万观众，杭州湾大桥最多能承载多少重量，三峡大坝最高能蓄水多少立方米等等，都有上限。那么常理上人对委屈、失利、失恋、败落等的承受限度有没有呢？如果有，又在哪儿呢？人际交往要顾及哪些底线呢？人生有哪些忌讳呢？孔子在两千多年前曾经说过，人生需要三戒：青少年要戒色，中年人要戒斗，老年人要戒得。说明人性有优点也有弱点，外界诱惑太多，人在特定环境中或许会爱情出轨，权利越位，金钱无度，甚至友情亲情也变成满足欲望的条件，但人通过自我理性控制，可以增强抵抗力，尊重他人的生命权、自由权和追求幸福的权利，避免冒犯他人，这样社会和校园会更加和谐。

每年，全国1000多所大学里都会发生几百起乃至上千起因话语或情感或利益矛盾激化人际关系，导致刀刃相见身心俱伤的事件，个中原因大都是欠缺人际交往底线管理与沟通而起。孔子曰："己所不欲，勿施于人。"有教养的人懂得如何与别人共处，懂得维护自己内心的尊严，同时也重视别人的尊严。在高校这个年轻人最密集的地方，人人怀揣梦想，心高气傲，几乎每一个踏入大学的莘莘学子都会遇到一些交际上的困惑与烦恼：如何过好集体生活，如何处理与同学、老师的关系，如何处理学业与爱情的关系，如何对待竞争与合作，如何打造自己的社交圈和职业圈。寝室、班级、系院、社团等同学关系和谐，信息交流畅通，就感觉大学生活有意义，快乐充实；反之，同学关系紧张，或独来独往，斤斤计较，离群索居，就享受不到大学生活的丰富多彩和情感交流思想碰撞的快乐共鸣。上大学首先学交往，学如何与人相处，每个学生从不同的省份、不同的家庭来到一个新校园，需要共同相处几年，若不懂得尊重别人，不注意沟通艺术，实际上是损坏自己的生存发展环境。人际环境不愉快，情绪就会郁闷，学业、工作就会产生障碍。美国交际大师卡耐基说过，一个人的成功，15%靠的是专业知识，85%是与周围人处事的能力和为人的能力。2009年江苏省公务员面试出了这么一道题："鸡蛋、胡萝卜、茶叶三种东西放入一锅水中加热，鸡蛋变硬了、胡萝卜变软了、而茶叶会使水变色，请结合公务员要求，说说你对这个问题的看法。"好多学生不知道怎么回答。实际上这道题就是考大学生适应社会适应新环境的能力。那锅水犹如社会，不同的人进入社会有三种不同的反应:"鸡蛋"比喻有的人不善于融入环境,思维固体化,由软变硬了,这种变化刚开始是正常的,但如果长时间不能融合,会影响其所担负职能的履行;"胡萝卜"比喻有的人进入社会后由硬变软了,变得圆滑世故,失去了自我,缺乏持恒精神;而"茶叶"化开自我又保持自己的成分,很好地融入了社会,既有自己原则,又善于变通形成另一种物质——对人有营养的茶水,茶叶精神对社会发生建设性的作用。社会生活就像一锅滚开的水,它一直都在煎熬着每一个人,看你自己以什么样的质地去接受煎熬。生鸡蛋,开始很鲜亮,很脆弱,内质都在流动,像年轻人一样光鲜亮丽,满怀梦想,但是在生活里煎熬后,最后愤世嫉俗,以偏概全,觉得这个世界很艰难,人心很险恶,前途很渺茫,充满了"愤青"式的抱怨,这是被生活煮硬了的人。胡萝卜一开始有型有款,生气勃勃,但是最后成了胡萝卜泥,就如同被生活煮软了的人,安于现状,屈从命运,人云亦云,为他人活着,这种人固然善良,但是失去了生气和活力,难以承担使命。而茶叶同样受煎熬,然恰恰是这种煎熬沸腾,使它所有的叶片都舒展开来,起伏着,翻腾着,在煎熬中把自己的能量释放出来,在被这个社会融化的同时,它也把无色无味的水改变成了一锅香茶,完成了彼此的成全,发挥了应有的社会价值。面对庞大繁杂的社会我们个人能做什么呢?我们不能要求社会降低温度,不再沸腾,不再煎熬,我们只能选择自己是一个生鸡蛋,或一个胡萝卜,或一把茶叶。每个人能选择的就是自我生存的方式和为人处世的理念,营造可持续发展氛围,提高生产幸福快乐的能力。电影《简爱》中简爱面对有障碍的幸福对爱人罗切斯特先生说过一句话:"人生来就是含辛茹苦的。"简爱不是带着激愤和抱怨,而是一种对生活的通透理解,一种对含辛茹苦融和调适的良好心态,一种维护人格底线的信念,最后简爱等待到了她希望的有人格尊严合法道德的幸福。接受含辛茹苦是领悟后生出的平静、淡然,还有或明或暗却贯穿始终的对希望的执著和对生命的珍惜热爱。这是积极平和理智的人生态度。

性情不平和的人比较苛刻,苛刻的人不太宽厚,不太宽厚的人容易忽视别人的底线,忽视别人底线的人模糊幸福的渊源。他们无法顾及自己灵魂的真正需要,只会感知表面的感官刺激和所谓荣耀,如一味追求眼前的微利,追逐漂浮和虚荣,以为那就是人生目的。现在社会上时髦的一句话是"不差钱就差朋友",说明真情难求。一味追求经济利益的中国似乎成了最看重金钱的国度,金钱就是一切,其他统统靠边。然一个不知道把握自己底线,不知道正视别人底线的人,是难以拥有真情的。没有真情,怎能长久行走在职业沙场?怎能享受人与人互相关怀支撑的温馨?怎能拥有经得起岁月洗礼的爱情和友情？人作为生命的个体本是孤独的,只有彼此安慰支持才感到充实,当人们的眼神难得相遇时难免让孤独的心灵变得坚硬,当一个人开始重视沟通时也许就和那曾经久违了的温暖和幸福不期而遇了。每个人都在努力确证自己是大写的人,证明对别人来说是重要的人。然人在自我意识确证过程中必须依照"非礼勿视、非礼勿听、非礼勿言、非礼勿动"之规则,人在珍爱自己的同时,也尝试着抬起头来重视别人,一个人只有降低欲望,舍得放弃一些欲望,尊重别人需求,守住诚信,这时才是轻松快乐的。

有人曾经问子路:你的老师孔子是个什么样的人呢?子路一时想不好怎么回答。孔子后来对学生子路说,你为什么不这样回答呢:"其为人也,发愤忘食,乐以忘忧,不知老之将至云尔。"孔子把自己描述成——当我发愤用功的时候,我可以忘了吃饭;当我快乐欢喜的时候,我会忘了忧愁。在这样一个行所当行、乐所当乐的过程中,不知道我的生命已经垂垂老矣。这是孔子的写照,也是中国历代知识分子追求理想人格的一个写照。面对物欲横流唯我独占的现实,仍然有一部分大学生坚守重义轻利、崇尚气节、鄙视贪婪的人生价值,他们宁可孤独清贫,依然闪烁着人性的光辉。

教育的价值就是传承文明,大学教育更要承担责任,传播人文,传承传统,养成礼仪。很长一段时间,我们的思想政治教育用政治口号的方式,用毋庸置疑的、命令的方式,用几乎不是人际交往的方式与学生对话,重理论缺操作,重说教少引导,反而忽视了温柔敦厚的人性熏陶,背离了道德教育的初衷。其实人们潜意识里总在寻找相同的东西,那就是人性的善良敦厚亲切温暖,人与人之间、不同地区文化背景之间乃至不同意识形态之间总有相通的同被感动的东西,否则美国的电影不会感动中国人,中国的艺术也不会吸引世界各国的。莎士比亚可以翻译成各种语言被大家接受,贝多芬可以成为全世界共享的精神食粮,说明人性中很多地方是相通的。

大学生成才过程中,实施着三种价值管理,一是目标管理,即自我设计,重在导向,具有前瞻性;二是过程管理,即言行调控,重在运作,具有现实性;三是底线管理,即苦果预期,重在防范,具有后顾性。本书侧重于大学生做人做事交往领域的后顾性管理,希望通过人际底线管理的探讨,有助年轻朋友在处理各类人际关系时减少苦果,杜绝恶果,力求硕果。愿自觉、自律、自强的德育文化更多替代强制、盲从和欺瞒,年轻人的思想力和创造力能在更大的自由空间中突破飞翔。

目 录

序　言

第一章　人际底线管理的含义（理念篇）……………………（1）
　一　人际底线管理的含义和分类…………………………（1）
　二　人际底线管理的表现特征……………………………（12）
　三　人际底线管理的价值与意义…………………………（32）

第二章　人际底线管理基本准则（社交礼仪篇）……………（36）
　一　人际底线管理的真诚准则……………………………（37）
　二　人际底线管理的文明准则……………………………（51）
　三　人际底线管理的达礼准则……………………………（64）

第三章　人际底线管理的能力养成（求职篇）………………（73）
　一　人际外表吸引力………………………………………（75）
　二　人际性格吸引力………………………………………（82）
　三　人际人格吸引力………………………………………（94）

第四章　同事同学相处底线（工作生活篇）…………………（108）
　一　同事同学关系特点……………………………………（108）
　二　同事同学相处的底线管理……………………………（113）
　三　把握同事同学之间的距离……………………………（130）

第五章　朋友熟人相处底线（工作生活篇）…………………（138）
　一　朋友的类型与特点……………………………………（140）

二　朋友相处的底线管理…………………………………………(147)
　　三　熟人与朋友的转换艺术……………………………………(157)

第六章　异性恋人相处底线（生活篇）……………………………(165)
　　一　男性和女性的特质…………………………………………(165)
　　二　异性交往之爱情理论拾萃…………………………………(173)
　　三　大学生异性交往艺术………………………………………(179)

第七章　家人亲属相处底线（生活篇）……………………………(193)
　　一　家人亲属相处的特点………………………………………(194)
　　二　家人亲属相处的底线管理…………………………………(199)
　　三　家人亲属相处的艺术………………………………………(210)

第八章　其他待人接物底线（社交礼仪篇）………………………(218)
　　一　外交场合礼仪………………………………………………(219)
　　二　如何培养良好的气质风度…………………………………(230)
　　三　礼仪是一种生活艺术………………………………………(233)

结　语…………………………………………………………………(241)

附录：礼仪自测题……………………………………………………(243)

参考文献………………………………………………………………(272)

第一章 人际底线管理的含义

【理念篇】

 一 人际底线管理的含义和分类

(一)人际底线管理的含义

人际底线管理是一个古老而又年轻的话题。底线,英文为 out side,out-of-bound,原指球类比赛中球超出了边线即出界。社会学、经济学和心理学上指人们在社会、经济生活中谈判双方讨价还价时心里可以承受或能够认可阈值的下限,或某项活动进行前设定的期望目标的最低目标和基本要求。在社会交往中,"底线"是妥协忍让的代名词,往往指一方能够接受的最坏情况,底线之前是"和",底线之后是"战",没有其他的选择。人际关系中的底线属于人的内心世界,源自每个人自己的道德观和道德感,即抗拒有损自己利益或尊严的最后心理防线,也可以说是能够承受的最大委屈,或某段时间里与某人保持的最后一丝关系维系。

有关人际底线方面的论述和定义不多,与人际底线相关的底线研究近几年相继推出。如北京大学教授何怀宏在 1998 年首次提出底线伦理,在其著作《底线伦理》中提出底线伦理观。他认为:可以把"底线伦理"理解为公民道德的最后边界,是社会和人类的最后屏障,社会必须有一些最基本的规则要共同遵守,否则就不能称其为社会,而人也不能成为人。底线伦理是一种基于契约基础上、面对广阔世界和人际交往的普遍主义的道德生活而提出的,是人们可能最普遍地认同和自律地遵守的最一般、最低限度,亦即"底线的"伦理价值标准及其规范。它是市场经济发展的内在要求。何怀宏将"道德底线"分成三个层次:第一个层次是所有人最基本的自然义务,人之为人的义务,比方说不伤害和侮辱生命,不欺诈他人,这也是最基本的道德底线;第二个层次是与制度、法律密切相关的公民义务,比如说奉公守法,捍卫法治,抵制对公民权利的侵犯,同时也履行自己的公民义务;第三个层次是各种行业的职责或特殊行为领域内的道德,比如说官员道德、教师道德、生命伦理、环境伦理、网络伦理等等。

广西师范大学的谭培文教授在2009年出版的《从底线伦理到终极关怀》一书中提出了现代性价值危机需要守住伦理底线的理念:"当代中国社会最严重的价值危机,不是道德理想的失落,不是功利主义和世俗文化的泛滥,而是中国文化中底线伦理在一定程度上的崩溃。底线伦理崩溃表现为人必须遵守的最起码的伦理道德发生危机。"长期以来,我们以政治教育代替道德教育和价值观教育。据零点调查公司参与的"世界公民文化与消费潮流调查"的资料显示,中国国民的价值观与其他国家明显不同。各国公众认为,最重要的价值是讲究礼貌、责任感、宽容和尊重别人;而中国公众最重视的价值依次是:独立、学识和讲究礼貌;对责任感、宽容和尊重别人、与他人沟通等的重视程度远远低于其他国家。只有略多于50%的被调查者认为,教育孩子讲究礼貌是重要的;只有30%的家长重视培养孩子的责任感,处于世界各国中最低的位置;同样,只有不到30%的中国人重视容忍和尊重别人,比世界平均水平低约10个百分点。对一个人如何成为"人"、成为合格社会成员的基本礼貌礼节礼仪教育的缺失,必然会引发道德沦丧秩序混乱,使社会风气败坏,甚至会导致人的生存意义的丧失和社会凝聚力的涣散。

中国社会科学院社会学研究所景天魁研究员2009年在其著作《底线公平:和谐社会的基础》中提出底线公平的概念,认为底线公平是指全社会共同认可的一条线,这条线以下的部分是每一个公民的生活和发展中必备的部分,是其基本权利必不可少的部分。一个公民如果缺少了这一部分,就保证不了生存,保证不了温饱,保证不了为谋生所必需的基本条件。所有公民在这条底线面前所具有的权利的一致性,就是"底线公平"。底线公平是对个人、家庭和社会之间责任关系的一种界定。"底线公平"能较好地调整利益结构,促进协调发展,增进社会福利,推动和谐社会建设。

洪朴正在2009年中国城市出版社出版的《做事的底线》一书中提出,人与人相处是有尺度的,做事情应该是有规矩的,每件事都会涉及双方当事人甚至更多人的利益,这其中尽管双方没有特意制定相互遵守的法则,但也会有约定俗成的规矩或者相互默契达成的底线。在底线之上竞争、合作,展示聪明才智,才是健康文明快乐的,否则每个人只会最大限度地考虑自己的利益,争占别人的利益,一方面尔虞我诈不择手段伤害他人,另一方面又反过来会被他人伤害。以诚信为底线的一切获得,都是良好人缘的必然回报。放大良知的底线,人性就不会泯灭;凸显良知的底线,灵魂就不会黯然。必须把握欲望底线,知足快乐;夯实道德底线,注意自己的品行,绝不可无视道德的价值,否则缺德的行径会毁灭自己的一切。把握底线,是做人的大智慧。有了底线,我们的价值观才能确立,我们的行为才能规避风险;越过底线,动摇了自己的人性堤坝,行为必然失去最起码的控制和约束,人生将是苦涩的,落寞的。你能坚持底线,才能享受到做人的快乐与最后登上巅峰的惬意。

这些学者专家对底线的关注和不同视角的研究说明底线管理对当今社会发展的重要性和必要性,对团体和个人生存成长的密切性和可导性。这些论著虽然还未涉及人际底线管理话题,但对于研究大学生人际交往底线管理具有重要的理论借鉴作用。

国际上关于人际底线管理的直接研究也较少。

18世纪美国杰出的科学家、政治家本杰明·弗兰克林作过一个权威界定:彼此的尊重,是人际交往的底线。

美国心理学家马斯洛在对人类的千差万别、多种多样的需要进行仔细的研究之后,提出了著名的"需要层次理论"。他认为,人有五种基本需要,并按照人的需要发展,把需要由低级到高级排列成五个层次:生理的需要——安全的需要——社交的需要——尊重的需要——自我实现的需要。马斯洛的需要层次理论,对人们正确认识人际交往,建立、维系和发展良好的人际关系,具有不可低估的理论指导意义。

美国著名社会学家,社会交换论的代表人物霍曼斯的社会交换理论为研究人际关系提供了一个新的视角,他在《人类群体》一书中提出人际交往是一个社会交换的过程,人们之间的所有活动都是交换,而且是一种准经济交易:当你与他人交往时,你希望获取一定的利益,作为回报,也准备给予他人某种东西,他人也是如此。这种理论假定交换中的个体都是自利(self-interested),那么人们就试图使自己的收益最大化,并使自己的成本最小化,从而确保交换结果是一个正的净收益。在这里,交换的东西是非常广泛的,可以是物质的,也可以是"社会"性的,包括信息、金钱、地位、情感和物品等。交换关系中的每个个体都会评估自己和他人在贡献和收益两方面的相对大小。如果他们觉得自己的投入获得了大致相等的回报,他们就会认为这种社会关系是公平的。而公平性的关系是比较稳定和愉快的关系,当关系中存在不公平时,双方都有可能产生不舒服,产生恢复公平的动机。霍曼斯其实揭示了人际交往的本质。

法兰克福派第二代最重要的代表人物,当代德国最负盛名的社会学家、哲学家哈贝马斯把交往问题作为社会研究的根本性问题,是有史以来第一个集中地、系统地对交往问题进行专题研究的理论家。他在1981、1982年相继发表的《交往行动理论》第一、第二部中指出,社会化过程必须以交往理性为基础,语言运用要求可理解性、真实性、真诚性和正确性,交往合理性意味着人们摆脱了种种社会压抑与控制,进行自由的交往与对话,从而建立和谐友好的人际关系。哈贝马斯的交往理论给了我们研究商品经济社会人际和谐的新视角,其理论具有普遍的实用性,对研究人际底线管理具有借鉴作用。但他没有涉及人际交往的底线管理。

　　随着人类的愈加文明和进步,人们对交往的要求越来越高,科学技术的发展,又使深入地研究人际交往底线成为可能。无论同学关系师生关系朋友关系同事关系亲属关系,人际交往中都需要底线意识。缺乏底线意识常常会引发不必要的悲情。如法国足球名将齐达内在2006年德国世界杯决赛场上头撞意大利球员马特拉齐,引起全世界球迷震惊,导致被红牌处罚离开绿荫场,也使法国失去了再次夺取大力神杯的机会。而实际上是意大利队的马特拉齐用语言侮辱齐达内,马特拉齐的话语超出了齐达内的忍受底线,即伤害侮辱他的亲人,致使原本理性的一代偶像齐达内不顾规则勃然暴怒,撞击对手,黯然退场。2004年中国云南大学的学生马家爵杀死了四个同窗同学,他的杀人诱因很值得深思。其原因除了马家爵的主观因素外,客观上也与几个同学说话做事触及马家爵的痛处,触及他的人格,马的最后一点自尊被突破有关。马家爵对同学生命的漠视叫人恐怖,可曾有人想到平日里别人对他的漠视也令他心寒？其实马家爵并不像有些媒体上说的那样是杀人魔王,他曾经非常上进自强忍耐,因为没钱经常一天吃两个馒头就过去了,因为没钱他四年假期几乎没有回过家,利用假期打工来挣学费和生活费。可是总有一些同学有意无意地歧视他,说一些很伤人的话,平时很要好的同学生日聚会,寝室所有同学都参加就是不叫他。四年中他没有穿过一件像样的衣服,以至于被捕后穿上囚衣,马家爵说"这是我穿过的最好的衣服"。马家爵23年的人生中,从来没有吃过生日蛋糕,2004年5月4日,看守所干警为马家爵买了蛋糕,给他庆祝23岁生日,这是马家爵第一次吃到自己的生日蛋糕,让在场看押他的警察都伤感落泪。大四最后一个寒假,马家爵依旧没有回家,依旧在昆明做苦力找工作,离开学还有几天,有些同学提前来学校了,马家爵很开心,因为整个寒假就他一个人呆在寝室非常孤寂,当看到同学回来他非常高兴,为了打发时间他们一起打牌,马家爵牌技较好打牌总赢,几个同学怀疑他作弊,马坚持说没有,其中一个同学讲话更加伤人,揭露讽刺马家爵以前的许多隐私,马觉得自己的人格被无情地蹂躏糟蹋了,终于忍无可忍实施了让自己来不及后悔的事。这说明人的忍耐力是有限度的,说话处事是有边线的。我们为遇害的几位风华正茂的大学生男孩悲伤,也为马家爵的行为震惊和思索。马家爵本质并不坏,当时寝室还有一个同学马家爵没有伤害他,因为他想起那个同学曾经为自己买过一次饭,马特别感谢。如果当时那几个遇害的男生说话表达委婉些,如果寝室同学关系融洽些,如果马家爵可怕的自尊性再担待些,悲剧就不会发生。但不懂人际底线管理的遇害男生由着性子讲话,不管别人感受;而缺少人文关怀的环境让马家爵最后一点个人自制力也冲破了。

北京大学中文系教授钱理群先生认为:一个人说话有三条底线,即说真话、沉默、不伤害他人。事有可忍与不可忍之分,人人都有自己的底线。我们常听到这样的说法:"你要再这样我就要急眼了","别把我逼急了",说的就是人际交往的底线。仁者,忍也,即两人相处,必须互相仁爱,互相忍让,但是任何一方的"忍"都有边界。为恋之情,为友之义,为己之利,为学之道,若超过心灵守护的底线,就不能保证谁不会愤怒不会伤人。这就要求交往者了解对方的底线,掌握讲话做事的尺度,学会换位思考,不要把别人推向绝路,万不可逼人于死地。在当今建设和谐校园和谐社会的目标下,对人际交往底线的重视与管理,不仅是我国道德实践的客观要求,而且具有重要的理论意义。

综合人性需求和人际交往的特点,我们给人际底线管理下一个定义:人际交往底线管理指的是人与人之间在处理学习、工作和生活等各种人际关系时应当遵守的最基本、最低限度的相处准则。

(二)人际底线管理的分类

人际底线指人际交往中的最低接受程度或最大让步幅度。人际交往是人之基本社会需求,人际关系指社会人群中因交往而构成的相互联系的社会关系。关系因交往而产生,包括亲属关系、朋友关系、学友(同学)关系、师生关系、雇佣关系、合作关系、同事及领导与被领导关系等。人是一切社会关系的总和,每个个体均有其独特的思想、背景、态度、性格、气质及价值观,人际关系对每个人的生活工作状态乃至人生观人生态度产生很大影响。物质基础是人际关系的经济保障,感情基础是人际关系非利益的延伸。人际关系的本质从属于社会关系。人际交往是动态的,与环境互动;环境改变,人际关系也会发生变化。人际关系的目标是建立幸福人生、和谐组织、安定社会与世界大同。人际关系的规则包含法律、礼节、道德三方面。

人际底线管理指你不能左右天气,但你可以改变心情;你不能改变容貌,但你可以展现笑容；你不能控制他人，但你可以掌握自己。

什么样的人际关系为理想，古人提出了"致中和"。"中也者，天下之大本也；和也者，天下之达道也"（《中庸》），在孔孟思想体系中，"中"是一个哲学范畴，事物的两个极端都有度的分界，若君子能够做到中，是天下最大的根本，做到和，天下才能归于道。君子的中和如果做到完美的程度，天地都会赋予他应有的位置，万物都会养育他。孟子说："仲尼不为已甚者。"就是不走极端，用适度的方法调节事物之间的关系使之和谐发展，所谓"中和之为用"，即事物得中则和，失中则乱，适可而止，不走极端，不为已甚。这样，便可以保持比较"和谐"的人际关系。

人际沟通注重和每一个人进行良性的互动，见面先行见面礼：如问候、称呼、致意、微笑等。中国人非常讲究人伦关系，在沟通的时候，忌讳没大没小，没上没下。如见面打招呼一般学生先问候老师，晚辈先问候长辈，下属先问候上级，有求于人时先问候被求助的，目的是传达尊重的含义。每一个人都有自己的能量，不同的能量相碰撞，产生一定的磁场，产生磁场后，彼此调整自己的频率，就形成特定的人际关系。沟通就是对准频率，频率不对，就会听而不闻、视而不见、沟而不通。人们交往时要调整自己的频率，而不是强求别人调整频率。首先要观察对方的频率，对方的底线，把自己的频率调得跟他人一样，人际沟通就会产生预期效应。酒逢知己千杯少是正效应，话不投机半句多是负效应。

一个人，不管地位尊卑，财富多少，出身贫富，学历高低，有一些基本的行为准则和规范是无论如何必须共同遵循的，否则，社会就可能崩溃。"己所不欲，勿施于人"是人际交往底线管理的第一准则。在一般情况下，大多数人可以做到不逾此限，但当利益极其诱人或者已有先例，尤其是伤害到了"我"的尊严的时候，就不容易守住此限了。然而，一个社会的稳定和发展极大地依赖于把这种逾越行为控制在一个很小的、不致蔓延的范围内，这不仅要靠健全的法律规范，也要靠每一个社会成员善于底线管理。

高校人际交往底线的外延包括两大部分，一是校园内的交往底线，如同学交往底线、师生交往底线、男女交往底线等；二是校园外的交往底线，如在产学研结合实践中、在就业求职过程中、在合作利益分配中的人际交往的底线等。据此人际底线可作以下分类：

1. 名誉底线

每个人都爱面子，人的面子有时就是一切，它是立足社会混迹江湖的护身符。如揭示对方的失败经历，羞辱他人身上的缺陷，谩骂对方的亲属，散布对方的隐私等,往往会是让一个人恼羞成怒的缘由。俗话说,打人不打脸,揭人不揭短。一个人的自尊性有时非常脆弱,容不得被当众出丑或被蔑视。不少人就是因为面子受损忍无可忍才激愤伤人的,他原来的本性并不凶恶。因而一旦人际发生冲突必须以不破坏对方的工作生活环境为处理矛盾的低限。如夫妻怄气不能去对方单位吵闹;恋情破裂不能以公开隐情为要挟;同事隔阂不能断其后背,让他面子伤尽无法再开展工作等。大文豪梁实秋在《骂人的艺术》一文中说得好:骂人不能骂到生理学范围,突破底线再有什么话都不好说了,每个人都有不完美地方,双方恶语相加对方的缺陷,谁都会丧失理智暴跳如雷;争吵的时候只能骂一个人,万勿连累旁人。因而维护对方面子是人际和谐的名誉底线。

2. 利益底线

人际关系最根本的是利和情,情义从根本上讲也是由利益来往而保持的。利益是人与人之间相互联系的根本纽带。自然规律,弱肉强食,物竞天择;社会规律,彼此支撑,互利共赢。人们生活在同一个利益空间,利益公平分配是社会交换的基本原则。如果你做不到公平想为自己多切一些蛋糕,起码要合乎情理,在对方可以接受的底线内,否则有可能互相倾轧破坏原有的关系。现实中有很多因利益分配不匀或不讲信用朋友变仇人甚至火并的案例。如果说感恩图报是人际交往底线的深度,那么互利分享遵守约定是人际交往底线的广度。兼顾别人不过河拆桥是利益交往的底线,亲兄弟明算账是亲朋好友长久相处的守则,把握利益底线是做人做事的本分。

3. 情感底线

情感交流的基础是真诚,情感发展的底线是不强迫不背叛。人的情感不能靠灌输来建立,想让别人爱你,你首先要给对方爱你的理由,最不能强迫的是人的情感。友情一旦建立需要互酬,失信就会疏远;而爱情一旦约定需要彼此忠诚,为维护忠诚需设置活动空间、人际围墙,越过围墙将意味着对原有感情的否定和伤害,必须"底线思维",考虑会产生什么后果。遭遇感情背叛容易使人丧失理智,因而对于爱情外的感情须"发乎情,止乎礼"。情感世界不能游戏,必须谨守忠诚底线,崇尚理性,忌讳轻率。

4. 绩效底线

人际交往投入与期望相当为绩效,然人际绩效比生产绩效复杂,投入多不一定会增进关系。人际关系第一忌讳"过度投资",太亲密无间会产生逆反心理,无论同学、同事、朋友都需保持适当的距离,否则会产生压迫感。渴望自由是人的天性,人际需要一些想念的空间,需要一些怀念的余地,更需要一间独自整理的"房间"。当交往成为一种负担的时候,大多数人是试图解脱的,因而要把握热情有度。第二忌讳吝啬投资。有的人很小气,只想得到不愿付出,把别人对他的好视为理所当然,不知道投桃报李效应。美国心理学家霍曼斯在1974年曾经提出,人与人之间的交往,本质上是一种社会交换,这种交换同市场上的商品交换所遵循的原则是一样的,即人们对情感的付出是有预期的,都希望在交往中所得到的不少于所付出的。如果只有投入没有回报,第一次不太计较,第二次可以谅解,第三次则忍无可忍了,绩效底线也就凸显,交往会因此疏远甚至停止。

待人接物为人处世每个人都有自己的底线。易中天教授在接受媒体采访时要求三不问:私人问题不问,家庭问题不问,八卦问题不问。

于丹出名后给自己设定三个底线:拒绝商业,拒绝签售,拒绝媒体。因为它们会放大,人需要一种安宁的真实。

《水浒》中的宋江可以容忍阎婆惜红杏出墙,但不能容忍她要挟告发自己通匪从而断送自己的名誉和生存环境,以致激愤爆发杀了小妾阎婆惜。

《三国演义》中曹操可以接受杨修的偶尔耍耍小聪明,但不能接受杨修一而再再而三地恃才放旷,炫耀聪明,猜透自己的心计,杨修触犯了君主的忌讳,所以杨修被曹操无辜给杀了。

一个人害人之心不可有,防人之心不可无。我们喜欢听白雪公主、灰姑娘的故事,但生活中还有东郭先生的故事,还有羊与狼的故事。社会遵循丛林规则,人与人之间不止有相爱关怀还有残酷自私。如何观察一个人的人际底线管理能力,可以从三方面测试:

1. 礼貌礼节,这是为人的最浅层规矩

中国俗话说三岁看大六岁看老。一个青少年连问候都不会,那这人无法与人交往,无法融入环境,无法办成事情。人无礼则不立,事无礼则不成,国无礼则不宁。古代有一个小伙子长途跋涉走到一个村庄,眼看天黑下来了,他想找个旅店住下来,但不知道这儿有没有旅店,看见路边站着一个老农就上去问:"哎,这儿有旅店吗?"老农生气地回答:"无礼。"小伙子以为是"五里",赶紧往前走,但越走越荒凉。他只好折回来,看见老农还站在那儿,于是再次上前问道:"老伯您好,请问这儿有旅店吗?"老农答:"哎,这就对了,这儿没有旅店,如果你不嫌弃,今晚就在我家里住一宿吧。"一声问候一个称呼旅馆费也省了,这就是礼貌礼仪的魅力。学习做人掌握礼仪从问候开始,"你好""老师好""同学们好""大家好",让校园响起最温暖的声音,让生活的空间响起最温暖的声音。一个甜美的笑容,一句简短的问候,尽管都是最细微不过的表现,但日久天长,他们所带给你的回报远远超出你的想象。

20世纪30年代,在德国的一个小镇上,有一犹太传教士,每天早晨总是按时到一条幽静的小路上散步。不论遇到谁,他总会热情儒雅地打一声招呼:早安!上帝保佑你。小镇上有一个叫米勒的年轻人,对传教士每天早晨的问候,反应很冷淡,甚至连头都不点一下。然而面对米勒的冷漠,传教士未曾改变过他的热情,每天早晨依然给这个年轻人道早安。几年以后,德国纳粹上台执政,传教士和镇上的犹太人都被纳粹党徒抓起来,送往集中营。下了火车,列队前行的时候,有一个手拿指挥棒的军官——米勒,在队列前挥着指挥棒,叫道:"左!右!"指向左的将被处死,指向右的则有生还的希望。传教士颤抖着双腿无望地走到米勒前面时,眼睛一下子与军官的眼睛相遇了,传教士不由自主地脱口而出:早安,米勒先生!米勒虽然板着一副冷酷的面孔,但仍禁不住说了一声:早安。声音低得只有他们两个人才能听到。然后,米勒果断地将指挥棒往右一指。传教士获得了生的希望……

人是很容易被感动的,而感动一个人的未必都是慷慨的施舍、巨大的投入。往往一句热情的问候,一个温馨的微笑,就足以唤醒一颗冷漠的心,但这需要你养成礼貌的习惯和付出内心的真诚。

无论是在职场、社交场合,还是家人相处左邻右舍,热情比冷漠好,亲近比疏远好,文明比粗俗好。著名剧作家、词作家阎肃的儿子阎宇曾写道:从我小时候直到现在,但凡和老爸一起出门,在路上不管遇到什么人,花匠、木工、烧水的、大师傅、小战士,爸爸一律向对方微欠上身大声打招呼:您好!我那时心里不太舒服,觉着自己这爸也太没派了!等我长大后才明白,老爸是习惯与人为善,尊重身边所有的人。由此可以想见,越是有学问有身份的人越是谦恭有涵养,越是尊重别人的人越是得到别人的尊重。

2. 合作精神,就是观察一个人是否愿意与人共事,是否愿意与人分担,是否愿意帮助别人

这就是时下非常强调的团队精神。日本小学经常进行合作精神的测试,要求几个孩子共同抬一张桌子(当然是轻型的)或一起做游戏。所以日本人的团队精神世界闻名,这与日本的教育有关。

有人曾经问上帝,天堂和地狱的区别在哪里?上帝说:"来吧!我让你看看什么是地狱。"他们走进一个房间。一群人围着一锅稀饭,但每个人看上去一脸饿相,瘦骨伶仃。他们每个人手上都有一只可以够到锅子的勺子,但勺子的柄比他们的手臂还长,自己没法把稀饭送进嘴里。有稀饭吃不到肚子,只能望"食"兴叹,无可奈何。

"来吧！我再让你看看什么是天堂。"上帝把这个人领入另一房间。这里的一切和上一个房间没有什么不同，一锅稀饭、一群人、一样的长柄勺子，但大家都身宽体胖，脸色红润，正在快乐地歌唱着幸福。因为他们每个人都互相喂着吃。上帝说，这就是地狱和天堂的区别。互助着合作着快乐着，孤立着旁观着痛苦着。人类团结合作，所以能够几何性的积累知识技能，使每个个体没有天天的极度紧张，没有每天面临生死存亡的恐惧。男性青壮年去工作打拼事业，能够为自己的家庭带来保障，青壮年女性采集食物并能够安心怀孕生产，老人们看护后代，把生存的技能教育孙辈，使青壮年在外无后顾之忧。这就是人类的伟大之处。而其他的特别是大型动物，一般都是一个母亲单打独斗，合作是比较有限的，远远达不到人类的程度。自然界能够兴旺发达的物种，没有一个是单打独斗的。

3D 动画片《忍者神龟》中的 4 只忍者龟个性都大不相同，一个比较固执，脾气暴躁；一个比较有领导特质；一个比较孩子气；还有一个聪明机灵，但它们相处得适度融洽。该片的教育意义在于教导小朋友们如何相处。其实兄弟情谊、尊重长辈、和平相处等等都是出自中国圣人孔子的思想。有一个寓言故事讲三只小老鼠一起去偷油喝。到了油缸边一看，油缸里的油只有一点点在缸底，只够一只老鼠喝饱，但缸身太高，谁也喝不到。聪明的老鼠想了一个办法：一只老鼠咬着另一只老鼠的尾巴，三只老鼠连起来刚好够到缸底。于是决定先让一只老鼠吊下去喝，第一只喝一点后上来，再吊第二只下去喝，然后第三只，并且发誓，谁也不许存半点私心，更不能独吞，只喝一口。第一只老鼠最先吊下去喝了，喝了一口它想，油只有这么一点点，如果我只喝一口下次就轮不到我了，今天我算幸运，可以喝个饱，于是就不肯上来大喝起来。第二只老鼠想，下面的油是有限的，等它喝完了上来，我还有什么可以喝呢？不如放了它，我自己下去喝。第三只老鼠在上面想，油很少，等他俩喝完了，还有我的份吗？还是早点放了他们，自己跳下去喝吧。于是第二只老鼠放了第一只的尾巴，第三只老鼠放了第二只的尾巴，三只老鼠只管自己抢先跳下去喝起来。喝完了才发现，他们都落在缸底，谁也出不来了，最后都变成了死老鼠。这个寓言故事告诉人们合作者遵守合作规则的重要性。

合作就是不要让另外一个人失败，不要让团队任何一个人失败。合作是使别人变得伟大，这是做人更高的要求。中国最大的网络公司阿里巴巴集团的创始人马云说，我不愿意聘用一个经常在竞争者之间跳跃的人。马云喜欢忠诚的员工。忠诚就是一种合作精神。"活着就要与人接触"，心理学家们这样说过，因此拥有良好的人际关系，不仅是生活的快乐源，更是获得成功的关键。合作、了解、理解、沟通、宽容、尊重、信任,增强合作意识与合群观念,最终与他人同心协办,团结共事,走出小圈子,进入社会的大圈子,才能不断赢来八方和气。

3. 秩序意识,就是看一个人是否有自控能力,自我定力

有秩序意识的人知道自己什么该做什么不该做,在哪儿做以及什么时候做。该认真时一本正经,该放松时幽默活跃。上课前叽叽喳喳,老师走上讲台顿时鸦雀无声。教室听不见手机声,上网绝不通宵达旦。秩序就是做事有条理、有组织地正常运转。社会秩序是人们在长期社会交往过程中形成相对稳定的关系模式、结构和状态。比如开车、行走是靠右还是靠左;又比如法律是最强硬的秩序,以国家的名义要求人们的行为统一和合乎规则,其目的就是为了避免人们互相攻击倾轧,确保社会井然有序。比尔盖茨说过,我们应该轻视那些在公共场合没有规矩的人,因为他们让我们感到压抑、不舒服,妨碍了我们。2009年12月7日晚,湖南湘乡市育才中学发生严重踩踏事故,造成了8名学生罹难、26人受伤。从各种传播渠道人们了解到,类似的踩踏事故并不鲜见:同年的11月3日,湖南常宁市西江小学曾发生踩踏事故;22天后,重庆彭水县桑柘镇中心校也发生了学生踩踏事件;还有更早的内蒙古丰镇市第二中学发生楼梯护栏坍塌事故、江西都昌县土塘中学踩踏事故、四川巴中市通江县一所小学的拥挤踩踏事故、湖南省娄底市第四小学校园内发生的学生拥挤事件、安徽亳州市谯城区估衣小学发生学生上下楼梯时踩踏事件。而这些踩踏惨剧,大都源于秩序意识的缺失。虽然政府教育部门制定了各种应急预案,但悲剧仍在不可逆转地发生,这不由让人反思,学校是不是应该从文化与文明教育入手,对学生从小进行秩序意识的熏陶呢?记得美国"9·11事件"发生后,一位当时正在世贸大厦上班的华裔在事后写了一篇文章,他回忆当时的情景时,有一个细节让他始终难忘:灾难发生后,人们有序地从消防通道疏散,忽然一名女士惊呼:"眼镜,我的眼镜!"原来慌乱中,她的眼镜掉到了地上,而高度近视的她失去眼镜犹如睁眼瞎,无法行走。正在她惊慌失措的时候,一位先生摸着了她的眼镜,拍了拍她的肩膀,将眼镜递了过去。随后,疏散的人群仍安静、有序地向出口走去,似乎什么事也没发生过一样。这位华裔回忆到,如果当时发生混乱,后果将不堪设想,因为在他们刚刚撤出世贸大厦几分钟后,那座摩天大楼便轰然倒塌。另一件发生在美国的突发性事件也由于井然的秩序而使当事人安全脱险。2008年1月中旬的一天,一架载有150名乘客和5名机组人员的美国客机由于引擎失灵,坠入了曼哈顿附近的哈德逊河。一名挪威乘客回忆说,在机组人员的组织下,乘客们有序地从紧急出口爬上了机翼,站成一排,先是儿童、妇女、老人,然后是男士,被一一送上了救生艇。虽然当时大家心理很恐慌,但是没有一个人擅自行动。试想如果当时有一点点混乱,飞机都可能因失衡而倾覆。说明排队,或者说秩序,是效率的保障,更是安全的保障。而拥挤已经成为一种有中国特色的现象,车站、景点、商场、医院……一切有人的地方,都可以看到拥挤的场面。马路上,某些车辆尤其出租车频繁变线,抢道加塞,其目的仅仅是为了提前一个车位的距离而已。但某些人就是置规则于不顾,这样造成的后果便是任何场合都可以不按规矩,谁抢先谁占便宜。如果人人都这样作为,你还有先可以抢吗?秩序意识从礼仪层面讲就是按序排队不加塞,遵守交通规则,遵守单位规章制度;从法律层面讲就是知法守法,尤其依法行政,司法公正。中国人秩序差的原因首先是某些政府官员公众人物为所欲为,不按规矩;其次是中国教育过多地看重学习,忽略了生活中的琐碎小事公德意识。只要学习好就能"一俊遮百丑",这种学习至上的评价体系不改变,学生的自控能力也难以提高。而学生成人后无序的坏习惯又会影响下一代。

  礼貌、合作、秩序是一个人立足社会人际相处的底线。世道会变,人性不变,爱心延续,品格熏陶,三岁看大,六岁看老。一个人品格习惯基础打好了,一辈子不会坏到哪儿去。

 二　人际底线管理的表现特征

  生命、灵魂这两种东西是人性中最深刻的东西,而人们往往追求的都是比较虚浮的东西,如财富、金钱、名声,这些正好是人生比较表皮的东西。许多人就是为了这些表皮的东西搭上一辈子,把豪华的汽车、别墅、首饰、金钱作为自己的奋斗目标,欲望无度,其实这些东西是社会刺激出来的,不是人生真正想要的,名利只是人生的副产品。当然,人们向往优裕的生活是正当的,社会的发展就是为了满足人们不断增长的物质和精神的需要,然不能偏颇了物质与精神的位置。试想如果一个人的生命只有一天时间,他还追求金钱名利吗?大多数人会愿意与心爱的人一起度过,万贯家财、国王地位都可以不要了。人际底线管理提醒人们应如何把握人生欲望追求的高度和宽度,高处不胜寒,宽泛越边界。这就是人际底线管理的表现特征:

(一)适可而止

从生命过程来讲每个人都有他最年轻最美丽的时光,从人生建树来讲每个人都有最辉煌最值得炫耀的阶段,那是一个人厚积薄发历练艰辛的硕果。人生的高峰期一般过去就很难重复,很少有人可以达到再一个高峰——无论是科学家、作家、运动员、演员乃至普通人。中国著名作家巴金著作等身,然最著名的小说还是《家》;曹禺是中国当代话剧界的泰斗,但他的最高峰依然是23岁时写的《雷雨》;白杨没有一部作品超越《青春之歌》;老舍的《茶馆》是永远的经典。许多诺贝尔奖项获得者是他们一生科学研究的高峰;运动员的运动高峰期限更是短暂可贵,刘翔可能很难再达到希腊奥运会的高峰,姚明的运动生涯高峰也已经过去,所以他非常智慧,正在转向慈善和商业。世界五百强企业也不可能永远名列前茅,一个国家也不可能永远是霸主。新老更替是发展规律,生命周期不可抗拒,抛物线到最高点就会下落。所以名利追求要学会见好就收,急流勇退,不要硬撑场面,死要面子活受罪。做人非淡泊无以明志,非宁静无以致远,名利地位金钱欲望,都要适时放下,轻装上路,那是人生最惬意的境界和感悟。

从前,有一个老和尚带着一个小和尚到处云游化缘。一天他们途经一条小河,不深,可淌过。有一年轻女子在河边,焦急发愁怎么过河。老和尚对姑娘说,我把你背过去吧。于是就把那个姑娘背过了河,道别后师徒二人继续上路。小和尚惊诧万分,又不敢问。走了二十多里地,小和尚仍是若有所思,迷惑不解,实在忍不住了,终于开口问:师父,男女授受不亲,况且我们是出家人,有戒律在身,你刚才怎么能背那个姑娘呢?老和尚笑着说:你看,我把她背过河后就立即放下了,你怎么"背"了二十多里地还没有放下呢?这就是师傅与徒弟的境界差别。人生做到"拿得起放得下"的人并不多,只有人生修炼到很高程度才能适时放下。能上不能下实在是人生的悲哀!有的人妄想一直占据舞台,璀璨一生,以为离开他地球就不能转了,其实是自我感觉太好,缺乏心胸和远见。人的生命有限,花开美丽有季节,你怎么可以永远不落,自我感觉太好反会招人厌倦。长江后浪推前浪,世上新人赶旧人。命里有时终须有,命里无时莫强求。得意莫再往,再往撞破头,适可而止,方可避免过犹不及。做人的底线是管住自己,保持一颗平静心,追求功名利禄恰如其分,恰到好处,善待自己,善待别人。太过于追求虚荣的生活,只会被生活所累;不懂得珍爱自己的人,就会失去应有的幸福。

如何珍爱自己,就是学会管理好自己的欲望和时间。人生时间既是生产资料，也是消费资料；既是投资品，也是消费品。欧洲人过得很悠闲，上午茶下午茶，周末必度假，海滩上晒太阳，对他们来说时间已是消费品，说明生活已超越了"小康"水平，不必为温饱奔波，只要想着今天如何善待生命消费时光。对于非富裕人群来说，时间是换取金钱和生活资料的资本，因而生活总是忙忙碌碌。时间是有限的，如果将大多时间消耗在生产过程中，就减少了学习交流、休闲度假的时光，也享受不到生活的真正意义。时间是奢侈品，时间是一维的，不可再生，它是生命的消耗，青春的流逝，每一天一去不返。因而如果将整个生命都用在换取金钱上，很可能将人生弄得意趣全无，甚至为了将时间变成金钱而忽视或埋没了自己某个方面的才华，未能在有生之年使生命体现出比换取金钱更重要的价值。生活需要名利，但名利不是目的，一个珍爱生命的人，年轻时练就核心竞争力，到达人生的山峰，该下坡就轻松下坡，下坡时就可以消费时间做你想做的事情，享用人生的本来状态，自由自在地生活。

陶渊明忠于心灵，"贫而乐，富而好礼者也"。陶渊明曾经当过八十三天的彭泽令，那是一个很小的官。而一件小事，便让他弃官回家。有一次上级派人来检查工作，有人告诉他，您应当"束带见之"。就如同今天，你要穿正装，系领带，恭敬地去见领导。陶渊明说，我不能为五斗米向乡里小儿折腰。意即他不愿意为了保住这点做官的"工资"而向不值得敬重的人低三下四，于是把佩印留下离职回家了。回家的时候，他把自己的心情写进了《归去来兮辞》中。他说，"既自以心为形役，奚惆怅而独悲"。我的心灵已经成了身体的奴仆，无非是为了吃得好一点，住得好一点，就不得不向人低三下四、阿谀奉承，我的心灵受了多大委屈啊！陶渊明不愿意过这样的生活，"悟已往之不谏，知来者之可追"，于是毅然回到自己的田园，"采菊东篱下，悠然见南山"。陶渊明选择的意义，不在于他的田园有多美，而是他启示每一个人心里都应该存一片清净的乐土，自由自在淡定清高安贫乐道，人的生命是有限的，不要拘泥在不快乐中，要用有限的时间去做去感受让自己开心的事情。那么在今天有多少人敢于安贫乐道呢，可能还会被视为不思进取、无能。所以有必要调整名利无度的价值观。

著名导演冯小刚在影片《唐山大地震》成功上映后说：现在我也衣食无忧了，不过我和华谊还有五部电影的合约，打算把这五部拍完了，就好好享受一下晚年的人生。我觉得就应该歇着，应该玩去了，旅行去，打高尔夫，都特别好。想早一天离开这个圈子。冯小刚的想法是适度的。急流勇退，见好就收，名利的欲望就应该有个尽头，也给年青一代留一片后来者居上的天地，给观众留下最美好的口味，给自己留下值得庆幸的怀念，享受快乐的源泉。

实力派演员陈道明2010年7月在接受南方周末记者采访时说:"我也虚荣过、轻狂过,现在让我放下这份虚荣,也不是一件很容易的事。尽管我不断在教化自己:你总说彻底放下,既然你看了这么多,你干吗不放下?你觉得这行如此不尽如人意,你干吗不走开呢?这就是虚荣,导致我还继续在影视这条路上行走。当我离开这个行业的那天,可能三年五年以后,我会停止自己的工作,自己给自己放假,我退休了。我陈道明不做那天,就是跟影视这个行业一点关系都没有了,我是彻底离开,决不羞羞答答,你在任何活动上也见不到我。"人在江湖不能总身不由己,到一定时候就应该远离人群,让自己边缘化,寻找平凡的世界。

　　韩国前总统金大中说,"人的一生最好这样度过:既不因巨富而患得患失,又不因赤贫而劳碌衣食。做人,应把好金钱这一关。保持一颗乐观豁达的心,坦然面对财富!"其实好多人都知道金钱之外,还有更可贵的东西。情感无价,青春无价,健康无价,生命无价,学会享受生活,才会让金钱更有意义。有一个20岁的小伙子对一个80岁的老者抱怨说,自己什么也没有,没有房子,没有车子,没有名气,没有地位,活着一点意思也没有。老者说我可以把这些都给你,你一下就可以变成亿万富翁了,但你必须同时与我调换年龄,我回到20岁,你跨到80岁,愿意吗?小伙子说,那可不行,我什么都没经历过就80岁了,那不太亏了。所以青春是最无价的,生命的意义就在于过程,没有经历体会过成长过程如青春激情、理想奋斗、烦恼艰辛、成功失败、痛苦欢乐,还叫人生吗?人生只有自己努力去亲身经历,曾经沧海难为水才会幸福无悔。

　　有的在校大学生老抱怨,大学生活为何我不快乐?为何离理想那么遥远。那么想想你不快乐的原因是什么,快乐的依据是什么,你为快乐又付出了多少。幸福快乐是主观的,不是任何他物他人可以给予的。对于快乐每个人都会有不同的理解,但制造快乐的能力是靠自己锤炼的。

　　做人有两种快乐最重要:一种是生命本身体验的快乐,如获得友情、亲情、爱情,尤其青春交流的快乐,跨进大学,与新同学新朋友交往产生的彼此好感吸引的快乐,一个崭新的世界在你面前。第二种快乐是灵魂的快乐,就是创造世界体验人生价值的快乐。美国心理学家马斯洛认为人的最高需求是创造的快乐,创造过程中得到的自我实现的满足,这是只有人才具有的精神性的快乐。比如读一本好书,看一部好的电影,听一次人文、科学讲座,参加一次集体文体活动,为别人雪中送炭雨中送伞等,那种快乐是恒久的、深刻的、内在的、独特的。

　　上帝曾召集天使研究,将人类想要的幸福藏在哪里为好,使人类须付出一番努力后才能找到。第一个天使说藏在深山里吧,上帝没有同意;第二个说藏在大海里吧,也让上帝否定了;第三个天使说藏在人的内心最好。上帝批准了这个方案。因为人们总是向外寻找幸福,社会能给我什么,家人能给我什么,朋友能给我什么,不会想到要从自己的内心去挖掘幸福的秘密。其实幸福不是外在的,幸福源自于一种心灵的感知,是一种让人安心而又安宁的心灵寄托,幸福是一种让人主动努力追求的精神信仰。幸福不是香车宝马、别墅楼群、权利地位,幸福与财富多少无关,也与名望大小非成正比。对于幸福每个人都会有不同的理解和标准,但感知幸福的能力是不一样的。一个幸福的人,必须有一个明确的、可以带来快乐和意义的目标,然后努力地去追求。真正快乐的人,会在自己觉得有意义的生活方式里,享受它的点点滴滴。幸福的反面是痛苦,感情受挫理想受挫投资失败亲人离去都是莫大的痛苦,但最大的痛苦是失去尊严失去信誉失去自由。好多人原来光彩夺目高高在上,突然跌到地狱,后悔莫及。因为他忘记了人生表面东西的追求要适可而止,灵魂的追求才可以永无止境。

弘一法师李叔同(1880—1942)临终遗书:悲欣交集。寥寥四字,无穷玄机。出身豪门的李叔同风度翩翩才华横溢,在诗赋文章、金石书画、戏剧音乐等众多领域里均有建树。然而在他39岁那年,却抛弃世俗功名,出家为僧。作为生活在清末乱世的风流才子,年轻的李叔同曾经浪迹于声色情场,出入于艺妓闺阁之中。然悟性极高的李叔同最终抛却这些浮华喧嚣,看透这个残缺的世界,从前期的绚烂之极,到后期的平淡之极。他知道需求越少,得到的自由就会越多。人生的意义并不在于占有什么,而是从生命中体验到什么。弘一法师的"悲欣交集",除了庆幸自身的解脱和悲悯苍生的苦难之外,更告诉后人,人生是一场为了告别的宴会,别把欲望满满的肉身看得太重,别把此时此际的享乐看得太重,且为各自灵魂的出路设想得更周全些吧。

弘一法师的亲密学生,著名艺术家丰子恺(1898—1975)后来也皈依了佛教,虽然没有正式出家,但取法名婴行,并从此茹素。丰子恺在《我与弘一法师》里谈到自己老师的出家和人间的生活时,把人的生活分成三层楼阁:一是物质生活,二是精神生活,三是灵魂生活。他认为:懒得(或无力)走楼梯的,就住在第一层,即把物质生活弄得很好,锦衣玉食,尊荣富贵,孝子慈孙,这样就满足了。抱这样人生观的人,在世间占大多数。其次,高兴(或有力)走楼梯的,就爬上二层楼去玩玩,或者久居在里头。这就是专心学术文艺的人。他们把全力贡献于学问的研究,把全心寄托于文艺的创作和欣赏。这样的人,在世间也很多,即所谓"知识分子"、"学者"、"艺术家"。还有一种人,"人生欲"很强,脚力很大,对二层楼还不满足,就再走楼梯,爬上三层楼去。这就是宗教徒了。他们做人很认真,满足了"物质欲"还不够,满足了"精神欲"还不够,必须探求人生的究竟。他们以为财产子孙都是身外之物,学术文艺都是暂时的美景,连自己的身体都是虚幻的存在。他们不肯做本能的奴隶,必须追究灵魂的来源,宇宙的根本,这才是大家。

万通地产董事长冯仑在其著作《野蛮生长》中认为,一个人的伟大是管理自己。管住自己的惰性,管住自己的欲望。管理自己在于养成一个良好的习惯,什么该做,什么不该做,做什么事情对事业有帮助,怎样有效安排自己的时间,怎样围绕事业目标做知识储备,要有一个自己的原则。善于管理自己,是事业成功的关键之一。

管理自己急流勇退见好就收是做人的一种高级智慧,拥有这种智慧的人不多,尤其对手握大权的人,更加难能可贵。曾经担任国务院副总理,以中国铁娘子著称的吴仪2008年从领导岗位上退下来以后就在民众的视野中完全消失了,此前她表示退休后希望人们完全把我忘记,不会再担任官方的半官方的或民间团体的任何职务,婉拒了所有请其担任名誉会长等的真诚邀请。这是对某些退休了还不肯彻底放弃权力千方百计继续占位的人的很好参照,因为谁都知道权力背后是既得利益。其实天下没有不散的宴席,人总有老的时候,没有你地球照样转,为何不留口碑敬仰在人间呢。随着时间的流逝,人们可能会淡忘一个人曾经担任什么官位,但忘不了的是这个人的人格魅力。

清朝红顶商人胡雪岩最后之所以被抄家毁业,前功尽弃,就是因为没有适可而止,做事太想求全求多。所谓无限风光在险峰,越高越险。"上帝会把我们身边最好的东西拿走,以提醒我们得到的太多。"(电影《四根羽毛》)

中国有一句经典俗语:天道忌满,人道忌全。得陇望蜀,得寸进尺,贪心不足蛇吞象,结果往往会落得竹篮打水一场空的结局。贪婪无度是一切祸乱的根源,不论做人处事,都必须控制贪欲。对付贪欲最有效的方法就是适可而止,不为已甚。放下是明智,放下才能避险,才会不再沉重。

(二)宽容克制

宽容克制就是委曲求全,顾全大局,适当让步,把有些东西让给别人,把面子让给别人,把利益空间让一些给别人。退一步海阔天空,忍一时风平浪静。人生要学会二吃,第一吃苦,第二吃亏。古人云:小不忍则乱大谋。失去就是得到,得到就一定要先委屈,吃一堑长一智,敢于吃亏多获朋友,朋友信任就能拓展生存空间,做人心大手气大,目光远视野开阔,才能做成大事。

美国第十六任总统林肯早年出言尖刻,甚至于搞到参加决斗的地步。后来,他接受了教训,在非原则的问题上总是避免和人家争吵。他说:"宁可给一条狗让路,也比和它争抢而被它咬一口好。被咬了一口,即使把狗杀掉,也无济于事,得不偿失。"林肯身材瘦高腿长。有一位自命不凡的同事曾不无讥笑地问林肯:"一个人的两条腿应该有多长?"林肯沉稳地回答:"至少应该够得到地面。"林肯得体的回避和让步,显示了他克制、宽容的胸襟,至今仍为人们引为美谈。当一个人决定宽恕时,就升华了自己。强者让步,避免一切无价值的纠缠,不是胆怯,不是懦弱,不是无能,而是大度、智慧和勇敢。虚弱的人才会暴跳如雷,穷凶极恶。

有个人曾经把美国首任总统华盛顿打得翻倒在地,友人们都很愤怒。第二天,华盛顿竟然要请他来做客,在席上他彻底地被华盛顿的宽容征服了,最终成了总统忠实的追随者。

孔子一生的学说概括起来就是"忠""恕"二字,即做人忠诚宽恕。忠,己欲爱而爱人,己欲达而达人;恕,己所不欲,勿施于人。美国纽约的联合国大厦基座上刻有各国先哲的格言,而刻在上面的中国思想的精髓就是孔子的"己所不欲,勿施于人"。

孔子曰:"君子有三戒:少之时,血气未定,戒之在色;及其壮也,血气方刚,戒之在斗;及其老也,血气既衰,戒之在得。"戒,就是克制。说明要想实现人生的理想,除了个人不断地修炼和奋斗之外,还需要三种克制:

第一,少年戒色。色就是不要贪恋性欲。青少年对社会经验缺乏,导致对人间百态辨别不清,容易被很多颜色所迷惑,不知道自己行走的方向,如果为情所困而妨碍前行,人生很难做到三十而立,人生三十未能立业成家就是错过了人生的最佳阶段。

第二,中年戒斗。这儿的"斗"指中年人之间的斗气。这种暗斗不仅消耗双方的脑力、心思,也破坏心境,破坏原有的人际环境,失去其他发展机会,更有可能破坏良好的工作效率和风气,对青少年产生不好的影响。中年人需要宁静致远,淡泊名利,平静心态,集中精力做自己想做的事情,不要将精力集中在相互暗斗之上,因为岁月对中年人已经不再慷慨。廉颇和蔺相如的故事之所以万古流芳,主要原因就是他们放弃了无谓的争斗。

第三,老年戒得。"得"即"贪欲",人在老年之时,机体的各种生理功能已经减退,体力与精力均明显下降,要警戒自己不要贪得无厌。不该得的坚决不得,把得名得利之心放下、舍掉,就会有新的"得",得到愉快和轻松,得到健康和情趣,得到别人的接纳和尊重。克制自己,宽容别人,更显得人格上的崇高和伟大。

英国大文豪莎士比亚说过,宽恕人家所不能宽恕的,是一种多么高贵的行为。

2007年,韩国留学生赵承熙在美国弗吉尼亚理工大学校园枪击32名师生,导致32个鲜活的生命死亡。这起案件被认为是美国历史上最严重的校园枪击案,举世震惊。后学校举办了多场悼念活动,令世界更震骇的是弗吉尼亚理工大学将凶手赵承熙也列为悼念对象。在遇难者悼念仪式上,放飞的气球是33个,敲响的丧钟是33声,被安放在校园中心广场草坪上的半圆的石灰岩悼念碑是33块,那其中包括了自杀的枪手赵承熙。其中一块碑上写着"2007年4月16日赵承熙",旁边放着鲜花和蜡烛。一些人还留下纸条:"希望你知道我并没有太生你的气,不憎恨你。你没有得到任何帮助和安慰,对此我感到非常心痛。所有的爱都包含在这里。"一个被称为"史上最残忍的杀手",竟被列为悼念对象,似乎不可思议。可美国人的解释却那样自然:"我们认为凶手本身也是受害者","这起惨案提醒我们,应该更多地关心新移民的心理健康。"从中,人们看到的不是憎恨,而是宽容;不是复仇,而是反省。

1991年,就读于美国爱荷华大学取得博士学位的中国留学生卢刚开枪杀死了包括自己导师在内的5名教授,其中一位是他的同学,也是他的嫉妒对象——来自中国科技大学的才华出众的博士生山林华,最后卢刚饮弹自尽。在枪击事件发生后的第三天,受害人之一、爱荷华大学副校长安妮·克黎利女士的家人通过媒体发表了一封致卢刚家人的公开信,称卢的家人同样是受害者,希望以宽容的态度分担彼此的哀伤。信中写道:"我们经历了突发的巨痛,我们在姐姐一生中最光辉的时候失去了她。我们深以姐姐为荣,她有很大的影响力,每一个接触她的人——她的家庭、邻居、遍及各国学术界的同事、学生和亲属——都尊敬和热爱她。我们一家从很远的地方来到这里,不但和姐姐的众多朋友一同承担悲痛,也一起分享着姐姐在世时所留下的美好回忆。当我们在悲伤和回忆中相聚一起的时候,也想到了你们一家人,并为你们祈祷。因为这个周末你们肯定是十分悲痛和震惊的。安最相信爱和宽恕。我们在你们悲痛时写这封信,为的是要分担你们的悲伤,也盼你们和我们一起祈祷彼此相爱。在这痛苦的时候,安是会希望我们大家的心都充满同情、宽容和爱的。我们知道,在此时,比我们更感悲痛的,只有你们一家。请你们理解,我们愿和你们共同承受这悲伤。这样,我们就能一起从中得到安慰和支持。安也会这样希望的。"信中那份对生命无条件的珍爱,对悲痛的共同承担,那份无限的宽容和慈爱,于人们是如此的陌生与震撼。在周围的现实中被广泛接受的是有条件有选择的爱和恨,是复仇报复,血债要用血来偿。是什么让人性如此伟大?是美德,是信仰。

我们的身边有很多为了一句话,为了一次心情不爽而群殴角斗或雇凶杀人至对方重伤或死亡的案件。这说明道德教育中缺少宽容克制原理。

大山,珍藏每一块岩石,不论其大小和形状,所以巍峨挺拔、高耸入云;大海,汇聚每一条河流,不论其清浊、来源,所以浩瀚无边、奔腾澎湃;天空,容忍雷电风暴的任意肆虐,才会有风和日丽。法国19世纪的文学大师维克多·雨果为此写下了彪炳千秋的诗句:"世界上最宽阔的是海洋,比海洋宽阔的是天空,比天空更宽阔的是人的胸怀。"

中国清代大学士礼部尚书张英老家盖房子,家人与邻居发生争执,为了三尺院墙寸土不让,家人写信向张求助。张殿英在家书中写道:"千里修书只为墙,让他三尺又何妨。万里长城今尚在,不见当年秦始皇。"结果,家人退后三尺,大受感动的邻居也主动退后三尺,因此出现了当地著名的"六尺巷"。一时传为美谈。

宽容是美德也是力量。真正能够予以他人宽容的人,往往是道德上的强者,只有道德上的强者才能从纠葛中解脱出来。拉伯雷、蒙田、斯宾诺莎、伏尔泰、陈寅恪、梁漱溟等都是这样的强者。一个能够宽容他人的人,是对自己的认识和德性有充分认识的人,所以他不怕宽容会带来什么不好的结果。宽容让生活更美好,宽容让世界更美好。忍辱负重的中国人民宽容了日本侵略者,放弃了战争赔款。中国实行改革开放,在世界的东方快速崛起,经济实力已经接近号称世界经济大国的日本。越南的学校已经很少对年青一代刻意进行"仇美教育",越南人并不仇视美国。他们说战争早已经结束,过去已经成为历史,现在越南要全面发展,没有必要总强调历史旧账,那样会让外界觉得越南人很狭隘,不愿意与越南正常交往。

一个人在这个世界上穿梭,又有谁能保证事事如意呢?当面对一个小小的过失,我们报之以一个淡淡的微笑、一句轻轻的歉语,以一种宽容的态度来面对一切人世间的繁杂纷扰时,一切都会淡然平和。生活如海,宽容作舟,泛舟于海,方知海之宽阔;生活如山,宽容为径,循径登山,方知山之高大;生活如歌,宽容是曲,和曲而歌,方知生活甜美。心存宽容、慈爱,才能不纠缠愤慨计较,飞得更高走得更远赢得更多,天天快乐。

因为宽容,你能够坦然地咽下生活的百味;因为宽容,你能够从容地迎向八面来风。宽容者胸怀博大如海,任鸡毛蒜皮沉浮;宽容者品质伟岸如山,让恩恩怨怨纵横。懂得宽容,你会把冰冷的拳头变成温暖的手;学会宽容,你会把鞭挞的皮鞭变成救命的坚绳。

宽容——爱的真谛。爱是恒久忍耐,爱是不嫉妒,爱是不张狂,不轻易发怒,不计算人的恶,不喜欢不义,只喜欢真理。

20世纪50年代,有一次,理发师正在给周恩来总理刮胡须,总理突然咳嗽了一声,刀子立即把脸给刮破了。理发师十分紧张,不知所措,但周总理反而和蔼地对他说:"这并不怪你,我咳嗽前没有向你打招呼,你怎么知道我要动呢?"这虽然是一件小事,却显现了伟人周恩来受到世人敬仰的美德和心胸。

美国的《第六只耳环》故事发生在经济大萧条时期。曼莎小姐好不容易找到一份在一家高级珠宝店当售货员的工作。圣诞节前一天,店里来了一位30岁左右的男顾客,他穿着很整齐干净,看上去很有修养,此时店里只有曼莎一个人,其他几个职员刚刚出去。曼莎向他打招呼时,男子不自然地笑了一下,目光从曼莎的脸上躲闪开,仿佛在说:你不用理我,我只是来看看。

这时,电话铃响了。曼莎去接电话,一不小心,将摆在柜台的盘子碰翻了,盘中有6枚精美绝伦的钻石耳环掉在了地上。曼莎慌忙弯腰去捡,可她只捡回了5枚,怎么也找不到第6枚。当她抬起头时,看到那位男子正向门口走去,曼莎柔声叫道:"等一下,先生。"那男子转过身来,两个人相视无言,足足有一分钟。曼莎的心在狂跳不止,心想他要是粗鲁,我该怎么办?他会不会……

"什么事?"男士终于开口说道。

曼莎极力控制住心跳,鼓足勇气说道:"先生,今天是我第一次上班,您知道,现在找份工作多么不容易,我可能会因此……"

男子用极不自然的眼光长久地审视着她,渐渐一丝微笑在他脸上浮现出来。曼莎也对他微笑着。"是的,的确如此。"男子回答,"但是我能肯定,你在这里会干下去,而且会很出色。"他向她走过来,把手伸给她说:"我可以为你祝福吗?"曼莎也伸出手去,俩人握完手后,男士转身缓缓地走出店门。曼莎小姐展开手掌,第六枚钻石耳环就在掌心。她的眼睛有些潮湿:上帝呀,这些日子赶快过去,让大家都好起来吧。

理解、宽容、委婉、不动声色地维护面子,以人心打动人心,聪明善良的曼莎找到了最好的解决问题的方法。如果曼莎小姐当时惊惶失措报警或者大吵大嚷,结果就肯定没有这么完美了。有时生活中你打算用愤恨去实现的目标,完全可能由宽恕去实现,注意别人的自尊与承受度。

有时设身处地地为他人着想,学会从对方的立场来看问题,这样会使事情更顺利解决。

那么宽容是否有边,是否有限度?现实中宽容是有限的,宽容无限那是宗教的倡导。宽容不是纵容,对正在发生的生命危害不能任其宰割,否则就是懦弱,就是放纵;而对已经发生无可挽回的损失,不搞株连、算总账,可以少些计较,多些让步。让步是一种非凡气度,让步是一种修养与素质。

(三)持恒坚忍

万事从来贵有恒,古人云"成大事者,必先饿其体肤,劳其筋骨",有付出才有收获,这是必然规律。持恒坚忍是人际底线管理的必要尺度。人生不如意之事十之八九,克制自己的负面情绪,坚忍坚持该做的事情,才能够在充满激烈竞争荆棘坎坷的世界立足。苏轼说过:"古之立大事者,不惟有超世之才,亦必有坚忍不拔之志。"看一个人的意志强弱与否不是看他风光的时候,而是看他失败失落时候的人生态度,看他平时能否克服惰性持之以恒地做一件事,如坚持跑步,坚持打球,坚持练琴,坚持研究等,更看他能否坚忍突然到来的冤屈和苦难。英国大作家哈代说过:人生里有价值的事,并不是人生的美丽,却是人生的悲苦。德国大诗人歌德说:让珊瑚远离惊涛骇浪的侵蚀吗?那无疑是将它们的美丽葬送。一张小红脸体味辛苦所留下来的东西,苦难的过去就是甘美的到来。俄国大诗人普希金写道:假如生活欺骗了你,不要忧郁,也不要愤慨。不顺心的时候暂且容忍:相信吧! 快乐的日子就会到来。

德国伟大的作曲家贝多芬以自己苦难的经历告诉后人:痛苦能够毁灭人,受苦的人也能把痛苦毁灭。苦难是上帝的礼物。卓越者与平庸者的一大区别就是:在不利与艰难的遭遇里是否百折不挠。

苦难是人们生活中一定存在的,有时还是不可抗力,如自然灾害、流行性传染病、突发事故、恐怖活动、生命老去等。有的苦难是人为的,如贫穷、失败、耻辱、冤屈。如何对待苦难冤屈? 有的人一蹶不振,有的人坚强面对,更有的人以智慧化解。说明根本还是心态和承受力。

古罗马思想家塞内卡将流放看作是"换个地方"生活:"不管在何处,我们都能一样清楚地看天堂,因为人和神的距离在哪里都是不变的。只要我一直注视着相同的高处的东西,我踏在哪片土地上又有什么要紧呢?"

中国改革开放总设计师邓小平三落三起,在他的政治生涯中三次被冤屈,甚至坐牢,撤销党内外一切职务。但邓小平在非议中一直坚忍,依然坚持锻炼身体,坚持学习,坚持信仰。他的坚忍不拔最后成就了中国的改革开放,经济崛起,人民富裕。外国人称邓小平是"永远打不倒的小个子!"

南非前总统曼德拉曾经在狱中度过长达 27 个春秋,备受迫害和折磨,但他始终坚忍不屈。1990 年 2 月 11 日,南非当局在国内外舆论压力下,被迫宣布无条件释放曼德拉。曼德拉出狱时已是72岁高龄,但他坚持自己的政治理想,1994年5月,成功当选为南非第一位黑人总统。曼德拉在全世界都有很大的影响力,被誉为"全球总统",因为他公正无私,爱国爱民,因为他意志过人,坚贞不屈。曼德拉说过:"生命中最伟大的光辉不在于永不坠落,而是坠落后总能再度升起。"

有人曾质问上帝,为什么人类有这么多的不公平,有人美丽,有人丑陋;有人富贵,有人贫穷;有人高贵,有人卑贱;有人聪慧,有人愚昧。说明上帝不会让一个人得到全部,太优裕了就会奢侈狂傲不思进取,没有忧患意识。而得不到才会忍受苦难去争取去转化去努力,所以苦难是有意义的,暂时的不公平是难免的,持恒坚忍才可以达到目标。

中国有好多哲理的俗语,如"塞翁失马,焉知祸福";"祸兮福之所倚,福兮祸之所伏";"失败是成功之母",等等。这些俗语都哲理地启示人们苦难是好运的前奏,好果子是吃苦耐劳种出来的。只有持恒坚忍,将苦难看作是磨炼自己意志和能力的机会,才能升华生命,珍惜感恩。伟才多磨难,纨绔少奇男。宝剑锋从磨砺出,梅花香自苦寒来。

韩信当年坚忍乡人的侮辱而成为名扬汉朝的胯下将军,但后来功成名就后没能继续坚忍招来杀身之祸。

苏东坡一天到晚颠沛流离,却依然说"此心安处是我乡",只要一颗心能安顿处处皆为故乡,苏轼勇于承担苦难,在苦难中超越,成为一个世界级的伟大诗人。

司马迁的悲惨遭遇,使他备受煎熬。但当他痛定思痛之后,开始总结古人成功的经验:"文王拘而演《周易》;仲尼厄而作《春秋》;屈原放逐,乃赋《离骚》;左丘失明,厥有《国语》;孙子膑脚,兵法修列;不韦迁蜀,世传《吕览》;韩非囚秦,《说难》、《孤愤》;《诗》三百篇,大抵贤圣发愤之所为作也。"司马迁在羞辱中继续前行,能"穷天人之际,通古今之变,成一家之言",写出被鲁迅先生赞为"史家之绝唱,无韵之离骚"的《史记》。

坚忍是面对挫折的正确态度,是面对惨淡人生的正确态度。懂得坚忍的人往往更加理性成熟,因为相比于那些对待挫折容易丧气或抱怨暴怒的人,坚忍的人明白不经历风雨是不会见到彩虹的。如果以人生的跨度来看待眼前的挫折,挫折又何尝不是一笔宝贵的人生财富。

大作家王蒙1957年23岁时因为一篇小说《组织部新来的年轻人》而被错划为"右派",下放农村边疆20年。但他从没放弃文学创作,坎坷的经历反而成就了他的文学思想和艺术的高度。他发表小说近百部,成为当代中国文坛上创作最为丰硕、始终保持创作活力的作家之一。

懂得坚忍,才懂得成长;懂得坚忍,才懂得来之不易;懂得坚忍,才能在沉默中积蓄力量,壮大自己。

足球世界杯对于球星们来说就是一个苦难之旅。球员越是大牌,对手就越是要对付你,越是要激怒你。对于想赢得胜利的球星来说,除了忍受,别无选择。1986年马拉多纳的第二次世界杯,面对每一次触球被铲翻,他都选择了忍受,始终面带微笑,于是,他和他的球队又一次捧起了大力神杯。

中国新希望集团董事长刘永好是中国民营企业的榜样,个人财富在中国排行名列前三甲,但他一贯低调坚忍,勤奋好学。1996年送16岁的女儿到美国求学,让她具有现代意识和国际视野。2002年,女儿刘畅22岁时获得MBA学位回国,刘永好立下规矩,十年之内不允许女儿在媒体面前曝光。如此用心良苦低调处理,刘永好就是为了让女儿持衡坚忍,脚踏实地,不浮躁,不张扬,锤炼良好的心态以成大器接班。

原红塔山董事长褚时健因经济问题于1999年1月9日被司法机关判无期徒刑。2002年,70多岁的褚时健因患严重的糖尿病得以保外就医,也就是从这年开始,他开垦荒山种植橙子创业水果行业。从曾经是中国有名的"中国烟草大王",一手将红塔集团建成大型企业,到身陷囹圄跌入人生低谷,再到如今的二次创业,82岁的褚时健经过风雨洗刷,意志依然坚强,眼光依然犀利,思维依然超前,精神矍铄,不怕吃苦。褚时健说:遇到挫折的时候,不要消极对待,要积极对待,一定要心宽,做到心宽不容易。我的一些老朋友,一遇到挫折就消沉下去了,这不行,越消沉越就站不起身来。人生不要有太多计较,要向前走,要相信一年比一年好。

有两种人特别令人钦佩,一种是身残志坚的人,一种是不屈不挠东山再起的人。残联主席张海迪属于第一种,企业家史玉柱属于第二种。

张海迪5岁患脊髓病高位截瘫无法上学,但她靠自学完成了小学、中学全部课程,自学了大学英语、日语和德语,并攻读了大学和硕士研究生的课程。翻译文学作品,创作小说,不仅自食其力,还成为社会的道德力量。

史玉柱1989年研究生毕业,随即下海创业,在深圳研究开发M6401桌面中文电脑软件。1991年成立巨人高科技集团,注册资金1.19亿元。但因为膨胀太快,1997年巨人集团破产,个人负债2.5亿,然史玉柱没有一蹶不振也没有一走了之,而是持恒坚韧东山再起,而今史玉柱已是身家数十亿的资本家。从引以为戒的失败典型,到最具影响力的企业领袖之一,史玉柱再次崛起的故事,显示出持恒坚忍的魅力与价值。否极泰来,苦尽甘来。事业的跌宕起伏,世间的是非议论,唯有敢与苦难做伴的人,才能从跌倒的阴影中爬起来,迈向成功。

一个人的伟大是熬出来的,这个"熬"不是退缩、"装孙子",而是遇到艰难一定要挣扎,要忍耐,要奋斗,要面对,要正确处理。人生如同棋子,你怎么摆谱就有怎样的结局。所有的爱恨情仇、喜怒哀乐、生离死别,都无法超越自然法则。或成功,或失败;或充实,或碌碌;或喜悦,或哀伤;或振奋,或颓废;或相爱,或分手……缘聚缘散,潮起潮落,皆抛洒在时间岁月的年轮中。"宠辱不惊,看庭前花开花落;去留无意,望天空云卷云舒。"谁能真正做到,谁的棋艺就高人一筹。2002年的美国电影《四根羽毛》中原本想辞去军职留在未婚妻身边的男主角哈里,在收到战友的代表懦弱的四根羽毛后重新回到战场,为了男人的荣誉和尊严,以九死一生的战火考验把羽毛还给战友以证明自己是不怕死的军人。看了让人肃然起敬,荡气回肠。

持恒坚忍有时必须远离尘嚣,远离亲情、爱情、娱乐、自由,体验"孤单是一个人的狂欢,狂欢是一群人的孤单"。香港著名时装设计师张天爱,9岁考入享誉世界的英国皇家芭蕾舞学院,用10年时间远离父母远离祖国以成就自己的梦想,一心想成为英国皇家芭蕾舞的首席演员,她说那时训练没有休息日,即使病痛也要坚持,即使双脚鲜血淋漓、骨头破碎也要坚持,高烧40度也不能休息。那十年苦练是张天爱的荣耀和底气,使她练就了持恒坚忍的为人处世能力,"我觉得上天给了我坚强的脊梁,真的可以吃苦。"后来因为肤色不能担任皇家首席芭蕾舞演员不得不离开心爱的芭蕾舞,张天爱重新设定自己的舞台——开创了时装设计新天地。她说:"如果你只想做一块石头,那你就可以避免许多痛苦。但如果你想成为一尊精美的雕塑,那你必须忍受命运对你的一次又一次的雕琢。"

其实坚忍也是一种浪漫,这种独特的浪漫可以让人们构筑精神的城堡,心灵的殿堂。当苦难、悲凉、生活不堪重负的时候,浪漫的诗意就是你心中的救赎。

(四)换位思考

1. 换位思考的要义

同样都是生活,为什么有的人幸福和谐,有的人却常常纷争不断?同样都是工作,为什么有的人处处受人欢迎,有的人却时常受人排挤?现代社会中困扰人们的一大问题就是人际关系。它变幻无常,又深藏规律。运用得好它会成为开启财富的钥匙,运用不好,它又会变成一条阻碍你走向成功与幸福的绳索。这说明人际交往需有正确的思路,正确的观念。这个正确的观念和思路,就是懂得换位思考和交往艺术。人际交往有两大白金法则:交往意识(有效的沟通)和换位思考(良性的互动)。

交往意识指一个人的亲和力,为人热情谦和,言谈真诚有礼,不摆架子,无论遇到谁,无论在哪儿,尊敬对方,有礼在先。换位思考就是遇到问题时多站在别人的角度想和做,设身处地地为别人着想,从对方所处的环境来处理问题,那么某些看似无法调和的冲突,在"山重水复疑无路"时,或许因为换位思考而进入"柳暗花明又一村"的境界。所谓以责人之心责己,凭恕己之心恕人。因为"当我们爱别人的时候,我们也希望别人爱我们"。(卢梭语)

有一个寓言故事:说一头猪、一只绵羊和一头奶牛,被牧人关在同一个畜栏里。有一天,牧人把猪从畜栏里捉了出去,猪大声号叫,强烈地反抗。绵羊和奶牛讨厌它的号叫,抱怨道:"我们经常被牧人捉去,都没像你这样大呼小叫的。"猪听了回应道:"捉你们和捉我完全是两回事,他捉你们,只是分你们的毛和乳汁,但是捉住我,却是要我的命啊!"说明立场不同,所处环境不同,是很难了解对方的感受的。有一对夫妻坐大巴车去游山,半途要求下车。后来听说该车上其余的乘客没有走多远,就遇到了山岩崩塌,结果全部丧命。女人说:咱们真幸运,下车下得及时。男人说:不,是由于咱们下车,车子停留,耽误了他们的行程。不然,恐怕不会在哪个时刻恰巧经过山崩的地点。对他人的失意、伤痛,不妨换位思考,以一颗仁慈悲悯的心去了解、体恤他人,人世间会更温馨些。

有一位美国小伙子打完越战回到国内,从旧金山给纽约的父母打了一个电话,"爸爸,妈妈,我要回家了。但我想请你们帮我一个忙,我要带我的一位朋友回来。""当然可以。"父母回答道,"你们见到他会很高兴的。"儿子继续说:"有些事情必须告诉你们,他在战斗中受了重伤,他踩着了一个地雷,失去了一只胳膊和一条腿。他无处可去,我希望他能来我们家和我们一起生活。"父亲说:"我很遗憾地听到这件事,孩子,也许我们可以帮他另找一个地方住下。""不,我希望他和我们住在一起。"儿子坚持。"孩子,"父亲说,"你不知道你在说些什么,这样一个残疾人将会给我们带来沉重的负担,我们不能让这种事干扰我们的生活。我想你还是快点回家来,把这个人给忘掉,他自己会找到活路的。"就在这个时候,儿子挂上了电话。父母再也没有得到他们儿子的消息。几天后,他们接到旧金山警察局打来的一个电话,被告知,他们的儿子从高楼上坠地而死,警察局认为是自杀。悲痛欲绝的父母飞往旧金山,在陈尸间里,他们惊愕地发现——他们的儿子只有一只胳膊和一条腿。

真理的身上往往布满伤痕。换位思考是人类经过长期博弈,付出惨重代价后总结出的人际交往白金法则。人们不能用自己的左手去伤右手,叶和果、花与叶,互相依赖,谁也少不了谁。每个人都是上帝的宠儿,只有用爱来交换爱,用信任来交换信任,才能激发人的潜力。

　　在足球王国巴西,不会踢足球的男孩子,绝对不会招人喜欢。在那里,富人的孩子有自己的足球场地,穷人的孩子也有穷人的踢足球方式。球王贝利出生在一个贫寒的家庭,他的父亲是一个因伤退役、穷困潦倒的足球队员。贝利从小显现出非凡的足球天赋,他常常踢着父亲为他特制的"足球"——用一个大号袜子塞满破布和旧报纸,然后尽量捏成球形,外面再用绳子捆紧。贝利经常光着黑瘦的脊梁,在家门前那条坑坑洼洼的小街,赤着脚练球。尽管他经常摔得皮开肉绽,但他仍然不停地向着想象中的球门冲刺。渐渐地,贝利有了点名气,许多认识或不认识的人常常跟他打招呼,还给他敬烟。像所有未成年人一样,贝利喜欢吸烟时那种"长大了"的感觉。终于有一天,当贝利在街上向人要烟时被父亲看见了。父亲的脸色很难看,贝利低下头,不敢看父亲的眼睛。因为,他看到父亲的眼睛里有一种忧伤,有一种绝望,还有一种恨铁不成钢的怒火。

　　父亲说:"我看见你抽烟了。"

　　贝利不敢回答,一言不发。

　　父亲又说:"是我看错了吗?"

　　贝利盯着父亲的脚尖,小声说:"不,你没有。"

　　父亲问:"你抽烟多久了?"

　　贝利小声为自己辩解:"我只吸过几次,几天前才……"

　　父亲打断了他的话,说:"告诉我,味道好吗?我没抽过烟,不知道到底是什么味道。"

　　贝利说:"我也不知道,其实并不太好。"贝利说话的时候,突然绷紧了浑身的肌肉,手不由自主地捂住脸,因为,他看到站在他眼前的父亲猛地抬起了手。但是,那并不是贝利预料中的耳光,而是父亲把他搂在了怀中。

　　父亲说:"你踢球有点天分,也许会成为一名高手,但如果你抽烟、喝酒,那就到此为止了。因为,你将不能在90分钟内一直保持一个较高的水准,这事由你自己决定吧。"

　　父亲说着,打开他瘪瘪的钱包,里面只有几张皱巴巴的纸币。父亲说:"你如果真想抽烟,还是自己买的好,总跟人家要,太丢人了,你买烟要多少钱?"

　　贝利感到又羞又愧,他抬起头,看到父亲的脸上已是泪水纵横……后来,贝利再也没有抽过烟。他凭着自己的勤学苦练,终于成了一代球王。多年以后,贝利仍不能忘怀当年父亲那温暖的怀抱,他说:"父亲那个温暖的拥抱,比给我多少个耳光都更有力量。"这就是换位思考在人际交往中的作用,用对方希望的方式厚待他,他将回报给你期待的东西。

人际交往中,人们常常忽略换位思考,总是把自己的需要或利益放在第一位,很少去想别人的感受。每个人不一样的生活环境,不一样的性格,造就了不一样的思考角度。2005年蒙牛集团高级顾问李汶香女士与企业主孙大午先生因做客穿不穿"鞋套"发生过不愉快的争论。李汶香女士邀请孙大午先生等人到自己新家坐坐,客人到门前,主人递给客人鞋套要求套上鞋套再进门,理由是便于打扫卫生。客人不愿套鞋套,认为是你邀请我来,还让客人套上鞋套,是对客人的侮辱和不尊敬。于是围绕请客人套鞋套是日常生活习惯入乡随俗,还是不尊敬客人侮辱客人,两人之间生出矛盾,也成了网络热门的话题,各有支持者,各方振振有词。其实如果各方都能换位思考,客随主人意或主随客人意,有一方谦让理解,把麻烦留给自己,就避免了冲撞不愉快。请客人套鞋套主观上没有侮辱的意思,只是一种主人爱干净方便打扫的生活习惯,把它提升到人格侮辱层面显然放大;而如果非常敬重客人也会宁愿打破常规,不让客人产生不受尊重的感觉。那为什么有人可以"己所不欲,勿施于人",有人又会"以小人之心度君子之腹"?人生境界不一样,价值观不一样,交往理念也不一样,"以言责人甚易,以义持己实难",这就是人性的弱点。如果我们理解别人也像理解自己一样,那么对最可谴责的行为,也会感到宽容;对别人遇到的尴尬,也会加以掩饰;对自己不文明、缺礼数的行为,会自觉自律;对自己性格的弱点,会尽力纠正。"十里不同风,百里不同俗",换位思考,互相尊重,遵守礼仪礼俗,这就是人际底线。

2. 换位思考之社交礼仪——人际底线的表现形式

礼仪礼俗是人际底线的表现形式。换位思考其实就是日常生活中经常的、普遍的、屡见不鲜的思维和交往方法。人在社会上生活必然要交际,交际就有对象,有对象就需要换位思考。"要想公道,打个颠倒。"人与人相处由亲密到冷淡、由合作到决裂往往都是缺乏换位思考的缘故。俗话说"一个手拍不响,二人好才是好",与人方便自己也方便,相处是互利的,说不定什么时候你就有求于他,你不替别人想别人也不会为你想。知书达理,通情达理,才互赢互益,不生怨气。

社交礼仪尊崇五环节:问候、微笑、称呼、介绍、交谈。

问候礼不仅是人际交往的第一把钥匙,也是职场生活的第一个礼数。所谓有礼走遍天下,无礼寸步难行是也。问候礼注重三点:第一,谁先问候。一般晚辈先问候长辈;下属先问候上级;男士先问候女士;主人先问候客人;求助者先问候被打扰者。第二,多少距离问候。一般社交场合2~3米,窗口人员为1米。第三,什么形式问候。职业型——"你好!"亲密型——手势或点头致意;乡俗型——"吃了吗?""出去啊?"热情比冷漠好,亲近比疏远好,文明比粗俗好。

问候的时候需要微笑,微笑被称为最有魅力的表情。乔·库尔曼在《我的路》里这样描述微笑的好处:能把你的友善与关怀有效地传达给对方;能拆除你与对方之间的"篱笆",敞开双方心扉;能使你的外表更加迷人;能消除双方的戒心与不安,以打开僵局;能消除自卑感;能建立对方对你的信赖感;能祛除自己的忧郁情绪,迅速地重建信心;是表达爱意的捷径;能增强活力,有益健康。

微笑礼分两种,一种是含笑,不露出牙齿,嘴角往上扬,眼睛往下弯;另一种是职业微笑,露出六颗牙齿,眼睛放出光泽。

称呼礼分六种:①职务性称呼、②职称性称呼、③行业性称呼、④性别性称呼、⑤姓名性称呼、⑥入乡随俗性称呼。称呼的本质是显示等级,满足虚荣,体现尊重。

介绍礼分自我介绍和为人介绍:自我介绍因时机不同而不同。如应聘求职或登门拜访时的自我介绍要抓住三要素:我是谁;我来自哪儿;我办理什么事情。

在社交场合、开会发言或出差、旅行途中,与他人不期而遇,并且有必要与之建立临时接触时,只要介绍我是谁,来自哪儿就行。

自我介绍的形式有:
①应酬式:你好,我叫王一;
②工作式:我是谁,来自哪儿,来办何事;
③交流式:你好,我是王一,和你是校友;
④礼仪式:女士们先生们,晚上好,我是精英文化公司的公关部王一,欢迎各位嘉宾光临;
⑤问答式:"先生贵姓?""免贵姓王。"

为他人介绍礼仪,遵循一个原则:尊者居后,即把尊敬的人留在后面介绍。如把地位低者介绍给地位高者,把年轻者介绍给年长者,把主人介绍给客人,把男士介绍给女士,把迟到者介绍给早到者。介绍时手心向上,一般应站立,在宴会或会谈桌上可以不起立,特殊情况下年长者和女士可不起立。被介绍者微笑点头示意或问候即可。

交谈礼:交谈是人们彼此间进行沟通的重要渠道。"病从口入,祸从口出"。彼此间的尊重、友好、矛盾、对立也往往由交谈产生。"酒逢知己千杯少,话不投机半句多",说明谈吐的优劣直接决定着言谈的效果。与人交谈遵循五原则:①态度认真、②谦虚恭敬、③精神专注、④内容适宜、⑤语言得体。

这五原则可以细化为一个总旨:多种花少种刺。人都愿意听好话、鼓励的话、感谢的话、赞美的话、委婉的话,不愿听责备的话、贬损的话、倒霉的话、刻薄的话。所谓良言一句三冬暖,恶语伤人六月寒。彼此相遇相处很难得,没必要以伤害对方来取乐或显示自己有多能。

两个基本点:多听、少说。多听少说既显示你的低调涵养深沉,又可以了解对方的价值观、性格、内涵,也使自己保持一定的神秘感。神秘感容易使人敬重或敬畏,不会成为人们茶余饭后的谈料。

三个配合:表情、眼神、身体。表情讲究互动,对方忧伤你也忧伤,对方开心你也高兴。眼神用三分之二时间注视对方,同时身体侧向对方,显得你认真尊敬重视与他交谈。

四个不准:不打断对方,不补充对方,不质疑对方,不纠正对方。这"四不"有一个共同点,就是做一个忠实的听众,不咄咄逼人,让交谈对象认可你,信任你。

五个不谈:不谈敏感问题;不谈私人问题;不谈本单位内部事务;不议论同行、领导和同事;不谈格调不高雅的问题。不谈敏感问题就是不让社交变得很凝重、严肃,而且避免谈得不好留下后遗症。不谈私人问题是为了避免尴尬。私人问题归纳起来有:收入、年龄、婚恋、健康、经历等。它是人际交往底线,如果你问了会让人难堪,显得你不懂规矩,交流也就会不愉快。

第一,不问年龄。年龄是人的隐私,因为现代社会人们都不喜欢说老,老了与"没用"意思近似,有被社会淘汰或被社会抛弃失去人生价值的寓意。所以,不仅女士不要问年龄,而且现在男士、老年人也不愿讨论这个话题。

第二,不问收入。央视对话易中天的节目中,主持人三问嘉宾所赚稿费,易中天教授巧妙打起太极,始终机智应对没有正面回答。还有的人喜欢问人家现在居所在哪儿啦,开什么牌子的车啊,你的衣服在哪儿买的,假期准备去什么地方度假啊,以此来判断对方的经济状况。因为买房买车买衣服度假,都与一个人的收入直接挂钩。所以在人际交往尤其国际交往中,不仅对方收入不要去谈,而且和收入有关的直接的间接的所有的问题都免谈。

第三,不问婚恋。一问婚恋就会涉及家人、朋友的隐私,影响他们的生活安宁。谁愿意被扒光了衣服示众呢？有的人缺乏尊重理念，喜欢转弯抹角地打探人家的隐私，如你有女朋友（男朋友）了吗？他在哪儿工作啊？他们家是干什么的？你先生或太太在哪儿工作啊？你老公最近好吗？甚至问：你离了吗？你为什么不找啊？她是你第几任夫人啊？等等，目的就是刺探隐情。有教养讲礼貌的人是避免谈论别人的家庭与婚姻问题的。他愿意说那是他的性情，你不要主动问。

第四，不问经历。每个人都是有故事的人，有的故事愿意讲，有的故事不愿意讲，愿意讲的，他自然会说给你听，不愿意讲的你问了也白问。有的人不懂规矩，喜欢随意问别人的经历：你以前在哪儿工作啊？你那所学校毕业的？你炒股失败过吗？你的第一次性经历是什么时候啊？等等。人的一生，为了要成功长期在外面拼搏奔波，和各种各样的人打交道，交换生存的筹码，常常为了体现自己的价值，而不得不在心中隐私地制造各种想法。久而久之这种隐私便成了克敌法宝和生存之道，成功的男人或女人都有着自己一定的隐私，对他们而言，隐私是他们心灵的养分，更是他们人生成长的保姆。很多人的成功，其实不仅仅是靠能力和汗水取得的，对于苦难耻辱的隐私，有些人是不愿意触及的。如果不懂忌讳，随意打探对方的经历，这是对人的极大不尊重。

第五，不问病情。在社交中，可以问候健康，但如果不是至交，就勿打探个人病疾。在市场经济条件下，健康的问题事关个人尊严。人有没有病，是不是乙肝患者，动过什么手术，得的是不是绝症，这与一个人的交往心理和发展前途有关。若碰到一个健康指数较低的人，你会与他进一步交往吗？会跟他一起吃饭吗？会合作做生意吗？

人人都有不愿告诉别人的私事，隐秘的私事还常常包含个人的缺陷（如生理、行为、习惯等），错误、失算，感情经历等。隐私的重视和保护，与人类文明的进程紧密相连。人的情感越丰富，羞耻心和权利意识越强烈，对隐私就更敏感。尊重人的隐私，是文明人的基本素养。

不谈本单位内部事务和不议论同行、领导和同事，是为了避免不必要的矛盾，远离是非，也显得有素养、超脱不俗气。所谓格调不高雅的问题一般指黄段子、凶杀案、婚外情或小道消息花边新闻等。

那么社交场合讲什么较合适呢，其实聚会本来就是为了轻松愉快解除寂寞，可以讲讲文化信息、体育比赛、电视电影、地理旅游、风土人情等。

有人说人生是没有底线的，怎么开心怎么来。那么这个人就会处处碰壁，为人唾弃。要活得光彩就得遵循相处的底线，明确自己的立足点和他人的位置，把握彼此相处的距离，无论对工作还是生活都相当有益。

三　人际底线管理的价值与意义

人际底线管理具有普遍的意义,有普世人文价值,适用任何人任何阶层。因为它使人性更加真善美,它是做人最起码的道德和良知。丧失做人的底线,那就是:黑——黑着脸对人,黑着眼做事,黑着心处世。如果遵循人际交往底线规则,那就是:亮——亮堂堂地看自己,亮堂堂地看别人,亮堂堂地待人接物,仰无愧于天,俯无愧于地。做人、做事只要对得住自己良心,无碍社会公德和家庭道德,就是守护底线。无社会公德的人,走到哪里都不受欢迎;无家庭道德的人,连家人都相处不好,如何与更多的人相处?

人生活在色彩的世界中,色彩令生活变得缤纷,有时也让生活变得凝重,它改变着人们的心情,影响着人们对事物和交往对象的看法。每一种色彩都具有象征意义,如红色象征热情,蓝色象征理智,黄色象征温暖,白色象征纯洁。如果要为人际底线管理设定颜色,它应该是灰色的。太阳是金色的,月光是水色的,大海是蓝色的,山脉是绿色的。如果说爱情是红色的,热烈奔放激情,那幸福就是五彩缤纷的,因为每个人都愿意对幸福涂抹自己喜欢向往的颜色。生命的季节也是有色彩的,童年是白色的,纯洁明净无暇;少年是粉色的,梦幻清新瑰丽;青春是绿色的,朝气蓬勃浪漫;中年是黄色的,成熟尊贵丰富;暮年是黑色的,神秘深邃寂寞,漫漫人生的尽头多么不愿意到达,企望生命之树常青。而人际底线管理之道是灰色的,灰色象征谦虚、平凡、沉默、中庸、寂寞,它可以与任何颜色搭配,不会撞色,它有普适性,否则就没有生命力,不会永远流行。

一个人,不管地位高低,财富多少,追求什么样的价值目标,有一些基本的行为准则和规范是无论如何必须共同遵循的,否则,社会就可能崩溃。交往底线是一个多层面的动态概念,相处的底线因人而定,因事而异。很多时候,尤其在感情状态里,预定的底线可以一退再退,但还是有最后底线。人与人之间的交往过程,其实就是估摸着对方的底线并在彼此底线之上的一种互动往来。很多时候,人不太清楚自己的底线,然而当对抗情绪产生之时底线也呈现了,人际关系也就到了倒退或破裂的那一刻。所以做人要有尊严的底线,相处要尊重别人的底线。《论语·卫灵公》记载:子贡问子曰:"有一言而可以终身行之者乎?"子曰:"其恕乎!""恕"者,以心度物,以己度人,换位思考也。因而将人际交往底线管理引入大学生思想道德教育具有深厚的人文价值,对构建和谐校园、和谐社会,提升幸福指数,关爱生命,同情弱者,传播文明,增强责任,都有现实指导意义。

(一)强化底线管理,实现人生价值

大学生在成才进步过程中,在社会竞争与合作中尤其需要人际底线思维与管理。树立底线意识,进行底线思维,加强底线管理,有利提高自我防范能力,实现人生价值。底线管理是一种人生态度熏陶,道德修养练就。TCL总裁李东生在05北京财富论坛发言时认为自己成功的秘诀是守住了"做事务实做人厚道"的底线。因为务实他没有去机关报到而是去了农场,因为厚道的他在车间管理时获得了工友的好评,建立了良好的人际关系,有了后来的威望和信任。法国大画家米勒说过,你的生活并不是全数由生命所发生的事情来决定,而是由你自己面对生命的态度,以及你的心灵看待事情的态度来决定。亚里士多德认为:卓越是一种习惯,不是一种行为。一个能够遵守规矩的人,乃是自己的主人。底线管理是维持社会秩序和推动可持续发展的重要环节。能够自律地遵守生活规则,适可而止地控制追名逐利的欲望,不为他人的辉煌而眩目,不为自己的平凡而自惭,坚信自己的人格操守,追求精神价值,这是大学生可以做到的人生价值底线。

当然现实社会竞争非常残酷,机会也许不公平,加上世界经济危机,理想会短暂受挫,前途会暂时不如意,在这残酷激烈的社会竞争中你可以忍受多少委屈,这是考验做人做事承受底线的时候。人生价值底线来自经济与精神上的独立,做人经济上独立了,精神上自由了,活得有尊严了,幸福快乐的感觉多了,素养也会富裕起来。罗丹说过:工作就是人生的价值、人生的欢乐,也是幸福之所在。大学生要寻找最适合自己特长发挥的人生舞台,就要吃得起苦,吃苦是做人上人的底气,通过奋斗满足自己精神和物质的需求也满足别人对你的需求。奋斗比机遇更重要,机遇总是偏爱努力奋斗有准备的人。天道酬勤,水滴石穿,奇迹有时是会发生的。作家冰心说过:"成功之花,浸透了奋斗的泪泉。"机遇来了,要善于抓住,如果不奋斗,机遇也会逃走。奋斗、竞争不是踏着别人的鲜血上去,而是有仁义、有骨气、有责任、有心胸,这样才会受人敬重,得人欣赏,真正成为大写的人。

(二)优化人际关系,构建和谐校园

大学生在成才过程中,进行着学习、工作、生活、物质、精神等各种交流,但其根基是人际交往,良好的人际关系是成功的一半,青年学子来自不同的文化背景,有不同的生活习惯,在集体生活中难免产生各种摩擦和名利竞争,若提高了对人际交往底线的理性认识,掌握了守护底线的艺术,就能自觉恪守道德情境中的最低原则要求,坚守危困情境中无路可退的最后价值信念与道德防线。否则就会发生相煎何太急的不该发生的事件。

2007年12月24日,武汉工程职业技术学院江北校区大二学生晓良(化名)要求同寝室同学小凡在休息时间听MP3音量轻一些,可能语言不太委婉,小凡不服,出言顶撞,两人发生不快。当晚8时许,晓良从外面回到宿舍,寝室里只有小凡一人伏在桌上做作业。晓良遂趁其不备,操起一把水果刀朝小凡颈部横割一刀。小凡奋起反抗,二人打至宿舍阳台上,小凡夺下水果刀。晓良便抱起小凡的腿,将其掀下楼,随后逃跑。不久,晓良开始为自己的莽撞行为后悔,报警自首。经鉴定,小凡臀部和腿脚受伤。晓良因涉嫌故意杀人(未遂)被逮捕。法院以故意杀人罪(未遂),判处晓良有期徒刑6年。一个风华正茂的年轻人因为缺乏涵养而顷刻梦碎校园。按照中国高校管理制度规定触犯刑法判处有期徒刑就要开除学籍,而且6年最好的青春时光就要在限制人身自由中度过。

2008年10月28日,中国政法大学教授程春明正准备上课,突然该校一大四学生闯进教室挥刀砍倒了程老师,自己随后报警。当晚7点,程老师经抢救无效死亡。程春明教授曾在法国留学多年,后进入政法大学任教,才华横溢,年轻有为,很受学生欢迎。凶手叫傅成利,学的又是名牌法学专业,他的杀人动机是认为程老师"潜规则"了自己读研究生的女友,导致女友提出与他分手。后来傅成励的女友在接受司法机关调查时否认了傅的说法。2009年10月20日,北京市第一中级人民法院以故意杀人罪判处23岁的傅成励死刑,缓期两年执行。如果该学生自控理智一些,如果老师内敛含蓄一些,也许悲剧就可以避免。

若师生都能守住自己的为人底线,不仅减少高校管理成本,优化校园治安环境、人文环境,而且将有力促使良好师生群体关系,个人关系,学校的教学科研整体功能也能增强,育人的效果就更好。因此,交往得当,事业成功,身心健康;交往失利,事倍功半,垂头丧气。文化的本质是习惯,和谐的本质是心态。良好的人际关系是快乐之源,创造和谐校园和美关系和乐氛围是新时期高校建设的新目标。

(三)增强自律意识,引领社会文明

高校是知识分子最集中的地方,知识分子是自律性最强的群体,也是传承和创造文明的先进分子。现代文明的内涵就是自律意识、秩序意识、明智明德。中国大学生的文明习惯如何呢?进入各高校,可以随处看到不文明不自律的行为,自行车随意停放,上课时随意玩手机,课桌垃圾、走廊垃圾随处可见,草坪上飘扬着食品袋,台阶上痰迹斑斑。大学雇佣了众多清洁工,经常可以看见清洁工在辛苦地打扫,这是中国大学的耻辱,也是学校的额外负担。四年可以培养一个本科生,但是不一定能培养温文尔雅有良好气质和文明习惯的公民。文明的社会必然是自律有序的,高素质的公民必然是既有自制力又有进取心的。自律精神靠制度约束也靠习惯养成。走在台湾的街头,马路上干干净净,马路两边的摩托车停放得整整齐齐,乘坐公交车和地铁排队井然有序,即使洗手间门口也非常有序地排队。为何温良敦厚的传统我们反而疏远了?秩序井然的现象我们反而少见了?因为我们被放纵了。一个人想要实现自己的目标或理想,必须具备自律能力;一个民族要想崛起取得别国尊重的国际地位,必须有秩序意识和文明习惯。当前中国有不少负面的"世界第一",连出国上厕所都遭到所在国家民众的非议,不能再以五千年文明古国自誉了,上海世博会上一些内地游客的种种不文明行为更让文明古国蒙羞。只有正视自己的弱点,痛恨坏习惯,人人喊打,才能转变风气回到文明古国的地位。转型时期的中国社会矛盾多元、多样、多变,这决定了人们心态和人际交往的复杂性、纷乱性和叵测性。人在痛苦失落或失面子的时候,会难以控制内心情感,做出不理智的事情。若了解掌握了人际交往的底线就能够坚守自己的情感底线——能够区别对象和场合,准确、恰当地表达特定的思想和情感。在国家、民族问题上旗帜鲜明,大情大爱;在家庭关系上敬老爱幼,和睦珍爱;在同学师生之间合作支撑,相互关爱;在社会交往中言行举止规范文明,仁慈博爱。每个人守住了自己的情感底线,提高了自制力,就意味着提升了幸福指数,也维护了社会安定团结。同时,如果人们交往中增强了人文关怀和换位思考理念,就能化解人际交往中的自私放纵,找回寻常人的尊严与价值,促进整个社会公平正直文明高尚的良性循环。

第二章 人际底线管理基本准则
【社交礼仪篇】

流星雨划过天空时,宛如银蛇,如梦幻一般,但若超过了大气的底线,将会引发撞击地球的危险;长江水浩浩荡荡,奔腾而下,蔚为壮观,但若超过了河床的底线,将会变成洪水,一发而不可收;人穿越着生命的隧道,在自己所处的时代舞台摆动着优美的舞姿,但若守不住心灵的底线,将会在"利、钱、财、权"的诱惑下,跌入万丈深渊,万劫不复。

做人要有底线,有底线才有底气。巍巍泰山,直插云霄,任凭风吹雨打,决不动摇,那是山的底气;参天胡杨,枝繁叶茂,任凭狂沙肆虐,威武不屈,那是胡杨的底气。

最帅丞相诸葛亮"三顾频烦天下计,两朝开济老臣心",面对两朝国君,他忠心耿耿;面对天下百姓,他以身作则;面对功名利禄,他毫不在乎。他用诚心敲响了历史的钟鼓,用忠心奏出了动听的乐曲,用行动道出了自己做人的底线。

一代才俊陶渊明面对官场的黑暗,世俗的污浊,一句"不为五斗米折腰",毅然脱下官服,从此选择了归隐田园。听鸡鸣犬吠,看山雾漫漫,他感到心灵从未有过的明净无瑕。陶渊明的底线就是不为官场所玷污,他在大自然中寻到了那片属于自己的净洁天空。

一身傲骨的李白面对官场的压抑,他"安能摧眉折腰事权贵,使我不得开心颜";面对流离转徙,他"人生在世不如意,明朝散发弄扁舟";孤独时他把酒独酌,"举杯邀明月,对饮成三人"。李白用千古绝唱,道出了自己心灵自由的做人底线。

西汉大臣苏武奉命以中郎将持节出使匈奴,被扣留。匈奴贵族多次威胁利诱,欲使其投降,后将他迁到北海(今贝加尔湖)边牧羊,扬言要公羊生子方可释放他回国。苏武被流放于荒山野原19年依然持节不屈,用铮铮傲骨书写了"富贵不能淫,贫贱不能移,威武不能屈"的人生答卷。

追溯历史的风尘,我们不难发现,伟人之所以得到大众的敬仰拥护,是善于坚守自己的心灵底线,不违背做人做事的原则;小人之所以让人无法忍受,是其贪得无厌或所作所为往往超越了受众的忍受底线。不以善小而不为,不以恶小而为之。不管是握权者还是普通人,了解人际交往的普世准则,尊重交往者为人处世的底线,拥有温良敦厚仁慈的本性,营造良好的人际关系,不仅是生活快乐的源泉,更是展现人性光辉获得别人敬重的关键。

 一 人际底线管理的真诚准则

同样是人,有的人让人如坐春风,欢喜亲近;有的人令人退避三舍,敬而远之。你是什么样的人,你会怎样做事,关键就在于是否诚心待人。学会做人乃一生的问题。学会做人才会做好事情,做好学问,因为事情和学问是人去做的。什么样的人就有什么风格的事情。一个人不管拥有多少财富和知识,如果不懂得做人的道理,那就不会获得真正的成功和幸福,因为金钱不是衡量一个人高尚还是卑下的标准。赚钱也可以昧着良心赚,做学问也可以投机取巧而暂时风光。而阳光下的做人是有很多准则的,如遵纪守法,诚实守信,团结友爱,公平正义,等等,人际交往中真诚待人无疑是第一位的。

真诚乃真实诚恳,真心实意,真情无伪,坦诚相待,感动他人而最终获得他人的信任。真诚在人际交往中是心与心相通的桥梁,是创造良好交往效应的关键和核心,是健康人格的一个重要组成部分。这世界有太多的欺瞒,所以,呼唤真诚,将真诚作为做人做事第一准则。

(一)真诚待人尊重为本,它是待人接物的根基

尊重分自尊与他尊。自尊一要自尊自爱,爱护自己的形象;二要尊重自己的职业,敬业专业乐业;三要尊重自己的组织,热爱自己的祖国、家乡、母校、单位,无论发达还是落后,无论辉煌还是衰败都不背弃,做到忠诚、守责、奉献依旧。他尊就是得到别人的尊敬和重视。人的自尊很脆弱,需要他尊来维系,如果没有他尊,自尊的围墙就会倒塌。站立在人生舞台,谁都希望在家人朋友同事同学的眼神里看到自己的重要,谁都不希望被冷落或忽视。他尊也是人生价值的一种体现,在满足他人的需要中满足自尊。

他尊也即尊他,有三 A 原则:一是接受对方(accept),不要难为对方,不要

让对方难堪,谈话中不要打断别人,不要轻易补充对方,不要随意质疑对方。二是重视对方(appreciate),欣赏对方,多看对方的优点,不当众指正缺点。三是赞美对方(admire),把对方好的印象感觉说出来。尊重他人是人文精神的体现。

　　行走在人生的旅途上,谁都会有"摔跤"的时候,跌倒时的尴尬、狼狈,暂时的脆弱、痛楚,都在所难免,这时,最需要的是有一个独自抚平创伤、恢复自尊的时间和空间。诚然,人需要关爱帮助,但当你向对方表达善意、施与关爱的同时,千万别误伤了对方的自尊,哪怕是你最亲近的人。保留他人的面子和自尊,是人际交往的底线。

　　人际交往中的尊重可从眼神、表情、理念中体现。

1. 人际交往中眼神的真诚:正视,不蔑视

　　眼睛是心灵的窗户,与人交往首先看眼神,语言可以掩饰,眼神无法掩护。一个人的视力应该有两种功能:一个是向外看,无限宽广地眺望世界;另一个是向内看,无限深刻地去通透内心。学会了看心灵,就找到了沟通对方的路径。如果一个小伙子向姑娘求爱,恳请她做自己的女朋友,姑娘没有马上回答,小伙子只要观察她的眼神即可找到答案。眼神透出光泽,有希望;眼神躲闪或缺乏光泽,没希望。

　　一个人的眼睛瞳孔就像摄像机,摄录过滤着看到的一切。瞳孔的直径为2.5mm,兴奋时可以达到6mm,甚至更大,俗话说情人相见分外激动,激动就表现在瞳孔放大这个原理上;而情绪低落或遇见不高兴正视的人时,眼睛的瞳孔就会缩小,小于2.5mm,形容为不屑一顾、鄙夷不屑、目中无人、睥睨一切等。看到这样的眼神你会产生一种被轻视或被蔑视的感觉,就会心情不爽,深受打击。新东方教育科技集团董事长俞敏洪在各个大学演讲时曾多次说起自己的经历:我当年从江苏江阴农村考上北大外语系,开学报到后走进宿舍,有个同学已经在宿舍了。那个同学躺在床上看一本书,叫做《第三帝国的兴亡》。我感到好奇(心想我们读英语专业的还要看这样的书吗)就问了他一句:"在大学还要读这种书吗?"他把书从眼睛上拿开,看了我一眼,没理我,继续读他的书。这一眼似乎在说,你连这个都不知道啊!这眼神一直深深地留在我心中。这不屑一顾的眼神也让俞敏洪懂得进北大不仅仅是来学专业的,还要读大量大量的书,你才能够有资格把自己叫做北大的学生。所以他在北大读的第一本书就是《第三帝国的兴亡》,而且读了三遍。一学期后俞敏洪找这个同学去说:"咱们聊聊《第三帝国的兴亡》好吗",他说:"我已经忘了。"依然是没有光泽的眼神。这也激励俞敏洪多看书多求知,大学几年他看了八百多本书,为他今后做老师、创业、演讲打下了坚实的基础。说明对待轻视的眼神也因人而异,有的人受到打击,郁闷难受,有的人反而把它作为鞭策,奋起直追。

著名主持人王小丫也说起过眼神对她的影响。她至今难以忘记初中数学老师轻视自己的眼神,因为数学成绩不出色而遗憾地得不到老师欣赏的眼神,因为那只有数学好的同学才可以获得。

著名演员李亚鹏说,他大学毕业没有在北京找到工作,只好回乌鲁木齐老家了,有半年时间很躲避邻居看他的眼神,邻居的眼神中仿佛发出信息:一个大小伙子大学毕业了怎么赋闲在家呀?

王志文说当年考入北京电影学院,因为年龄小,长得又不主流,不被同学重视,在讨论时,每当他有想法发完言,主持人会不屑地看他一眼,继续说自己的,就像他没有发言似的,那种被忽视,让人更加自卑。好在王志文后来发奋努力,金子闪光了。

眼神清澈还是浑浊,自在还是做作,尊重还是不屑,坦诚还是虚伪,都由心境决定。掌握眼神的交流艺术,与人打招呼或交谈时要正面看着对方的眼睛,并把真诚的光泽传达给对方。

2. 人际交往中表情的真诚:含笑,不冷漠

美国心理学家艾伯特·梅拉比安把人的感情表达效果总结了一个公式:感情的表达=语言7%+声音38%+表情55%。说明表情在人际交往中的分量。

人的脸部一般说有6种基本表情:厌恶、愤怒、害怕、高兴、悲伤和惊奇。画家徐悲鸿则把表情归为喜、怒、哀、惧、爱、厌、勇、怯几类。又有人说细细分辨,人的表情可达7 000种以上。可知正常人有非常丰富的表情,这是人脸的重要特征。但人际交往中一般不外乎热情与冷漠,和蔼与冷淡,高兴与痛苦这几种。

如何判断热情与冷漠的表情?通常可以从嘴角和眼神中观察。嘴角往上扬,眼睛往下弯,这是微笑含笑热情和蔼的表情;拉着脸,横着眉,立着目,撅着嘴,这是冷漠冷淡的表情。最有魅力的表情是微笑。人们喜欢交往者微笑,因为微笑的表情能唤起人心中亲爱的感觉。微笑是人类的天赋,表达一个人内心的真诚、热忱与亲和。我国著名散文家、文学评论家梁实秋先生有过一段关于笑的精彩论述。他说:笑脸是不常见的,常见的是可以刮下一层霜的冷脸;好像刚刚吞下农药的苦脸;一张睡眠不足的病脸;以及满脸横肉的凶脸。其实脸不必笑的像朵花,只要面部肌肉稍微放松,嘴角稍微咧开一点,就会给人相当的舒服感。为什么不微笑呢?在我们的周围,在校园里、社会上,如果处处能见到微笑的话,心情会好很多,健康会好很多,社会风气也会好很多。要培养微笑的习惯,尤其女孩子,微笑会让你更美,更知性。有人说,一个女人老不笑,往往令人觉得不可爱;一个女人带有微笑,可以使人感到亲近;一个女人如果常常有一种像蒙娜丽莎的玄妙微笑,那么就有一种智慧、一种深层的内涵、一种穿透力量;微笑真是魅力无穷啊。中国有句俗语,"伸手不打笑脸人"。如果不小心冒犯了别人,如果不经意碰撞了旁人,转过身抬起头,微笑一下,说声"对不起",所有的怨气都会驱散。

生活中常有这种事,当我们正忧心忡忡,当我们正满腹怒气,迎面来了同学、朋友与你说事,或者铃声正催你进课堂,你会用怎样的表情面对他们?不少人此时会被自己的情绪左右,给对方一个冷脸或不高兴,忘了别人并不是造成你坏心情的元凶,别人没有承担你坏心情的义务,此时的你无权向别人倾倒自己的情绪垃圾。那么就要及时放下不好的心情,就像天气再热也得穿衣服出门一样,此时把自己的形象作为重点来培养,要学会微笑着对人,做一个受欢迎的人。无论在学校、职场,还是交际场合,无论同学、老师,还是家人、朋友相处,第一要旨就是学会微笑,不是那种皮笑肉不笑的假笑,是真心的愉悦的表情。

每天问问自己:我今天对室友微笑了没有?今天对老师微笑了没有?今天对宿舍管理人员微笑了没有?今天对邻座同学微笑了没有?新加坡倡导微笑国家,巴黎倡导微笑城市,我们倡导微笑校园。改变表情改变你的人生。

被誉为美国金牌推销员的乔·库尔曼在《我的路》中描述过微笑的益处——这也是他获得成功的经验:

把你的友善与关怀有效地传达给对方;
能拆除你与对方之间的"篱笆",
敞开双方心扉;
使你的外表更加迷人;
可以消除双方的戒心与不安,以打开僵局;
能消除自卑感;
能建立对方对你的信赖感;
能祛除自己的忧郁情绪,迅速地重建信心;
是表达爱意的捷径;
能增强活力,有益健康。

可以经常实施自我微笑训练:第一步:嘴形笑。①额头肌肉收缩,眉位提高,眉毛略弯曲成弯月形;②双颊肌肉用力向上抬起,嘴里发"一"音,用力抬高嘴角两端,注意下唇不要用力太大;或唇形稍弯曲,嘴角稍上提,双唇关闭,不露牙齿,使面部肌肤看上去充满笑意,最后自觉控制发声系统,不发出笑声。

第二步,眼睛笑。对着镜子,闭上眼睛,运用"情绪记忆法",将生活中某些令人愉快的事情储存在记忆中,在练习微笑时反复回忆当时的事情,或想象着你最想见的那个人现在就在眼前,然后张开眼睛,眼睛会透出光泽,目光中保留脉脉的笑意,这样的表情会使人感到亲切与温暖。

3. 人际交往理念的真诚:尊重对方的选择,维护对方面子

本杰明·富兰克林是美国的开国元勋和杰出的科学家、政治家,一天,富兰克林和年轻的助手一道外出办事,来到办公楼的出口处时,看见前面不远处正走着一位妙龄女郎。也许是她步履太匆忙,突然脚下一个趔趄,身体失去平衡,一下子就跌坐在地上。富兰克林认出她是一位平时很注重外在形象的职员,总是修饰得大方得体、光彩照人。助手见状,要上前去扶她,却被富兰克林拉住了,示意他暂时回避。于是,两人很快折回到走廊的拐角处,悄悄地关注着那位女职员的动静。一会儿,那位女职员站起来,环顾四周,掸去身上的尘土,很快恢复了常态,若无其事地继续前行。等那位女职员渐行渐远,助手仍不解地望着富兰克林,意即为什么不让我去扶她呢。富兰克林淡淡一笑,反问道:年轻人,你难道就愿意让人看到自己摔跤时那副倒霉的样子吗?助手顿时恍然大悟。本杰明·富兰克林维护别人自尊的故事为后人树立了典范。人要面子树要皮,人存在于社会上,要扮演各种各样角色,特别是在互相的交往中,需要一定的尊严来支撑,这是人性的弱点。明白了这点,才能体会到尊重的必要性。

经常听到明智的人说我可以不同意你的观点,但尊重你讲话的权利;我不喜欢你的生活方式,但尊重你的选择。说明交际场合不将自己的价值观强加给对方,尊重对方的选择,维护对方面子,是人际交往理念的底线。这世界因为多元差异才精彩神奇有创造力。每人都有属于自己的心和眼睛,尤其血气方刚敢于叛逆的大学生,喜欢什么就喜欢什么,就是俗气也喜欢,不喜欢什么就不喜欢什么,就是大家都顶礼膜拜也不喜欢。对有思想主见的80后、90后,你可以影响他,但不要强迫他,你可以引导说服,但要避免结论灌输。这就是在非原则问题上彼此共存、求同存异的为人处世底线。因为强迫会引起反感,只有心悦诚服才会自觉接受。

同学老师相处更讲究和风细雨,和颜悦色,和而不同。"清风吹麦垄,细雨濯梅林。"底线管理的根基是强化尊重理念,学会换位思考。有教养的人懂得如何与别人共处,懂得维护自己内心的尊严同时也尊重人的理念。如为尊

者讳,为上司讳,在失意者面前不谈你的得意。尊重的法则是遇事经常换位思考,多站在别人的角度看问题,设身处地为对方着想,可以更多地理解别人,即使彼此发生矛盾时,也能化干戈为玉帛,重建良好的关系。当学会并做到换位思考的时候,会发现原来结果不只有一种,涌入内心的埋怨或者愤怒便会消失。容纳对方,换位思考,天地会更广阔,绩效会更理想,进入"柳暗花明又一村"的境界。

(1)尊重人生选择。2010年9月中国的一个新闻人物是北大数学天才柳智宇,他大学毕业前成功申请到美国麻省理工学院全额奖学金,此前他多次参加国际数学奥林匹克循环赛为中国队夺得金牌。然而他最终的选择是:放弃看似花朵锦簇的前程,到北京西山脚下的龙泉寺当一名修行居士。很多人不理解,认为他辜负社会辜负父母,而柳智宇的父亲却说:尊重儿子的选择。凭柳智宇的天赋和智慧,他不会随便对待自己的人生,他是洞穿了世俗的喧嚣和浮躁,对现实社会眼下的成功范例可能不认同,他要追求自己的信仰,企望用另一种方式给人类带来大爱,实现普世价值。其实柳智宇的选择不是个案,他们的选择总有他们的道理在,社会要尊重他们对个人生活道路的选择。这是对自由的尊重,对生命的内省与关照。曾几何时,中国什么都要大一统,不管思想、行动、读书、作文、穿着、唱歌、信仰等等,导致十几亿人谨小慎微,只有奴性,没有了创造力。现在好了,国家鼓励多种体制多种方式创业创新,条条道路通罗马,适合自己就是好,打开桎梏心灵活,变换思维求科学,自由选择天地宽,各尽所能事业旺。有的大学生性情比较散漫,不喜欢太受约束的生活,于是选择自由职业,如开店开个人工作室;有的不愿做房奴,宁愿租房把资金投入梦想的事业,勇敢离开社会设定的轨道,不愿为物质所累,不愿做蜗牛,愿展开精神翅膀自由翱翔。尊重选择,这本身就是一种社会的进步。

(2)尊重兴趣爱好。爱因斯坦说,兴趣是人生最好的老师,天才就是兴趣＋勤奋。没有兴趣就没有创造。2010暑假杨振宁在成都科技大学讲座时,以自己的经历希望年轻学子"发现自己的兴趣、培养自己的兴趣、发展自己的兴趣"。亚里士多德说:古往今来人们开始探索,都应起源于对自然万物的惊异。现在好多高校允许学生进入大学后转专业,这就是尊重兴趣,鼓励兴趣,长此以往,焉能不出大师?小学教育中学教育家庭教育也要遵循这一底线,每个人的遗传基因不一样,特质也不一样,如果人人都能有适合自己优势基因成长的环境,学生学得快乐,老师也教的深入,国家创新人才将不断涌现,人的全面发展也自然实现。马克思大一的时候学的专业是法律,那是他父亲的意愿,大二时他发现自己的兴趣在哲学,于是转向了哲学,才有了19世纪中叶伟大的马克思主义问世。瓦特发明蒸汽机来自于他对祖母烧开水时茶壶盖跳动原因的浓厚兴趣，由此产生了好奇和钻研之心，不断试验不怕失败，才有了后来推动工业革命的蒸汽机的发明。兴趣是不会说谎的，高兴学来的东西永不会忘。歌德说得好，哪里没有兴趣，哪里就没有记忆。只有热爱才是最好的教师，它远远超过责任感。我们思想政治教育中无缘由地强调责任，其实热爱才会有责任，痛苦接受的东西难以珍爱。兴趣爱好也是一个人的个性所在，因为已经融入生活习性。最遗憾的莫过于爱好被扼杀，最感动的莫过于爱好得到支持。所以同学之间、师生之间、家人之间、朋友之间要彼此走近或相处融洽，不妨从尊重兴趣爱好上切入。

(3)尊重风尚习俗。每个人都有自己的生活习俗，习俗来自家乡地缘，习俗是特定社会文化区域内历代人们约定俗成的行为模式或规范。习俗是多样性的，所谓"百里不同风，千里不同俗"，它是人们因自然条件不同为生存需要而形成的生活习性差异。由于习俗是历史形成的，对社会成员有一种非常强烈的行为驯化作用，所以《礼记·曲礼上》就告诫人们："入国而问禁，入乡而问俗，入门而问忌。"说明尊重习俗在外交、社交中的重要性，否则就会冒犯对方或引起尴尬，成为不受欢迎的人。不同礼俗惯例之间要互相尊重、接纳，避免互相排斥。如中国人习惯用筷子，欧美人习惯用刀叉；中国人喜欢劝酒，在酒席上发挥得淋漓尽致，欧美人不习惯劝酒，但他高兴时把自己灌醉；中国人对别人的赞美会觉得不好意思，总要谦虚一番，欧美人对别人的赞美会欣然接受，说很高兴谢谢。礼俗是各民族的一种生存方式，节日是各国各民族礼俗的集大成者，可以从节日看一个民族的性格和历史。

中国的节日大致可以分为三类：

一是政治性的，为争取权利特别值得纪念的日子，如国庆节、建军节、建党节、五一国际劳动节三八妇女节等；二是出于特定需要或表示保护，为某个群体设定的节日，如教师节、儿童节、老人节、护士节等；三是传统节日，是中国几千年文明史遗留、沉淀而成的传承民族特色的节日，如春节、元宵节、清明节、端午节、中秋节等，它们是中华民族宝贵的精神文化遗产。当然还有民间自发的与个人情感相关的节日，如情人节、父亲节、母亲节等。对人们生活密切相关的习俗主要体现在传统佳节。中国大部分的传统节日在先秦时期已初露端倪，风俗活动与神话传奇故事为节日增添了几分浪漫色彩，加上宗教对节日的冲击与影响，一些历史人物被赋予永恒的纪念渗入节日，如屈原、介子推、嫦娥等，这些内容使中国的节日有了深沉的历史感。节日发展到唐代，从原始祭拜、禁忌神秘转为娱乐礼仪型，成为真正的佳节良辰。节日变得欢快喜庆，丰富多彩,许多体育、享乐的活动内容出现,并很快成为一种时尚流行开来,这些风俗一直延续发展,经久不衰。中国的节日有很强的内聚力和广泛的包容性,一到过节,举国同庆,这与中华民族源远流长的悠久历史一脉相承,是凝聚民族情感、传承文化血脉的精神依赖。那么为什么要有节日?节日的本质是什么?每天日复一日平淡、规矩,过节让人们有理由相聚相会一起休闲放松,使这一天特别欢庆欢快,节日的本质是交流、放松,体现开放的生活理念,也表达对自由幸福生活的追求。欢庆需要某种形式表示,于是有了春节要守夜,十五要观灯,清明要祭祖,中秋要赏月,重阳要登高……加上各种各样的吃,春节吃饺子,十五吃元宵,中秋吃月饼,端午吃粽子……这些节日形式让人的情感有所归属,大家都是笑脸,家家整洁迎客,乞丐也获得礼物,生命的对话和慈善在节日得以传承,对大自然的索取也在节日停止,把占有的欲望收敛一些,多一些给予,彼此牵挂,敬畏自然,珍爱生命。这就是人们喜欢过节的缘由。随着中国的开放崛起,中国的节日走向世界,美国、欧洲、俄罗斯及亚洲各国都羡慕中国的节日载体,喜欢中国的餐饮食品。因此食在中国,已成为世界范围的一种文化自觉。从中国的餐饮文化来看,中华民族是一个特别讲究味觉的国度,中国菜讲究"色香味俱佳",尤其要"有味道","民以食为天,食以味为先",为了吃得好,不惜时间精工细作,做菜犹如艺术创作。于是形成了中国的四大菜宗、十大菜系。

中国是一个餐饮文化大国,由于地大物博幅员辽阔,人们长期生活在不同地区,受所在地区地理环境、气候物产、文化传统以及民族习俗等影响,形成了有一定亲缘承袭关系、菜点风味相近,做法流行较广,并为许多大众喜爱的地方特色风味菜,后称为菜系。其中尤以粤菜、川菜、苏菜(淮扬菜)、鲁菜最著名,尊称为"四大菜宗",加上浙菜、闽菜、徽菜、湘菜、京菜和沪菜,即为"十大菜系"。

粤菜是以广州、潮州、东江三地的菜为代表而形成的。菜的用料较广、花色繁多、形态新颖、善于变化,讲究鲜嫩、爽滑。一般夏季秋力求清淡,冬季偏浓醇,粤菜餐谱绚丽多姿。烹调技法精良,并以其用料之博而著称。

川菜以四川成都、重庆两地的菜肴为代表。川菜馆遍布世界。川菜以辣、酸、麻脍炙人口,注重调味,离不开三椒(辣椒、花椒、胡椒)和鲜姜,各种调料,相互配合,形成各种复合味。如家常味、咸鲜味、鱼香味、荔枝味、怪味等23种之多。

淮扬菜以烹制山野海味而闻名。早在南宋时,"河地马蹄鳖,雪中牛尾狐"就是那时著名的菜肴。淮扬菜以其选料精细、工艺精湛、造型精美、文化内涵丰富而在中国四大菜系中独领风骚。淮扬菜系特点是：用料以水鲜为主，汇江淮、湖南特产为一体，禽蛋蔬菜，四季常供；刀工精细，注重火候，擅长炖、焖、煨、焐；追求本味、清鲜平和、咸甜醇正适中。适应面很广，菜品风格雅丽、形质兼美、酥灿脱骨而不失其型。滑嫩爽脆而显其味。著名的菜肴品种有苻离烧鸡、火腿炖甲鱼、腌鲜鳜鱼、火腿炖鞭笋、雪冬烧山鸡、奶汁肥王鱼、兰花鲍鱼、扒烧猪头、天下第一球、马蹄鳜鱼等。

鲁菜是由济南菜、胶东菜和孔府菜三个地方风味组成的一个菜系，以味咸、鲜、脆嫩，风味独特、制作精细，享誉海内外。鲁菜代表有：德州扒鸡、九转大肠、糖醋黄河鲤鱼、油爆海螺、清汤燕菜等。

闽菜也称福建菜系，以福州和厦门菜为代表，其特点是制作细巧，讲究刀工，色调美观，调味清新，烹调方法以干炸、爆炒、滚煨、蒸为主，最为讲究吊汤。代表菜有：佛跳墙、太极明虾、雪花鸡等。

徽菜即安徽菜系，由皖南沿江和沿淮三种地方风味构成，素以烹制山珍野味而著称，擅长烧、炖、蒸，讲究刀工，少爆炒，其特点是苁大，油重色浓，朴素实惠。代表菜有火腿炖甲鱼等。

湘菜即湖南菜系，由湘江流域、洞庭湖区和湘西地方风味发展而成，湘菜的特点是做工精细，用料广泛，讲究原料的入味，烹调方法以熏、蒸、干炒为主，口味重于辣、酸。辣味菜如烟熏腊肉是湘菜的独特风味，代表菜有麻辣子鸡、霸王别姬、剁椒鱼头等。

京菜就是北京菜系，由北京本地，山东菜、宫廷菜、清真菜等不同风味构成，其特点是：选料广泛，刀工精细，造型美观突出主料，烹调方法以炸、爆烤、扒为主，口味以脆、香脆、鲜为特色，但种类较少，代表菜有北京烤鸭、涮羊肉等。

上海菜简称沪菜，是一个年轻的菜系，是在上海菜、本地菜的基础上广泛吸取了其他菜系及西菜的长处而形成的地方菜系，特点是：汤卤醇厚，浓油赤酱，咸淡适口，保持原味，烹调方法专长于红烧、生煸、煨、糟等，代表菜有椒盐蹄膀、五味鸡腿、口蘑锅巴汤、糖醋排骨等。

浙江菜，以杭州、宁波、绍兴、温州等地的菜肴为代表发展而成。其特点是清、香、脆、嫩、爽、鲜。浙江盛产鱼虾，又是著名的风景旅游胜地，湖山清秀，水光山色，淡雅宜人，故盆菜如景，不少名菜，来自民间，制作精细，变化较多。烹调技法擅长于炒、炸、烩、溜、蒸、烧。久负盛名的菜肴有西湖醋鱼、奉化芋头、咸菜黄鱼、东坡肉、宁式鳝丝、三丝敲鱼、三丝拌蜇等。

请客点菜需注意的礼仪：按客人居住地点生活习惯点菜。一个人的胃和口味有习惯,不符合习惯会不舒服,觉得不吃好会留下遗憾。如北方人喜欢面食,味道较重,偏于浓郁、咸味较重的食品;湖南、贵州客人口味较重,比较喜欢带有辣味的食品;四川人喜欢麻辣食品;江浙沪一带的客人比较喜欢甜食,口味清淡;广东、港澳地区客人喜欢生、脆、鲜、甜的食品,要求口味清淡,喜欢在用餐前喝老火汤。民以食为天,食以安为先。有朋自远方来不亦乐乎。请客吃饭遵循四原则:吃特色、吃文化、吃环境、吃安全。

我国各民族不同的餐饮风俗:

东北人包饺子忌不捏褶,因为捏光边像"和尚头",不吉利,而且包成的饺子忌摆成圈,必须摆得横竖成行,才能财路通达。满族、回族、藏族、蒙古族、维吾尔族、白族等少数民族都不吃狗肉,不打狗,不使用狗皮做的取暖物品。这与民族犬图腾崇拜、祖先崇拜有关,也与狗在他们生活、生产中曾起过重要作用有关。与此相反,朝鲜族人特喜爱吃狗肉,除结婚日、节日、搬家、办丧事时不准杀狗和吃狗肉外,平时狗肉是他们常用的肉食。朝鲜族的"汤文化"堪称世界一绝,须臾不能离开。狗肉汤、牛肉汤、猪肉汤、河鱼汤、海带汤、酱汤,酱汤又可以因酱的品种不同而分为若干种。朝鲜族喜欢把饭泡到汤里吃。在朝鲜族家里做客,碗里、盆里出现剩饭是很正常的事,但一般汤是不能剩的。朝鲜族人的生活中要是没有了汤,就像没有太阳一样令人不可忍受。

藏族人从来不吃马肉、驴肉和狗肉,有些地方的藏民连鱼肉都不吃。因为藏族人认为狗和马是通人性的,是不能吃的;而驴被视为一种很不干净的东西,也不会食用。所以,在西藏千万不能提起吃驴肉、狗肉等事情。藏族人伸舌头是一种谦逊和尊重对方的行为,而不是对他人不敬。双手合十表示对客人的祝福。

回族分布较广,食俗也不完全一致。如:宁夏回族偏爱面食,喜食面条、面片、调合饭。甘肃、青海的回族则以小麦、玉米、青稞、马铃薯为日常主食。油香、馓子是各地回族喜爱的特殊食品,是节日馈赠亲友不可少的。民间特色食品有酿皮、拉面、大卤面、肉炒面、豆腐脑、牛头杂碎、臊子面等。多数人家常年备有发酵面,供随时使用。城市的回族一年四季早餐习惯饮用奶茶。穆斯林严格恪守《古兰经》规定,禁食猪肉,禁酒,禁食动物的血和自死动物,也不吃马、驴、骡、狗肉。伊斯兰教认为猪是不洁净的"秽物",饮酒、赌博、拜像、求签(卜卦)是"秽行"。普遍吃羊、牛、驼等食草类反刍的偶蹄动物。

入乡随俗,入国问忌,主随客便,客随主意。人与人之间的交往过程,其实就是避开对方忌讳,估摸着对方的底线并在彼此底线之上的一种互动往来。了解习俗,尊重对方风尚,融入环境,求同存异,是做客、待客文明修养的要求。

当然习俗不是一成不变的,有些不文明的生活习惯会随着各种文化的交流而被修正。

(二)真诚做事诚心为本

诚心即远离虚假,拒绝伪饰,诚实真挚。说文解字说:诚,信也。《礼记·中庸》说:诚者自成。曾国藩曾经给"诚"下过定义:"一念不生是谓诚。""一念不生"就是没有杂念,一尘不染,就是清净心。故"诚于中,必能形于外"。真诚在内心就是纯净无染,表现于外就是真实不虚,率真自然。如此则自然诚笃,心怀坦荡,正直无私。君子一言,驷马难追,说到做到。因此,真诚的心就像阳光雨露般,能温暖人心,净化心灵。诚是立身处世的不二法门,信实无欺,真实无妄。在人心浮躁、物欲横流的社会,诚是珍贵的心理资源,是信任的重要基石。试想:没有诚,何谈信? 真诚可以打动人,可以感染人,可以拉近心理距离,可以消除心理隔阂,可以赢得真心朋友,可以形成事业发展的合力。故"真诚"是人立身处事成败的关键,其含义深远,是做事须臾不可离开的。然而,大千世界人心叵测,真诚不可能感染所有的人,在现实社会中,真诚有被虚伪狡诈所捉弄、愚弄、玩弄的风险,尤其是对自私自利、心胸狭隘、麻木不仁的人来说,真诚可能苍白无力。但很多人依然坚持着真诚的原则。犹如江河有暗流不能不航行,战场有牺牲依然要冲锋陷阵,身边有假恶丑依然追求真善美。这是人性的光辉,正义的力量。2008年2月17日晚上,上海打假医生陈晓兰当选"2007年度《感动中国》人物"。陈晓兰的不一般感人之处是,十多年来,她一个弱女子、普通医生,坚持不懈举报假劣医疗器械和假治疗方法,为此她遭到打击报复,失去了工作,失去了生活安全,蒙受了冤屈,但她依然执著打假。陈晓兰说:"我是医生,我在和生命打交道! 我要对得起自己的良心!"《感动中国》推选委员于丹在推荐陈晓兰的时候这样写道:一个弱女子冒着生命危险揭露行业潜规则,她代表了这个社会核心价值的方向。是的,总有一种力量,震撼着人们的心灵。对真善美的向往和追求,能战胜一切坎坷与不平。欺瞒牟利只能侥幸一时,但不会长久。长久行走在职业沙场的是真诚,真诚是树立在人们心头永远的丰碑。

早年,尼泊尔的喜马拉雅山南麓很少有外国人涉足。后来,许多日本人到这里观光旅游,据说这是被一位尼泊尔少年的诚信所吸引。一天,几位日本摄影师请当地一位少年代买啤酒,这位少年为之跑了3个多小时。第二天,那个少年又自告奋勇地再替他们买啤酒。这次摄影师们给了他很多钱,但直到第三天下午那个少年还没回来。于是,摄影师们议论纷纷,都认为那个少年把钱骗走了。第三天夜里,那个少年却敲开了摄影师的门。原来,尼泊尔啤酒极少,他在一个地方只购得4瓶啤酒,尔后,他又翻了一座山,趟过一条河,才购得另外6瓶,返回时摔坏了3瓶。他哭着拿着碎玻璃片,向摄影师交回零钱,在场的人无不动容。这个故事使许多外国人深受感动。后来,到这儿的游客就越来越多。说明真诚、诚信是最好的旅游资源,最大的人际吸引力。

重庆女大学生严琦1994年从保险公司辞职下海,在重庆白市驿开了家只有5张桌子的街边小饭馆。由于用心经营,再加上她善于琢磨,创立了自己的特色菜辣子田螺,小店很快就在当地小有名气。尝到创业甜头的严琦并没有因此而满足。1997年,踌躇满志的严琦把店开到了成都,并且起了个好听的店名——陶然居。开业不到1年,她就又在成都连开了3家分店,并且个个红火。2000年,严琦挥师重庆,在重庆最偏僻的科园三街投资4 000万元,开了一家4 000多平方米的餐厅。由于拥有一流的菜品、一流的环境、一流的服务,食客络绎不绝,那条原本冷清的街也被带动起来,成为有名的美食街。此后的4年里,严琦又在"大本营"重庆开了8家精品店,营业面积超过2万平方米。2003年10月陶然居餐厅进军北京,得到首都顾客认可。迄今为止,严琦的陶然居餐厅已在重庆、成都、北京、湖南、贵州、新疆等省、区、市建立了50多家连锁店,营业面积超过14.5万平方米,为社会提供了1万多个就业岗位,年营业额4.8亿元,每年向国家纳税3 000万元。现在她已是全国政协委员、全国青联委员、中国青年企业家协会副会长等,成为社会名流。严琦说起自己的奋斗经历,总结一条:真诚做人,认真做事,这就是我成功的真谛。是的,真诚成就梦想,梦想依赖认真。不管大事小事无一例外。

2009年一位卖煎饼的山东小伙子引起了大家的关注,他是在中国青年政治学院内租门面卖煎饼的小贩汪龙强,初中学历,大学生却尊称他为煎饼王子。煎饼是山东人的特色点心,在全国各地练煎饼摊的不计其数,为什么独独汪龙强成为"王子"呢?大学生们说:因为他的煎饼特别好吃;因为他的煎饼分量足、价格不贵;因为他总给那些拿煎饼当饭吃的学生悄悄地加辅料加份。就是这份真诚牌的煎饼让汪龙强受到大学生的追捧。当春节汪龙强回家休假,开学还没回来时,大学生们强烈要求学校去请他回来。其他高校的学生也跑到这儿来买,好希望汪龙强能搬迁到他们学校开店。面对激烈的市场竞争,无论就业还是创业的大学生都可以从中感悟做人做事的真谛。

人有时为了某些小利而造次作假,失信于人,也许获得了眼前利益,然而失去的却是长久的信誉,做事一旦信誉丧失,做什么事都必然会招致失败。2010年夏季华中科技大学教授肖传国做学问作假又雇凶伤人企图让揭露的

人闭嘴,该事件震惊整个知识界乃至全国,高级知识分子的形象被损坏。这也说明做人做事诚信持恒的重要。诚信是成事之基,"人而无信,不知其可也"(《论语·为政篇》)。诚信是取财之径,也是交友学问之法。传说一个村落里,有一个人被大家称为"阿傻"的人,当然这个人不是真的弱智而傻,而是为人十分老实,从不说谎,对人诚信有礼,对别人说的也都信以为真,所以十分容易上当受骗。但奇怪的是,他受骗的次数却是整个村落中最少的,因为他总是待人以信,所以人们也很自然的回报他以信,这就使他在村落中的声望愈来愈高,与每个人的交际关系都拿捏得当,最后被一致推举为村长。

20世纪90年代初美国有一部电影《阿甘正传》,一经出品,迅速传播世界,荣获1995年奥斯卡最佳影片奖、奥斯卡最佳男主角奖、奥斯卡最佳导演奖等6项大奖,至今都成为经典。电影的主角是一个南阿拉巴马州的傻子,一个智商比常人低的先天弱智阿甘,始终做着别人看来是傻事的事,从不知道投机取巧,从不知道善待自己。他生来诚实、守信、认真、勇敢,重视感情,对人只懂付出不求回报,也从不介意别人拒绝,他只是豁达、坦荡地面对生活。他把自己仅有的智慧、信念、勇气集中在一点,他什么都不顾,只知道凭着直觉在路上不停地跑,他跑过了儿时同学的歧视,跑过了大学的足球场,跑过了炮火纷飞的越战泥潭,跑过了中美乒乓外交的战场,跑遍了全美国,并且最终跑到了生命的终点,他得到了所有人的尊敬。每个看过《阿甘正传》的人都会从中得到些许感悟:生命就像那空中白色的羽毛,或迎风搏击,或随风飘荡,或翱翔蓝天,或堕入深渊。"人生就像各种各样的朱古力,你永远不会知道哪一块属于你。"但真诚是一个人坚决不能丢的护身符。

诚信是声名底线,人与人相处最不能忍受的是被欺骗,欺骗会让人产生强烈的不安全感。失去信任基础,人际关系也就不和谐。信用是一个人的第二生命。当个人失去了最可贵的诚信,还会导致整个社会的混乱。如果一个社会处在人际信任危机中,这个社会是没有发展前途的。社会一旦失去底线,人人都将是受害者。无数事例表明,一个人的成功源于诚信,教育的成功也源于诚信。大学生要成为社会有用之人实现自己的人生价值,必须做到言必信行必果。当然大学必须有诚信的环境和机制。18世纪法国的一位王子曾向法国自然经济学派的代表人物奎奈请教:"如果您是一个国王的话,您将怎样治理这个国家?"奎奈说:"什么也不要做。用规则来治理。"奎奈道出了制度的力量。欧美发达国家用150多年的时间建立了成熟的社会信用体系,增强了国民素质。中国古语"逢人且说三分话,不可全抛一片心",是因为没有机制保障,说真话有所顾忌。俗话说一条鱼死了,可能是鱼本身有问题,而一池鱼都死了,那是池水有问题。当一个社会的主流话语形成一个正确的社会价值导向,鼓励人们说真话,奖励人们做实事,社会便正气上升,个人也会自觉诚信。所以建立社会和校园的诚信机制是教育影响个人诚信的前提,它是人际交往底线管理的指南。

2010年7月中国出现一个新闻焦点,被誉为打工皇帝的唐骏的博士学历被质疑。他在自己的自传简历上写着"1990—1993:美国加州理工大学计算机专业博士学位"。方舟子等人质疑其造假。说这个时间段美国加州理工大学计算机专业没有一个中国学生获得过博士学位。唐骏回应:我无论在任何时候、任何场合,包括我的书上、我的书的首页介绍的时候,从来没有说我在加州理工大学拿到过博士。我的整体的经历是,我在日本攻读了五年的博士,最后一刻我在日本放弃了博士论文答辩去了美国,到了美国以后我也试图在各个学校寻找一些继续通过论文转成博士的形式,最后我在美国的叫Pacificwestern的私立大学进行了他们的辅导做了一些研究,最后拿到了Pacificwestern大学的博士学位,这些都有证书在。方舟子则不依不饶,称西太平洋大学在美国"是一家有名的卖文凭的野鸡大学"。公众一般不愿介入名人间的是是非非,但公众的评判标准是做人做事必须诚信。有着丰富企业管理经历的著名职业经理人唐骏为何老喜欢上电视,剪彩,曝光,出书,甚至举行新闻发布会故意被传播呢,似乎有吹嘘自己、抬高身价、获取贷款和机会等动机。说明唐骏有本事有能力但不是一个踏实低调人。真正的企业家实业家不愿作英雄状。欺世盗名,搬起石头砸自己的脚,太抬高自己,难免成为别人的靶子。这是不真诚的教训。

有个花店老板要雇用一个店员,有三个人前来应聘。一个是学植物学的,一个是在别的花店干过的,还有一个是对此一无所知的。老板决定试用一周。在试用期间,第一个人具有专业水准,针对买主善于从植物学出发,不厌其烦地解释花语;第二个做过店员,很擅长从经济学的角度考虑成本核算,哪怕折损的花叶也会利用上卖给顾客,将花的损失降低到最小;第三个人这些都不会,但是她会把那些损坏的花叶拿到外边去送人,送老人,送小孩,引起大家对花店的注意与好感。最终,这个店主留下了第三个人,为什么呢。店主认为:第一个店员理性,原则性强,喜欢在竞争中有意无意地卖弄自己的知识,把自己的位置摆得过高,有些强势、高傲,不免缺乏情趣;第二个人精明算计,暂时会提高利润,但缺乏换位思考,以次充好时间长了会损害花店的信誉,她太聪明了,如此精打细算,店主也会被他算计;第三个感性,本性善良,有情调,有公关天赋。虽然不专业,甚至有点没心没肺,但她的价值就在于引起公众的好

感,创造口碑,放在店里最放心,可以像一张白纸一样培训调教。

一般来讲,商人老板肯定会用懂专业会经营的雇员,但从长久市场来讲,人性的真诚才是永久的吸引力。这个店主对人性了解非常专业精深。有多少人信任你,你就拥有多少成功的机会。信是一种人格的力量,是超越金钱的魅力,信是了解、是欣赏、是覆水,具有不可逆转性。所以,做事先做人,做人先取信。诚实信誉,生存基石。

 二 人际底线管理的文明准则

大学生曾总结出当代大学校园十大不文明行为,有校方版的和学生版的:
"校方版"十大不文明现象为:①迟到旷课、②随地吐痰、③践踏草坪、④在宿舍影响他人休息、⑤乱扔垃圾、⑥占座不到、⑦考试作弊、⑧损坏公物、⑨公共场所情侣举止过度亲密、⑩上课和自习时不关手机

"学生版"十大不文明现象:①校园频繁丢失物品、②校园物价过高、③校内服务人员及部分教职工对待学生态度差、④部分学生组织腐败、⑤浪费水电现象、⑥课堂手机频响、⑦图书馆或食堂占座、⑧对校外人员管理不力、⑨考试作弊、⑩校园乱收费。

虽然版本有差别,却说明大学作为文明的传播地和当代文明建设的中心,依然有瑕疵,大学师生并非神圣,不文明行为历历在目,大学的文明建设和熏陶一样的必要、严峻和急迫。

文明,一种先进的社会和文化发展状态,民众有明智明德,言行举止理性文明不粗俗。理性是真理的灵魂,真理是文明的胚胎,文明是科学的丰碑。古代文明社会三大标志:金属工具的出现、文字的发明、国家的形成。现代文明要求:人文、绿色、科技、民主、法治等。文明与"野蛮"相对,包括物质文明、精神文明、制度文明等。文明的本质是人与人之间的和谐,人与自然的和谐。如爱护动物,爱护环境,爱护公物,爱护家园,敬畏自然,人际和谐,天人合一。

(一)人际交往中的文明是以规则理性处理冲动

1. 要求理性处理情绪冲动

古希腊神话里,有一则"仇恨袋"的故事。说的是一个威风凛凛的大力士名叫赫格利斯,从来都是所向披靡,无人能敌,因此他非常的踌躇满志、春风得

意,唯一的遗憾就是找不到对手。有一天,他行走在一条狭窄的山路上,突然,一个趔趄,他险些被绊倒。他定眼一瞧,原来脚下躺着一只袋囊。他猛踢一脚,那只袋囊非但纹丝不动,反而气鼓鼓地膨胀起来。赫格利斯恼羞成怒,操起一条碗口粗的木棒狠砸起来,那东西竟然加倍地膨胀,最后大到把路堵死了。一位圣人路过,连忙对赫格利斯说:"朋友,快别动它,忽略它,离开它远去吧!它叫仇恨袋,你不犯它,它就小如当初,你的心里老记着它,侵犯它,它就会膨胀起来,挡住你前进的路,与你敌对到底!"是的,人难免会有冲动的时候,人一旦冲动愤怒起来,就再也装不下别的东西。这种状态下,人最容易失去理智,在仇恨的指引下干出后悔莫及甚至葬送自己前程的事情。所以要做一个文明人,少抱怨少埋怨少愤懑,规则理性地处理矛盾、冲撞和不快。不做违纪吃苦果的事,如考试不作弊,开车不超速,排队不加塞,生气不动手。越是竞争激烈,越要调整心态,并且调整与同学的关系。大学生中有不少为了一句话不当而冲动的例子,最后两败俱伤,得不偿失。人际互动,应着眼于未来。避开冲撞,理性克制,是对待自己的最好方式,忍一时风平浪静,退一步海阔天空,为对方的过错而怒火中烧,烧伤的是自己。在人海中,如果自己不想扭曲形象,那么就学会容忍。林子大了,什么鸟都有,不要求你喜欢所有的人,但同时世上也没有什么最牛的人。给对方台阶,就是给自己面子。吃亏是一种投资,实际为自己铺路。

诸葛亮六出祁山时驻扎五丈原,司马懿深知自己的韬略不如诸葛亮而采取拖延战术,久不出兵。诸葛亮派人向司马懿送去一套女人服装,并递信说:"你如果不敢出战,便应恭敬地跪拜接受投降;如果你羞耻之心还没有泯灭,还有点男子气概,便勇敢出兵作战。"司马懿的左右下属看后,非常气愤,纷纷请战,但司马懿却坚守不战。不久诸葛亮因积劳成疾而死,司马懿没伤一兵一将,不战而胜。古人说得好:必须能忍受别人不能忍受的触犯和忤逆,才能成就别人难及的事业功名。

美国总统林肯是美国人最崇拜的总统之一,这不仅因为他阻止了美国的分裂,还因为他的人格魅力。林肯对人对事幽默宽容,传说林肯夫人脾气不好,经常喋喋不休,永远抱怨,永远批评她的丈夫,她认为林肯所做的一切,没有一件是对的。她抱怨丈夫,脚步中没有一点弹性,动作一点也不斯文,要他改变走路的样子。而林肯一直忍耐。有一次林肯夫妇和客人在旅馆里用餐,不知林肯说了什么话,夫人勃然大怒,端起一杯热咖啡,朝林肯劈头盖脸地泼去。客人们目瞪口呆,一般男人都会暴跳如雷,林肯却一声不吭,默默地拭去脸上的咖啡,没有任何表示。林肯的深度理性证明了一个伟人才能达到的高度。真的英雄,何必气短,不败人生,忍者无敌。忍能保身,忍能成事,忍是大智大勇,更是大福。大家风范忍天下难忍之事,不做性情中人。

心理学的研究成果表明,一个人要成就任何事业,都必须有较强的情绪自制力,特别是抗挫折能力,包括自我安慰、摆脱焦虑的能力,对冲动和愤怒的控制力,临危不惧、处变不惊的能力,能在挫折和失败时保持镇静、信心的能力。胜了不忘形得意,败了不一蹶不振,依然平静地面对。

当年中国体操运动员桑兰在美国比赛时不幸重伤,著名影星成龙刚好在美国,于是怀着痛惜的心情去看桑兰,安慰的话还没出口,桑兰先问他听没听过这样一个故事:从前有一个傻子只会说三个字"不知道"。你问他吃饭了吗?他说,不知道,你问他干什么去,他说不知道,然后桑兰问成龙"你知道这个故事吗?"成龙随口说:"不知道",片刻的沉默后,大家开怀大笑,在这笑声中成龙由衷的体会到美国人为什么会称桑兰是"伟大中国人民的骄傲"。一个受伤最重的女孩此时所表现出来的应对挫折的健康心理能力足以让未受伤的人敬仰。其实世上没有绝对幸福的人,只有不肯快乐的心。人生苦短,与其悲苦叹息,不如"幽它一默"。人生不如意事常八九,学会自己营造快乐,就会轻松愉快地面对难题。世上没有绝对幸福的人,只有不肯快乐的心。

2. 人际交往中的文明是养成理性行为习惯

看一个单位的凝聚力发展力就看员工的纪律性和文明素养,员工素质高的企业产品质量也高,反之质量也难以信任。产品如人,人如产品。犹如从学生的文明素养可以看一个学校的校风校纪。

汇源企业员工开会时会场纪律非常好,上千人的会场,没有一个员工的手机响起。参加庆典、观看演出时,他们总是先入场等待。散场时,客人离席后员工再列队离开会场。无论客人入场、退场,员工都报以热烈的掌声。

俗话说,没有规矩不成方圆。拥有严格的规范和纪律,才能形成强大的战斗力。汇源纪律严明,保持了旺盛的生命力和战斗力,保证了在竞争中处于不败之地。一位消费者到汇源参观后说:"作为一个果汁生产企业,汇源的规模之大、生产工艺之先进,是以前从未想象到的。看了汇源干净整洁的厂区、一流的设备及生产环境和完善的灭菌程序,就更加相信汇源产品的质量,更加信赖'汇源'这个品牌,更加放心地饮用汇源果汁了。汇源是真正对公众负责的企业,真为我们消费者有这样放心的饮品而高兴!"而董事长朱新礼说"很多时候,我们不缺少雄韬大略的战略家,而缺少精益求精的执行者;不缺少各类管理规章制度,而缺少按规章条款不折不扣的执行。"

1994年10月2日广岛亚运会,开幕式结束时,全世界的人发现,几万日本人退场后,在体育场里,居然没有发现一张丢掉的废纸,没有一个饮料瓶,这种克制力被全世界称为最可怕的日本人。日本几乎是亚洲大国距离欧陆最远的一个,却是吸纳西方文明习惯最早、最虔诚的一个。它20世纪60年代开始垃圾分类,环保文明教育。干净代表一个习惯,一种追求,一种文明,一种理性。就是这种文明理性让日本在原子弹的废墟上迅速崛起,成为世界第二经济强国。

2010年夏季足球世界杯期间,韩国首尔几万人在广场看比赛,结束时人群散去广场环境依旧整洁。我们十月一日在天安门广场举行升国旗仪式,当人们散去后,满地的废纸、矿泉水瓶,珍贵的广场地砖上粘满了口香糖。道德水准文明行为不是小事,这是国家形象国民素质,是尊严的能否保持,是吸引力的是否减弱。

美国"福特公司"的"福特"源自一个人名,当年福特大学毕业后,去一家汽车公司应聘,和他同应聘的三四个人都比他学历高,而名额有限。当前面几个面试之后,他觉得自己没有什么希望了。但既来之,则安之。他敲门走进了董事长的办公室,一进办公室,他发现门口地上有一张纸,他弯腰捡了起来,发现是一张废纸,便顺手把它扔进了废纸篓里。然后才走到董事长的办公桌前,说:"我是来应聘的福特。"董事长说:"很好,很好!福特先生,你已被我们录用了。"福特惊讶地说:"董事长,我觉得前几位都比我好,你怎么把我录用了呢?"董事长说:"福特先生,前面三位的确学历比你高,而且仪表堂堂,但是他们的眼睛只能看见大事,而看不见小事。你的眼睛能看见小事,我认为能看见小事的人,将来自然看到大事,一个只能看见大事的人,他会忽略很多小事。他是不会成功的。所以,我才录用了你!"福特就这样进了这个公司,这个公司不久因福特扬名天下,福特把产品创新发展壮大,果然从小事成就大事,他成了这家公司的总经理,并将公司改名为"福特公司",福特公司也改变了整个美国的国民经济状况,使美国的汽车产业在世界独占鳌头。一张废纸发现了一个人才,真正的人才是注重行为习惯看得见小事的人。

没有文明秩序意识和行为类同自辱。上海世博会是对中国人自律能力国民素质文明习惯的大检测。世博会上绝大多数观众遵守行为规范,文明参观,自觉维护园区秩序,即使在接近40摄氏度高温下,游客们也能井然有序地排队等候入馆。但还是有少数人表现出了不文明不诚信行为。有身体健康的游客冒充残疾人,坐着轮椅挤进本为照顾老年人、残疾人开辟的绿色通道;有的残疾人家属置"一人一车"的陪护规定于不顾,几名家属一齐"搭便车"混进展馆。谎称"手机遗失"要求从"出口处"再次进馆;热点展馆,成群游客"蟑螂一

样"钻过栏杆插队;法国馆散发明信片的"小白菜"被疯狂的游客拱倒在地,手中的"法兰西风情"被一抢而光;西班牙馆的"小米娃娃"前,围栏甚至解说员的力阻都挡不住成群游客"撸一记"的"冲动"。这些看似微不足道的细节,实则关系着一个国家国民的整体形象,关乎一个国家的"软实力"。在国际性大场合,个别人光天化日下的一个"假轮椅"或"真插队",其实已够中国人蒙羞。

《新民周刊》主笔胡展奋2010年6月撰文说到一次在国外"受辱"的经历:那年去维也纳,下榻希尔顿饭店。大堂的洗手间照例是异常干净,几乎没有一点异味。但是宽衣解带之后,我记得我足足傻了十秒。在与我颚部齐平的墙上赫然贴着一条中文提示:"小便请走上一步!"我一愣,忽然意识到这是在奥地利,在奥地利呀!一条孤零零的提示,上下左右既没有同质内容的英文提示,也没有能让我们民族心理稍稍平衡点的日、韩文。就这么一条中文提示,不是冲着我们中国人来,还能冲着谁来呢?几个人一商量,确认那条"标语"属于"一条辱华提示,"必须提出抗议。饭店的主管经理克劳茨先生耐心地倾听着我们的"抗议",面部表情时而微笑,时而惊诧。思考了一会儿,很果断地回答我们说:这里没有歧视,只有管理。我们对中国非常尊重,但是,很抱歉,在这里小便并且随随便便把大理石地面弄湿的,确实是中国游客。考虑到一部分中国游客不懂英文,我们就写了中文提示,并没有其他意思。说我们"侮辱了中国"是不合适的,我们不能尊重的,只是那些自称是中国,但其实不能代表中国的不良行为……一刹那,我们的脸都涨得通红,为争回点面子,同行的一位期期艾艾地说:呃,亚洲人长得很相像……您能确定饭店方面没有误会吗?有的民族和我们长得实在太相像了……克劳茨想了一下,面色凝重地告诉我们:你们有权利提出这样的疑问,饭店也必须把事情彻底解释清楚——是这样的,因为洗手间地面常常被弄得很脏,我们要求洗手间的服务生务必弄清楚"肇事者"是哪个房间,这样的调查持续半年,总台的反馈总是"中国游客",所以我们就下了结论……其实,这是一件小事,请你们不要太介意,走上一步,对任何人都是极其容易做到的事,差不多像呼吸一次一样简单,我就不明白为什么就有人做不到?这,很难吗?当然如果我们的客人有残疾,而我们不能提供有效的帮助,那……

我们逃似的离开了克劳茨办公室,因为事实上,他那看似无意的每一句话都深深地刺痛我们的心。

胡先生等的苦恼和痛心再一次警示国人,随着国家实力的提升外侮没有了,但不文明行为习惯却会带来自辱。自己都不自重自己的民族如何在世界上矗立形象。中国人的文明礼仪普及教育已经到了刻不容缓的地步。

(二)文明是谦虚内敛,做派而不张扬

做派,指的是一个人在社会交往中,通过自己内在的修养和外在的修饰,以形体语言表现出自己独有的一种风格;张扬,则是狂妄地自我夸张,以虚荣心为依托,并有很强烈的表现欲。做派与张扬,从表面看有相像之处,在表现形式上有点联系,但从内涵和本质看,是截然相反的。"做派"更注重于内涵的积累,核心竞争力的修炼;"张扬"则更侧重外在的名气或作秀。

每个人都应该有自己独特的做派。没做派,一个人就会变得唯唯诺诺,拘谨小气,人格也立不起来。所谓大气之人,他们的做法都会自然外溢内在的涵养和素质,不需作秀或摆谱。当年,毛泽东主席登上天安门城楼宣布"中华人民共和国中央人民政府成立"时,谈笑风生,步履矫健,双臂挥洒自如,那个做派和气势充满着自信,俨然"掌上雄兵百万,胸中万里江山"。伟人是如此,名人也不例外。有才学艺技的人,都会有自己的特质,并按这个特质进行自我修养和修饰。至于青年学生,也应当按自己的社会角色扮演自己得体的做派。

每个人在社会上为人处世,展示自己的风采,都应当把握好主体和客体兼容的分寸和尺度。一个踌躇满志的人,很容易骄傲自满,张狂张扬,如此既成的事业也可能导致失败。不同的职业、不同的身份、不同的场合、不同的环境、不同的区域、不同的国籍,人的言行举止都会有差异,也就是气质做派不同。美学家说,充内形外谓之美。不管是什么样的外在环境,对一个内在非常充实的人来说,外溢的美是大家可以接受的。当一个人形成自己的气场,做成自己的派头以后,依然能够在所有场合不卑不亢,落落大方,那就达到了谦虚内敛的境界。而唯恐别人不知道自己的成就,逢人宣扬、声张,这类人往往被视为没有城府,这种张扬必招来嫉妒和嫉恨。对上张扬,大有功高盖主之嫌;对下张扬,大有仗势欺人之嫌。孙悟空张扬唐僧的袈裟,结果被妖精掳走。三国时杨修在曹操面前张扬自己的学识,结果招来杀身之祸。张扬的结果,客观上树了敌,主观上也往往让盲目乐观冲昏了头脑。

怎样处理好既有做派,又不张扬的关系?常言道,人不可有傲气,更不可有傲骨。做派在于内心的修养和外在自然的修饰,和自己的职业、身份对称与和谐。要做到这点,必须审时度势,自知之明,充实自己,加强学习,向书本学习,向师生学习,向实践学习,向遇到的所有人学习。脚踏实地不飘飘然,做前行之途中沉默的河床不做浪花。

著名主持人白岩松 2009 年 5 月 31 日在宁波大学讲座时告诫大学生:人生一辈子 5% 是快乐,5% 是痛苦,90% 是平淡。生活的真相不是放礼花,而是

踏实做事老实做人。成功时也不要飘飘然。世界上第一个个人承办奥运会（1984年第23届洛杉矶奥运会）的尤纳斯后来被美国时代杂志选为封面人物，他非常兴奋，买了好几本杂志回家给他夫人说，你看我上了时代杂志封面。哪知他夫人微笑着说：好的亲爱的，你放在那儿吧我慢慢看，现在你先去倒垃圾。他一下回到了现实。生活就是这样，真相不是光有鲜花掌声，是平淡实在，是妻子家庭。

  1952年11月，以色列总统魏兹曼病逝，总统职位出现空缺。尽管总统在以色列是虚职，但"国不可一日无君"。政府总理本—古里安四处物色人选，不仅在国内物色，还把范围扩大到海外的犹太社会。很快，以色列政府相中了居住在美国的一位犹太科学家，就是爱因斯坦。11月中旬的一天，以色列驻美国大使埃班接到国内发来的一份急电。这是本—古里安总理发来的密码电报，要求大使拜会爱因斯坦教授，询问对方是否愿意担任以色列总统。当时的爱因斯坦已经是世界公认的伟大的科学家。这位73岁的自然科学家接到大使的电话时非常惊讶，他的第一个反应就是"怎样让大使先生不要感到拒绝带来的难堪"。生活中的爱因斯坦，身材矮小、禀性温和，头发杂乱得像灌木丛。平常爱穿一件洗得发白的马球汗衫，业余时间拉一拉小提琴。他觉得生活无拘无束、非常充实，而且能充分发挥自己的专长。爱因斯坦对总理的好意十分感动，他在婉言拒绝时说了一句非常值得玩味的话"我对自然懂一点，对人基本上一窍不通"。这就是爱因斯坦的做派。

  中国著名文学家、语言学家林语堂曾提出"半半人生观"，所谓"尽力工作尽情作乐"。林语堂反对过于努力工作和过于慵懒闲适的生活态度，提出了工作和休闲相结合的生活方式，那就是努力工作和尽情享受，"这样才得生活之调剂，无意中得不少收获"。（《论游台南》）。林语堂反对无止境的竞技争斗和自我欲望的无限膨胀。他说："我们承认世间非有几个超人——改变历史进化的探险家、征服者、大发明家、大总统、大英雄不可，但是最快乐的人还是那个中等阶级者，所赚的钱足以维持独立的生活，曾替人群做过一点点事情，可是不多；在社会上稍具名誉，可是不太显著。只有在这种环境之下，名字半隐半显，经济适度宽裕，生活逍遥自在，而不完全无忧无虑的那个时候，人类的精神才是最为快乐的，才是最成功的。"（《谁最会享受人生》）林语堂的"半半哲学"告诉人们的是生活之艺术，是人如何与天地自然和谐共存，如何顺从天地之道，如何体会生命中更为实在、深刻的内容。虽然人之才智、力量是伟大的，但比起天地宇宙来那简直算不了什么，就如同沧海之一粟、海滩之一粒沙一样。任何无视天地宇宙而过于相信人的力量之言行，都是一种井蛙观天、无知愚蠢的表现。理解了这一点，我们也就走近了林语堂的人生哲学，也就把到了林语堂生命意识的脉搏。有的人将获取无限财富和进入当地乃至世界十富之列，视为自己一生的奋斗目标；有人声色犬马、日耗斗金，过着奢靡得不能再奢靡的生活；还有人为了名声地位、出人头地，以至于竭思尽虑、无所不用其极。人不能没有欲望，在工作、金钱、感情和饮食上都应当有需求，但这些欲望必须有一定的限制。人生永远有两个方面，工作与消遣、事业与游戏、应酬与燕居、守礼与陶情、拘泥与放逸、谨慎与潇洒。其原因就在于人之心灵总是一张一弛，若海之有潮汐，音之有节奏，天之有晴雨，时之有寒暑，日之有晦明。宇宙之生律无不基于此循环起伏之理，所以生活是富有曲线的。如果欲望不能适可而止无限膨胀，最后势必破灭。企业发展如此，权力追求如此，名利爱情等也如此。做人谨记谦虚内敛，做派而不张扬。

《老子》说："功成身退，天之道也。""功成身退"是老子做人智慧的又一个亮点。就是功业既成，引身退去，这样才合乎自然规律。大自然中花开了，结了果，成功了，也就退了。老子对人生的观察是智者的深邃，他看到人生深层中的人性内核。人莫不爱财慕富，贪恋权势，但放眼历史，名利谁能勇敢舍弃。

无锡太湖有一处著名的风景区，叫蠡湖，其中有一个著名的蠡园，传说当年范蠡帮助勾践灭了吴国后，就带着西施坐小船从这里向太湖漂流而去。他"功成身退"了。而另一个成就勾践复国大业的功臣文种就没有那么幸运。当勾践登上他人生巅峰的时候，文种却走到了他人生的尽头。当初范蠡曾劝诫文种，"勾践为人，可共患难而不可共享乐"，让文种和他一起功成身退，但文种不以为然。范蠡只得自己走了，飘隐江湖，一世逍遥。文种继续在越为官，命为相国。但好景不长，勾践开始猜疑文种，谗臣也开始大肆讲文种坏话。所谓太高人愈妒，过洁世同嫌。公元前472年，勾践召见文种说："九术之策，今用三已破强吴。其六尚在子所，愿幸以余术，为孤前王于地下谋吴之前人。"赐文种一把剑，令其自裁。文种仰天长叹："大恩不报，大功不还，其谓斯乎？吾悔不随范蠡之谋，乃为越王所戮。"一代谋臣，伏剑而死。至阴至柔至阳至刚的勾践也难逃人性的局限，这是"王者之道"与人本性不可共存的必然结果。

张良是汉高祖刘邦成就伟业主要"智囊"，深明韬略，足智多谋。楚汉战争中，提出不立六国后代，联结英布、彭越，重用韩信等策略，又主张追击项羽，歼灭楚军，为刘邦完成统一大业奠定坚实基础，刘邦称他为"运筹帷幄之中，决胜千里之外"。但自汉朝建立后他功成身退，不要封赏，隐归田园，不闻国事，远离斗争之地，流芳百世。张良看透政治场的潜规则，不愧一代谋士也。而汉朝一代名将韩信就没有那么幸运。韩信辅佐刘邦打下江山后，刘邦又忌讳韩信

的震主之威,于是剥夺他的军权,限制他的自由,最后默认吕后残忍杀死韩信。韩信死前兴叹:果若人言,"狡兔死,良狗烹;高鸟尽,良弓藏;敌国破,谋臣亡"。天下已定,我固当烹!历史的逻辑总是那么残酷而又真实。

人们熟知李斯的故事。他贵为秦相时,"持而盈"、"揣而锐",最后李斯以悲剧告终。在临刑之时,对其子说:"吾欲与若复牵黄犬,出上蔡东门,逐狡兔,岂可得乎?"他临死时渴望重新返璞归真,过平民生活,但已不可能了。中外历史上不知有多少人曾经也有类似的后悔、忏悔。当然"功成身退"并不一定要到深山老林里去,或租一条船在太湖里漂啊漂,隐匿形迹。如果这样拘泥,就不能智慧理解谦虚内敛不张扬了。其实对普通人不张扬可理解为不居功自傲,不摆老资格,不吃老本,不自我膨胀。你有功劳有成绩而不张扬,不嚣张,不作"老子天下第一"状态,低调常态,人们当然尊重你,还会主动表扬记着你昔日的成就。

2010年6月18日媒体报道两位长期称霸影坛著名女影星的动态,引人关注。其一是关之琳宣布息影并出任内地"法律援助形象大使";其二是刘晓庆年届六旬仍不服老,再次挑战自己,投资并主演大型实景歌舞剧《阿房宫赋》。

现年48岁的关之琳选择急流勇退,专心公益,透露出的是一种见好就收的淡定与洒脱。而60岁的刘晓庆却愈老愈勇,舞台恋战不罢休,依然很折腾。对此,刘晓庆也承认自己太不容易满足,比较喜新厌旧,从来没有考虑过退休,"我什么都愿意演,可以一直演到我不想演为止。"也许刘晓庆的自我感觉良好,但其实很多观众已经不愿再看到她演少女少妇的模样,甚至厌恶,也许刘晓庆勇气可嘉,但更多的人为关之琳的选择叫好。关之琳赋予了自己另一重使命,做公益,所谓取之于民,还之于民,在功成名就之后享受回报社会帮助他人的愉悦,既让人格得到了升华,又使自己活得更充实自在。谁说这不比继续在名利场上挣扎更划算呢? 其实这是两种价值观的表现。香港是商业社会,一直在那儿生活的关之琳舍得放下名利并且勇担公益,而在内地一直接受思想政治教育的刘晓庆却不甘寂寞在人们讨厌的眼光中继续折腾,真是一个极好的反衬。

赵忠祥不愿见好就收,70多岁了还去东方卫视主持《舞林大会》,足见名利的魔力。文化部第一个专职司仪李小玢20世纪80年代非常风光,北京人民大会堂大型文艺演出及外国元首来访的专场演出都由她报幕,1987年她急流勇退,见好就收,去相夫教子了,人们一直怀念她。鲜花有开有谢,太阳有升有落,再著名的世界杯球星也有退役的时候,乔丹退了,罗纳尔多退了,齐达内、贝克汉姆都退了,一个人不可能永远霸占舞台吸引众人的眼球,人有审美疲劳,大自然的规律不可违抗,做事的原则是见好就收,适时而退。久历江湖,退是一种谋略,退是一种交换,更是一种维系生存的手段。人无远虑,必有近忧。惹不起,但躲得起。一旦太张扬会招惹别人妒忌或仇恨,就会破坏原有的生存环境。

唐朝大将军郭子仪,曾在平定安史之乱中立过大功,得到肃宗的赞赏,晋封为汾阳郡王,朝中大臣也都很佩服他。郭子仪做了大官之后,妻妾成群,拜访的人也多起来。郭子仪爱慕虚荣,每次会见客人时,都有一大帮爱姬侍女相伴。但唯独会见卢杞时都会屏退所有陪侍的妇女。几个儿子对此很不解,问:以往父亲会见客人,总是姬妾满堂谈笑风生,为什么今天听说来人是卢杞,便赶走了所有的妇人?郭子仪告诉他们:你们不知道,卢杞这个人生来相貌丑陋,脸色发蓝,我怕妇人们见了他会因此讥笑。而卢杞为人阴险狡诈,要是得罪了他,一旦有一天他得了志,一定会为了报这一笑之仇,将咱们全家斩尽杀绝。后来卢杞当上了宰相,果然谋杀了不少人,唯独郭子仪一家例外。真是"豪华尽出成功后,逸乐安知与祸双?"福兮祸所伏,祸兮福所倚。安逸享乐通常是同祸患一起的。有成就而明智谦和内敛低调不张扬是长久保持生存环境的准则。

(三)文明是自律自控约束自己

美国一位著名心理学家为了研究母亲对人一生的影响,在全美选出50位成功人士,他们都在各自的行业中取得了卓越的成就,同时又选出50位有犯罪记录的人,分别写信给这些人,请他们谈谈母亲对他们的影响。在众多回信当中,有两封信格外引人关注。一封来自白宫的一位著名人士,另一封来自一名正在监狱服刑的犯人。他们谈的都是同一件事:小时候母亲如何给他们分苹果。

那个来自监狱的犯人在回忆他的母亲给他印象最深的一件事时这样写道:

小时候,有一次妈妈拿来几个苹果,红红绿绿,大小不同。我一眼就看见中间的一个又红又大,十分喜欢,非常想要。这时,妈妈问我和弟弟:"你们想要哪个?"我刚想说要最大最红的那一个,这时弟弟抢先说出了我想说的话。妈妈听后瞪了他一眼,责备地说:"好孩子,要学会把好东西让给别人,不能总想着自己。"于是,我灵机一动,改口说:"妈妈,我想要那个最小的,把大的留给弟弟吧。"妈妈听了非常高兴,在我的脸上亲了一下,并把那个又红又大的苹果奖励给了我,我得到了我想要的东西。从此,我学会了说谎,以后,为了得到想得到的东西,我不择手段,直到现在,我被送进监狱。

而那位来自白宫的一位著名人士是这样写的:

小时候,有一天,妈妈拿来几个苹果,红红绿绿,大小不同。我和弟弟都争着要大的,妈妈把那个最大最红的苹果举在手中,对我们说:"谁都想要得到它,很好。现在,让我们来做个比赛,我把门前的草坪分成3块,我们3人一人一块,负责修剪好。谁干得又快又好,谁就有权得到它。"结果我赢得了那个最大的苹果,而且让我明白了一个最简单也最重要的道理——要想得到好的,就必须努力争取第一。这很公平,你想要多少,就必须为此付出多少努力!此后,我不断奋斗,终于有了今天的成就。

两位母亲给孩子分苹果的方法产生了不同的结果,它证明了一句话:推动摇篮的手,就是推动世界的手。母亲是孩子的第一位老师,她可以教孩子任意所为侥幸逾矩,也可以影响孩子自律自己的行为有条件地达到目的。

什么叫自律,自律就是善于控制自己的行为,知道什么事情可以做,什么事情不能做,什么时候做什么,什么时候不能做什么。天上不会丢馅饼,任何东西获取都来之不易,胜了不忘形得意,败了不一蹶不振。该循规蹈矩绝不投机取巧,该约束自己绝不恣意妄为,做任何事都不能违背道德法律纪律。

我国的一个留学生在德国留学时,每天要乘地铁,慢慢地他发现德国的地铁没有检票口,他在一次乘车时没有买票,结果没有任何人找他麻烦,他暗自庆幸。于是在后来的日子里,又有几次没有买票,毕业后他以各科全A的成绩去德国各大公司求职均被拒绝,他只好降低自己的求职条件,可是仍不被聘用。在一次求职失败后,他愤怒地质问拒聘自己的人事主管自己成绩优异而不被录用的原因,在他一再的质问下,对方只好说出:"非常遗憾,由于您的社会信用上记录着您曾乘地铁没有买票,因此我们不能聘用您。"每个人都以自己的言行维护着诚信体系,成功或失败,得到或付出,细节决定成败,一切都自作自受。

香港著名演员成龙17岁那年要去美国闯荡,在机场临走的时候,父亲抓住他的手说:"你在外,没人管你,你什么都可以干,但有三种事你决不可以做:第一不能吸毒贩毒,第二不能加入黑社会,第三不能去跟人家赌牌九。你能做到吗?"成龙回答:能。父亲说:"那你走吧"。成龙说,这是从小到大父亲留给自己最为沉重的一份嘱托,由当年懵懂的无知少年到今天驰名中外电影演员,正是因为守住了这三条底线,坚守自律篱笆,才有今天的自己。

现任中国国防大学政委刘亚洲是以深邃的战略思想和严谨勤奋的笔杆子

出名的将军,他虽官居高位,却厌恶文山会海,不喜迎来送往,平生最好两件事:深入部队和研究军事战略。自1993年到北空任政治部副主任十几年,从没有以个人的名义用公款请过一次客。这种坚持到了一个固执的程度:甚至连空军司令员、政委到成都空军检查工作,他都不宴请。这种"坚持"的原因,是因为刘亚洲坚守自己的行事底线,他在新著《大国策》中表述:"我们不能选择是否有个聪明的头脑,但是我们可以选择有一个较好的心肠,较好的心肠指什么?一个人的道德品质。一个人的道德高低也许不重要,一个民族的道德高低就重要了。一个官员的道德高低也许不重要,一个执政集团的道德高低就很重要了。"他的节俭廉洁秉承了红色家庭的传统,他的父亲刘建德和岳父李先念都是老革命,但有些红色家庭的子女不一定能守住底线,所以关键还是个人素养。因为自己廉洁正义,所以刘亚洲有底气敢言敢行,面对屡禁不止的官员腐败现象,刘亚洲忧虑:"腐败成了中国最大的经济损失,最大的社会贪污,最大的政治挑战。"他说,"中国的希望在党内,党内的希望在中央,中央的希望在上层。"对官场久刹不止的公款吃喝之风,他曾冷言嘲讽:"有人说打台湾不要用什么新式武器,派几个公务员上岛去,吃喝两三年,绝对把它吃光了。"愿这样的将军多几个,腐败的社会风气或许会尽快扭转过来。

2000年被誉为青岛第一贪的高佩义1947年出生于山东省交州市刘家村一个普通农民家庭。80年代随着改革开放大潮,他跟随一支建筑队在天津南开大学打工。工作之余常偷偷跑去听课,他总是探头探脑趴在窗外,这引起一位老教授的注意,当老教授了解到这位青年的疾苦和对知识的渴望后,被高佩义的好学精神感动了,竭力推荐,学校破例同意高佩义可以自费旁听该校经济学课程。由于天资聪颖又勤奋好学,高佩义超人的学习天赋很快显露出来,他不但以常人难以想象的毅力完成了从一名初中生到大学生的跳跃,并且成绩很快在班里名列前茅,学校又破格将他转为正式学员。1984年,高佩义轻松拿下南开大学经济学硕士学位。1989年考取北京大学经济系博士生,并先后出版了两部经济学专著,有多篇论文在国内外获奖。他的传奇人生被家乡人民当作楷模教育孩子。1990年高佩义被分配到国家物价局物价研究所任研究员。凭着经济学方面的深厚功底,高佩义兼任新威城市信用社高级顾问,由于他的参与和积极策划,信用社财源滚滚,他也获得了丰厚的报酬。与市场经济的"第一次亲密接触"后,使他对金钱产生了前所未有的向往。1993年高佩义义无反顾地辞职下海,他坚信凭着自己满腹经纶和"曾经沧海"的成功经验定会在不久之后赚他个钵满盆丰,但没想到却是债台高筑。正当他心急如焚时,胶州市政府为发展地方经济,对外招贤纳士,一眼看中了顶着北大经济学博士耀人光环的高佩义。于是他被聘为胶州市城市信用合作社主任。从此他利用手中的大权开始了迫不及待的疯狂敛财,把信用社变成了私人金库。除了拼命敛财,他还优游宴乐,声色犬马,给家乡人民带来2.6亿元的经济损失。1997年4月,高佩义因嫖娼被行政拘留,5月被依法逮捕,2000年10月以受贿罪、挪用公款罪、违法发放贷款罪、非法出具金融票证罪数罪并罚被判处死刑,剥夺政治权利终身,没收财产40万元。他再一次成为人们茶余饭后的谈资,成了缺乏自律能力的反面典型。

2001年1月29日至2月23日,同样是高材生的清华大学电机系大四学生刘海洋先后数次用浓硫酸和氢氧化钠烧伤北京动物园的三只黑熊,一只棕熊和一只马熊,被公安机关抓获,此事引起社会广泛关注和议论。如果一个高智商者缺乏自控能力一旦妨碍了公共利益,对社会危害的后果将更为严重。说明学问与人品,治学与做人,是两个不同的问题。人品不是学问的必然结果,不能因某人考上名牌大学受过高等教育,就对他的文明素质绝对放心。事实上,人类控制自然的能力,代替不了人类控制自己的能力,智慧填补不了道德缺陷。一个知书不识礼,知识水准与道德水准严重不协调的大学生,成不了一个优秀人才。

校有校规行有行规,人有时很想放纵自己,但放纵不能损害别人的利益和必要的秩序。北京大学新闻与传播学院副教授,曾在中央电视台、凤凰卫视担任过主持人的阿忆在自己的博客中说:最讨厌开着手机上课的人。上课还使用手机说明缺乏自控能力,明知不可为而为之,小处不控制,大处就会失控。自控自律就是战胜放纵,战胜惰性,战胜欲望,战胜自己,这是最大的考验。不少人就是因为第一次没有控制自己的私欲产生侥幸心理,后来一发而不可收。其实许多人曾经历练努力好学上进,也为社会做了很多益事,就是因为缺乏自律精神最终露出了尾巴,从万人之上沦为阶下囚,连做人的自由和尊严也失去,得不偿失。

日本人的自我约束能力令人感到可怕。管建刚在《不做教书匠》中感叹:

有一次,从伊豆半岛西部通往东京方向100多公里长的公路上,几乎全线堵车。日本的道路十分狭窄,国道也只有上下两条车道。几乎所有的车都是回东京的。对面开来的车很少,看不到头的车流在一步一步地缓慢行驶。100多公里的路堵车,居然没有出现一个维持秩序的交通警察,也没有看到哪一辆车从空荡荡的下行车道向前超行,甚至没有人鸣笛催促前面的车辆。大家都耐心地等在车里,一步一停地向前挪动,大约七八个小时,靠着耐心与自律,他们竟自己把这绵延100多公里的堵塞的车龙给化解了。

秩序感、自控力是一个人成熟度的体现,是让人肃然起敬心悦诚服的一种德行,是能干成大事必须具备的品质。德国大文学家歌德曾说:"谁若游戏人生,他就一事无成,不能主宰自己,永远是一个奴隶。"德国的城市看不到街上有交警维护交通秩序,即使在深更半夜的空旷街头,也不会有德国人闯红灯。在德国生活,常能看到德国人在耐心地排队等候,全社会形成一种高度自觉、井然有序的文明风尚。在莫斯科,哪怕物质贫乏黑面包有限,俄罗斯人依然乐观有序地排队。他们认为加塞是极其愚蠢不可理喻的行为。有人说一个中国人是条龙,一群中国人是条虫。说明华人的性格中有缺乏组织性和秩序感,做事不团结,不依法办事的特性。其实中国人非常勤奋努力聪明好学,如果不内耗,如果制度公正团结一致文明秩序,中国人在国际上的威望会进一步提升,国力也会进一步增强。

 三　人际底线管理的达礼准则

古人说:有礼走遍天下,无礼寸步难行。就是说做人,一要修身,知书还须识礼;二要教化,教书更要育人。礼貌礼节礼仪习惯,看似一个很简单的问题,无非是日常的行为举止,与人相处的准则,但它的作用不容忽视。德国总理勃兰特在波兰犹太人墓前的一跪,美国总统尼克松访华时伸出的友好之手,是外交礼仪的典范,这两个简单的礼仪举止,抚平了民族仇恨,开创了国家之间交流的契机。日常生活举手投足的影响虽然不那么大,但人们的一言一行,都是自身素质修养的体现,对个人影响很大。

新中国元帅叶剑英非常注重个人礼仪,其女儿凌孜回忆父亲时特别讲到父亲对部下对所有人讲礼的细节:父亲很讲求礼节,不管是谁,即使是下级到他这里来汇报工作,他也要把人家送到大门口,送到台阶下面,哪怕身体不好,也坚持拄着拐棍送客,年纪大了,就是推着轮椅,也要送到门口,而且要求子女也这样做。凌孜对童年生活,记忆最深刻的一幕,就是因为送客。有一天,家里来了客人,我正和几个小朋友在沙发上玩,没有注意客人走了,仍旧在那里玩,头也没抬。父亲回头大喊一声,"站起来!"我从没见过父亲发火,吓得我们所有孩子都一个猛子蹿了起来,傻住了。父亲说,一定要懂礼貌,送客人的时候小孩也要站起来。

成功之道,在以德而不以术,以道而不以谋,以礼而不以权。成大事的人往往都有一颗谦虚谨慎的心，都是不把自己的真正实力暴露出来的人。做人做事不锋芒毕露，不狂妄，不骄不躁，韬光养晦，大智若愚，大巧若拙。俗话说，饭要一口一口地吃，事要一件一件地做。做人踏实本分，才能获得别人的尊重，自己也能够问心无愧。所谓成就感并非是一步登天，而是在一步一步走过后，回头再看来路时那发自内心的欣慰与愉悦之情。一步步走来，切勿急切行事，用心急躁，急功近利放肆无礼的人是做不了什么大事的。人际交往达礼可以从以下几方面体现：

(一)待人有礼，赢得信任的首要条件

英国皇室爱德华八世曾在白金汉宫宴请印度部族头领，在宴会结束时，侍者为每一位客人端来洗手盆，印度客人误以为这是喝的水，于是一饮而尽。正当皇室成员对这一尴尬局面不知如何应付时，爱德华八世却学着客人的样，也将水一饮而尽。这一刻，所有人都效仿主人，饮尽洗手水。这看似一件小事，却表现出对客人的尊重有礼。如果告知客人那是洗手水，就会伤了他人的面子，显得失礼。

礼仪最重要的是从小处着眼。缺乏基本的礼仪常识、不会问候、不会谦让、不会尊重师长，被相当一部分人认为是无所谓或者是无足轻重的小事。但是，这看似无足轻重的小事，就有可能给人留下一个深刻的印象。现阶段，这个印象可能会使你失去很多朋友，或被人误解，或遭人怨恨；等到了走进社会，这个印象就很有可能让你失去工作、失去机会、失去很多很多。人生在世没有人会迁就你，除了自己的至亲手足，除了自己的好友亲朋，没有人会容忍你的无礼举止；即使身边的人容忍你的无礼，也会在别人心里留下伤疤。所以，从小处着眼，随时随地注意自己的一言一行应该符合基本的礼节要求，更是待人处事的首要条件。

《论语·学而》："夫子温良恭俭让以得之。"温者貌和，良者心善，恭者内肃，俭乃节约，让即谦逊。这是儒家提倡待人接物的准则。

据说菲律宾女佣之所以受世界各国欢迎，除了懂英语没有语言交流障碍以外，有修养讲礼仪是二大重要因素。菲律宾人天性大都耐心善良，笃信天主教，淳朴善让，易于适应融入异域文化和陌生环境，甘居人下，与人交往不温不火，总挂着微笑，开口有礼："主人"、"主母"和"老板"。菲佣讲卫生，爱清洁，早睡早起，勤快乐观。所以菲佣出口成了菲律宾的一个世界性标志，富人也以聘用菲佣为身份地位的象征。

关于中国汇源企业董事长朱新礼和烟灰缸的故事不难看出企业家最宝贵

的就是文明有礼取得社会对他的高度信任。汇源董事长朱新礼1995年和香港的一个老板去欧洲考察设备,在西班牙巴塞罗纳广场上,那个香港老板拿出烟来抽,在广场上没有烟灰缸啊,朱新礼就拿出一张餐巾纸来,那是中午吃饭时在餐桌上剩下的,吃完饭他就把它叠起来放在兜里,因为扔了很可惜,朱新礼见需要就把它拿出来叠放手里,把烟灰弹那里边,香港老板看老朱这样也不好往地上弹烟灰,也弹到朱新礼捧着的餐巾纸上。广场很大,一直没看到一个垃圾箱,烟抽完了,朱新礼就一直捏着烟头,包着烟灰,走了很远,才看到垃圾箱,才把它们扔进去。这原是一件很不经意的事,朱新礼早就忘了。从欧洲回来很长时间后,朱新礼买了这个香港老板大约200多万美元的设备。当时正是汇源创业初期,资金很紧张。按照正常的交易程序,需要开信用证才给设备,但香港老板没让他开什么信用证,也没交预付金,就把设备先给他发过来了,而且到了第三年才来要钱。朱新礼很不理解,就问他为什么这么信任自己。那香港老板说,朱总啊,就前年咱在西班牙广场上那烟头,你那么负责任,还会骗我这一套设备吗?朱新礼本来早把那件事给忘了,他并没刻意去做什么,只是发自内心认为应该那样,却给人那么深的印象。其实人与人交往,商务沟通,人家会从你的一言一行一些不经意的细节、小动作去观察你,你不用拍着胸脯去跟人保证你有多诚信。本色纯朴的朱新礼赢得了合作伙伴真诚的回报。1993年,汇源需要向内地银行贷款,因筹备企业四处奔忙,太累住进了医院。他出院后去银行,银行行长说,看到你了就给你开,如果没有看到你就不能开。朱新礼问为什么?行长说,我们就信任你。朱新礼的个人信用成了企业最好的担保。这一切都是做人做出来的。你种下什么,收获的就是什么。成功者之所以成功,在于做人的成功。失败者之所以失败,在于做人的失败。

(二)说话有礼,维护对方面子

林小姐到百货商场买东西,忘了交钱就提着东西走了。机灵的售货员知道她并非是有意买东西不给钱,便追出来叫住林小姐:"您先别急着走,我还没帮您将东西装好哩。"把林小姐请回了店里后,她边将东西往塑料袋子里装,边说道:"这条毛巾5块钱,这块肥皂4块5,这把筷子5块2,一共是14块7。请您到3号交款台去交了钱后再来取东西。"经售货员这么一说,林小姐恍然大悟,一边拍了拍自己的额头,一边笑着说:"对不起,我忘记交钱了,谢谢您的提醒。"说完,便高兴地付款去了。林小姐每当谈起此事,言语中都有一种温馨。又如宾馆服务员在客人结账时要查房间,有两种表达,一是"看看房间少了什么",二是"看看客人您遗忘了什么"。二种表达效果完全不一样,前者是不信任,客人心里堵得慌,后者是关心,顾客心里很受用。

在一次宴会上,李女士发现王小姐牙齿上留下了菜屑,看起来很不雅观。李很想做手势暗示或轻声告诉对方。可在这样的场合,这可能会让王小姐难堪。于是,李女士想了一个两全其美的办法。她走到王小姐面前,拿出化妆镜,假装整理自己的仪容,忽然小声说:"哎呀,我牙齿上怎么留下菜屑了?来,你也看看,是不是也有?"说完,李女士随手将化妆镜递给了王小姐。王小姐一照,果然发现了那"不雅",随即将其拭去。王小姐很感激地向李女士送去一个甜甜的微笑。

人们在生活中都是顾及自己的面子的,别人又何尝没有自尊心呢,伤害他人的自尊就像给树木剥皮一样具有毁灭力。伤了他人的面子,失去的不仅仅是朋友,有时是机会,严重点也许是人生。

福建省南平小学门口发生的"3·23"特大凶杀案致8名孩子死亡,5名孩子受伤。据报道,凶手在行凶的时候,嘴里一直念叨着:我对社会不满!我对社会不满!犯罪嫌疑人郑民生后来告诉警方,三原因致其报复社会。一是被医院辞退,工作无着;二是恋爱失败;三是受一些身边人员闲言刺激。我们可以分析凶手的心理承受底线:如果失业有爱情,还有支撑,如果失业失恋后还有友情也不至于报复社会。最后生活无着落,爱情飞走了,又被人瞧不起,自尊的围墙倒塌,于是思维失去理性。可以得出,最后是受到周围语言的刺激,精神支撑崩溃。说明话语的刺激最容易让人突破底线。

2010年4月7日,河南洛阳孟津县西霞院中学15岁的雷梦佳在上课时间跳河自杀了,原因是她在学校与同年级另一个班的女同学打架,班主任组织全体同学投票,让大家决定是让她留下来继续上课还是离开教室回家,结果全班38个同学,有26人希望家长把她带回家。随后,在准备把她领走的母亲到来之前,雷梦佳偷偷跑出了学校,再也没有回来,直到人们最终发现她的尸体。事后同学回忆说当雷梦佳听说了投票结果时,在教室里开始大笑,同学们觉得她的笑声"很可怕",而当她随后突然哭着跑下楼梯,冲出教学楼时,班上没有一个同学想到要安慰她,包括她平时最要好的那个女生。雷梦佳当时似乎万念俱灰,因为她被集体抛弃了,没人重视她,没人信任她,没人帮她分析她打架的原因是另一个班级的那个女孩说谎侮辱了她,她有她的委屈。一个少女所能承受的最后名誉底线和尊严底线被冲破,她选择了生不如死,而其实她是那么的留恋学校和同学友情。"雷梦佳生命就此结束!爸、妈,对不起,你们的恩情来世再报!辉辉,来世再做好朋友!"这是雷梦佳留下的三句遗言,而辉辉是她最要好的那个同学。雷梦佳的离去告诉人们,班主任老师缺乏人文精神,缺乏尊重热爱每一个学生的理念,于是班级的同学也变得冷漠简单,同学之间没有了爱心、耐心和宽容心。

歌德说:"人不能孤立地生活,他需要社会。"每个人独特的成长环境造就了独特的气质个性,而个性差异决定了人与人之间的矛盾不可避免。相处有礼就是赏识别人的优点,包容他人的不一样。"尺有所短,寸有所长","金无足赤,人无完人"。只有会对别人有礼的人才有宽容的品质,也只有宽容品质的人才能平和地与人共处。

人性中最本质的需求就是渴望得到别人的赏识重视,人都是为了得到别人的赏识重视而努力着,不会为了被挑剔责难而积极,百分之百的人都是从内心愿意和赏识自己的人一起工作、一起生活,而不愿意和整天挑鼻子挑眼,对这不满意那不顺眼的人一起做事。所以当别人有过错的时候,要善待对方,说话适度,注意别人的自尊和承受度,不要得理不让人,不要把自己的思维方式强加于人,善待别人,其实就是善待自己。当发现自己错误的时候,也不要过分的忧心忡忡,要及时诚恳地主动道歉,让对方感觉你的诚心。

有一个故事:牧师在教堂里带领信徒做完祷告,问在场的信徒:"我想知道,现在有多少人已经宽恕了你们的敌人?"大家都举起了自己的手,只有一个老太太无动于衷。"琼斯太太,你为什么不能原谅你的敌人?"牧师不解地问。琼斯太太面带笑容地回答:"因为我根本没有敌人啊!"牧师更惊讶了:"琼斯太太,你今年多大了?""我已经98岁了。"琼斯太太平静地说。牧师深受感动:"噢,你真了不起!请你到前面来告诉大家,为什么你这么大岁数了却连一个敌人也没有。"琼斯太太走到台前说:"为什么我没有敌人?因为,呵呵,因为他们都没有我活得久。"

淡忘别人对你的不好,记住别人对你的好。对于曾经饱含着成功后遭人嫉妒的苦涩,对于有人因处事不公亏待过你,对于有人方式不当让你受尽了委屈等等,大可不必耿耿于怀,愤愤不平,既不要将自己想当然的一些东西强加于无关的人,更不要想到要以牙还牙,采取什么办法"回敬"对方,中伤对方。最好的办法是淡忘不快乐的事,如果始终跟自己过不去而处于一种烦恼心态,无疑会在自己心里种下刻薄的阴影,最后形成一种恶性循环。必须学会忘记,乐观地把它作为生活的积累。忘记有时也是对自己最好的爱护。像琼斯太太那样,健康淡然地把别人一个个送走,留下的都是美好。

(三)以礼相待暨送礼礼仪,建立自己的人脉

安东尼·普曼在《规划资源》这本书中提到:建立人脉是为了要互通。费

思和维拉合著的《强势人脉》一书中也指出：人脉是一种互相提拔,让彼此形成合则两利的共荣圈。简言之,人脉就是"施"与"受"的过程,也就是必须展示自己的实力,让自己有能力"布施"来帮助他人,未来才有机会"接受"回报。

许多人都相信在建立人脉之前,首先应该反思自己,看清自己究竟有什么能力与优势,是值得让别人愿意跟自己交朋友的。清朝红顶商人胡雪岩的成功,首先是待人有礼营造人脉,胡雪岩不计个人得失全力帮助王有龄、左宗棠实现了政治理想,王有龄、左宗棠都看中了胡雪岩的为人,后把许多重要的事情交给胡雪岩去办,也就把机会给了胡雪岩。

曾担任统一投资顾问的杨耀宇就是个善于运用人脉的人。杨耀宇有投资方面的知识,因此周遭的人都向他请教,他善加利用这项专长,自然就建立了一个广大的人脉网路。杨耀宇认为,引起别人心中的渴望,就可以为自己建立一个人脉大磁场。

史玉柱是用还钱行动向社会回购信用,再次建立自己的人脉。他本来就是一个慷慨有礼的人,因为投资失败暂时失去了人脉,但没失礼,他向社会承诺一定会归还债务。果然,史玉柱蛰伏几年,积聚实力,东山再起,重新建立信用继续发展,这是不可缺少的做人做事重要步骤。个人如此国家也如此。

1970年12月7日,西德总理勃兰特访问波兰时在波兰犹太人纪念碑前突然下跪谢罪,世界震惊,被誉为"欧洲约一千年来最强烈的谢罪表现"。反纳粹战士勃兰特替来不及下跪的人跪下了,跪下的是勃兰特,站起的是德意志。勃兰特总理后来说："我下跪并不是因为我有罪……面对受害犹太人石碑,我不能仅仅面无表情地献上一个花圈就完事……应该有个举动。它对德国人和犹太人都有利,能为未来打通一条道路。"。

无独有偶,2010年4月7日,俄罗斯总理普京和到访的波兰总理图斯克,在俄境内的斯摩棱斯克州的卡廷森林,参加了纪念卡廷惨案70周年纪念的活动。

在为卡廷纪念碑献花时,普京双手捧着一只深蓝色玻璃缸,内有一支白色点燃的蜡烛,在身旁俄罗斯士兵行军礼的同时,普京右膝跪地,渐渐低下身去,将玻璃缸轻轻放在纪念碑的台阶下。用这一"下跪"的动作,普京代表俄罗斯人民对卡廷惨案做了比较真心的反省。1940年,在第二次世界大战期间,前苏联军队在卡廷森林中杀害了2.2万多名波兰军人,但随后苏联却谎称这是纳粹德国制造的惨案。英国媒体曾根据获得的档案资料证实,被当时苏联军队杀害的波兰人不仅是军人,还包括政治家、科学家、工程师、作家、艺术家等,很多人都可算是当时波兰的精英。1990年4月,时任波兰总统的雅鲁泽尔斯基访苏,苏方的官方通讯社塔斯社首次承认,卡廷事件是"斯大林主义的严重罪行",并向波兰递交了一份档案。1992年10月,"卡廷事件"大白于天下。在1992年10月14日举行的转交仪式上,波兰总统瓦文萨手接密档,语音嘶哑地说,他"感到全身颤抖"。2007年波兰将每年4月13日定为"卡廷事件"遇难者纪念日。

普京在纪念活动中说:"迫害给人民带来的是灾害,不分民族以及宗教信仰。遭受迫害的遇难者人数众多,这些罪行不可能有任何理由为自己申辩,我们的国家在政治、法律和道义层面上已经对集权制度的罪恶给予了准确的评价,而这一评价不再允许篡改。所以两国人民应当牢记历史。"还历史真实,就是诚信有礼,放下傲慢扔掉欺瞒忏悔有礼是立足世界的根本。否则国与国交往很难继续。

诗人纪伯伦曾说过:伟大的人都有两颗心,一颗在流血一颗在宽容。让我们把流血的那颗献给逝者,宽容的那颗献给真相。

人际交往不能到有求于人才想起对方,平时就要学会感情投资,广建人脉。有些大学生老妄想着什么好运都掉到他面前,邂逅白马王子白雪公主,有好的工作或出国机会突然降临等等。却不愿意多去参加活动和社交,多去参加义工和社会实践,或者去听听讲座和行业论坛,做事情总想一二三直奔主题——想直接交往权贵富商,想直接得到结果,想一步到位,想一蹴而就,对于一般普通人来说那是根本就不可能的。

一个农民如果知道自己家里没粮没菜了,他会自己动手播种,施肥照料等待收获的季节;农妇想过年吃大公鸡,只有把小鸡慢慢养大。这叫一分耕耘一分收获。做人要有平常心,不要活得太精明,要有先行投入的意识,甚至在别人还没出息的时候去对人家好,不计较得失,那样就算将来人家出息了,也不会简单用势利的方法来对待你。我们不知道周围的同学将来谁会出类拔萃,但至少知道今天的行为会种下未来的果子。俞敏洪说他小时候因为长得瘦小常受别人欺负,后来他上海的亲戚带来上海奶糖,那时奶糖是稀罕食品啊,他自己舍不得吃,把它分给小伙伴,后来不但没人欺负他,还都听他的话,他成了孩子王了。上大学后他总是乐意多为同学服务,后来新东方发展需要人才,那些不少在国外发展的大学同学都回来加盟了新东方,那些同学说之所以愿意从国外回来跟他干,主要是看重他读书时总为同学打开水,从不计较。人脉就是这样不经意间建立起来的。

一位在英国留学的女生讲过一段她的经历:一天我在市场,忽然看到一位拄着手杖的老人摇摇晃晃,我赶紧跑过去接过他手中的一袋苹果,帮助他恢复了平衡。"谢谢你,"他用约克郡人特有的轻快语调说:"我没事了,别担心。"他那对明亮的蓝眼睛洋溢着笑意。"可以跟你一起走吗?"我问道,"我想确保你的苹果不会过早地变成苹果酱。"我和伯恩斯先生的友谊就这样开始了,他的微笑和热情很快在我的生活中占据重要位置。一路上伯恩斯先生拄着手杖走得非常吃力。到了他家,我帮他把东西放在桌上,然后执意帮他做好晚餐。我问他以后可不可以再来看他,我打算定期来帮他忙。

此后我每星期定期拜访伯恩斯先生两次,每次总在同样的时间。我来时他总是坐在椅子中,手杖靠在墙上。他看到我总是分外高兴。我们边准备晚餐边聊天。我告诉伯恩斯先生我是多么的内疚,因为在父亲去世前整整两周,我赌气没跟他说一句话。伯恩斯先生有时插几句话,但是大部分时间都在专心倾听。

大约一个月后,有次我心血来潮想去看他。我没有事先打电话。走到门前,我看到他正活动自如地在花园里工作,我惊呆了。这怎么会是那个离不开手杖的人呢?他突然向我的方向看来,显然感觉到我的惊讶。他看起来很不好意思。

"我知道你会怎么想。你第一次在市场看到我时,我刚刚扭伤了脚踝。""可是……从什么时候起,你又能正常走路了?""嗯,我想就是我们初次见面的第三天。""这是为什么?"我彻底糊涂了。如果只是为了让我帮他做几顿饭,显然没有必要这样装可怜。"你第二次来时,我看出你非常不快乐。我知道你来是为了帮助我,如果你知道我没事,恐怕就不会来了。但是你非常需要向人倾诉,你需要一个知道如何倾听的人。"我本来打算帮助伯恩斯先生,结果却是他帮助了我,他把自己的时间当作礼物,赠送给了一个需要关心的人。时间也是礼物,时间是最有人情味的礼物。

人际交往中的以礼相待有很多礼节,其中学会适当送礼是人脉拓展或延续的艺术。为什么要送礼,人际交往中,适当的礼品赠送能起到促进友谊、加强交流的作用。送礼是一种感情投资,不要太在乎价钱,有时一朵花一个贺卡一盒家乡土特产一次探望都记载一种感情,表明我记得你,你想着我。礼尚往来不是那种有交易的送礼,是一种人情记录,而权钱交易等价交换,我送你红包,你给我办事,那不叫感情交流,那叫功利势利行贿受贿。

人际交往中的送礼礼仪掌握二点,第一如何送礼,第二如何接受礼品。

如何送礼:

(1)礼品选择:根据送礼对象,从五个特性考虑:纪念性、独特性、针对性、便携性、时尚性。

(2)礼品六不送：有碍公德，如受到法律保护的野生动物、法律禁止的黄色影像资料等；过分昂贵，人家受之不安，以后还礼还不起，有明显功利成分；过分陈旧，如过了保质期的物品，除非古董、文物、珍藏品、纪念品；有违民俗，如给人家送"时钟"，"送钟"与"送终"谐音，送剪刀是否一刀两断等；有违个人习惯，如给佛教人士送鱼肉，给糖尿病人送高糖食品；不利健康，如赌具毒品等，对人的身体健康有毒害作用。

(3)送礼时机、场合：时机：拜访主人进门时送上；送给客人离别时送上。场合：单位交往送办公室；私人交往送家里。

(4)如何递送礼品：郑重赠送，不要塞到角落里；由在场的首长送，单位有领导递送，家里有家长递送；递送时适当说明和包装。

如何接受礼品：

(1)接受礼物时，双手接过并致谢。征得送礼人同意，可以当面打开，对礼物表示赞美。如不便当面打开，第二天电话表示感谢。

(2)如认为礼物过于贵重或其他原因不宜接受，应予婉拒。回绝礼物的方式有三：一是当面回绝；二是婉言回绝；三是收而不受，第二天托人退回去。不是出于权钱交易，实在推不掉实行礼尚往来，适当时机回赠。

(3)送礼是双向的，称礼尚往来。接受礼物后，适当的时机必须回赠，来而不往非礼也。礼物是情感的载体，小恩小惠是人情的传递。从老家回来带点家乡特产与同学分享，出去旅游或出差，带点纪念品给朋友，既是一个大方的人，又是一个人缘较好的人，何乐而不为。送礼也是一种感恩的方式，特别的节日给父母送礼，别人帮了你以礼物感谢，同学分别时以礼相赠，都是人情不可缺少的。

第三章 人际底线管理的能力养成

【求职篇】

新入学的大学生常常遇到三大困惑：学习没目标，人际交往困难，倍感孤独。这三大困惑都源自同一个本质：自我管理能力弱，也即人际底线管理能力欠缺。

大学生们在三年高中阶段目标非常明确，考上大学，所以学习非常努力非常坚韧。如愿进入大学后有的马上确定了新目标，有的放矢，孜孜不倦。有的不知道将来应该干吗，也搞不清楚为什么学这个专业，心烦气躁，迷惑不解。有的学生在同学相处中由一腔热情因为受伤害而转入对人际交往的悲观情绪，认为同学之间没有真正的友谊，大家都带着一张假面具，表面寒暄，彼此都缺乏真心，甚至互相提防、暗中拆台。有的性格内向，在陌生人面前尤其是异性同学面前很拘谨，很少与别人交往，朋友圈子也仅限于宿舍。其实每个人都期待愉快充实地度过几年大学生活，在收获学业的同时也提高自己的人际交往能力，扩大自己的交往范围，充实心灵世界，也构筑将来的人际圈子。深圳大学校长章必功在迎新典礼上曾致辞入校新生："你要坚信，人海陌生，质地温暖。只要你能够与人为邻、与人共舞，有许许多多的热心人等你结识、等你合作"。

那么在校大学生怎样提高人际交往能力？其实人与人的关系不是你想怎样就怎样的，每个人都有自己的认同感和交往标准，而交往的底线是安全愉快，谁也不愿意与一个危险指数高、让自己失去重要性给自己带来伤痛的人交往。交往是双向的，一个巴掌拍不响，大家好才是真的好。一个人要想赢得别人的好感、信任，首先要提高自己的人际吸引力。什么是人际吸引力，人际吸引力来自哪儿？人际吸引力其实是一种心理"磁力"，它主要来自外表、谈吐、性格、能力、名气等。

人际吸引是人与人之间建立感情关系的第一步。如果一个人毫无吸引别人之处，就不能引起别人的注意；如果两人之间不能彼此吸引，也建立不起亲密的感情关系。所谓人际吸引,也称人际魅力,是指人与人之间彼此注意、欣赏、倾慕等现象。根据心理学家们的研究,人际吸引现象会不会出现,受到下列因素的制约。

(1)接近与相纳。由于人与人之间在活动空间内彼此接近,因而有助于人际关系的建立,这是一种最自然的现象。同学、同车、同路、同行等,都是使人接近的机会。当然,空间上彼此接近,未必一定彼此吸引,只能说"近水楼台先得月",不能说近水楼台"必"得月。同学那么多,彼此吸引的往往只是少数。在接近的条件下要想进一步与某人建立良好的人际关系,彼此接纳,无疑是另一个重要因素。所谓接纳,是指接纳对方的态度与意见,接纳对方的观念与思想,对他的为人处世方式,不但有同感,而且表示适度的赞许。只有在接近的条件上彼此接纳,才会继续来往沟通,有沟通,才会彼此相知,彼此相知,才会成为心意相契的莫逆之交。

(2)相似或互补。套用两句成语:"惺惺相惜"与"刚柔相济",前者指才智相似的人会彼此爱怜,后者指两个性情极端不同的人,却能和谐相处。相似有助于沟通相交,一是具有相似兴趣与态度者,多趋于参加同类活动,增加了相识相交的机会;二是年龄、学历、兴趣、信仰等各方面相似者相交往时,彼此间的意见容易引起共鸣。而互补性构成人际吸引,除两性之间的自然互补之外,在个人兴趣、专业、特殊才能等方面,一般人大都有希望自己所缺者由别人补足的心理倾向。如自己粗心希望对方细心,自己文静希望对方活泼。

(3)性格与能力。在人际交往中,性格与能力是引人注意与令人欣赏的重要条件。一个人如果具有诚恳、坦率、幽默、大度等性格,在同学中就比较能够吸引大家的注意,也获得大家的赞赏。而表达能力组织能力办事能力高,该同学的人气和评价自然也会高。不过研究发现,最被人欣赏的,并不是全能的人,而是精明中带有可爱缺点的人,如好激动、爱打抱不平、风风火火等。

(4)容貌或仪表。个人容貌、穿戴、风度等外表因素,是增强彼此吸引力的第一印象。人是理性的更是感性的,尤其是在第一次见面时,首因效应中外表因素占了60%以上的比重。在大学生中,男孩子长得高大帅气阳光健壮,女孩子容貌姣好身材匀称,都会受到特别关注。从人的审美需求来讲外表的吸引力确实存在,否则导演不会那么热衷于拍偶像剧。日本早稻田大学教育学系的东清和教授曾说:"用来形容对某人印象的词汇约有550个,而形容第一印象的词汇只有五六个,因为第一印象只能用极表面的词汇来形容。"人与人之间能否建立良好的关系,彼此之间能否建立信任与合作,就在于初次见面的印象。第一印象只有一次,无法重来,不可能因身体不适、情绪欠佳而改期。

对第一印象影响最大的就是外表形象,它是吸引力的加分点。当然,容貌所产生的人际吸引力是比较短暂有限的,随着人际交往时间的长久,容貌因素的作用越来越小,人际吸引力将从外貌转向内在品质。所以人际吸引力的最终奥秘还是来自人格魅力,人们企望交际对象内外都美。外表赏心悦目,为人诚信可靠。就像俄国著名作家契科夫所说,人的一切都应该是美丽的:面貌,衣裳,心灵,思想。总而言之,外表、性格、为人三方面是人际吸引的最重要因素:

一 人际外表吸引力

有一位中学教师请人为她25岁的女儿介绍对象,朋友给他介绍了一位小伙子,名牌大学毕业,工作稳当。见面那天教师也去了,她想给女儿把把关。没想到小伙子是自己中学教过的学生,穿着老土,戴着深度眼镜,才27岁背就不挺拔了。当年是班里的学习标兵,数理化尤其出色,老师很喜欢他。可当要成为自己女婿人选时,教师反对了。她说,我不能为女儿物色一个只会读书工作,缺乏生活情趣,身体羸弱,外表不强壮,缺乏风度的对象,那样她以后会痛苦的。爱情除了柴米油盐,还需要性的吸引力和生活的情调。对学生可以只关注成绩,对家人就有更高的要求。可见一个人只会读书缺乏外表吸引力在人际交往中会减少魅力。

张艺谋导演为新片《山楂树之恋》选择男女主角花了近半年时间,尤其女主角,六个导演组到各个城市,甄选了五六千名艺校学生,但仍旧没有一个人入老谋子的法眼。当然最后终于选中了来考南京艺术学院舞蹈科的高三学生周冬雨。张艺谋曾开玩笑地说:"现在的孩子越生越难看了,漂亮姑娘都不和帅哥生孩子,全去找煤老板、有钱人、老男人。所以现在的90后,真长得不行。"尽管这是一句笑话,也有些偏激,但却是当前一个残酷的现实。在今天这个社会的"美女"中,几乎都喜欢嫁有钱人,形象年龄都不是问题。"一切向钱看",成为一种婚姻价值观,那些违背正常生理现象的结合,可想而知是个什么样的后果。难怪导演难以找到"干净、清纯和透明"的美女。

外表吸引力指美的形象良好的气质,让人赏心悦目,亲切舒畅。如男的要强壮健康,女的要亭亭玉立。不少朝代和国家要求政治家一表人才,民众引以为傲。教师讲课如果风度翩翩气质高雅,自然会得到学生更多推崇。有较高文化修养外表潇洒的儒商在合作谈判时会增加印象分。演员的外表指数要求就更加高了。韩剧之所以风靡亚洲,就是抓住观众的爱美心理不断打造偶像剧。外表吸引力一是身材容貌,二是气质风度。身材容貌与健康质素相关,气质风度与穿着打扮相关。所以大学生一要加强体育锻炼,经常运动的人身材高挑,男生高度不足宽度补,身材不够肌肉有;女生常打球跑步游泳形体训练等,争取体型不臃肿,保持青春活力。二要学会穿着打扮,掌握着装礼仪,衬托自己良好优雅的气质。美国著名作家马克·吐温讲过:服装建造一个人,不修边幅的人在社会上是没有影响的。美国形象设计大师罗伯特·庞德说:服装是视觉工具,你能用它达到你的目的,你的整体展示——服装、身体、面部、态度为你打开凯旋、胜利之门,你的出现向世界传递你的权威、可信度、被喜爱度。说明服饰展现的不仅是一个人的外部形象,更是人际吸引力。魅力领导的出众条件之一是他们具有格调的穿着,服装是造就一个魅力领导和成功者不可忽视的环节。肯尼迪杰出而又英俊的外表,被当时的《纽约时报》认为"他设立了时尚的标准","他创造了美国人心目中英俊的形象"。1972年,世界著名心理学家及讲演培训专家凯利教授发现,在高中女孩子的友谊中,穿衣是最重要的,其次是个性,再次才是共同的兴趣。因而,他发现服装是强烈、显著的信号,它向社会提供有关我们的一切信息;服装也是有利的沟通工具,它用非语言表达的方式让人们顺利地交流。美国著名形象设计大师乔恩·莫利经过26年对服装的研究,得到了一个关于服装的最简单的结论:我们的着装影响着外界对待我们的态度。他通过实地实验,在各种不同场所用衣服做道具,发现不同的服装能让人们得到不同的待遇。穿着像个成功的人,就能让你在各种场所得到尊敬和善待;反之穿得像乞丐,人们就会远离你。因而,在事业中穿着得体能够帮助你顺利,当然,如果你不在意自己的穿着,服装也能够帮助你加速失败的步伐。失去吸引力,人气就会转移。

  现代社会的一部分年轻人,着装有二种趋势,一种是男孩越来越颓废,着装故意破损,拖鞋背心不修边幅;一种是女孩越来越风尘,袒胸露背,超短超紧超透视。这股风气也传到高校来,大学成了难以坚守的最后一块阵地。有一句笑话形容大学生的衣着:远看像要饭的,近看像捡破烂的,仔细一看是艺术学院的。为了严肃风气,有的高校在教学楼门口将"衣冠不整者莫入"的牌子放在了醒目的位置。道德修养课上,老师特别强调:课堂是神圣的殿堂,学校是非常严肃的地方,并非作秀的场所,女孩子爱美无可厚非,但如果穿着暴露装来上课上学,会被认为着装不整,学习态度不端正。总之,学生有学生的着装要求。无独有偶,位于意大利首都罗马附近的拉奎拉市的一所大专学校的校长也签发了一则通知,禁止女学生穿"露脐装"上课,以净化学校的环境。通

知说,学校是学生接受教育的地方,不能任社会上的不良风气在校园里肆意蔓延,女学生穿腰口太靠下的裤子、沿口太靠上的上衣,上课很不雅观,因为裸露的往往不仅是肚脐,有时甚至更加夸张过分,影响了学生,特别是男学生们听课的注意力。为净化课堂环境,学校决定禁止女学生穿"露脐装"上课。通知发布后,这所学校的女学生们反应强烈,她们要求学校撤销这一规定,并辩称选择穿什么样衣服是学生个人的自由与权利,学校无权干涉。真的无权干涉吗?许多单位对新招聘的大学生着装有明文要求。说明如何着装已成为一个国际性的问题。那么大学生着装和职业着装及休闲着装有什么礼仪要求呢。

(一)外表吸引力中之服饰礼仪

小张是某大学信息管理学院的毕业生,专业知识工作能力都很强。但他有个不好的习惯,生活里总是不拘小节,整天一身破牛仔服,给人一种吊儿郎当的印象。而他从未想过注重个人形象这回事。有一次,他去一家大公司面试,依旧穿着那套"行头"。刚一见面,负责招聘的人便皱起了眉头,双方谈了几句,对方便下了逐客令:"对不起,我们公司需要的是工作态度和生活态度都很严肃的人!"小张的面试以失败而告终。小白是文秘类的毕业生,她参加面试时想展示自己的青春魅力,穿了社会上流行的吊颈衫,面试官瞪大眼睛看了好一会,简单地问了几句,就说谢谢请回吧。可见,大学生要想在面试顺利过关,找到施展才华的机会,服饰礼仪是不能忽略的环节,因为它是一个人内在性格和社会角色认定水准的外在表现。

俗话说,人靠打扮马靠鞍,三分相貌七分扮。莎士比亚剧作《哈姆雷特》里有一场戏,御前大臣送儿子远行出海,在码头上父亲叮嘱儿子说:"穿衣服要素而不俗,因为衣着能看出人品。"1964年日本东京奥运会前日本政府推出着装的TPO原则。2010年上海世博会开幕前,上海市政府要求上海市民穿衣得法展现上海市民的风采。都说明穿衣打扮之道的重要。服装发展到现在,不仅仅是保暖御寒,而是一个人职业、身份、地位、审美能力等的体现,也是一个社会物质文明精神文明发展的标志。着装从场合分有公务活动装和私人活动装,从样式分有正装和休闲装,从习俗分有民族服装和规定服装,从年代分有传统着装和时装。着装的学问很多,有些政要名人害怕穿错衣服还专门聘请了着装顾问,说明人们对着装是有约定俗成的规矩的。国际通用的着装规范就是TPO原则,TPO是三个英语单词的缩写,分别代表时间(Time)、地点(Place)和场合(Occasion),意即着装要符合一个人所处的时间、地点和场合的要求,如公务场合着正装,私交场合穿时装,工作时间职业装,生活时间休闲装,还要注意款式、面料、颜色的得体合适。正装指适用于严肃场合的正式服装,而不是娱乐和居家环境的装束。如西装、中山装、有袖子的衬衫、民族服装等,一般较保守,不露肩露腿。休闲装指便装,是人们在无拘无束、自由自在的闲适生活状态中穿着的服装,如逛街、购物、吃饭、约会、运动、看电影等,可以着便装、运动装、家居装、牛仔装、时装等,凸显轻闲释然松弛愉悦之心态,有别于严谨、庄重风格。那么学校读书上课是什么场合呢?学校是一个小社会,集体生活场所,为比较严肃的场合,当然又有别于公务商务活动,不用穿正装,可以穿休闲装,但风格不能太休闲居家。

1. 大学生着装要求

不追求高档时髦,但求庄重整洁;不追求式样怪异,但求青春朝气;不追求成熟保守,但求合适得体。男生避免松垮颓废感,女生避免暴露太多风尘感。款式、色彩、质地的选择要符合自己的身份、体型、肤色,整体搭配能彰显个人的特性和气质。大学生最爱的服饰有牛仔裤、文化衫、T恤衫、休闲便装、运动装等。这些平常普通的服饰穿在大学生身上有化腐朽为神奇之感,突显时代韵味和青春魅力,莘莘学子的精神状态和独特搭配及款式的变化让旧貌换新颜。

牛仔裤为什么是校园里永远的流行。这与牛仔装本身的品质和文化内涵有关。牛仔裤源自美国,19世纪中叶美国西部开发,加利福尼亚的淘金工人们一直抱怨普通的裤子磨损得太厉害,也装不下淘来的黄金颗粒。于是,一位名叫Levis Strauss的德国商人萌发了用滞销帆布制作一种不易磨损的工装裤的想法,于是最早的牛仔裤产生了。不过最早的牛仔裤并不是现在最常见的蓝色,而是棕色的,而且裤腰也裁剪得很高,便于工人们把它穿在普通裤子的外面。为了加固,在裤兜和裤门处都使用了崭新的铜纽扣。后来这成了牛仔服装一种历久不变的标志性元素。牛仔裤厚实耐磨经脏,穿着它可以随便地席地而坐,纵使有一点损坏脏污,也无损于风度。原是为应付繁重的日常劳作而设计出的一种作业服,随着20世纪50年代美国的崛起和美国文化的传播,牛仔装成为独立、自由、叛逆、粗犷、豪迈、潇洒、飘逸、有胆识、富于野心、爱冒险、喜欢表现自我的象征。各国年轻人渴望也像美国电影中美国西部英雄那样穿着牛仔装,自由自在无拘无束乐观英勇地奔向远方,背起行囊走遍高山大河,阳光下坐在草坪上吃苹果、看书,星光下林间小路弹着吉他……渴望着流浪,渴望着看世界,渴望着惊心动魄的事和浪漫的爱情……如果没有牛仔裤,这一切似乎都不可想象不能吻合。从这一点来讲,牛仔裤的经久不衰是因为符合人性的需求,符合时尚的追求,符合年轻人生活的愿望。

牛仔裤对于大学生来说几乎是全能的,冬天可以保暖,夏天可以显酷,春秋便于出游。教室里位子不多,需要提早占座;食堂人多,常常左右拥挤;宿舍里没有墙纸地毯,常常风尘仆仆;校园里骑着一辆破单车,一路上铛铛响,柔软的衣服可能被扯破,其他面料的裤子可能太拖沓,也显示不出青春的体型,唯有牛仔裤是最佳的穿着。

几十年来人们在牛仔裤上大做文章:小裤脚变喇叭,再变微喇,又变回直脚;颜色由以前的蓝,变到崇尚旧旧的泛白;21世纪又流行在牛仔裤上打花补丁、绣花、画图案、剪破洞。校园里的"牛仔"一族还在向着两个方向发展:更雅痞一点的是舒服的条绒裤,更随便新潮一点的是新近流行的有多个兜的阔脚裤。秋风吹起,加上格子围巾、各色T恤、大衬衫,成了永远也不落伍的校园装扮。

2.大学生面试着装选择、

求职面试是大学生的重头戏,几年辛苦求学精心塑造,就是希望在毕业时得到用人单位的认可。而面试时的着装可以让青春形象增添附加分。面试着装女生首选套裙,颜色以冷色为宜,如青色、米色、蓝色、灰色等。款式上,裙子以窄裙为主,裙长到膝或者过膝一点点,较少饰物和花边点缀;面料质地以全棉为宜,不要太飘逸。女生着套裙有四忌:一忌套裙不合身;二忌衣者不整,上衣的领子要完全翻好,衣袋的盖子要盖好,衣扣要全部系上,裙子要穿得端端正正;三忌鞋袜不配套,选黑色的皮鞋和肉色的连裤袜,不要穿花色的连裤袜,看上去犹如斑马;四忌举止不雅,做到站有站相,坐有坐相,走有走相。如果不习惯穿裙装也可以着裤装,全身颜色尽量一个色系或者保持在三种颜色之内,冷色为宜,款式不要太复杂,简洁为美。

男生面试时不要穿平时喜欢穿的T恤衫、牛仔裤或便捷的运动装,这样的装扮容易给人随心所欲的感觉,不够稳重。衬衫、西装、皮鞋、领带是男生面试时的基本配备。实在不想穿西服,也可用较正规的休闲装代替,面料以棉布为宜。衬衫以纯白色首选,白色能传递诚实、干练、可靠的信息,容易赢取对方的信任。衬衫颜色越淡,底色越纯净,给对方留下的印象就越深刻。鞋子以黑色的皮鞋比较保险。如果穿休闲装,个子又比较高,也可以穿运动鞋。袜子则应和衣服相协调,蓝、黑、灰色均是安全色,袜子的长度应以跷腿时不会露出太多胫骨为宜,在移动双脚时也不至于在脚踝部隆起。总之,弹性较好、长度至脚踝以上的袜子是最好的选择。如果没有公文包,随身携带的资料袋一定不能太破旧。此外,要准备一支能拿得出手的水笔。男生也不能忽视全身形象造型。在面试前,要彻底地刮一次胡子,修剪一下头发,修剪一下指甲。总之,要给人清爽、整洁、精神、正规的印象。

3. 面试化妆和首饰搭配

面试时要不要化妆,如何化妆;能不能戴首饰,戴适宜还是不戴适宜,是大学生经常困惑的问题。首先男生面试绝对不戴首饰,有些男生平时喜欢戴一个耳环,两个花戒,让人感觉很酷很亮,但面试时不需要扮酷,用人单位大都要求稳健踏实忠诚不张扬的雇员,而酷酷的首饰反而显得张扬,会给形象减分。第二女生一般也以不戴首饰为佳,如果喜欢带,则选择合适的首饰,如一条白金项链,比较符合大学女生的气质,千万不要佩戴过于夸张的首饰,如晃来晃去的耳环、叮叮当当的手链和脚链、人造钻石、人造宝石戒指等,珍珠项链或金项链也不适宜,看上去有些老气横秋。第三男生不需化妆,女生可以化淡妆。化妆以自然、美化、清新为原则,第一步肤色粉底妆,肤色原本就白里透红的不妆更好;第二步修饰眉毛和眼睛,干净的眼妆和浓密的睫毛;第三步唇妆,选用与唇色接近的唇膏。化妆后以似有若无淡雅不着痕迹为效果。

(二)外表吸引力中之发型设计

俗话说"噱头噱在头上,蹩脚蹩在脚上","有钱无钱,剃个头过年。"近看头远看脚,不远不近看中腰。女的看头,男的看脚,女的看包,男的看腰。都说明仪容中发型是整个精神面貌的焦点。尤其女性,一个好的发型,可以提高女人的整体形象,美丽的女人都会注意自己的发型和整体风格的配搭。男生的发型这几年流行蓬乱的风格,就像是刚刚从被窝里面钻出来一样,好像完全没有整理过。但公务活动商务活动是忌讳这样的发型的,所以求职时男生还是要精致正规些。中国人的头发比较粗,比较硬,不像西方人的发质细、软、卷曲,而且东方人的脸型比较宽,五官比较柔和,不如西方人脸型窄鼻子眉弓高眼睛深邃,立体感比较强。如果用书来比喻的话,东方人的脸型像书面,西方人的脸型像书脊。所以对于亚洲人来说,向上走的不耷拉的发型更容易塑造出精神时尚的形象。当然因人而异,发型设计要考虑一个人的气质、年龄、职业、身材、脸型、发量、发质及时尚元素等。

(1)气质,根据气质设计发型。一个人所表现的气质有清纯的、野性的、温婉的、干练的、高贵的等,所做的发型要与所属的气质相配。如:清纯型,适宜长直发,齐刘海,扎麻花辫;野性的,爆炸式等小卷发型,发型可以夸张些;温婉型,可以烫成自然大花,梳扎成一些发型;干练型,适合做烫过的短发,梳理得饱满整齐;高贵型,大花大波浪,较饱满的发型,这比较适合中老年人,学生略显太成熟。

(2)年龄,根据年龄设计发型。年轻女孩适合短直发,长直发,小碎花,刘海可以是齐刘海,斜刘海;成熟女性无论是中发,还是长发要轻烫一下,更能体现成熟的魅力,40岁以上年龄的一般不要再留长直发,除非她有过人的气质。如歌星王菲38岁与李亚鹏结婚时是长波浪齐刘海,现在年过四十早已改为中短发了。老年人更不要留长发,长发会使人显得苍老,最好的发型是短发、中发,尽量烫一下,有蓬松饱满的感觉。

(3)职业,根据职业设计发型。发型所表现的内涵应该与职业相称,如航空小姐不允许其他发型,必须全部盘发。如公务员和企业高层管理人员、工程设计人员的发型要求应该是庄重、典雅或干练的,不能做张扬的发型;而搞广告设计服装设计市场营销的发型就可以是张扬的。

(4)脸型,根据脸型设计发型。椭圆型是标准脸型,做什么发型都好看;长脸要设计刘海,两边要做蓬松,烫发更好;圆脸不要留刘海尽量把发量往头上做,两边尽量做服帖;方脸给人的感觉不够柔美,可以做烫发弱化硬朗的感觉。男生身材瘦小的发型可蓬松些,衬高身材;较魁梧壮实的最好小平头,看上去强悍中蕴含精干。

(5)身材,根据身材设计发型。依据脸型设计只是一个点的设计,将身材和脸型结合起来设计才是一个大的整体设计。按照人体的比例,头与身体的比例西方人是8比1为标准,东方人是7.5比1为标准,实际上大多数人是不标准的,而模特儿是超标准的,因此模特儿穿衣服看上去特别舒畅。由此,身材娇小和偏胖的人不适合太长的头发和做过于蓬松的发型;而身材修长偏瘦的人应该做卷发来增加丰满的感觉。另外无论什么身材都不宜留太长的头发,因为太长的头发会淡化身材的注意力,反而会凸显身材的缺点。

(6)发量,女生发量少的人不适合留长发、直发,应该设计短发和烫发使发量增多;发量太多的不适合留中发,可以短发也可以把长发扎起来。男生发量多可纹理造型,将厚厚的头发蓬在头顶,制造出厚实的质感,让人感觉稳重厚实;发量少的索性理短发,给人坦诚阳光精干的形象,如英国威廉王子就是。

(7)时尚,可以在发型细节加入一些时尚的元素,显示时代感。时尚是在特定时段内率先由少数人尝试,预见后来将会为社会大众所崇尚和仿效的生活样式。时尚是"时间"与"崇尚"的相加。一个人保守还是时尚可以首先从发型和衣着打扮看出来。时尚带给人愉悦的心情和优雅、纯粹、不凡的感受,能体现生活品位,展露个性。不一定每个阶段的时尚都要去跟随,选择适合自己的时尚,也可以创造时尚,表现一个人不墨守成规。现在社会非常多元,每个人心中,都可以有自己的时尚,追逐优雅的"细节点缀",会让人耳目一新,增加形象的魅力。

　　总之,虽然外表不是核心,但在一个重视美丽外表的社会里,外表是一个人形象总分中不可忽视的一部分。一个人有智慧,形象也赏心悦目,就会锦上添花;一个人很能干,但形象难以入目,就会让人感觉美中不足。正如美国普林斯顿大学科研人员调研后发现:男生形象好学历高的,挣钱也相对多;相比而言,形象欠佳学历低一些的,挣钱也少。这一规律男女都适用。调研结果还表明,形象好给人以幸福感,使人更自信。因而大学生在大学期间要让学业与气质一起成长。成都理工大学文法学院院长陈俊明教授在欢迎2010级新生大会上讲:希望大学生要努力把德智体美读得无一偏废;努力把男生读成文质彬彬,女生读成知性端庄;努力把自己读成无论张口还是抬手,都让人分明看出你读过大学。

二　人际性格吸引力

　　性格是什么,如何形成的,为什么说性格即命运。哪些性格有吸引力,哪些性格缺少吸引力。

　　百度百科说:性格是人对现实的态度和相应的行为方式中的比较稳定的、具有核心意义的个性心理特征,是一种与社会相关最密切的人格特征,在性格中包含有许多社会道德含义。性格表现了人们对现实和周围世界的态度,并表现在他的行为举止中。性格主要体现在对自己、对别人、对事物的态度和所采取的言行上。唐代李中《献张拾遗》诗:"官资清贵近丹墀,性格孤高世所稀。"明朝李贽《读律肤说》:"故性格清澈者音调自然宣畅,性格舒徐者音调自然疏慢。"说明性格是一个人对人对事的态度和行为的心理特征,如英勇刚强还是胆小懦弱;平和温顺还是野蛮粗暴;虚怀若谷还是刚愎自用;勤奋谦让还是懒惰愚顽等。

　　性格有先天遗传基因因素,也有后天环境影响所致。二者比例基本一半对一半。性格中的深层部分,如活泼、开朗、冷静、急躁等受遗传影响大,而大方、吝啬、仔细、粗心等受环境熏陶影响。一个家庭若轻松民主会进一步促使活泼开朗性格形成,一个家庭若严肃沉闷又会压抑活泼开朗的基因生长。所以最终一个人行为方式的定型是环境的潜移默化所致。哪一种性格好或坏没有绝对的定论,因为萝卜青菜各有所爱,虽然多数人都希望自己开朗、活泼,但事实上,哪一种性格都各有利弊,不能完全决定人生。

(一)性格与命运

性格决定命运一般指的是一个人为人处世的方式导致的不同选择和别人对他不同的认定,于是产生了不同的机会,不同的人生历程。从这一层面来讲,性格命运实质上诠释的是个人价值观、人生观、世界观的不同带来的不一样的运气。既然社会认同度产生运气,说明人们对性格有基本的指向。如记者描写巴菲特与盖茨2010年秋季中国之行时说他们非常谦和认真。谦和的性格在做事上表现为踏实稳健低调重实效,认真的性格在做事风格上表现为执著坚毅理性重规律。这就是性格与命运的例证。

北京汇源饮料食品公司董事长朱新礼性格憨厚朴实,他在企业管理上一直坚持对消费者负责,对产品负责,对农民感恩。朱新礼曾说过这样的话,他事业上如此的成功,最让他感到欣慰的事,不是财富的积累,也不是各种荣誉的获得,而是看到农民们来到汇源,卖了水果,数着钱回家的情景。这种充满人情味的朴实踏实让汇源果汁不断发展壮大,不断成熟,不断得到果农和消费者的信任。朱新礼总结自己的成功经验对大学生说:先做人,后做事;会做人,才能做好事。朱新礼1992年从国家机关辞职担任了山东一家濒临倒闭的县办水果罐头厂厂长,并在1993年将公司主营业务转为生产浓缩果汁,由于填补了当时的市场空白,因此企业开始迅速做大。至今中国汇源果汁控股实现年销售收入26亿元,利润两亿元以上。汇源已成为中国果汁行业第一品牌。汇源商标被评为"中国驰名商标",汇源产品被授予"中国名牌产品"称号和"产品质量国家免检资格"。集团累计研发和生产了500多种饮料食品。据权威调查机构AC尼尔森最新公布的数据,汇源100%果汁占据了纯果汁46%的市场份额,中高浓度果汁占据39.8%的市场份额。同时,浓缩汁、水果原浆和果汁产品远销美国、日本、澳大利亚等30多个国家和地区。汇源集团拥有100多条国际最先进的PET瓶、康美包、利乐包、怡乐屋顶包等无菌冷灌装生产线,并开创和引领了中国饮料PET瓶无菌冷灌装的新时代。汇源集团的水果原浆加工的冷破碎、浓缩果汁加工的超微过滤、饮料生产的无菌冷灌装等项工艺和技术均处于世界领先地位。朱新礼在大学演讲时说:18年来,发生在我身上的故事很多,困难也很多。但重要的是看到现在和未来。同学们,你们所处的时代是个难得的时代。李嘉诚曾对我说,"中国遍地是黄金!"机会太多了,关键是看你有没有眼光,敢不敢行动。人活着就要奋斗,不奋斗就失去了人生价值。要想采金取宝,就必须弯下腰、躬下身,这就叫行动。古人云,"滴水之恩当以涌泉相报",我虽做不到这一点,但我始终坚持"投之以桃,报之以李",时时处处想着别人,感激别人。做事一定要符合国家的利益、人民的利益,这个企业才能长久。朱新礼以他的本性在做企业。

朱新礼提到的李嘉诚是全球华人首富,长江实业集团主席,他小时候家里很穷,父亲早逝,迫于生计只好辍学,在舅父的店铺当泡茶、扫地学徒。但李嘉诚不想长期寄人篱下,两年后他离开钟表铺,转作推销员,18岁时就升为总经理。1950年,李嘉诚正式创业,以生产塑料制品塑料花起家,到现在囊括地产、电力、电讯、零售以及港口运输等产业,他旗下长江实业集团雇佣的工人逾31 000人,成为全港第四大雇主。他性格中的吃苦、坚毅、果敢、淡定、诚信、仁慈,成就他的事业蒸蒸日上。有一个情节很能说明李嘉诚的为人处世性格特点。当初第一个向李嘉诚长江塑料厂下订单的是美籍犹太人马素,马素定了一批货往美国,其后又突然取消,但李嘉诚当时并未要求他做任何赔偿。后来马素介绍美国厂家向长江订货,订单接踵而来,长江塑料厂赚到了第一桶金。试想如果李嘉诚计较得失硬要马素先生赔偿,也许就没有了后面的长江事业和李嘉诚。李嘉诚性格中仁慈诚信的特征,让他深信,做生意难免吃亏,多吃亏多吃苦就是为将来做铺垫。仁慈的性格也让李嘉诚对员工很关照,不少伙计因此很感动转而很讲义气,把公司当成自己的事业做。李嘉诚一直记着父亲临终前的嘱咐:求人不如求己。吃得苦中苦,方为人上人。失意时莫灰心,得意时莫忘形。

能够长久行走在职业沙场的成功人士一般离不开这些优秀的性格特征:开朗、真诚、善解人意、爽快、宽容、幽默、厚德善行、大方慷慨,对上以敬,对下以慈,对人以和,对事以真……这些性格给人安全与信任,是受欢迎的性格,人们愿意共处给机会。而命运多蹇的性格特征一般有:多疑、暴躁、狂妄、懒散、狭隘、吝啬、斤斤计较、优柔寡断……这些不受欢迎的性格,人们会回避,机会也就少了。

性格所表露的不同的处事方式也展示了人与人不同的人生境界。大方慷慨的人深明人生的价值不在于现在身处的位置,而取决于面朝的方向。他们不怕吃亏,从来不在小事上算计,所以他们是智者,而特会算计的只能算小聪明。智者高于聪明。聪明人和别人过事儿往往想的是保全自己利益。比如做生意,他们每单生意都能把利润赚足,但难以保证五年、十年后他还有生意做;而性格厚德善行的智者绝不追求每单生意的最大收益,有些生意甚至赔钱也做。他们明白自己不能做什么,经常换位思考,关注对方的接受底线,而小聪明的人只知道自己能做什么,不管别人的承受底线。聪明人也能把握机会,知道什么时候该出手,而智者知道什么时候该放手,只有善于放下才能轻装前行接受新的东西。因此,拿得起来的是聪明,放得下的才是智者。聪明人注重细节,而智者注重整体。太计较眼前的人或许也能带来财富和权力,但缺乏健康和快乐。因为财富和权力与健康和快乐很多时候并不成正比,健康、快乐来自人心的豁达,人生的境界。

(二)性格与做事风格

俗话说字如其人,文如其人,教学个性如其人,做事风格更如其人。涵容以待人,恬淡以处世。必有容,德乃大;必有忍,事乃济。

王利芬原是CCTV著名记者、制片人兼主持人,在成功打造《赢在中国》和《我们》栏目名扬全国后,华丽转身,毅然辞职离开了很多人都向往的最大的媒体平台中央电视台,去创办符合自己心中梦想的"优米网"。按照她自己的说法是"把感动化作行动","不创业,被掀动的内心无法有个交代"。王利芬16岁就给自己立下了目标:去北大读中文。但高考后却没能如愿,既没上成北大,也没读成中文,读的是华东师范大学政教系。从开学那天起,她就开始上中文系的课。第二年,随夏令营到北京,看到北大校园里的银杏树,她泪流满面,为自己只是这里的过客而感到委屈。大学毕业后她考上了华师大中文系的研究生,学到了自己喜欢的专业;硕士研究生毕业后,她如愿来到了北大读博士,终于与梦想重逢了。可以推见王利芬的性格极其执著,有不达目标誓不休之气概,这是一位知性理想激情自信智慧的非常优秀的女性精英,这样的个性决定她绝对不会安于现状,总要不断挑战自我求新创新。她说:让我折服的永远是精神和人格的魅力;让我感动的从来都是做人的真诚;让我佩服的一直是过人的智慧。我相信,这些东西才真正是人类的精华所在,它是我在生命的雨季时的缕缕阳光。2004年9月,王利芬赴美国耶鲁大学和布鲁金斯学会研究美国电视媒体,2005年秋天,回国创办央视重点栏目《赢在中国》,任主持人兼总制片人。但体制内的创业门槛很多,首先要说服央视编委会,好不容易同意了,央视又不给一分钱,不给一个人,不给一平方米的办公地点,只给一个时段,采用"制播分离"的方式,一年还要创收1 000多万元的广告费。辛苦得有时候身体会有十二分的透支。在创办《赢在中国》这几年,王利芬看到太多年轻的大学毕业生因创业的激情、因路上的辛酸而内心波澜起伏。这一次次感动也激荡起王利芬新的创业冲动。她放下人到中年要求稳的传统想法,崇尚"人生就是奋斗","一个生命需要最大限度地发光",她怀着强烈的社会责任感,勇敢辞职从零开始着手创业,2010年3月6日创办优米网,网站定位为

"服务于国家和知识群体"的网络电视。一个中年女性这样做太不容易,简直是奇迹。也许有人认为王利芬太爱折腾,但社会就是由这些爱折腾的人带领前行的。网易的丁磊是辞去电信局公职下海的;俞敏洪、马云是辞去大学教师创办企业的;杨澜、许戈辉等都是从央视离开的;阳光卫视总裁的陈平、凤凰卫视老板刘长乐亦都是从内地辞职创业的。王利芬说,女人也好,男人也好,做一个有目标的人是最重要的。如果这个目标是利于社会发展,是积极的、进步的、阳光的,越多人有这个目标越好。她在总结自己的性格时说:我是一个喜怒皆形于色,从面部表情可以长驱直入看到我心灵深处的人,不知暗暗发过多少誓要改掉这种一眼见底的现状,变得有城府变得深沉,但总不奏效,已过而立之年恐怕早已定型,再说许多看似有城府的人想什么我似乎也知道,所以也就变本加厉,索性直来直去也许这可能是许多人愿意与我谈话的原因吧。愿王利芬这样的知性女性多一些,愿优米网给更多的大学生带来创业的机会与激情。

导演张艺谋绝对是一个有智慧有境界的人,在有的导演大肆热衷于电影中植入广告,大把赚钱的年代,张艺谋坚持拒绝在他的电影中植入广告,哪怕几亿元的诱惑。张艺谋说,我还是喜欢在导演的位置上思考本位的东西,我不想在艺术之外有别的东西。因为你接受植入广告就会受赞助商的控制,就不能按照电影原有的要求拍摄,就会破坏电影原有的意境效果,就会对不住观众。在植入广告泛滥成灾,只要金钱宁可牺牲艺术效果的今天,这样的清纯又有几人能够保持?冯小刚的《唐山大地震》植入广告1亿元,徐静蕾的杜拉拉植入广告费2000万元,赵本山在几分钟的小品中也植入太显著的广告,引得观众哄堂大笑。相比之下,张艺谋的坚守难能可贵。当然也要感谢制片人张伟平的大度,制片人张伟平从未因为植入广告来钱容易而向张艺谋施加压力,而是支持张艺谋按照艺术的规律做电影。坚守艺术规律是需要底气和勇气的,这就是一个人性格在处事上的风格展现。张艺谋性格沉稳求实求新完美。因为沉稳的他从来是想好了再做,做了再说;因为求实他不为金钱所左右;因为求新他一般都起用新人;因为完美的他在演员选拔和景色寻找上都要与艺术要求相符,绝不凑合。所以张艺谋的电影成了新中国改革开放30多年来的一个里程碑。怪不得2008年北京奥委会选定张艺谋做奥运会开幕式闭幕式的总导演,这是对一个人能力和风格的赏识信任。

所谓以虚养心,以德养身,以仁义养天下万物,以道养天下万世。性格影响做事风格,做事风格又会影响做事质量乃至社会风气。身边不少国人做事风格太马虎,能糊弄就糊弄,能对付就对付,甚至以次充好,假冒伪劣。盖房造

桥的只管拿钱走人,不管工程质量,以致许多房子渗漏开裂,甚至大桥垮塌;医生只管开处方得利,拿钱走人,不管你是否承受得起,病会不会早愈,所以医患纠纷高居不下,救死扶伤温暖患者的职业风格很少见到了。商场里人们不知还能买什么可以放心,三聚氰胺奶粉、性早熟奶粉、抛光大米、漂白面粉、霉变食油、硫黄火腿、注水牛肉、染色西瓜乃至假文凭、假发明、假离婚、假身份等等,作假造假无处不在。中国人怎么了,实事求是经世致用的风格为何搁浅了,追求真理崇尚科学的精神到哪儿去了？是什么造成了国人的这种做事风格,是国民性格吗,还是当下一切向钱看的风气。

美国著名的非盈利研究机构兰德公司2008年对中国人国民性格作了一份评价,不妨怀着有则改之无则加勉的心态来看几段:中国人缺乏诚信和社会责任感。中国人不了解他们作为社会个体应该对国家和社会所承担的责任和义务。普通中国人通常只关心他们的家庭和亲属,中国的文化是建立在家族血缘关系上而不是建立在一个理性的社会基础之上。中国人只在乎他们直系亲属的福祉,对与自己毫不相关的人所遭受的苦难则视而不见。毫无疑问,这种以血缘关系为基础的道德观势必导致自私,冷酷,这种自私和冷酷已经成为阻碍中国社会向前发展的最关键因素。

中国从来就没有成为一个法制社会,因为中国人的思维方式与守法行为格格不入。中国人老想走捷径。他们不明白这样一个事实:即成就来自于与努力工作和牺牲。中国人倾向于索取而不给予。他们需要明白一个道理:生活的真谛不在于你索取多少而在于你能给予社会和你的人类同胞多少。

大多数中国人从来就没有学到过什么是体面和尊敬的生活意义。中国人普遍不懂得如何为了个人和社会的福祉去进行富有成效的生活。潜意识里,中国人的生活目的就是抬高自己从而获得别人的认知。这样一来,一个人就会对"保有面子"这样微不足道的欲望感到满足。"面子"是中国人心理最基本的组成部分,它已经成为阻碍中国人接受真理并尝试富有意义的生活的障碍。这个应受谴责的习性使得中国人生来就具有无情和自私的特点,它已成为中国落后的主要原因。

中国人没有勇气追求他们认为正确的事情。首先,他们没有从错误中筛选正确事物的能力,因为他们的思想被贪婪所占据。再有,就算他们有能力筛选出正确的事情,他们也缺乏勇气把真理化为实践。

中国人习惯接受廉价和免费的事物,他们总是梦想奇迹或者好运,因为他们不愿意付出努力,他们总想不劳而获。很少有中国人明白一个事实,就是威望和成就是通过一步步努力的工作和牺牲实现的,不付出就没有所得。简单来说,如果是为了谋生,那一个人只有去索取;但如果是为了生活,一个人一定要去奉献。

由于在贫穷的环境下生长并且缺少应有的教育,大多数中国人不懂得优雅的举止和基本的礼貌。他们中的大多数人着装笨拙粗鄙却不感到害羞。他们在青少年时所受的教育就是如何说谎并从别人那里索取,而不是去与别人分享自己的所有。

在中国人的眼中,受教育不是为了寻求真理或者改善生活质量,而只是身份和显赫地位的象征和标志。中国的知识分子从别人那里得到尊敬并不是因为他们为了别人的幸福做过什么,而只是因为他们获得占有了相当的知识。事实上,他们中的大多数只不过是一群仅仅通晓考试却从不关心真理和道德的食客。

中国的教育体系很大程度上已经成为一种失败和耻辱。它已经不能够服务于教育本应所服务的对象:社会。这个教育体系不能提供给社会许多有用的个体。它只是制造出一群投机分子,他们渴望能够受益于社会所提供的好处却毫不关心回报。

中国可以培养出大批的高技能人才,但却很少可以培养出合格的可以独立主持的管理级专家。服务于一个公司或者社会,光有技术是不够的,还需要有勇气,胆量,正直和诚实的领导才能,这恰恰是大多数中国人所缺少的品性。正如亚瑟·史密斯,一位著名的西方传教士一个世纪前所指出的,中国人最缺乏的不是智慧,而是勇气和正直的纯正品性。这个评价,虽然历经百年,如今依旧准确诊断出中国综合征的病因……

曾在网上看到一位我国旅日游客写的游记,说在日本超市门前看见两个在做事的日本人,一个是送报纸的工人,另一个是保养超市消防器材的工人。那个送报纸的日本工人,在游客进入超市前,就在整理他那一摞要送的报纸,他要把它们码放整齐;另一个保养消防器材的工人则把锃亮的消防器材抱在怀中,使足力气在擦拭。等我们游客一个多小时出来时,看到那一大摞报纸已经被送报人整理得方方正正,四棱四角,活像一尊豆腐,但那个送报工人还不满足,依旧全神贯注地趴在那一方报纸上,还在整理。同样,那位擦拭消防器材的工人,怀中的消防器材已经是锃亮锃亮的了,但他依旧那样深情的将它抱在怀中,认认真真、仔仔细细地一遍又一遍擦拭。如果换做中国工人会这样做事吗?不被人笑话愚笨有病才怪呢。这也许就是中国人和日本人做事的差别。正是这种做事的差别,才有国货和日货的差别,也才有中国人和日本人生活质量的差别。这些差别,最终必然导致中国人和日本人在世界人眼中的差别。这儿不是推崇日本人,我们都憎恨日本人的侵略行为,但光憎恨是不会提升民族尊严的,光憎恨是不会让日本敬畏你的,只有严谨做事风格,保证产品质量,提高生活质量,提升国家实力,才能让别人心服口服,肃然起敬。这就是做事风格与性格的关联。

那么性格可以改变吗,俗话说江山好移秉性难改。说明性格遗传的深层部分如活泼还是文静,直爽还是圆滑很难改,而受后天环境熏陶形成的部分如认真还是马虎,细心还是粗心,敬业还是懒散,自卑还是自信是可以改变的。美国总统奥巴马大学阶段并不善于演讲,是全班最内向的,但他后来志向从政为国家服务,刻苦训练自己的表达能力,竞选美国总统时以极其敏捷的思维,精彩的演说和儒雅的风度赢得了美国公民的信赖,成为美国历史上第一位黑人总统。

(三)性格与职业选择

许多已身在职场或即将步入职场的大学生常常会问到一个有意思的问题:我应该选择什么样的职业? 一般来讲,个人特征与职业有关联的大致有三个方面,即性格、兴趣与能力。其中性格决定着人的行为方式及特点,兴趣表现出行为的倾向性,而能力是顺利完成某项活动并影响活动效率的心理特征。这里,性格起着最重要的作用,它反映了一个人独特的行为方式,是与他人区别的重要标志。如一个性格内向不善表达的人不适合做记者、律师、营销、公关,但适合做文秘、科研人员、财务管理、设计等;一个沉稳内敛细心的人适合做公务员、工程管理、医生、金融投资,不适合做广告创意、文学创作、艺术策划等;一个性格热情大方自信的人适合做演说家、教师、人力资源管理、外交家等,反之,不适合搞金融投资、档案管理、工程设计等。很有人文学科底蕴的著名演员陈道明曾说,是历史的原因让他跨入了演员这一行,却并不是他希望的,他说如果有再一次选择,他会成为一个医生、律师甚至是外交官。因为有嫉恶如仇刚直不阿的性格,陈道明在演艺圈有傲骨傲气是出了名的。所以性格是命,职业是运。

职业没有最好的,只有最合适的。一个人特别的聪明才智就藏在自己的性格里,而真正适合的职业应当能够表现自己的个性与天赋。如果找到了适合自己的位置,工作本身就会充分而全面地调动你的才能。千万不要做不擅长的事情,如果做了,就会发现自己就像深陷于泥潭之中,只能徒劳地挣扎、抱怨。从本质上来说,工作不是人们为了谋生才做的事,而是为了给个人的生活赋予意义,给自己的生命赋予光彩,给自己最充分发挥人生价值的舞台。工作其实只是人们生活的一种途径，通过它，人们可以寻找到那种在自己看来最有意义的生活方式。职业的成功与否从很大程度上决定了人的一生是否美满和谐。为什么有的人总是坎坷不顺，因为他们选择职业的时候不是为了自己的性格、自己的兴趣、自己的特长，而是为了别人的眼光，或者是羡慕别人赚大钱，抑或为了一点可怜的虚荣心的满足。能够无视别人的目光，坚持自己的性格、兴趣和特长选择职业，是一种勇气，更是一种人生的智慧。罗斯福曾说过："成功者大都不是天才，他们只是一些有着普普通通品质的人。但他们在适合自己性格的工作中，充分挖掘了自己这些普普通通的品质，从而达到了一个不一般的程度。"

1. 认清自己的性格

一个人的一生可以去扮演很多角色。但是，只有真正的一种角色能让你成功，这就是做你自己。每一个同学都应该花点时间想一想自己是什么样的人，从容不迫还是紧张焦虑？喜欢交际还是羞涩腼腆？杂乱无章还是有条不紊？我是什么？会什么？有什么？想要什么？能够做什么？了解自己的性格是人生的第一课。了解了自己的性格，就会知道自己有什么条件，擅长做什么。可以缩短从就业到事业的路程，避免漫无目标浑浑噩噩地转圈，真正享受工作着是美丽的。

不同的职业需要不同的性格，不同的性格对着不同的职业，上苍是公平的，也是智慧的，他赋予任何人的任何性格都是有用的。任何一种性格，一旦找准了位置，就会大放光芒。

有时候性格比能力更重要，设想让一个性格暴烈的人去搞公关、谈生意或做服务工作；让一个性格怯懦、柔弱的人去搞刑侦破案；让做事大大咧咧、马马虎虎的人去当医生或会计，会是什么结果。每一个人都有自己的长处，也都有自己的短处；都有自己所擅长的，也都有自己所不擅长的；都有自己的天赋、天性和性格上的优势，也都有性格上的劣势和缺陷。所谓尺有所短，寸有所长，物有所不足，智有所不明，功有所不全，力有所不任，才有所不足。一个人只有扬其长，避其短，才能发挥其最大优势，获得事业上的成功。

2. 根据性格找搭档

世界经济一体化时代，分工越来越细，新的职业不断涌现，往往一个人难以完成工作，需要团队合作。那么选择什么性格的伙伴呢，这是一个至关重要的问题。合作伙伴选得好，锦上添花，事业蒸蒸日上；合作伙伴选的不恰当，导致内讧，事业一蹶不振。上面说职业要选择与自己性格相适应的，那么合作者则要选择与自己性格相反的。许多人不喜欢与自己性格相反的人相处，这是一个误区。俗话说一山难容二虎,自己强悍的性格再选择一个强悍的容易抬杠,只有选择内敛谦和的才能融洽相处。从人性需求来讲性格互补的人才能彼此欣赏,相得益彰、相辅相成。每一种性格都有其缺陷和不足,没有十全十美的人。例如,性格外向的人往往粗心大意,缺乏温柔;而性格内向的人又缺乏魄力和果断。而完善性格的最佳途径就是找一个可与自己性格形成互补的人做搭档。如勇猛、胆大、耿直、狂放的人应该与谨慎、沉静、韬略的人组合;性格固执、倔强的人应该与开朗、善辩的人组合;性格温柔、温顺的人应该与刚毅、勇敢的人组合。与跟自己性格互补的人合作不仅能产生心理上的吸引力,更能通过取长补短,促进自己的优势,减少自己的劣势,提高合力。当个人的优势被提升,劣势被抑制时,个体的性格才能使群体的命运呈良性发展,个体的思想才能成为群体的意志。如从英特尔式的速度上能感受到葛洛夫的偏执;从盖茨的伪天真面孔上能感受到微软的深深城府。一般来说,老板周围都有几个得力干将,其职务是总经理或副总经理。凡是得力干将和老板性格相似,臭味相投的,企业中问题都比较多;凡是性格互补的,企业都比较健康。在这之中,最重要的是董事长和总经理两人的性格是否互补。一个感性的老板在折腾,一个理性的总经理在稳定;一个外向的老板在激励,一个内向的总经理在执行;正职在思考,副职去实践,这才是完美的配合。一个成功的人并不是一个性格没有缺陷的人,而在于他寻找到了一个没有缺陷的性格组合。每一种性格都会与其他性格相遇和组合,然而,只有最佳的性格组合,才能发挥出各自的力量。西游记中唐僧师徒四人性格是最互补的。唐僧属完美型:细致,敏感,悲观;悟空是力量型:坚定,果断,自负;八戒是活泼型:活泼,热情,多变;沙僧属和平型:平稳,随和,寡言。唐僧给人的感觉很固执,悟空给人的感觉方法多,八戒给人的感觉很好玩,沙僧给人的感觉不想事。同时这四个人在情绪反应方面也各不相同:唐僧生气时一个人伤心,八戒生气时几天就好了,悟空生气时会毁灭一切,沙僧生气时你还不知道。但是这四个人却组成了一个西天取经的精英团队,最后取经成功,全部修得正果。他们的性格互补作用在于,唐僧让这个团队变得正规,悟空让这个团队变得灵活,八戒让这个团队变得快乐,沙僧让这个团队变得冷静。认识不同的性格,学会与不同性格的人相处,就是学会了如何做人;掌握不同的性格,懂得与不同性格的人相知,就是学会了领导团队。

3.十种典型性格及其适合的职业

性格有很多分类法,有根据血型分的,根据星座分的,根据心理能力分的,也有根据动物类型分的。这儿综合人性处事的不同特点,将性格的类型与职业的适应性进行一些匹配分析,供大学生在择业时参考。

(1)刚毅型。具有刚毅性格的人,大都锋芒毕露,喜欢独自决断。因此他们适合开拓性和决策性的职业,不适宜从事机械性、服务性的工作,也不适宜从事要求细致的工作。刚毅性格是刚与毅的结合,具有这种性格的人不仅性格刚强、刚烈,而且还具有坚强持久的意志力。他们的优点是意志坚定、行为果断、勇猛顽强、敢于冒险,善于在逆境中顽强拼搏。阻力越大,个人的力量和智慧就越能发挥得淋漓尽致。他们办事效率高,处理问题果断泼辣。他们有魄力,敢说别人不敢说的话,敢做别人不敢做的事。遇事通常自己做主,不依赖他人,不迷信权威。喜欢独立思考、独立工作。缺点是易于冒进,权欲重,有野心。这种人常常盛气凌人、争强好胜,喜欢争功而不能忍,并多有不通融反对意见。为人霸道,与人共事缺乏谦让和商量,喜欢自己说了算。具有这种性格的人适合在政治、军事等领域发展。适合做政治家、社会活动家、行政管理、群众团体组织者等,成为领袖人物的较多。企业家史玉柱属于这类性格。

(2)温顺型。温顺型性格的人逆来顺受,随波逐流,缺乏主见,不能果断,常常因优柔寡断而痛失良机。但是,这种性格的人又有性情温和柔顺、慈祥善良、亲切和蔼、不摆架子、处事平和稳重的优点,他们能够照顾到各个方面,待人仁厚忠恕,有宽容之德。更重要的是,这种人有丰富的内心世界和敏锐的观察力,他们在文史哲艺术领域常常会如鱼得水。同时。他们还擅长技能型、服务型工作,如秘书、护士、办公室职员、翻译人员、会计师、税务、社会工作者,或专家型工作,如咨询人员、幼儿教师等。不适合从事要求动作迅速、灵活反应的工作。哲学家周国平属于这类性格

(3)固执型。固执性格的人擅长独立和负有职责的工作,他们长于理性思考,办事踏实稳重,兴趣持久而专注。他们特别适合科研、技术、财务等工作,不适合做必须与人打交道、变化多端的工作。固执型的人在思想、道德、饮食、衣着上往往落伍于社会潮流,有保守的倾向。他们比较谨慎,该冒险时不敢冒险,过于固执,死抱住自己认为正确的东西,不肯向对方低头,不善于变通。他们有些惰性,不够灵活,而且不善于转移注意力。但这种人又有立场坚定、直言敢说、倔强执著的优点。他们行得端、走得正,为人正统;他们善于忍耐,沉默寡言,情绪不轻易外露;他们具有较强的自我克制能力。唐僧属于这种性格。

(4)韬略型。韬略性格的人适合去做一些挑战性的工作,却不适合从事细致单调,环境过于安静的职业。这种人机智多谋而又深藏不露,思维缜密,心中城府深如丘壑,善于求变,反应也快,能够自制自律,临危而不惧,临阵而不

乱。他们在紧张和危险的情况下能很好地执行任务,他们适宜从事具有关键作用和推动作用的工作。典型的职业有政府官员、企业领导、行政人员、管理人员、新闻工作者等。央视主持人白岩松属于这类性格。

(5)开朗型。开朗性格的人比较适宜从事商业贸易、文体、新闻、服务、演艺、保险等职业,但不适宜做与物打交道的技术性或操作性工作。这种人交游广阔,待人热情,生性活泼好动,出手阔绰大方,人缘好,能赢得各方朋友的好感和信任。他们善于揣摩人的心思而投其所好,长于与各方面的人打交道,反应灵敏,处理起人际关系来得心应手,不容易得罪别人。缺点是兴趣和情趣容易变换。美国企业家艾柯卡就属这种性格的人。他最喜欢说的一句话就是:"追求你的热情,而不是你的养老金。"

(6)勇敢型。具有这种性格的人敢作敢当,富于冒险精神,意气风发,勇敢果断,有临危不惧的勇气。适应能力强,在新的环境中能应付自如,反应迅速而灵活。缺点是对人不对事,服人不服法,全凭性情做事。只要是自己的朋友,于己有恩,不管他犯了什么错误,都盲目地两肋插刀。注意力不稳定,兴趣容易转移。这类人适合做警察、企业家、领导者、消防员、军人、保安、检察官、救生员、潜水员等,在这些职业领域,有这种性格的人将会如鱼得水。但这种性格却不适宜从事服务、科研、财务等要求细致的工作。三国演义中的张飞、水浒中的李逵属于这类性格的人。

(7)谨慎型。性格谨慎的人思维缜密,办事精细、周全。十分适宜高级管理者、参谋、会计、银行职员、出纳、统计、秘书、科研等项职业。谨慎性格的人是世界上最精细、最理性的人。他们做起事来一丝不苟、思维缜密,为人谦虚,讲究章法、井井有条,他们考虑问题既全面又深入,一旦找对了职业,他们会成为长盛不衰的人。谨慎性格的人生活比较有规律,不愿随便打破平稳的节奏;他们注意细节的精确,能按部就班完美地完成工作。诸葛亮、叶剑英属于这类人。

(8)急躁型。这种性格适合做刺激性强而富于挑战性的工作,适合的职业有记者、推销员、采购员、消防员、导游、节目主持人、演员、模特等。他们不适合做整天坐在办公室里或不走动的工作。这种人性格开朗外向,志向远大。卓尔不群,富于开创精神,不轻言失败,成功欲望强烈,永远希望自己走在成功者的前列。他们精力旺盛、反应敏捷、乐观大方,能以极大的热情去工作,能主动克服工作中的困难。有这种性格的人喜欢工作内容经常有些变化,喜欢追求工作中的新奇感和成就感,能对每一次挑战都全力以赴地去应付,并付出百般的热情。在有压力的情况下,他们的工作往往更出色,但在职场中,急于求成的心理也会成为他们成功的危险源。主持人李湘、模特出身的设计师马艳丽属于这类人。

(9)狂放型。对于性格狂放的人来说,最适合他们的职业莫过于音乐、文学、绘画艺术、导演、演员、创意策划等,最不适合他们的职业则莫过于从政和经商。这种人行为狂放,桀骜不驯,自负自傲,为人豪爽,不拘小节,刚直不阿,常常凭借本性办事,做事好冲动,好跟着感觉走。性格中有情绪化、理想化、不重实际等特征。适合在需要运用感情和想象力的领域里工作,不擅长于事务性的职业。唐朝诗人李白、书法家张旭、怀素属于这类人。

(10)沉静型。性格沉静的人适合从事一些相对稳定的职业,如医生、工程师、教师、会计、出纳、建筑师、土木工程师等,不适合做富于变化和挑战性大的工作。这种人内心沉静、沉稳、沉得住气,办事不声不响。工作作风细致入微,认真勤恳,有锲而不舍的钻研精神,因此往往能成为某一个领域的专家和能手。他们感情细腻,做事小心细致,善于察觉到别人观察不到的微小细节。他们喜欢探索和分析自己的内心世界。中国著名妇科专家林巧稚属于这类人。

你能做什么,是上苍决定的,去不去做,是你自己决定的。如果你做了上苍让你做的事,你就能成功,因为上苍给了你相应的性格和天赋;如果你无视上苍给你的性格和天赋,执意去做别的事情,那么,上苍也别无选择,它只能让你遗憾。因此,人生道路上的错误往往从违背自己的性格时而开始的。只有遵循规律,尊重心境,发扬优势,实现自我,才能少走弯路,倾心工作,事业顺利,幸福生活。

 三　人际人格吸引力

如何理解人格,对人格的解释很多。心理学上的人格指个人所独有的、不同于别人的心理特征或心理素质的总和,包括能力、气质、性格等;伦理学意义上的人格,指人的道德品质;法学意义上的人格,指人格权。人格魅力则指一个人在性格、气质、能力、道德品质等方面具有的很能吸引人的力量。在今天的社会里一个人能受到别人的欢迎、钦佩,他实际上就具备了一定的人格。表现着人的精神、品质、个性和力量。

人格是性格的集中体现,人格包括气质和性格,气质是先天的,性格大部分是后天形成的。如果说性格无所谓好坏,每种性格各有利弊,那么人格是有

高低之分的。人格是人性崇高、正直、无私、善良的正面,性格是人后天生出的俗性、随性、惰性的负面。性格人人会有,人格非常稀有。所以人格是人际吸引的最大魅力。美国大财团摩根、范登里普、杰弗德等领袖人物,选拔接班人时,最看重的就是人格高尚这一标准。他们认为一个人的最大财产,便是"人格"。

当今世界市场经济竞争激烈优胜劣汰,一般大学生个人技能没多大差别,差别就在人格。有健全人格的人才能获得人们的喜爱和青睐。人格魅力的表现特征很多,有真诚善良富于同情心、乐于助人、忠诚坚贞、对己严对人宽、积极进取、坚毅勇敢、无私豁达、不占便宜、谦和乐观、勤奋认真、大方慷慨、厚德善行,等等,总之,道德进阶在一般人的水平标准之上。而其中善良、宽厚、高贵是人格中最受人倾心的三大人性阶梯。

(一)善良——人格的第一阶梯

什么是善良?善良就是心底的怜惜,知道牺牲自己的利益去照顾别人。贝多芬说过:我愿证明,凡是行为善良与高尚的人,定能因之而担当患难。20世纪著名的资产阶级思想家和社会活动家、和平主义者罗素伯爵于1970年2月2日以98岁的高龄死于威尔士的家中,他这样总结自己漫长、刺激、复杂生活的动力:"三种简单而又极度强烈的情感支配着我的一生——对爱情的渴望、对知识的追求和对人类苦难的深切同情。"绝大多数人都有善的天性,每个社会都有大量的善人善行,如果没有善德精神构建,人类的一切就会像荒山中的香花,污淖中的嘉禾,不成气候,难于收获,连它们自己也无法确认自己的价值。善良是判断人的第一把尺子,也是最高的一个标准。成长中的青年学生或迟或早总会对精神构建产生某种企盼。他们未必信奉哪种宗教,但对社会善良的向往犹如耳边时时有晨钟暮鼓在鸣响。

著名学者余秋雨曾经写过《关于善良》:当遇到一些读者要求签名,并希望写一句警句或座右铭时,常会写下"善良"两个字。而且凡有演讲总不离这个话题,一次次品味,一次次重复,不厌其烦。为什么呢?他说,我这样做是有充分理由的。这是一个最单纯的词汇,又是一个最复杂的词汇。它浅显到人人都能领会,又深奥到无人能够定义。它与人终生相伴,但人们却很少琢磨它、追问它。在黑灯瞎火的恐怖中,人们企盼它的光亮,企盼得如饥似渴、望穿秋水;但当光明降临的时候,它又被大家遗忘,就像遗忘掉小学的老师、早年的邻居,遗忘得合情合理、无怨无悔。抬头仰望书架最高处,那些创建人类文明的东西方圣哲都留下了有关善的箴言。古希腊的亚里士多德和德谟克里特把善良看成人类原始伦理学的起点,而中国的孔子、孟子则把"仁"、"与人为善"作为全部学说的核心。几千年过去了,罗素通览了全人类的生存实践后仍然以这样一句话做概括:"善良的本性在世界上是最需要的。"没有人反对这些论述,但奇怪的是,这样的声音在现实生活中并不响亮,甚至在文化话语中也越来越黯淡。生命的基本价值,是马蹄下的几茎枯草;百姓的生存权利,是漩涡边的几个泡沫。由于缺少精神指向,艺术结构也只能流于虎头蛇尾,一开头总是大张旗鼓地展示出机谋和残忍的全部理由,然后一路津津有味地计谋下去,残忍下去,但越到后来越难以为继,不得不在满地鲜血、一阵哀叹中潦草收场。没有了善良,无奈的道德底线后移,是当今社会的最大之痛。

1966—1976"文化大革命"十年,最大的破坏是泯灭了中国人的善良,整个社会没有了诚信,没有了理性,没有了秩序,哪怕对家人也可以不讲亲情良心,以帮派斗争彼此对立尔虞我诈你死我活。资本主义发展以基督教作为国教最大的成功是:在唯利是图的资本世界依然有善良的本性引导。

2010年8月下旬大学生们暑假最后的日子,北京小伙子小马在回母校西南交通大学的前一天,坐北京地铁不幸触电身亡。当小马父母要求看地铁监控录像希望了解儿子死亡原因时,北京地铁公司却回答,监控录像坏了。这种回答对生命好残忍,人性的善良与信任在那一刻被毁坏。

2010年9月东华大学哲学学科的邵腾教授骑自行车在斑马线上,被一个开宝马车的学生压死了。本来生命为大,以人为本,怜惜死者,天经地义,可在"有关部门"还没有下定义的时候,网络上有些高人先后爆出了"开宝马车的学生撞了骑车逆行、闯红灯的教授,学生无责"的话题。一时之间,人们不同情逝去的生命反而质疑教授的素质:"教授就可以闯红灯了?活该!教授就了不起啊?"。看到这些冷漠的言论死者的儿子声泪俱下,他说:"你不知道痛失挚爱父亲的伤痛,你无法想象儿子看到父亲躯体时哭天抢地的呼号与不舍,你不会理解母亲将要独守空房三十年的寂寞与难熬。为什么你们还要借用媒体来干扰交警部门办案?你们为什么还不愿还孤儿寡母一个公道?"

教授是否死得活该,自有公论。但每个人都可以摸着良心想一下:假如,压死的是自己亲人,看到这些冷酷的舆论,会怎样的绝望?有必要对一个死去的同胞,如此刻薄吗?俗话说人心都是肉长的。冷酷冷漠让人性失去善良,是做人最大的悲哀。

让我们看看以色列是如何尊重生命诠释善良的。以色列是一个饱受屈辱到处流浪的民族,1948年终于有了自己的国土国家,虽然土地贫瘠,资源匮乏,还因土地和宗教矛盾不断受到周边阿拉伯国家的敌视侵扰,但五次中东战争没有打垮它,反而使它成为中东最强的国家。除了美国支持与凝聚力科技力等外,很重要一条是他对生命的重视,使得以色列非常有吸引力。媒体曾登载一张标题为"英雄"的图片,图片上是一个赤手空拳的巴勒斯坦青年,站在长长一列以色列坦克面前,硬是把这列坦克给拦停了。很显然,"英雄"是冠以这位巴勒斯坦青年的,敢以血肉之躯与全副武装的坦克抗衡。但是细想在处于"敌对"的情况下,有几个国家的坦克会停下来?当年日本侵略中国的坦克会停吗,侵入格鲁吉亚的俄罗斯坦克会停吗,不会!但以色列的坦克停下来了,他们不愿扩大伤亡。以色列的战争行动坚持"不以平民为目标"的人道底线,他们只攻击军事目标,甚至在攻击前十分钟打电话通知攻击地点的人离开。这样的士兵、这样的国度,让人心服口服。几年前,耶路撒冷发生了一起公交车爆炸的恐怖袭击,炸死了十来个人,其中包括两名中国人,这两名中国人都是福建人,是去打工的。以色列政府立刻与中国方面联系协商赔偿事宜,但经过中国领事馆的核实,此两人系偷渡客,属于非法入境,于是使馆方面不再配合。但以色列政府专门开了一个会,会议认为,在以色列国土上无辜死亡的人,政府都有责任对其负责,至于这个人偷渡与否,那是另外一回事。会议最后决定,对两名死难的中国人一视同仁地按照国民待遇善后。会后,以色列政府派专人到福建找到两位农民工的家人,抚恤金标准如下:死者健在的父母按照每月1 100美金的标准发放直到老人去世;未成年子女按每月1 100美金的标准发放直到成年;有妻子的按照每月1 700元美金发放直到去世。死者家属要求一次性支付,以色列政府也同意了,最后支付的金额是每位死者赔偿70万美金。所有相关的调查费用全部由以色列政府负担。消息传开,在福建掀起了去以色列打工的狂潮。福建省政府的官员说,怎么挡也挡不住。以色列政府就是这样对待偷渡打工者的:没发现,你就在那儿打工;发现了,政府出钱购买机票送你回国;死了,按照以色列国民标准抚恤。

他们对待生命内外一视同仁,因为他们曾经遭遇纳粹的生命屠戮和欺凌。2001年,云南丽江发生了以色列游客不慎在虎跳峡落水的事故,经中国方面寻找无果,为此,以色列政府派专机来丽江,带着专业的搜救设备和一个专业搜救队,并高薪雇佣中国人沿江几百里进行拉网似的搜索,活要见人,死要见尸,时间持续一个多月。一个这样对待它国和自己死去国民的国家,怎能不让人对它产生好感。中国人喜欢把自己的近代史说成是"多灾多难",那其中有很多是我们自己的原因,犹太人却几乎完全因为外因,几千年来一直灾难深重,这一切,仅仅因为信仰。这个苦难的民族,在多年的战乱动荡中,在长期的漂泊迁徙中,在饥饿和苦难、杀戮和欺侮的磨难中,他们始终坚持自己的信仰,在逆境中砥砺发奋,顽强发展,不仅没有倒下,竟奇迹般地在科技、军事、教育、现代农业等领域获得举世瞩目的巨大成就。这个仅有 1 000 多万人口的民族,涌现出了一大批伟大人物:爱因斯坦、弗洛伊德、海涅、拉斐尔、季诺维耶夫、卓别林、洛克菲勒、索罗斯……这个民族和这些伟人为世界文明做出了杰出贡献。

旧中国上海滩最大的黑帮帮主杜月笙在 1951 年临终前,撕掉了别人写给他的所有借据。他对子女说:"我不希望我死后你们到处要债。"说明杜月笙的流氓是有底线的,这个底线就是坚守仁慈。向他借钱的人一般是日子不够好过或有急事,又看重他仗义的人。杜月笙在那一刻很有仁义人格。

孟子早就说过:"士穷不失义,达不离道";"穷则独善其身,达则兼善天下。"(《孟子·尽心上》)说明做人穷达都是身外事,只有道义是根本。当一个人穷困不得志时,仍以"独善其身"的清高坚持正直善良傲骨;当一个人飞黄腾达有时机时,则以"兼善天下"的豪情承担社会责任和历史使命。

在暴风雨后的一个早晨,一个男人来到海边散步。他看到在沙滩的浅水洼里,有许多被昨夜的暴风雨卷上岸来的小鱼。它们被困在浅水洼里,回不了大海了,虽然近在咫尺。用不了多久,浅水洼里的水就会被沙粒吸干,被太阳蒸干,这些小鱼都会被干死的。

男人继续朝前走着。他忽然看见前面有一个小男孩,走得很慢,而且不停地在每一个水洼旁弯下腰去——捡起水洼里的小鱼,并且用力把它们扔回大海。终于,这个男人忍不住走过去:"孩子,这水洼里有几百几千条小鱼,你救不过来的。"

"我知道。"小男孩头也不抬地回答。

"哦?那你为什么还在扔?谁在乎呢?!"

"这条小鱼在乎!"男孩儿一边回答,一边拾起一条小鱼扔进大海。"这条在乎,这条也在乎!还有这一条、这一条、这一条……,这孩子虽然未成年,但已然是社会的栋梁,一个本性善良热爱生命的人干什么都会尽自己的所能为他人和社会做出自己的努力。每一条小鱼都是一个生命,每一个生命不能让它无谓地伤痛无助。求助生命是有责任心的人的天职。

善良的巨大能量在于,它能在一瞬间改变心底那不齿的想法,能在一念间引导心中的恶念放下,能在不知不觉中指引光明的方向,能在时光的湍流中将全人类引向一个新的高度。徐本禹、洪战辉是当代大学生善良大爱的典范。徐本禹 1999—2003 年就读于华中农业大学,2003 年考取本校农业经济管理专业公费研究生,但他没有立即就读,却要求休学二年义务到贵州山区支教。

因为他在大三暑假期间曾经与同学一起去贵州省大方县猫场镇狗吊岩村岩洞小学社会实践,给孩子们上课。暑假结束回校时,孩子们送了一程又一程,依依不舍,因为大哥哥们走了,又没有老师给他们上课了,那儿的二所小学长期处于停课状态,可能因为实在太艰苦了,老师们走了。当得知自己考取研究生时,徐本禹首先想到的是大山里的孩子们,他决定暂不继续读书而去贵州支教。华中农业大学很支持徐本禹的爱心,破例同意他休学二年。徐本禹支教的贵州省大方县大水乡大石村小学和猫场镇狗吊岩村小学穷山恶水,喝水用水交通都极其困难,洗个澡要走五十多里泥泞路去县城,吃的是玉米糊糊和野菜,以致徐本禹后来落下了胃病。但徐本禹说生活的艰苦都能忍受,最痛苦的是精神上的孤独,那儿没有电视没有网络,朴实的山民听不懂普通话,不知道外面的世界,极其闭塞,没法交流。有时周末为了排除寂寞他一天给同学写六封七封信,拿出与同学的合影一遍遍地看,早上醒来时经常枕头是湿的。就是在这样的状态下,徐本禹坚持了二年,没有路费一直没有回过山东聊城看望父母。徐本禹的事迹因母校老师、同学的看望而被发到网上,而后被中国大众选为中央电视台"感动中国·2004年度人物"。评委会的专家们这样评价徐本禹:如果眼泪是一种财富,徐本禹就是一个富有的人,在过去的一年里,他让我们泪流满面。从繁华的城市,他走进大山深处,用一个刚刚毕业大学生稚嫩的肩膀,扛住了倾颓的教室,扛住了贫穷和孤独,扛起了本来不属于他的责任。也许一个人力量还不能让孩子眼睛铺满阳光,爱,被期待着。徐本禹点亮了火把,刺痛了我们的眼睛。徐本禹现在成为贵州省大方县大水乡华农大石希望小学名誉校长,2008年1月10日荣获"中国第18届十大杰出青年"。他已完成硕士研究生学业,又报名去非洲津巴布韦支教了。他的心里好像始终装着别人的需要,装着仁爱。徐本禹的善良感动着许多大学生去贫困地区支教,感动着许多人帮助大山里的孩子。在好多好心人的资助下,徐本禹支教的小学现在已经建起了新的教学楼和运动场,并成为大学生实践基地,每年会有志愿者去那儿给孩子们传授知识。这就是播撒善良的种子,收获更多的美好与希望。

洪战辉是2006年感动中国人物,河南省人,湖南怀化学院03级学生。洪战辉的家庭极其贫困,因长期吃不饱所以影响发育个子也比较小。1994年,洪战辉的父亲突发间歇性精神病,造成妻子受伤骨折,女儿意外死亡,家里欠下巨债。随后,父亲又捡来了一个和女儿年龄相仿的女婴。面对沉重的家庭负担,母亲离家出走了。当时年仅13岁的洪战辉,默默地挑起了伺候患病父亲、照顾年幼弟弟、抚养捡来妹妹的家庭重担。这一挑就是十几年。为了挣钱养家,他像大人一样,做小生意,打零工,拾荒,种地。他利用课余时间卖笔、书、磁带、鞋袜,在学校附近的餐馆做杂工,周末赶回家浇灌8亩麦地。在兼顾学业和谋生之时,他牺牲了几乎所有的休息时间。为了带好捡来的妹妹,洪战辉费尽心血。上大学时担心妹妹受伤害,依然带在身边,并设法让她上小学。洪战辉的事迹感动了同学,感动了校园乃至整个社会,他是第二个感动中国的在校大学生。后来他应邀在全国各地作了150多场报告,并欣然出任"中国宋庆龄基金会青少年生命教育爱心大使"。洪战辉非常朴实敦厚,他说:不是我感动了中国人,而应该是这些人被自己感动了。因为这些人心中原本就有爱心,心存责任。我不说什么是坚强,但我会做出坚强;我不说什么是幸福,但我会让你们看到幸福。想养活一个人其实很简单,有些人养一条小狗的支出就足够了。洪战辉现在已经大学毕业,2010年始在湖南宁乡花明楼镇挂职党委副书记。徐本禹和洪战辉虽然故事不一样,但本质相同:都是贫困家庭出身,都非常自立自强,都感恩别人,都用实际行动实践着人间的真善美。行善方式或有不同,行善能力或有大小,然不以善小而不为,凡人小事,只要有"爱"的进驻,那就是最大的"感动"。

当徐本禹、洪战辉成为时代的榜样,不知是这个社会的悲哀还是荣幸。《三字经》说"人之初,性本善"。不知还有多少人能够忆起这句话,还有多少人知道"善良"的含意,还有多少人拥有一颗同情的真心,还有多少人把善良作为教育的目标做人的坐标?面对贪污受贿的高官频频落马,面对贪得无厌的经济黑洞频频被曝光,善良的本性似乎与我们若即若离,善良的灯塔在商品经济时代似乎暗淡了光芒。好在人们依然被这两个大学生感动着,当听到他们的故事,眼睛还会湿润,很多人知道自己的心还没有死,血还没冷。虽然感动中带着伤感,毕竟,徐本禹、洪战辉们的肩膀还很稚嫩,社会道义的承受力不能只让他们来扛,但榜样的力量是无穷的,更多的徐本禹、洪战辉们正在涌现,他们是中国未来的希望,是社会赖以朝着善德方向行进的脊梁骨。

(二)宽厚——通向幸福的阶梯

法国大作家雨果有过一句名言:"世界上最宽阔的是海洋,比海洋宽阔的是天空,比天空宽阔的是人的胸怀。"宽厚说到底是一种宽广的心胸,平和的气度,能容天下难容之事,能和身边不平之人。"海纳百川有容乃大",心灵世界丰富的人淡泊明志,宁静致远;淡然委屈,摆脱窘境,能屈能伸,能上能下,不计前嫌,随遇而安,否则永远走不出用别人的错误惩罚自己的怪圈。

不少人际冲突的缘由是当事人心胸狭窄不能宽容待人引起的,一句话,一件小事导致同室操戈拳脚相见。宽厚慷慨的品格来自丰富的内心世界。一个锱铢必较的人,难以承受失意,也无法承载厚重。量小失友众,度大聚群朋。一个大度大方大气的人,才能凝聚人心,造就和谐,获得朋友,把握发展机遇。容纳对方,换位思考,天地会更广阔,绩效会更理想,进入"柳暗花明又一村"的境界。"非宽大无以兼覆,非慈厚无以怀众"。宽厚是一种品性更是一种魅力,唯厚可以载物,唯宽可以容人。得饶人处且饶人,当遇到委屈时能适时修正自己的忍让底线,明白弯腰有时比站直更高,大风无法摇撼一座山。宽厚也是一种底气,宠辱不惊,兼收并蓄,严于律己,善待他人,宽宏大量,健康人格也。

相传古代有位老禅师,一日晚在禅院里散步,突见墙角边有一张椅子,他一看便知有位出家人违犯寺规越墙出去溜达了。老禅师也不声张,走到墙边,移开椅子,就地而蹲。少顷,果真有一小和尚翻墙,黑暗中踩着老禅师的背脊跳进了院子。当他双脚着地时,才发觉刚才踏的不是椅子,而是自己的师傅。小和尚顿时惊慌失措,张口结舌。但出乎小和尚意料的是师傅并没有厉声责备他,只是以平静的语调说:"夜深天凉,快去多穿一件衣服。"老禅师宽容了他的弟子。他知道,宽容是一种无声的教育。

一个男孩,不小心将隔壁女邻居窗上的玻璃打碎了。事后,这个男孩很害怕,担心被抓住。但很多天过去,对面的女邻居并没有找他。出于良心的自责,小男孩攒了三个星期共15元零用钱,准备为女邻居修好窗户。但当他把那15元用一种渠道送给女邻居的第二天,女邻居给了他一袋饼干。当男孩把饼干吃完后,却在饼干袋里发现了15元钱还有一张字条。字条上写着:"我为你骄傲!"在那一刻,这个男孩惊诧了。从此,他明白了世间一件宝贵的东西,宽厚无价!43年后,他用笔记下了这个故事。

宽容是一种非凡的气度,能包容生活中的失败失足,可化解人世间的恩恩怨怨,是精神的成熟和心灵的丰盈。

新东方董事长俞敏洪08年受邀回北大给新生演讲时回忆说,我永远记得导师李赋宁教授,他给我们上《新概念英语》第四册的时候,每次都把板书写得非常的完整,非常的美丽。永远都是从黑板的左上角写起,等到下课铃响起的时候,刚好写到右下角结束。我还记得英国文学史的老师罗经国教授,我在北大最后一年由于心情不好,导致考试不及格。我找到罗教授说:"这门课如果我不及格就毕不了业。"罗教授说:"我可以给你一个及格的分数,但是请你记住了,未来你一定要做出值得我给你分数的事业。"所以,北大老师的宽容、学识、奔放、自由,让我们真正能够成为北大的学生,真正能够得到北大的精神。

不是所有师傅都能宽容弟子而给予人生转折机会的。在一片神秘的峡谷中,住着一位淡泊尘世的隐士。一个朝阳初升的早晨,茅舍门前闪烁着晶莹露珠的春草中跪着一个人:"师父,请原谅我。"他是某城的风流浪子,10年前曾是隐士弟子,很得隐士的喜爱。隐士准备将他平生所学倾囊传授,希望他能继承自己的衣钵。而弟子却在一个风雨交加的黑夜,耐不住寂寞下山走了,从此,花街柳巷,他只管放浪形骸。十年后他陡然惊醒,深自忏悔,披衣而起,快马加鞭赶往师父的住处:"师父,你肯宽恕我,再收我做弟子吗?"隐士深深厌恶他的放荡,只是摇头:"不,你罪过深重,必堕地狱,要想我宽恕你,除非——"隐士信手一指茅舍门口的一株枯树"连枯树也会开花。"浪子失望地离开了。第二天早上,隐士推开茅舍的门,惊呆了!一夜之间,枯树上开满了五颜六色的花朵,有白的、黄的、红的,每一朵都芳香逼人,茅舍旁的树林没有一丝微风,可那些盛开的花朵却簌簌急摇,仿佛是焦灼的呼唤。隐士在瞬间大彻大悟。他和其他弟子连忙下山寻找浪子,却来不及了,心灰意冷的浪子重又坠入了他原本的荒唐生活。而枯树上开出的那些花朵,也只开放了一天,便纷纷零落凋谢。是夜,隐士在极度的懊悔中死去,临终遗言:在这个世上,没有什么错误不可以宽恕,没有什么歧途不可以回头。浪子回头金不换。一个真心向善的念头,是最罕见的奇迹,就像枯树上开出的花朵,为什么不相信弟子,给他改过自新的机会呢。

  宽容,应该饶恕所有令自己能接受或不能接受的是是非非。一个人的胸怀能容得下多少人,才能够赢得多少事。也许有人心术不正刻意伤害,只要时间过去也要宽厚对待。这不是没面子,这是一种积极向上的心态,一种不苛求、不极端、不任性、不自负的健康人格。美国的父母常用一句话教育他们的孩子:"当你伸出两只手指去谴责别人时,余下的三只手指恰恰是对着自己的"。对别人的错误长久揪住不放的,是没法享受幸福的。美国现任国务卿希拉里当年宽容了丈夫克林顿的感情失误,才有她现在的事业家庭都春风得意。

  同学之间更应该用平凡心安度人生,用平静心放下纠纷,建立理智宽容和谐的交往新理念,避免触犯别人的承受底线。某女生宿舍有一天周末,A女生要擦皮鞋,一时找不到皮鞋油了,她问"我的皮鞋油哪去了?"B女生回答:"我没见过。"C女生接着说:"我没拿过。"宿舍一共就四个人,所以D女生觉得说相同的话就没意义了,于是说:"你再找找吧,不会丢的。"A女生抢白:"你做贼心虚啊?!"那一刻寝室气氛立刻就紧张了。如果谁再对白一句一场争吵不可避免。好在D女生极有涵养,容下了这句损人的话。后来这个宿舍又恢复了正常,皮鞋油也找到了。

  某晚男生宿舍,A男生有心事翻来覆去睡不着,越睡不着越觉得对面床上的B男生呼吸声特别响。第二天早上他抱怨B:"你昨晚怎么打鼾啊,害得我睡不着。"B男生说:"你也经常那个打鼾的。"A说:"你乱讲,我从来不打鼾。"B向同寝室的C、D男生求证:"你们说,他打鼾吗?"C、D男生证实:"是的,你经常打鼾。"A还是不相信,当晚睡觉前他摁下了床头的录音机,第二天早上他倒过来听,果然呼吸声挺响的。他不好意思地问B同学:"那你们以前为什么从来没提起过呢?"B同学说:"大家住在一起有什么好计较的。"在那一刻,A特别感动。别人宽厚自己,自己却在那儿计较,多小家子啊。同窗犹如兄弟,多担待一些,多付出一些,多理解一些,生活就会更亮堂丰富开阔。

宽厚是底气是风范是自信是人文。天空宽厚了云雾,于是拥有了神采;土地宽厚了种子,于是拥有了收获;大海宽厚了江河,于是拥有了浩瀚;人心宽厚了过失,便可拥有未来。宽厚是一种幸福之源,互相宽厚的朋友一定是友谊之树常青,互相宽厚的恋人一定能走进婚姻的殿堂并白头到老;互相宽厚的世界一定和平美丽。既然如此,我们何不宽厚?

(三)高贵——人格精神的殿堂

法国思想家帕斯卡尔有一句名言:"人是一枝有思想的芦苇。"表明人的生命像芦苇一样脆弱,宇宙间任何东西都能致人死命。然人又比宇宙间任何东西高贵,因为人有一颗能思想的灵魂。人的高贵或卑贱就在于灵魂。作为肉身的人,并无高低贵贱之分。唯有作为灵魂的人,由于人格精神的差异,才分出了高贵和平庸,高尚和卑鄙。有的人活着他已经死了,有的人死了他还活着。

两千多年前,罗马军队攻进了希腊的一座城市,他们发现一个老人正蹲在沙地上专心研究一个图形。他就是古代最著名的物理学家阿基米得,他很快便死在了罗马军人的剑下。当剑朝阿基米得劈来时,他只说了一句话:"不要踩坏我的圆!"在他看来,他画在地上的那个图形是比他的生命更加宝贵的。更早的时候,征服了欧亚大陆的亚历山大大帝视察希腊的另一座城市,遇到正躺在地上晒太阳的哲学家第欧根尼,便问他:"我能替你做些什么?"得到的回答是:"不要挡住我的阳光!"在他看来,面对他在阳光下的沉思,亚历山大大帝的赫赫战功显得无足轻重。这两则传为千古美谈的小故事表明了古希腊优秀人物对于灵魂生活的珍爱,他们爱思想胜于爱一切,包括自己的生命,把灵魂生活看得比任何外在的事物包括显赫的权势更加高贵。

哲学家周国平在《人的高贵在于灵魂》中写道:珍惜内在的精神财富甚于外在的物质财富,这是古往今来一切贤哲的共同特点。英国作家王尔德到美国旅行,入境时,海关官员问他有什么东西要报关,他回答:"除了我的才华,什么也没有。"使他自豪的是,他没有什么值钱的东西,但他拥有不能用钱来估量的艺术才华。正是这位骄傲的作家在他的一部作品中告诉我们:世间再没有比人的灵魂更宝贵的东西,任何东西都不能跟它相比。

在法国首都巴黎塞纳河南岸的圣·吉妮维耶高地上有一座罗马万神庙似的神圣建筑,原是法国国王路易十五在位时建的新教堂,1789—1794年法国大革命时期制宪会议决定把它从教堂改为存放国家名人骨灰的祠堂——先贤祠。先贤祠正门上边写着:"献给伟人们,祖国感谢他们!"这句话显示这座建筑的内涵,神圣又崇高;显示法国崇尚精神思想伟人,而不是权贵。政治名人去世后很少有进先贤祠的,安放的73人中政治家只有11人。安放的标准是尊贵的人格精神的。先贤祠最早入住的"居民"是思想家伏尔泰和卢梭,他们被安葬于整个墓群最中心、最显赫的位置,他们两人是法国大革命的精神先驱。伏尔泰的棺木上写着:"诗人,历史学家,哲学家。他拓展了人类的精神,他使人类懂得,精神应该是自由的"。卢梭的棺木上写着:"自然与真理之人"。卢梭奠定了"自由、平等、博爱"人类永恒的文明坐标。

作家雨果也安葬在那儿。雨果入先贤祠在于他一生著作宏富,多数作品具有相当高的艺术价值和明显的人道主义倾向。他拥护共和,反对帝政,曾为此被迫流亡国外19年,直到法兰西第二帝国(1852—1870年)垮台才返回巴黎,他还拒绝拿破仑第三的特赦。他卓越的才华和伟大的人格力量使他广受法国人尊崇爱戴,因此当他于1885年5月22日卒于巴黎后,他的遗体被盛装停置在凯旋门供民众瞻仰凭吊,国人还为他举行了隆重的国葬仪式,将他葬于先贤祠。为什么同是作家,先贤祠里没有巴尔扎克、司汤达、莫泊桑、缪塞、莫奈、德彪西等呢。原来先贤祠所选择的伟人作家,不只是一种美,不只是具有永久的哲学、艺术价值,更看重他对国家和民族的思想贡献。他们是鲁迅式的人物,而不是徐志摩和朱自清。他们是撑起民族精神大厦的一根根擎天的巨柱,不只是艺术殿堂的栋梁。作家左拉也安葬在那儿,左拉曾为受到法国军方陷害的犹太血统的军官德雷福斯鸣冤,而被判刑。1995年4月20日居里夫人和皮埃尔的遗骨被移到此处安葬。这样做的缘由不仅由于他们为人类科学做出的卓越贡献,更是一种用毕生对磨难的承受来体现的崇高的人格精神。先贤祠里的每一位伟人似乎没有一个世俗的幸运儿,他们全都是人间的受难者,在烧灼着自身肉体的烈火中去寻找真金般的真理。真正打动人的就是这种照亮世界的精神。什么是法兰西精神?其实法国真正的标致不是埃菲尔铁塔,不是罗浮宫,不是世界顶级时装和化妆品,而是先贤祠。它是法国的灵魂,在那儿可以触摸到法兰西民族的高贵气质,它的精神信仰。

1986年,时值哈佛大学建校350周年,校方准备校庆与毕业典礼同时举行,并邀请当时的美国总统里根参加盛典和发表演说。哈佛大学300周年校庆时,罗斯福总统受邀参加过庆典,富兰克林·罗斯福曾在哈佛求学。里根受到哈佛邀请很高兴,但里根总统提出一个要求,希望授予他哈佛荣誉博士学位。这本身是一件小事,但哈佛历来有以学术水平为唯一标准聘任教授和授予荣誉学位称号的制度,所以学校的董事会、校长、教授会鉴于本校学术声誉的尊严,断然拒绝了总统先生的请求。里根因此也没有参加哈佛的350周年校庆。哈佛不以为然,依然常规举办校庆,依然是世界最牛的大学。这就是高贵的校格。

无独有偶,1996年,沙特阿拉伯一位富豪向牛津大学捐赠巨款,让牛津建立一所工商管理学院,但牛津管理委员会却以259票对214票做出了不接受这笔巨款的决定,理由是工商管理是一门谋利的学问,与牛津"治学为社会服务的原则"不符,所以牛津在相当长一段时间内不打算开设此课。哈佛的求是崇真和牛津的高贵固执成为世界各地优秀青年学生向往的精神家园。2001年10月12日纽约市长朱利亚尼也拒绝了沙特王子瓦利德向世贸中心死难者家属的1000万美元捐款。因为瓦利德讲了不负责任和危险的言论。

近几年,中国内地高校攀附社会名流成风,"教授"、"博士"头衔随意赠与演戏或是唱歌的"腕"或"星",像北大、人大、复旦、川大等也不甘寂寞,积极厕身其间。尽管社会上诉言四起,抨击大学自降其格,但那些学校几乎都用同一个腔调进行辩驳:这是与时俱进。比较哈佛、牛津,中国大学与世界一流大学的差距可见一斑。

德国有个名叫雅斯贝尔斯的教育家说过一段褒扬大学的颂辞,他说"大学是研究和传播科学的殿堂,是教育新人成长的世界,是个体间富有生命的交往,是学术勃发的领地。"我们有些学校为了欢迎地方领导,让学生们停课,在寒风中烈阳下等候欢迎领导,崇尚权贵。学术的高贵荡然无存。在这样的环境中如何培养精神高贵追求真理的学生。

易中天教授在谈到中国的教育体制时认为,人才并不是社会把他毁掉,是自己把自己毁掉。毁掉的办法是自觉纳入"毁人不倦"的教育体制,成为这部"毁人机器"的齿轮和螺丝钉。所以,人才,就是不被社会和自己毁掉的学生;良师,就是不把学生毁掉的老师。因为教育的根本目的是人的全面自由发展。而自由又比全面重要。

人格高尚的人有自己的精神家园,有社会责任感。不是一味地去迎合世俗，低下头颅。上世纪80年代北岛的诗歌"卑鄙是卑鄙者的通行证，高尚是高尚者的墓志铭"，反映了从迷惘到觉醒的一代青年的心声，作者对十年动乱的荒诞现实，深刻地思辨，发现"那从蝇眼中分裂的世界"如何造成人的价值的全面崩溃、人性的扭曲和异化。他想"通过作品建立一个自己的世界，这是一个真诚而独特的世界，正直的世界，正义和人性的世界。"在这个世界中，北岛建立了自己的"理性法庭"，以理性和人性为准绳，重新确定人的价值，恢复人的本性；悼念烈士，审判刽子手；嘲讽怪异和异化的世界，反思历史和现实；呼唤人性的高贵，寻找"生命的湖"和"红帆船"。这是那一时代青年诗人的人格魅力。

人格高贵者有守护心灵的"荣辱"底线，威武不屈、富贵不淫、贫贱不移。战争年代有多少烈士为了不低下高贵的头而英勇献身，匹夫头可断，志不可夺。今天，有多少人为了获取金钱利益，淹没了高贵的人格底线。

所以人们怀念钱学森、钱三强、钱伟长等那批大科学家的高贵人格；怀念钱钟书、季羡林等国宝级学术大师的高贵人格；怀念前总理周恩来、朱镕基的崇高人格；怀念彭德怀、张志新等的高贵人格。

一个民族需要人格高贵的引领者，如果没有那些高贵的伟人引领，这个民族就没有精神上的风向标，就达不到精神上起码的高度。

孔子曰："富与贵，是人之所欲也，不以其道得之，不处也；贫与贱，是人之所恶也，不以其道得之，不去也。"（《论语·里仁》）富裕和显贵是人人都想要得到的，但不用正当的方法得到，就不要接受；贫穷与低贱是人人都厌恶的，但不用正当的方法去摆脱它，就不要摆脱。孔子又曰："饭疏食饮水，曲肱而枕之，乐亦在其中矣。不义而富且贵，于我如浮云。"（《论语·述而》）孔子极力提倡"安贫乐道"，认为有理想、有志向的君子，不会总是为自己的吃穿住而奔波的，"饭疏食饮水，曲肱而枕之"，对于有理想的人来讲，可以说是乐在其中。同时，不符合于道的富贵荣华，坚决不予接受的，对待这些东西，如天上的浮云一般。这种思想深深影响了中国古代的知识分子，所以有不为五斗米折腰的高贵，也为老百姓所崇敬。

家庭贫寒志不贫，爱情珍贵人格更尊严，宁可孤独绝不混迹江湖，宁为玉碎不为瓦全等，都体现一种人格的高贵。

《大学》语：古之欲明明德于天下者，先治其国；欲治其国者，先齐其家；欲齐其家者，先修其身；欲修其身者，先正其心；欲正其心者，先诚其意；欲诚其意者，先致其知。致知在格物，物格而后知至，知至而后意诚，意诚而后心正，心正而后身修，身修而后家齐，家齐而后国治，国治而后天下平。自天子以至于庶人,壹事皆以修身为本。其本乱而末治者,否矣。其所谓厚者薄,而其所薄者厚,未之有也。此谓之本,此谓之至也。

　　古代想要把自己光明德性昭明于天下的人,首先一定要治理好自己的国家;要治理好自己的国家,先要整治好自己的家族;要整治好自己的家族,要先提高自身道德修养;要提高自身道德修养,先要端正自己的内心;要端正自己的内心,先要使自己意念真诚;要使自己意念真诚,先要招致自己的良知;要招致自己的良知,先要摒除物欲的蒙蔽而后才能整治自己的家族,整治自己的家族而后才能治理好自己的国家,自己的国家治理好才能天下太平。从天子到平民,都要把修养自身道德作为根本。一个人自身的道德修养败坏,却要他整治家族、治理国家、使天下太平,那是从来也没有过的。这就叫做知根本,这就叫做人格的至关重要也。

第四章 同事同学相处底线
【工作生活篇】

同事者,相与共事,执掌同一事务之同僚也,现常指在同一单位工作的人。同学,是同师受业的人,同在一起学习的人,同一校园互相帮助的人。同事同学都是共同携手并肩的人,都为竞争与合作关系,然同事关系其利益性质更浓,同学之间的竞争更趋于名誉性质。同学之间比较坦诚,同事之间往往戒备。同学或同事如果一见如故价值观相近,彼此在一起有安全感,时间长了互相记挂互有礼节来往就发展成了朋友。大学同学或同事相处是有不同间距的,大学同学不但学习在一起,生活也在同一个空间,距离相对近,了解比较深;而同事一般工作学习在一起,下班各自东西,生活保持彼此的独立性、远距性,了解相对浅。距离可加深矛盾也可避免矛盾。同事同学关系最大的鸿沟是竞争,共存是底线。保持多少距离彼此才相安无事,保持多少距离维系共存平衡的环境,值得探讨。

 **一　同事同学关系特点**

同事同学在一起工作学习,处于同一个利益链,既有合作也有竞争;又处于同一片空间分享了很多隐私,尤其需要保持平和的心态和适当的距离。同事同学关系不同于私人朋友,也不同于家人亲属。它有下列特点:

(1)互酬性。同学、同事是在生活、工作中的伙伴。伙伴就是吃同一锅饭,分同一块蛋糕,注定是互酬合作的。你对我怎么样,我也对你怎么样。这里的"酬"不仅包括物质方面,也包括情绪情感等心理方面的内容。人与人相处中,彼此的互酬水平越高,关系越是稳定密切。有些同学同事之间之所以处不好关系,原因是互酬性低。表现对同学同事的需求、困难漠不关心,使人感到很冷漠。

同学同事共处共事亲密无间,是一种理想状态。但很多时候,表面一团和气,内心暗流涌动,相互争名夺利。很少听到有人说自己的同事是多么"可爱、好相处"等等,最多用一个"还好"轻轻带过而转移话题。这就是同事关系的微妙之处。

(2)见证性。同学同事是一种永恒关系,又是偶然相逢关系,可遇而不可求。一朝是同学、同事,永远都存在那段经历,尤其同学关系带着醇香的烙印,不会消失也挥之不去,它是一起成长的记录,是美丽青春光荣和变化的见证。同学一场,时隔多年,为什么渴望经常相聚,那是因为见到对方,记忆就回到了无忧无虑纯真可爱的年代,我们也曾经年轻过激情过追求过幼稚过。同学同事的评价往往是中肯的本质的无法回避的,因为带着岁月的痕迹,带着一起成长的见证。

(3)平等性。同学同事因为在同一个利益空间、信息空间,局限于同样的生活环境和游戏规则,机会相等,过程均等,彼此知道底细和实力,既不仰望,也不俯视。俗话说同事三分亲,同事也三分忌,就是这个原理。当然大千世界几十亿人能成为同学或同事就是一种缘分,同学平起平坐,毫无顾忌;同事各干其事,各司其职,等量齐观,互不干涉。人格上平等尊重,一视同仁,对任何人都不吝啬友好帮助,不居高临下的指教,不搞小圈子,不无事生非,不偏听偏信,披肝沥胆,珍爱关怀,有话则长,无话则短,乃同事同学相处的基本之道。

(4)竞争性。达尔文说:"物竞天择,适者生存",这句名言揭示了个体生存的必然规律。求学、工作的目的就是生存发展,同事同学面对同一块蛋糕,你分多了,我就少了,你升级了,我就失去机会了,你评上三好学生了,我可能就拉下来了,名额有限啊。著名心理学家韩三奇说,同事关系主要以利益为主,当两人发生冲突时,一定是妨碍了彼此的利益。不管公开或隐秘,如果任何一方在冲突中失去重大利益,那么以后的冲突就更加严重。只有在相互妥协中达到双赢,才能和谐相处。不要因为与上司的友谊,就处处觉得自己高人一等,这样除了成为众矢之的,受到嫉妒和不屑的目光外,更可能是明里暗里处处有人与你作对;也不要因为朋友关系,就对某个同事处处照顾。所有的人都保持适中的距离,工作时才会游刃有余。曾任微软中国公司总裁的打工皇帝唐骏在他的自传中谈到同事间的相处时说:同事之间不组合成小团体,不表现出与谁特别好(如经常一起吃饭玩乐),也不表现出与谁特别不好(如对面相逢不相识)。同事之间忌讳成亲密朋友,尤其领导层人士,与某个同事一旦成朋友就不能讲究原则不能公正办事。你在其他同事中的威望或号召力也就会降低。所以同事与朋友不能合二为一。因为朋友是感情关系,同事是利益关系。同事相处宜把握中性的距离,忌讳感情用事,既不要泾渭分明也切莫"拉帮结派"。

如果要将同学与同事关系性质作一比较,同学之间更倾向于朋友友谊,而不是直接利益竞争者。由于同一目标,较长时期朝夕共处而比较信赖,他们可以毫无保留的暴露自己,不需要戴上面具隐藏自己,可以深入交流彼此的想法,不论是什么主题,都可以热烈地讨论。而亲人间反而很少敞开心扉表现自己,交流思想,亲人间更多的是彼此尊敬和关爱。同学关系中个人的信誉也受其他同学监督,如某个同学对另一个同学信誉的缺失或者其他方面的伤害,会导致其失信于全班或周围很多同学,从而起到同学之间互相监督互相关照的作用。这是一种强关联的、团体的关系。当然同学关系没有朋友关系那样仗义,家人亲属关系那样亲密,也不会像邻里之间那样陌生,彼此防备。同学之间在一起的时间有限,再不和谐也就四年、五年或七年,所以更趋向于忍耐宽厚,尽量避免正面冲撞。

而同事关系更倾向于合作竞争,而且是长期的,因而彼此都会隐藏和保护自己。见面只说客气话、应付话,暗中使劲较量。同事之间的关系,更倾向于弱关联,小团体或两两之间的关系。如同事A伤害了或愧疚了同事B,并不一定会让同事A在所有同事面前失去信誉。

人都需要归属感,归属于一个组织或圈子,让人感觉安全和温暖。而同学同事集体,正是这样一个地方,往往会成为个人的一个精神家园。有集体比个体更有约束感、荣誉感;个体比集体更悠然也更孤单。同学之间聚会往往是自发组织的,而且公开时间地点,引以为荣,不少人乐于耕耘这方天地,乐此不疲;而同事之间不会自发地聚会沙龙,往往是单位组织的,要约会走动也只是两两私交,并不公开。

有人说研究生同门之间也是同事关系,虽然都跟着导师做研究,然又有各自的任务和科研目标,所以趋向同事关系。既有同事关系性质,一个学术团队内部研究生之间相处就不宜太近,也不宜太远,必须在人际交往方面拿捏适宜的心理距离。关系太近则个体的个性容易湮灭,关系太远又影响彼此合作,科学研究既需要个人潜能的发挥,又要求团队凝聚力的提升。俗话说:和一个伴侣幸福地生活可以多活十五年,与一群同事愉快相处可以多活十年。果同门之间存在太多的明争暗斗,都急于在导师面前邀功请赏,上演一出出学术版的"宫心计"或"金枝欲孽",团队是没有任何战斗力的。有的学生,对认真从事科学研究没有兴趣,成天琢磨如何在导师那里混个高评价;有的学生,太过于关注自己的发展,往往忽视身边需要帮助的同门;有的学生,只想来混个学位,连导师都不认同,更不要说念及同门情谊了。这些过多的内耗导致团队无法产生优秀的科研成果,更难以培养真正有德行学术接班人。人与人之间的交往,本质上是一种社会交换,必须遵循付出与所得相符的"等价交换"原则。如果一名研究生总是抱着"人人为我"的自私心态,那么对其他同门将是灾难性的打击,其对团队绩效的破坏不可估量;反之,如果一名研究生长期认同"我为人人"的牺牲精神并加以实施,对同门的其他学生恐怕也是一种情感折磨,毕竟没有人愿意长期背负沉重的人情债,久而久之只会让其他同门怀着愧疚之心逐渐远离。研究生同门之间的关系,究竟是近还是远,要因人而异恰当把握。1991年美国爱荷华大学的枪杀事件就是因为中国留学生妒忌同胞同学比自己先进引起的。这件震惊世界的枪杀导师、同学事件尽管已经过去多年了,但人们回忆起来依然心灵震骇。

　　枪杀事件的主角是中国公派留学生卢刚,留学前是北京大学物理系的高材生,因为学业出色通过了李政道教授主持的中美物理学交流计划考试,被选拔公派到美国爱荷华大学物理系攻读博士学位,在世界著名太空物理学家、美国太空总署顾问戈茨教授门下学习。卢刚在进爱荷华大学博士班的考试中,因获得高分而创造该校的记录,被认为是"非常杰出的学生"和"爱荷华大学博士之花"。爱荷华大学有个一年一度的博士论文学术荣誉奖。卢刚有个目标,自己的论文一定要获得该项学术奖。然当他得知自己的论文落选时,他难以接受这个事实。如果获得这项奖的是外国人,卢刚的心理还能稍稍平衡,可获奖者偏偏是他的同胞和同学山林华!山林华还比卢刚晚一年来爱荷华,却超越卢刚拔得头筹,卢刚由此心生嫉恨。山林华是浙江人,原毕业于中国科技大学,不仅学术出类拔萃,还为人慷慨大方乐于助人,在同学中有很强的号召力,被选为爱荷华大学中国留学生学生会主席。山林华不仅获得了博士论文学术荣誉奖,还被爱荷华大学留校任教。嫉妒和失望困扰着卢刚,他从小学起就一帆风顺,他那被宠坏了的自尊难以承受失败这个事实。于是,他买了一支0.38英寸的大口径自动手枪,在导师们集中开会时打死了在全球享有盛誉的4位空间物理学家、教授!他们是:卢刚的指导教授、著名的物理学家戈茨、赫赫有名的物理系主任尼柯尔森教授、副校长克莱丽教授、美国航天物理学的台柱子史密斯教授。卢刚认为,这几个人都与他的论文落选有直接关系。随后,卢刚又满怀仇恨地枪杀了自己的同胞和同学山林华。最后,他举枪自杀。

　　中国学生卢刚枪杀美国教授案轰动了全世界。美国学术界有人断言:卢刚的枪声断送了爱荷华大学空间物理系和两位中国未来的空间物理学家。20

年内该学科顶尖专业领军人物将出现空白。后来媒体分析,是狭隘的性格、扭曲的人格导致卢刚彻底的毁灭。卢刚性格缺陷中最突出的就是嫉妒和报复。

有这样一个关于嫉妒的故事:有个人幸运地遇见了上帝。上帝对他说:从现在起,我可以满足你任何一个愿望,但前提是你的邻居必须得到双份。那人听了非常高兴,但仔细一想后心里很不平衡:要是我得了一份田产,那邻居就会得到两份田产;要是我得到一箱金子,那他就会等到两箱金子;更要命的是,要是我得到一个绝色美女,那个注定要打一辈子光棍的家伙就同时拥有两个绝色的美女!那人想来想去,不知该提出什么愿望,因为他实在不甘心让邻居占了便宜。最后,他咬咬牙对上帝说:"万能的主啊,请挖去我一只眼珠吧!"这则流传于东南亚的故事听了让人毛骨悚然。他教训人们:如果让这种心态恶性循环下去,人类将跌入万劫不复的境地,所有美好的东西都将成为嫉妒的陪葬品。

莎士比亚曾说过:"你要留心嫉妒啊,那是一个绿眼妖魔!谁作了它的牺牲品,就要受它的玩弄。嫉妒者无不以害人开始,以害己而告终。"亚里士多德说过:"折磨嫉妒者的不仅是本身的挫折,还有别人的成就。"卢刚和山林华都是中国第一流的高材生,他们理应携手合作,在尖端科技领域做出更大成绩,为祖国赢得更大的荣誉。但是,当山林华取得比卢刚更优秀的成绩时,卢刚内心却不高兴了,而且把它视为自己的阻力,在心中埋下了嫉恨的种子,最终进行了疯狂的报复,也毁灭了自己。说明卢刚的内心极其空虚自私,我得不到也不让别人得到;说明卢刚把出国深造视为理所当然,只是为了个人出人头地家族光宗耀祖,没有任何对祖国对社会的责任感;也说明卢刚没有任何报恩之心恻隐之心,连导师也枪杀,一个聪明的人缺乏人际底线管理的可怕。同学同事交往中把握交往底线,培养交往能力,优化性格品质,是十分必要的。当遇到竞争时,不妨看看哲学文学书,背上行囊去旅游或出差,人生站远些看,会突然感悟到,你为之争夺的那个位置,其实很渺小猥琐,对大千世界和人的一生来讲无足轻重。画,放远些看,更美;山,站远些看,更幽。人生,站远些审视,心灵会更净化。在卢刚枪击事件发生后的第三天,受害人之一、副校长安妮·克黎利女士的家人通过媒体发表了一封给卢刚家人的公开信,"为的是要分担你们的悲伤,也盼你们和我们一起祈祷彼此相爱。"信中说:"安是会希望我们大家的心都充满同情、宽容和爱的。我们知道,在此时比我们更感悲痛的,只有你们一家。请你们理解,我们愿和你们共同承受这悲伤。这样,我们就能一起从中得到安慰和支持。安也会这样希望的。"

安·克黎利博士家人的宽容善良和博大的胸怀让人感动。宽容善良是人性中最可贵的美德。如果卢刚当时能减少欲望,正视现实,善于当红花也善于做绿叶,如果卢刚小时候经历过挫折,把暂时的落后或失败看淡一些,有较强的心理承受力,那么悲剧也就不会发生了。

 二 同事同学相处的底线管理

同学关系比同事关系更亲,关系比例中情感成分多于利益;同事关系比同学关系更戒备,利益比例多于情感成分。同学也有竞争,争的是学业,学业更多的是名誉,不直接体现利益,因而学业竞争相对公平公正,更多的靠天分和努力;同事竞争虽然也依靠个人努力,但有更多暗箱操作、背景靠山等人为复杂的因素,不是很公正公平,而且直接关系到每个人的利益分配和单位地位高低。同学关系很亲密理所当然,光明正大;同事关系很亲密受人妒忌,要遮遮掩掩。所以同事关系比同学关系更难相处,同学关系比同事关系相对超脱。

(一)同学关系相处之道

同学之间相处四原则:团结、友好、包容、合作。有缘到一个校园,天然归属一个集体,一起上课,一起活动,一起住宿,一起生活,没有理由闹分裂,没有理由不友好,当同学之间出现矛盾,当不同的生活习惯发生碰撞,要用包容的心对待彼此,而不是用拳头责骂解决,包容会让同学感情更真挚。有争议时保持沉默,有时沉默是金。真正有耐力的人就像田野上的麦穗,麦穗空瘪的时候,它总是长得很挺,骄傲地昂着头,麦穗饱满而成熟的时候,它总是表现得温顺的样子,低垂着脑袋。很多事情一个人无法完成,需要真诚合作,发扬互助精神,谦和的人更容易获得别人的合作。

1. 同学之间如何对待竞争

人是群体动物,攀比是天性。你有了我没有会有失落感,甚至耻辱感。于是同学间的明争暗斗难免成了经常事。对待竞争关键是把握心态。佩服对方欣赏对方,向同学学习,然后激发自己的潜力,力争上游,抱着合作的态度参与竞争,不太在乎名次,这是明智之举;嫉妒对方,贬损对方,自己不行还压制人家先进,甚至捆绑一起毁灭,这是自私自负的表现。自私的人带着阴暗的心理竞争,难以容人,也难以摆脱阴影,被抛弃是迟早的事。伟大的瑞士心理学家荣格说过:"阴影就是那个我们想要隐藏的自己。"每一个人都有一些特质或人

格不想让别人知道。也许不想别人知道自己脾气暴躁,不想别人知道自己曾经很软弱胆小,不想别人知道自己曾经轻信被骗,损失惨重,甚至不想别人知道自己某方面能力很差,无法竞争。为了要隐藏这些特质,人们压抑或否认短处痛处。这些被压抑的部分变成阴影,隐藏在黑暗中,没有光亮,没有被照顾。这些被压抑的阴影特质形成了属于它自己的人格和生命力。就好像把一个人关在地下室,它在下面做一些事情来引起注意力,好让外面人允许它放出来。当不注意的时候,它就偷偷跑出来,做出一些令自己和周边熟悉的人都很震惊的事情。然后,自己摸不着头绪也很困惑。例如:一个一贯优秀的同学突然拿了同学的银行卡;一个好脾气老实的同学突然打了人;一个平时学习很认真的人突然考试作弊被处分;一个开朗活泼的人突然要自杀……这些都是阴影的表现。如何找到回归内心的路径,必须经历痛苦的历练,调节自私的欲望,放弃一些想要的东西,坦然面对竞争,淡定接受结果。痛苦就像催化剂,能使盲目变得清醒,傲慢变得谦逊,自私化为大度。生活是最好的导师。自负者往往过高地估计自己,看不起别人,自以为是,但他追求的目标又是虚高的,根本不可能达到,于是就会痛苦产生心理障碍,不敢竞争也不妥协。害怕竞争其实是自卑,自卑的人轻视自己,往往看不到自己的能力,即使可以做得更好,也不敢尝试。如何化解?要看到自己的进步与长处,增强信心与实力。树立理想,战胜自我,扬长避短,才是竞争的底气。

有这样一个故事:20世纪初,英国的乡村有一套牛奶配送系统,将牛奶送到顾客门口。由于牛奶瓶没有盖子,山雀与知更鸟常常毫不费力在顾客开门收取牛奶前抢先一步享用。后来,随着厂商加装了铝制的瓶盖,山雀与知更鸟便不再拥有这"免费早餐"了。但到了50年代初期,当地的所有山雀(约100万只)居然都学会了刺穿铝制瓶盖,重开"免费早餐"的大门。反观知更鸟,却只有少数学会,始终没有扩散到其余的大多数。很明显,山雀经历了组织学习的过程,通过个体的创新技能,传送给群体成员,成功增加了族群对环境的适应力。但问题是,为什么山雀可以,而知更鸟却不能呢?生物学家发现,山雀在年幼时期,就已习惯与同类和平相处,甚至编队飞行。而知更鸟则是排他性较强的鸟类,势力范围内是不允许其他雄鸟进入,同类之间基本上是以敌对的方式沟通。因此,虽然两者同属鸟类,但和谐相处的山雀,比起互相敌视的知更鸟,更能学习互助,进化程度更高。

这个故事给我们的启发是:在一个院系或班集体之内,如果同学之间的竞争太激烈,排名次分等级,就会形成互相敌视的态度,是难以发挥团队精神的。同学之间学习竞争一旦成为一种"恶性的争斗"是非常可怕的,学生势必会"人人自危",院系班级就不可能拥有一个很好的学习环境,势必没有一个和谐的学习氛围,由学习上的一种不正当的心理就会蔓延到学生在集体生活中的不平和心态。所以先进、奖学金不能老是这几个人获评,得过的同一年就不能再参评,要鼓励更多的同学积极参与竞争,就需要一个相对公平、公正的环境,人人都要有一种开放的胸襟对待他人,才会在互助中竞争,在友谊中竞争。

2. 异性同学相处底线

世界有阴阳之分,人有男女之别。男女搭配干活不累,大学给了青年男女最宽广的交流平台。女生喜欢男生的豁达、主见和力量;男生喜欢女生的温柔、细腻和耐心。男女之间的正当交往可以优势互补,激发内在的积极性和创造性,提高学习和活动的效果,还可以提高自身的审美能力和修养,是极其有益的。但异性之间的友谊和爱情界限很难把握。有人说男女之间没有真正的友谊,要么暧昧要么疏远。其实男女之间只要把握好底线可以获得友谊。异性同学之间友谊和爱情界限在于身体接触和亲密的欲念。友谊排斥过于亲密的身体接触,所以如果不是恋人关系异性同学相处就有边界。第一,不能过分亲密,避免单独相处诱惑的情景;第二,明确定位彼此是同学关系,言谈上就会落落大方坦诚坦荡;第三,一般情况下不用彼此送礼物,那就避免欠人情。

法国作家拉封丹曾写过一则寓言,讲的是北风和南风比威力,看谁能把行人身上的大衣脱掉。北风首先来一个冷风凛凛寒冷刺骨,结果行人为了抵御北风的侵袭,便把大衣裹得紧紧的。南风则徐徐吹动,顿时风和日丽,行人觉得春暖上身,始而解开纽扣,继而脱掉大衣,南风获得了胜利。这个故事给人的启示是,在处理人与人之间关系时,要特别注意讲究方法。北风和南风都要使行人脱掉大衣,但由于方法不一样,效果就大相径庭。异性之间不同的态度和处事方法可以导致加温或冷却的效果。

3. 贫富同学相处底线

贫富是家庭经济状况差异,不应成为同学之间的差异。家庭经济条件比较好的同学在学校里要尽量低调,少摆谱少炫耀。炫耀会引起愤怒和不平。人是群体动物,攀比是天性,你有了我没有会有失落感,甚至耻辱感。家庭富有的同学尤其不能看不起经济上拮据的同学,讲话注意修辞,不要奚落对方,更不能取绰号贬损,帮助别人要不留痕迹,维护对方的自尊。好几个高校的恶性案件就是因为家庭经济条件优裕的同学讽刺挖苦贫困同学而导致矛盾激化的。当一个人无法忍受被轻视的状态时就会情绪总爆发。当然这是个别的。贫困与富裕其实不是绝对的,贫困在某些情况下会转化为一种财富,促使人更加发奋上进,改变自己命运也改变家庭命运,所以穷不过三代;富裕者如果安于现状不思进取,就会耗尽财富坐吃山空,所以也有富不过三代之说。

同学关系要珍惜,一朝同窗,一生感情。在学校要一视同仁,不分高低贫富,将来也不能因为地位的变迁而眼光向上。社会地位会变,但同学情谊不变。如何珍惜?同学有困难,能帮上的不违背原则尽量帮上,帮不上的说明原因获得理解。

新加坡南华早报新闻编辑老仓在回忆当年与薄熙来一起研究生同学友情时深情感叹:人生一世,聚散离合,有那么一种默默陪伴你的友情,它总是悄悄地触发你的关爱和思念。那是一种无形的精神力量,一种心灵的默契,一种感情的寄托。它在追求知识和理想的年代因同甘共苦、互助互勉、相识相知而自然形成,纯真而诚挚,可遇而不可求。它少有世俗羁绊,无涉利禄功名,直至穿越了时空的阻隔。它如潺潺甘泉,奔流不息,时时滋润你的心田;它似静静躺在长江水底的乌木,任凭岁月的冲刷,历久而弥坚。老苍说薄熙来当年在中科院读研究生时对待学习认真而刻苦,对自己的家世和个人不幸非常淡然从不提及,对同学友情非常看重,虽然后来位居高层,但几次同学会他一定抽空参加,有机会还看望导师,带礼物给同学。一个珍惜同学友情的人不仅有沟通能力人际吸引力,而且重情重义有人格魅力。薄熙来的高升在情理之中。

建立良好同学关系的基础是了解自己,理解他人,尊重真挚,与他人同穿一双鞋,站在对方的立场和角度寻找"共鸣"。

4. 师生沟通艺术

教师的形象是威严慈祥睿智的恩师,还是亲切友善平等的朋友,最理想应该是二者兼顾:亦师亦友。大学生最喜欢什么样的老师?一有学术造诣,课讲得好;二有人格魅力,为人师表。老师最喜欢什么样的学生?一是知书达理,二是认真学习。

优秀的教师要有独特的讲课艺术,有别人不可替代的课程和讲课风格,讲出本我的东西,如百家讲坛推出的易中天、于丹、曾仕强、钱学忠等之所以广收观众喜欢,就是独特的讲课风格和学术造诣。一个教师不可替代的程度越高,他的价值也越高,学生是最权威的评委。一个教师讲课的魅力不仅在于对知识的透彻讲解,更在于指导学生的生活及人生。所以教师讲课不仅在传播一门学问,更在营销一种人生精神。优秀的教师善于将复杂的知识化为简单,所谓深入浅出,又善于将简单的东西说到极致,让学生养成思维习惯,能讲出朴素的道理蕴含无穷的力量。教师是给学生安装理想翅膀的人。给学生需要的东西,让学生对学习始终保持兴趣,始终追求真理,不仅学会做事做学问,更懂得如何做人。白岩松说过,他20世纪90年代中期做东方之子的节目,采访过不少我国各类学科方面的顶级专家,他们个个著作等身,成就非凡。白岩松翻看他们的著作时,突然感悟到,那些顶级专家最高的成就其实是人格魅力。因为有人性的光辉才有科学的力量。

教师的职责就是训练学生思维探索科学的好习惯,培养认真踏实求知求新的精神。优秀的学生师从教师做任何事都认真积极的态度,态度决定一切。而听从老师、敬重老师是学生的天职。大学生学习态度可以分为五种:第一种我要学,自觉主动有思考力的学生;第二种认真按照老师要求学习的学生;第三种要我学被动学无奈学的学生;第四种混日子的学生,懒得上课,懒得作业,但考试会参加;第五种不像学生的学生,不上课不作业,考试也忘记。对于不像学生的学生,老师不能放弃,一样地爱和督促。对于老师的教诲学生要感激和接受,这是天经地义的古训。古人云:一日为师终身为父。弟子事师,敬同于父,习其道也,学其言语。一个连老师都不敬重的人如何拜师学艺,兼济天下。

2008年10月,对于教师职业而言夹杂着一丝悲凉。10月4日,山西朔州二中一名23岁的年轻教师倒在16岁学生的刀下;10月21日,浙江丽水市缙云县盘溪中学,一名31岁的女教师去做家访时被学生掐死(据《新华每日电讯》报道)。同年10月28日晚6时40分左右中国政法大学一教授在课前又被学生连挥两刀,重伤致死。这是教师的悲哀也是社会的悲哀。一个社会对待穷人的态度,考验人们的良知;对待知识分子的态度,考验社会的文明程度。如果学生把老师视若仇寇,抽刀相向的事一再发生,那只能说明我们精神家园的迷失,社会价值观的偏颇,家庭教育的荒芜。

学生的教育是家庭、社会、学校的综合产物。如今的教师既要面对成绩,还要防止学生的抵触,中间又有社会的舆论及家长的误怨。讲道理学生不听,适当的惩戒又没有标准可依,难道眼睁睁看着学生道德滑坡?知识分子的良心又于心不忍。师生关系的底线在哪儿?!首先就是要尊师重教,崇尚教育威望。这是世界通行的规矩。

很多成功人士给大学新生进入大学五条经验:

(1)找到适合自己的高效学习方式。学习自己定位自己,适合的就是最好的。外语计算机要掌握好,在全球一体化的大形势下,大学里学好英语计算机以后会有很大的发展空间。工作之后,更多比的是"短跑",在短期内快速出成果,事半功倍。在大学里最重要的一个能力培养就是快速学习的能力。到社会上工作的时候就会发现,很多人都要求我们在短时间内学会做一件事情。

(2)认真上课尊敬师长。大学生身份是最可利用的资源,因为学生可以不懂,可以多问可以多求助。学问上多向老师提问,多给学校做事,老师就会记住你给你机会;为人处世上多向学长问询,学长有丰富的人生经验,你可以少交"学费"。

(3)多和社会接触建立一个社交圈。在校的大学生们要多和社会接触,建立一个属于自己的社交圈。平时多参加集体活动,和优秀的人保持联系。未来的成功一定是一个团队的成功,是借助于社会资源的成功。

(4)大学里建立友谊和感情。一起成长的感情是最珍惜的。简单快速稳定,不要投入太多的时间,将太多的时间投在学业创造上,一个感情上投入太多精力的人缺乏能力也很难事业成功。老是纠缠感情在二人世界你就缩小了世界。

盛大网络陈天桥谈恋爱两个月后结婚;百度李彦宏恋爱半年结婚;新东方俞敏洪图书馆英雄救美确立关系。有太多的目标就没有目标,太难追求就放弃追求。感情很多时候简单比复杂好,当我们面对人生、面对社会的时候就是需要简单和勤奋,完美的东西是不存在的。

(5)要学会改变性格。改变性格就是改变命运,本性是很难改变的,但是性格是可以改变的,性格就是习惯。好性格就是阳光、自信、乐观、慷慨、大方、善良、宽容(本书第三章有所叙述)。老师、同学、同事喜欢什么样的人?就喜欢上面这些性格的人。将来到单位怎么才能被领导欣赏,就是要业务强,又有一个好性格的人,这样的人想不升迁都很难。

那么如何来改变自己的性格?就是在大学期间让自己随和一些,不计较,善于发现同学的长处,不要总想争第一。要无目的发自内心的去喜欢一个人,如果实在不喜欢,就找到对方的一个优点,然后将其无限地放大,慢慢地就会发现自己的性格会好很多。

学点礼仪,多对别人微笑,多主动问候别人,谦和一些,谦让一些,多付出一些,多合作一些,慢慢就会发现自己挺有人缘。

如何取得别人的敬重:通过约束自我,形成做事严谨认真的特点,学习日本德国人的敬业精神;通过历练保持做人宽容勤奋的特点,保持中国人犹太人的美德;通过自我激励形成做学问和创业的激情,学习美国法国文化中激情和梦想的特征。你将无往而不胜。

(二)同事关系相处之道

单位同事之间既是竞争关系就有个高低,除非与世无争,但现在不参与竞争也是竞争,在市场经济社会没有参与就没有位置,也就难以获取相应报酬,也就会影响生活质量。只不过竞争激烈与缓和之分,是明的还是暗的之分。竞争的底线是:你可以说自己好,但不能说别人不好;你可以正当途径努力争取,但不能用冷枪暗箭损害他人参与竞争。这是底线也是职场的生存法则。

1. 同事之间如何合作

同事之间最难处理的是利益分配。合作时碍于情面以为是君子协定,不好意思说得太明了,当最后利益分配时君子协定成了单方面想当然,掌握分配权的一方拿了大头,拒绝给出了大力的合作同事原先的承诺,于是心生怨气,这样的同事关系会变得僵硬冷漠心存芥蒂,肯定没有了原先的友好关系。一个人的心胸和人格也就昭然若揭。同事合作的基础是互相支持和诚信慷慨,适当"让利",放眼将来。

有一些人与同事的关系不好,是因为过于计较自己的利益,老是争抢各种"好处",时间长了难免惹起同事们的反感,无法得到大家的尊重,而且他们总在有意或无意之中伤害了同事,最后使自己变得孤立。一个人如果将单位所有的荣誉集于一身,就会脱离同事,孤独前行。而事实上,这些利益未必能带来多少好处,反而弄得自己身心疲惫,并失去了良好的人际关系,可谓得不偿失。如果对那些细小的,不大影响自己前程的好处,多一些谦让,比如单位里分东西不够时少分些,一些荣誉称号多让给即将退休的老同事和与世无争的同事等,再比如与其他人共同分享一笔奖金或一项殊荣,这种豁达的处世态度无疑会赢得人们的好感,也会增添自己的人气,会带来更多的"回报"。俗语说"吃小亏占大便宜",在某种程度上说明了这个道理。

在中国影视界有两个典型的例子:华谊兄弟的领军人物王中军与导演冯小刚的合作;新画面公司的董事长张伟平与导演张艺谋的合作。王中军曾说:"如果没有冯小刚,我可能就不会做电影了。"新画面掌门人张伟平则说:"我做电影就是因为艺谋"。

华谊兄弟近几年被观众认知为影视界的名牌,它的招牌是冯小刚的品牌,其效应甚至超过了拥有张艺谋的新画面,这也是华谊电影在业内的立身之本。王中军和冯小刚多年的合作成果与市场效应说明他们的合作非常愉快,利益分配机制非常合理。现在冯小刚已经是华谊的股东。冯小刚很感恩华谊对于自己的知遇信任,是它成全了自己这些年来的电影之梦。而华谊兄弟也从这个非科班出身却能杀出一条市场生路的贺岁片导演身上赚足了实惠。他们的情分,恰如冯小刚第一部贺岁片《甲方乙方》最初的名字:成全你,陶冶我。

企业家张伟平与导演张艺谋的合作基础更多的是义气和感情,彼此都不计较钱,一切都靠彼此的信任。张伟平说:我和张艺谋合作从不签约。我们合作了十多年,拍了那么多电影,每次都是几千万、几个亿的投资,但我们两个人从来没签过一个字的合约,我也从来不看剧本。我们这样的合作可能找不出第二例。在1997年投拍张艺谋的《有话好好说》之前,张伟平和张艺谋导演已经认识多年,但在一块无非是朋友情吃喝玩乐,从来不谈电影。相互都视对方是个可以说话的朋友。1996年,张艺谋和巩俐分手,事业上也出现了低潮,新片找不到投资方,情绪不佳,常常找张伟平喝酒解闷。得知朋友有难,张伟平二话没说,拿出2000多万支持张艺谋拍片。片子最后赔了1000多万,张艺谋很不好意思,张伟平却一副理所当然的样子,"关键时刻不帮一把,算什么朋友"。正是有了这份交情,也才有了十几年来"双张"之间亲密无间的合作,也才有了后来《英雄》、《十面埋伏》、《满城尽带黄金甲》、《三枪》、《山楂树》的成功。

张伟平与张艺谋的合作已经到了同事朋友间最高的境界,"一切都靠彼此的信任"张伟平经常如此说。说明他非常信任张艺谋的人格,而张艺谋也确实值得他信赖。"艺谋这个人有人品,有艺德,绝对不会耍小心眼,绝对可以信任。当然,我也同样诚心待他,这就叫肝胆相照吧。"张伟平很满意自己与张艺谋的合作互补,"他是一个沉默寡言的人,适合搞艺术,我是一个外向型的人,适合做市场,正好互补。冯小刚就说特别羡慕艺谋后面有我。"

同事间合作最怕的是斤斤计较,互相算计,一算计就抬杠,一抬杠就互相拆台,然后不欢而散。合作不能维系的底线是过河拆桥。中国足球搞不好的原因比较复杂,而其中众所周知的原因就是足协内部领导层不团结,互相排挤,各自为营,抓取利益。有的翻云覆雨深不可测,有的四平八稳左右逢源,有的阳奉阴违口蜜腹剑,有的吹牛拍马过河拆桥,本质都是为了守护或占据自己的地盘和利益圈。职场犹如一个大超市,什么类型的人都有,每个人的性格、特点、处事方式、价值观都不同。处理同事关系比同学关系更难,因为同事的利益性质更凸出。

创业合作者之间要把握下列相处底线:

第一,按照约定,合理分配。

上海滑稽演员周立波与合作者关栋天的闹翻掰手就是因为一方未按约定行事,各拿主意,没有了中心。在周立波重出江湖之初,关栋天曾经给予很大帮助。当时他们约法三章,周立波演出仅在上海,不到全国发展;定位剧场演出不上电视媒体,媒体可以报道但不接受媒体采访。后来周立波一一突破,志不同则道不合,分手也就顺理成章。一旦分手周立波孤军作战,合作的优势也就失去了,海派清口的高峰期也就快到顶了。

刘翔与师傅孙海平的合作就是一个中心——听师傅的,绝不自行其是,利益上互相谦让,事业上目标一致。孙海平说:如果刘翔拿到一万元酬金,他会全部给师傅,师傅又会给刘翔,刘翔又会把大头给师傅,师傅又会让给刘翔。这就是长久合作的前提。当年马俊仁与王军霞等马家军弟子的关系破裂也是因为没有按照约定,利益分配不合理抬杠内讧所致。

第二,忠诚协议,价值所在。

阿根廷足球名将梅西是父母的第三个儿子,从小表现出足球天赋。11岁时,这个被大家都看好的天才少年突然被诊断出一种奇怪的病——发育荷尔蒙缺乏,这种病会阻碍他的骨骼生长,从小就比同龄人矮一些的梅西,面临着成为侏儒的可能。如果要治疗,必须不断地注射生长激素,每个月的治疗费用高达900美元。

这对梅西的家庭来说是个沉重的负担,纽维尔老男孩队也表现出一副"爱莫能助"的态度。梅西回忆道"我需要钱去买那些生长激素,没有人愿意在我身上赌,我的爸爸同时打三份工,但是还是无法支付账单。后来他在西班牙找到了一份新工作,我们不得不来到巴塞罗那。"在西班牙,巴塞罗那的球探看上了梅西,俱乐部表示愿意帮梅西家支付这笔费用。2000年9月,年仅13岁、身高只有140公分的梅西到巴塞罗那试训,被留了下来。巴塞罗那队的医疗团队推翻了一味注射生长激素的方案,改用合理的运动和饮食治疗。如今的梅西已经身高1米69,体重68公斤,在球场上冲撞起来,比谁都快都狠。梅西记住了巴塞罗那的这份恩情,说:"一辈子都想留在巴塞罗那,俱乐部要我呆多久我就呆多久。我亏欠巴塞罗那的,比俱乐部给我的东西更多。"

在2010南非世界杯上大放异彩的20岁德国小将托马斯·穆勒,11岁在一次少年队的杯赛上被拜仁球探挑中,他在这家豪门取得了飞速进步。2004年,在青年队的穆勒训练中已经可以对抗巴拉克、马凯等大牌球星。2008年,穆勒跟随一队参加比赛,他的潜质得到众多球队青睐。当时的德甲领头羊霍芬海姆曾私下招揽穆勒,穆勒坚决不离开,拜仁随即和这名新星续约至2011年。这就是穆勒的价值。一个为了金钱待遇不断跳槽缺乏基本忠诚度的人最终会失去自身价值。

南京某大学青年教师空调专业博士离职去广州顺德某空调公司应聘,老板非常欣赏委以重任,没多久他就为公司解决技术难题,为企业创造了价值。消息传开,另一家空调企业老板找到博士,以名车、住房、高薪为诱饵,希望博士能加盟他们公司。博士不为所动也没有声张。后来博士所在公司的老板和其他公司的老板闻知此事都非常感动,博士的口碑也更加好了。这就是真正的身价。

第三,尊敬欣赏,取长补短。

世界上每一个人都是与众不同的。也许有些人是红花,有些人是绿叶,有些人是大树,有些人是葡萄,有些人是主角,有些人永远是配角,但各有各的存在价值,红花当不了绿叶,大树也没有葡萄的低调,没有配角也就无所谓主角。尊敬身边每一个人,尤其尊敬欣赏同事和同学的长处,营造良好的生存环境,谦和平实乐意当配角,可以让自己不断学习交往者的长处,说不定什么时候因为你的善于合作和处事能力由配角成为主角。

2010南非足球世界杯德国队教练勒夫曾经就读于科隆体育大学,在此期间他结识了当时同在科隆体育大学学习的克林斯曼,两人对攻势足球的喜爱和共识成为挚友。2004年克林斯曼出任德国国家队主教练,勒夫受克林斯曼之邀成为德国国家队的助理教练。不过有着金色轰炸机美称的克林斯曼表示自己从来都没拿同学当过助手而是合作伙伴,他深知勒夫的战术指挥才能,因此上任前特别要求德国足协任命勒夫为球队的助理教练。克林斯曼上任后,一反德国只靠长传冲吊打天下的传统保守战术,为球队灌输了进攻哲学,而勒夫则依此为克林斯曼制定阵形和战术。对此,克林斯曼曾说过:"我更像是一个统管者,勒夫是具体工作的执行者"。在克林斯曼和勒夫的带领下,德国在2005年联合会杯中一路打入四强,仅在半决赛以2∶3惜败于巴西,但随后他们又在第三名争夺战中以4∶3击败墨西哥,最终获得联合会杯季军。2006年德国世界杯半决赛中惜败意大利,在第三名争夺战中以3∶1击败葡萄牙,获得世界杯季军,勒夫及克林斯曼也因此在德国国内声威大震。当克林斯曼决定辞去德国国家足球队主教练的职务时,助理教练勒夫顺理成章地接过了克林斯曼的教鞭。虽然多数德国人对克林斯曼的辞职非常惋惜,但是很多人认为勒夫是继承克林斯曼的最佳人选。因为两个人身上有很多的共同之处,坚毅顽强,低调朴实,对足球文化有自己独到的见解。两人又各自有独特的个人魅力。克林斯曼有着很强的个人吸引力——作为1990年的世界冠军和一个世界知名球星,他是扎根在所有德国球迷心中的英雄,青春、激情、进攻能力、团队精神,至今很多人说起克林斯曼都会肃然起敬。勒夫很早就已经是攻势足球的倡导者,勒夫的务实、随和、幽默、时尚及善于激励队员使他有广泛的人脉和号召力。媒体称勒夫是风度与智慧并存的典范。专栏作家布吕格曼这样称赞勒夫:"所有男人都喜欢他,因为他让德国队踢得激情四溢;所有女人也喜欢他,因为他是一个帅哥。"在南非世界杯德国对阵阿根廷之前勒夫与克林斯曼还一起交流如何对付阿根廷,真是由于两人的彼此欣赏团结合作才书写了德国足球的新篇章。

尊敬欣赏同学、同事,可以让自己活得很轻松自在,温暖快乐,不用为了别人超越自己而苦恼,无须担心他人的眼光是否不屑一顾,尝试着在一片森林中去做一株小草,也许渺小,却有着参天大树缺少的鲜翠生机;尝试着在天空中做一只小鸟,也许弱小,却有着太阳没有的灵敏活泼;尝试着在夜晚做一盏灯光,虽然微弱,却有着星光无法比拟的温馨柔和。

2. 如何与同事保持融洽的关系

同事竞争与合作的关系像手心手背一样,是同一体中的两个方面。同事坐在一起时可以谈天说地、欢声笑语,可往往就在这亲密、融洽的关系中藏着密布的阴霾。尤其是站在一条起跑线上的同事,当个人利益受到伤害时,就会变成笑里藏刀的对手。"同行是冤家,同事是对手"。这被奉为同事关系的真经,让同事们成了"熟悉的陌生人"。"一个和尚担水吃,两个和尚抬水吃,三个和尚没水吃"经典故事传了一代又一代,但人们仍希望从可怕的内耗中走出来。

现代社会协作关系越来越密切,失去同事们的合作,一叶孤舟是难以远航的。有的人不能与同事友好相处,实际上这并非他们有意而为之,而是因为他们较少考虑自己的行为对其他同事是否有影响,很少考虑为人处世的方式方法。不论在家庭中还是在单位里他们往往以自我为中心,不能与同事和平共处,有意无意中常常对同事使性子、拉脸子,甚至出言不逊,不懂得人与人之间是一种平等的相互依存的关系。结果把人际关系搞得十分紧张,以至不欢而散,时间长了,同事们对他避而远之,他自己也就成了真正不受欢迎的孤家寡人。不愿意也不能与同事建立良好的人际关系的人,是极其利己的占便宜者,他不能为别人提供任何帮助,自然会遭排挤;而乐于助人者会很快被大家接纳。与同事交往不是变戏法或耍心眼,只要你无私地善待别人,大多时候别人也会以同样的方式回报你。尤其是现代的交际网络,那是平等主义的天下。

如果每个人都能把建立良好同事关系当成一种生活中的追求,把维护良好同事关系当成一种责任,把平等作为一种义务,在与同事交往时自觉注意自己的言行,求大同存小异,充分尊重别人的兴趣和爱好,容得下别人的一些细枝末节,对同事不求全责备,我们就能与不同性格的同事平等相待。

有位哲人说,世上有三种人:一种人离生活太近,不免陷入利害冲突;一种人离生活太远,往往又成了不食人间烟火的隐士;还有一种人与生活保持一种恰当的距离,这种人就是豁达的人。追求生活而不苛求,宽容大度而不自私狭隘。只有这样,才能够与同事保持融洽的关系。同事间的关系是一种互相依

存、通力合作的工作关系。因此,如果你到一个新单位,不妨遵照以下几点基本可以与同事和平共处:

(1)谦逊是金,不要炫耀自己的过去。初涉新单位,总想让同事尽快了解和熟悉自己,以期引起同事的注意,这是与同事交际中的普遍心理。在这种心理的支配下,一些人常常在不经意间谈论自己"从前如何如何"。这是一种适得其反的做法,即使你曾有过十分非凡的过去,但说者无心,听者有意,同事们立刻就会产生反感,认为你是在吹嘘、炫耀自己。有一位在企业从事统计工作的女性,调到某机关的第一天,就与陌生的同事大谈自己的过去,并无意间冒出一句"像我这类人在企业都属于上上人"。结果,同事大为反感:你是上上人,还调到我们这里干什么?于是群起而攻之,不出三个月,此女便被排挤出局。正确的做法是:谨言慎行,泛泛地了解同事的简历,适时求教,较多地了解工作程序。至于自己,可在以后的交往中让同事逐步了解。这样,则会给新单位的同事留下一个沉稳谦逊的第一印象。

(2)敬而远之,不要频繁接触上司。上司是每个职员工作的领导者和考核者,掌握着支配我们利益获取和事业成败的"生杀大权"。因此,许多人都在绞尽脑汁讨好和巴结自己的上司。初到新单位,切不可随波逐流,步入这一误区。其原因有三:一是其他同事与上司频频接触或逢迎拍马,大家习以为常,见怪不怪,而你则往往受到注视,引起同事们的嫉妒和反感。二是你初来乍到,对上司的品行、学识、习性不甚了解,频繁接触上司会出现种种尴尬,即使你是博取上司欢心的高手,在此时亦会捉襟见肘,弄巧成拙。一旦引起上司的反感,其结局则可想而知。三是频繁接触上司还会引起同事的猜疑,尤其如果你是女性的话,则会认为你与上司有某种特殊关系,如果闹得飞短流长,"出师未捷名先臭"而得不偿失。

(3)与人为善,不要充当告密者。同事交往中,免不了要发些牢骚,说些闲话,无意间牵扯到某甲某乙的是是非非。此时,作为新人千万不要介入,更不要为讨好甲或乙而将这些话语传递给他们。最好的做法是借故走开,耳不听为净。"是非只因多开口",说人闲话、打小报告历来被人所不齿。人们通常把热衷于此道的男人叫做"揽事油子",而把女人称为"长舌妇"。这在很大程度上表达了人们的痛恨。

(4)爽快大方,不要拒绝同事的请求。经过一段时间交往,大家彼此相识,有同事就要拿你"开涮",比如要你请大家吃饭或到歌舞厅"潇洒走一回"。这时,你就不应该拒绝,即使你打心眼里觉得彼此的交情尚不到令自己主动"出血"份上,也要爽快答应。

其实,从某种程度上说,同事们并不是真的要"宰"你一顿,而是一种半真半假的玩笑,旨在试探你的为人。你若答应,就显得大方、爽快、随和;若拒绝则显得孤僻和小家子气,而许多同事都喜欢大方、爽快的性格。

(5)权衡大局,不要包揽功绩。工作成绩是衡量一个人工作能力的尺度,是加薪晋职的阶梯。某些人为达此目的,常常攫取他人的成绩,不惜踩着同事的肩膀往上爬,令人感到十分的卑鄙可耻。作为新人,切不可如此急功近利,尽管你付出种种艰辛把工作干得有声有色,但也要分一杯羹给同事,多摆出同事的功劳。因为任何一个人功绩的取得,都与其他同事有着千丝万缕的联系,同时新人今后的路还很长,只要赢得了同事们的心,就是赢得了更多的晋升机会。而那种心胸狭隘、只顾眼前利益的人,则被同事视为另一种"最讨厌的人",也势必成为众矢之的。

(6)一视同仁,不要与某一同事过分亲密。有的人为摆脱在新环境中孤立无援的窘境,往往抱有尽快觅到几个要好朋友的心理,与少数同事交往过甚。殊不知,"欲速则不达",这不仅会引起厚此薄彼的嫌疑,还会招致无聊同事的闲言碎语,乃至闹出一些说不清查不明的"桃色新闻"。

3. 如何避免同事关系恶化

误解是职场关系恶化中最常见的原因。一种工作环境中都会存在不同的工作风格,人际关系方面的困难很容易被放大。造成误解的潜在因素有很多,其中代沟、管理风格、教育背景等方面的问题影响是最大的。冲突不可避免,但是解决得好就不会搅了你一天的工作,也不会给你带来难以忍受的压抑。关键在于如何采取一些措施使你工作环境不那么压抑,工作也更有效率。

(1)抱怨具体。如果有什么意见,提出的时候一定要具体。诸如"从来没有人让我参加过会议"这样的说法就不如"上星期四的营销会议要是让我参加的话,我会提出一些想法"来得有效。

(2)远离冲突。尽量不要卷入他人的冲突当中,特别是不要卷入那些与你无关或者没你责任的冲突中。即便有人明显受到冤枉,也要让她或者他自己去解决问题。自己解决问题,一则对当事人是个锻炼,二则当事人也会获得另一方的尊重。

(3)就事论事。不要把出现的问题看成是"我跟你"之间的事情,相反要当作"我们跟问题"之间的事情。这种态度不仅更专业,而且还还能改进劳动生产率,这符合公司的最大利益。问题一旦跟人扯上,那就不好解决了。我们经常听到这样的说法,"你怎么老犯错误?"一下子简单的问题变成复杂的人际冲突了。

(4)耐心倾听。学会倾听别人的观点并对听到的给予反馈。如果对方认为你听懂了他的话,就会避免产生不少误解。在解释你的立场之前,先把对方讲的话条理化,然后压缩成一两句。回答的时候可以这样开始,"刚才你说……"看看对方的意思你到底明白了多少。也许你跟他的想法不谋而合,只是表达上面有所不同罢了。

(5)别找领导。同事之间有什么问题,自行解决比较好。有些人一感觉委屈就找领导,希望领导给他做主。要知道,一旦把上司拖入冲突中,日久天长,你就会被同事边缘化或看扁。

(6)有话好说。如果扩大牵涉面很有必要,就先约个时间和地方谈一谈。跟那些有客户或者工作有限期的同事发生冲突是不公平的,也是不专业的。找个双方都不忙的时间,好好谈谈看看如何解决。

(7)私下解决。有了问题的时候,如果不牵涉别人,就别当着那些好事者面解决。办公室有人、一字一句都能听清的时候就不要讨论这种事情。国人是讲究面子的,不给人家面子得罪人更苦。

(8)切忌挖苦。如果有什么抱怨,一定要说给与此有直接关系的人。不要贬损人家名誉。记住,你需要的是保持工作关系而不是个人关系。你没有必要对一个同事人的品行说三道四。可以说"他上星期没按规定完成工作",但是却不能说"他简直是个木头"。

(9)自我批评。工作场所发生冲突,多半都是为了工作,解决起来不是很难。不过,这有一个前提,那就是事实证明你确实对冲突负有责任的话,你就应该说一声"对不起"。俗话说,人受一口气,佛受一炷香。一个"对不起"有时候能化解一个不小的矛盾呢。

(10)不要借钱。同事之间是利益关系,彼此生活背景带有某些神秘色彩,包括经济底细。不要向同事借钱,如果借了,那么一定要准时还。也不要借钱给同事,如果不得不借,那么就当送给他了,不能讨还,否则关系就受损了。

4. 如何成为受欢迎的同事

(1)如果你有意见最好直接向上司陈述。在工作过程中,若对上司所做出的一些决定有看法,在心里有意见,甚至变为满腔的牢骚。在这些情况下,切不可到处宣泄,否则经过几个人的传话,即使你说的是事实也会变调变味,待上司听到了,便成了让他生气和难堪的话了,难免会对你产生不好的看法。如果你经常这样,那么你就是再努力工作,做出了不错的成绩,也很难得到上司的赏识。况且,你完全暴露了自己的弱点,很容易被那些居心不良的人所利用。这些因素都会对你的发展产生极为不利的影响。所以最好的方法就是在恰当的时候直接找上司,向其表示你自己的意见,当然最好要根据上司的性格和脾气用其能接受的语言表述,这样效果会更好些。作为上司,他感受到你的尊重和信任,对你也会多些信任,这比你处处发牢骚,风言风语要好。

(2)乐于从老同事那里吸取经验。那些先进山门的同事,相对来说积累了更多的经验,有机会时不妨聆听他们的见解,从他们的成败得失里寻找可以借鉴的地方,这样不仅可以帮助自己少走弯路,更会让他们感到新来者对他们的尊重。尤其是那些资历比你长,但其他方面比你弱一些的同事,会有更多的感动,而那些能力强的同事,则会认为你善于进取,便会乐于关照并提携你。常常可以看到这样的反例,有些人能力强,可在单位里,自视甚高,不买那些老同事的账,弄得老同事很反感,而这些老同事毕竟根基深厚,有关部门都会考虑他们的意见,结果关键时候你会因此受挫,犯不着。

(3)用自己的性别优势关心异性同事。尽管只是同事,但每个人都渴望得到同事们的关心和理解,若能善于发挥自己的长处,对异性同事多些关心和帮助,如男性多为女同事分担一些她们觉得较为吃力的差事,女性多做些需要细心的工作,多为办公室环境的优美做些事,这些对我们来说并不难,效果却很好,对方对你所给予的关心与支持打心眼里感激,将你视为可以信赖的好同事。但仅仅限于工作帮助,尽量不要发生办公室恋情,如果实在避免不了,那就在办公室避免任何形式的身体接触,包括眼神。如果你或对方已婚,请记住兔子不吃窝边草,否则会破坏自己的生存环境。

(4)让乐观和幽默使自己变得可爱。如果我们从事的是单调乏味或是较为艰苦的工作,千万不要让自己变得灰心丧气,更不可与其他同事在一起怨声叹气,而要保持乐观的心境,让自己变得幽默起来;如果是条件好的单位,那更应该如此。因为乐观和幽默可以消除彼此之间的敌意,更能营造一种亲近的人际氛围,并且有助于自己和他人变得轻松。当然,要注意把握分寸,分清场合,否则会讨人嫌。

5.上下级之间相处准则

上下级关系好工作效率高,反之就会抬杠。上级是决定因素,下属是促动因素。上级信任鼓励犒劳下级,下级也会为上级冲锋陷阵在所不辞。上级在利益分配上不能独占,要与下属分享,威望也会继续上升,反之,领导力号召力就会减弱。下属最难把握的底线是一起打下江山的上下级关系。不妨以低调生存,平淡踏实为准则,若功成身退更是上策。切忌居功自傲,邀功求赏。人的内心有一弱点,可以共患难难以同富贵。官场商场家庭婚姻场大都难逃这一处境。政治上成功者忌讳威望降低,担心有一天被轻视或被人说无能。如果下属以为你的成功是我的功劳,就显示主子的愚笨和下属的聪慧。上级最忌讳有一天下属超越自己,难保统领地位,所以位置确立后会排挤对自己构成威胁的人。所谓狡兔死走狗烹,飞鸟尽良弓藏。在政治领域看穿这一点人性弱点的人非常少。古来有识见的英雄在功成名就后便拂袖而去,免使后来有鸟尽弓藏,兔死狗烹之祸。

中国历史上,商界有两位圣人,一位是陶朱公,另一位是胡雪岩,民间流传着"古有陶朱公,今有胡雪岩"的说法。陶朱公就是范蠡,他和孔子是同时代人,在南阳的淅川休学养身,饱读韬略经典,积蓄力量,伺机出世。范蠡20岁那年,宛令文种遇见范蠡,时机成熟,受文种之邀范蠡从南阳的淅川走出,开始了宏图人生的伟大步伐。此后辅佐越王勾践,成就复国大业。功成之时,范蠡不要赏封不居功自傲,毅然选择身退,由官转商。短短几年,他经商聚资又成巨富,自号陶朱公,当地民众都尊他为财神。范蠡从政奉行一个臣子的忠义,为商尽一个商人的良心,真可谓是一个宏略于胸,又悲悯天下的智者。到了古稀之年,家资富可敌国,儿孙满堂,88岁时无病而终,后人尊名其为陶朱公。范蠡留给后人既有多部治国之策与兵法,又有经商方面《致富奇书》、《陶朱公术》的著述。司马迁用16个字精确地对范蠡进行了概括:"忠以为国,智以保身,商以致富,成名天下"。胡雪岩是清朝末期一位很了不起的商人,被大家尊称为"商圣"。胡雪岩跟范蠡相反,由于儿时家境贫寒,所以书读得不多,用今天的话来讲就是,没有受过高等教育,但这并不影响但胡雪岩的成功。重要的是,他的家教甚严,母亲的儒家礼仪对他的德行起了决定的塑造作用,所以从这方面来讲,一个人成功的前提,决定今后发展的原始因素就是家教,至于后天的教育求职只是自身素质丰富的因素,本质的东西还是在早期的时候培养的。胡雪岩有着良好的资质,天生聪颖,加上成长环境很好,决定了他良好的德行,为后来的成功埋下了伏笔。胡雪岩的另一个特点就是勤奋好学,胡雪岩不断提高自己,弥补自己读书不多的缺陷,抓住机遇,一路大展抱负,实现了人生的价值。相比较范蠡,同样富甲天下,红顶商人胡雪岩缺少范蠡那样的明智,因而结局也大不相同。胡雪岩人生顶峰时,家产近3 000万两白银,可谓富可敌国,生意遍布全国,官至二品,慈禧御赐黄马褂。胡雪岩的为人处世与经营之道深受儒家的影响,但是却少了份道家的哲思,没有意识到树大招风,物极必反,否极泰来的自然规律,在事业顶峰,甚至已经出现危机时,不是急流勇退,固守前功,而是逆势而为。其在上海开办蚕丝厂,斥资2 000万两白银,高价尽收国内蚕丝数百万担,妄图垄断中国对外的丝业贸易,而后再高价抛售,此举激怒外商,联合拒购华丝。次年,胡雪岩手中大量的蚕丝被迫贱卖,亏耗超过1 000万两白银,家资去半。胡雪岩生意失败的消息迅速传开,官商百姓都到胡雪岩开办的钱庄提款挤兑,致使资金链断裂,各地商号倒闭。接着,朝廷落井下石下令革职查抄胡雪岩。最终一代传奇商人在失意、贫困中抑郁而终。

比较华夏大地上商界的两位圣人,可以看出,范蠡早年的文化积累深厚,深谙儒道学说,有着自己的人生价值追求,厚积薄发而出山,助越王勾践完成复国大业,关键时刻懂得急流勇退,辞官为商,干一行爱一行,干一行精一行,皆有建树,作为读书人,实现了自己为国家做一份贡献的抱负;作为自己,落得美女佳人西施泛舟归隐,追寻到了自己的精神乐土。钱、权,这两样从古至今被人们追逐的东西,他都拥有了。他确实算得上中国男人中的极品。再看胡雪岩,他商业上同样达到了顶峰,也为后人留下了诸多称道的故事和商业经营哲学,尤其是斥巨资帮助左宗棠收复新疆更是功不可没。但就自身来讲,胡雪岩的一生,与范蠡不同的是,先经商,后走官道,自身对儒道的文化内涵比较欠悟,而纯粹商人的色彩较浓厚,考虑自身的利益成分较多,小我居多,而范蠡则不然,得名得财,拿得起放得下,淡泊明志,大我居多。于是胡雪岩的境界决定了他的结局,满招损。

同样的商界圣人,范蠡的境界较高胡雪岩一筹,范蠡活得很有价值,很潇洒,追名逐利却始终能够超脱之上;而胡雪岩却钻入名利阴影之中,到老都未曾完全超脱,他虽然很聪明,但是一路走过来,最后却跌了个大跟头,因为他没明白,人生每个阶段都有不同的特点,他在早期的经商阶段都做得很好,但是当他成为清朝第一商人时有些飘飘然了,他不明白政界比商界更危险。倘若他书读得多一些,对"天道忌满、人道忌全"理解透彻些,胡雪岩也许会得以善终。

6. 大学生毕业进入单位如何适应新环境

大学生进入新单位一般适应人际环境需要三个月,当然也有更短或稍长时间内适应的。初进山门观念、习惯、方法这三只无形的手,在个人与同事之间衡量着、观察着、试探着,然后得出该人是否值得敬重,是否值得共事和相处,是否会威胁自己的位子,是否会给自己带来好处等等。人一般都希望有一个宽广的生存空间,安全的感觉,不愿被挤压或排挤,不愿与多是非,影响自己生存的人做同事。所以新到一个地方,不要急于融入哪个圈子里,等到有了足够的时间,属于你的那个圈子会自动接纳你。

大学生进入新单位三个月内如何做:

(1)主动与遇见的人打招呼,微笑着说您好,或者含笑着点头致意,不管认

识不认识,对方会对你留下亲和的印象;

(2)做好自己的工作,加倍努力,与同事友好合作,需帮助时主动相助,需求助时可求助同事,然后适时感谢;

(3)了解单位文化,如制度、规则、管理、风气,不要企图打破传统;

(4)少说自己的事情,多听别人的介绍,当同事与你说单位是是非非花边新闻时尽量保持缄默,微笑着倾听,避免卷入是非漩涡;

(5)穿着得体,颜色中和,不要太奇装异服,超越同事。为人大方,可带些家乡特产与办公室同事分享。

(6)别太逞能,别将所有责任往身上背,别第一个表态。

(7)资历非常重要,不要和老员工耍心眼斗法,否则你会死得很难看。

(8)同性同事之间相依相助,异性同事之间拒绝亲密。对同性同事常说一句"我来帮帮你",同事会感激不已;对异性采取大方、不轻浮的态度,避免跨越同事"距离"。

 三 把握同事同学之间的距离

距离,是一种物理现象,更是一种人际学问,它是 campus、office 中必须面对的问题。在特定的学生宿舍、教室和办公空间中,人来人往,身体的距离该如何掌握?和同学、同事刻意保持距离,隔得远远的,会被认为太冷漠;和同学、同事挨得太近,则可能被认为轻薄、不懂礼数。距离不仅是物理问题,更是心理、社会问题,复杂又微妙。

(一)同学、同事之间的空间距离

空间语言是人类利用空间来表达某种思想信息的一门社会语言,属于无声语言范畴。一位心理学家做过这样一个实验:一个刚刚开门的大阅览室,当里面只有一位读者时,心理学家就进去拿椅子坐在他(她)的旁边。试验进行了整整80人次。结果证明,没有一个被试者能够容忍一个陌生人紧挨自己坐下。当心理学家坐在他们身边后,很多被试者会默默地移到别处坐下,有人甚至明确地问:"你想干什么?"

这就是个人对一定人际距离的本能需求,很明显这个实验给出了结论:没有人能容忍他人闯入自己的空间。人与人之间需要保持一定的空间距离,即使最亲密的两人之间也是一样。任何一个人,都需要在自己的周围有一个能掌控的自我空间,这个空间就像一个充满了气的气球,如果两个气球靠得太近,互相挤压,最后的结果必然是爆炸。这也就是为什么两个本来关系密切的人,越是亲密无间就越容易爆发争吵。两只小刺猬的故事也很能说明动物对距离的要求。有两只小刺猬相依地生活在一起,随着天气越来越冷,他们的身体本能地靠在一起,越抱越紧,两只小刺猬都想借着对方的体温温暖自己,可他们都忘了自己身上长的刺,距离每近一分,刺就会伤害对方一分,当两只小刺猬被对方刺的遍体鳞伤的时候,他们终于受不了了,猛地分开了,离对方远远的,就怕对方的刺再次伤害自己。可这样一来,失去了对方的体温,他们又感到非常寒冷,无奈之下又抱住了彼此,于是伤害继续,情况依然和当初一样,他们就这样分开后再拥抱,拥抱后再分开,反反复复伤害,直到他们逐渐找到了一个合适的距离,一个既可以保证带给彼此温暖,又可以避免自身的刺伤害彼此的安全的距离。

　　两个人的相处也是同样的原理,同学、同事彼此信任、欣赏,可也需要有彼此相对独立的空间,同学之间成天形影不离,时间长了会厌倦和烦闷,而有一定的距离,反而更舒畅更亲切,距离产生美是一种哲学。

　　美国心理学家爱德华·霍尔研究发现,人与人之间的距离可以分为以下几个区域:

　　(1)亲密距离(45厘米之内)。这是人际间最亲密的距离,只能存在于最亲密的人之间,如夫妻、恋人、母女、父子,彼此能感受到对方的体温和气息。就交往情境而言,亲密距离属于私下情境,即使是关系亲密的人,也很少在大庭广众之下保持如此近的距离,否则会让人不舒服。

　　(2)个人距离(45厘米~1米)。这是人际间稍有分寸感的距离,较少直接的身体接触,但能够友好交谈,让彼此感到亲密的气息。一般说来只有熟人和朋友才能进入这个距离。人际交往中,个人距离通常是在非正式社交情境中使用,在正式社交场合则使用社交距离。

　　(3)社交距离(1~3米)。这是一种社交性或礼节上的人际距离,也是我们在办公室中经常见到的。这种距离给人一种安全感,处在这种距离中的两人,既不会怕受到伤害,也不会觉得太生疏,可以友好交谈。

　　(4)公众距离(3~6米)。一般说来,教师在课堂讲课,演说者与听众之间的标准距离就是公众距离,还有明星与粉丝之间也是如此。这种距离能够让仰慕者更加喜欢偶像,既不会遥不可及,又能够保持神秘感。

　　了解了交往中人们所需的自我空间及适当的交往距离,就能有意识地选择与人交往的最佳距离,更好地进行人际交往。

那么同学之间、师生之间、同事之间交谈的距离就定位在45厘米～1米左右的个人距离。这是人身体安全上所能接受的最佳距离,太近了会觉得不自在,太远了又有疏远感。早在古希腊时期,先哲们就悟出空间是物质存在的形式之一,那么人际交往当然要读懂空间语言的奥秘。譬如一个日本人和一个英国人在某一饭店的大厅内进行首次交谈,你会发现,那个英国人在谈话过程中会不断碎步后退;而那个日本人则会碎步进逼,因此,两个人很可能会转起圈来。实际上,那个英国人碎步后退是为了使他的个人区域不受侵犯,而那个日本人碎步进逼也是为了调整他的空间需求。再如,国外的一些大公司的总经理在和他的雇员谈话时通常保持一段距离,这种距离也是一种空间语言,暗示出经理和雇员之间的等级差别。如果雇员不懂得这一空间规律而硬要凑近经理的身旁谈话,势必会引起经理对他的反感或恼怒。这种对空间的守卫和需求就是人的本能需要的空间语言。每一个人都生活在一个无形的空间范围圈内,这个空间范围圈就是个人感到必须与他人保持的"个人空间"。人际交往要尊重这个间隔距离。一切的美好都在于距离,一旦打破那段距离,所有的童话也将结束。

(二)同学、同事之间的共享距离

人需要个体空间也需要共享空间,共享空间也叫共享距离。个体对空间需求的公共性表示人们具有对公共活动、互相交往以及共同使用空间的需求特性。环境心理学家把符合人对空间需求的公共性的空间称为社会向心空间,指倾向于使许多人聚集在一起,促使人们相互交往,寻求丰富的环境刺激的空间,如图书馆、电影院、大礼堂、休息室、咖啡厅、广场等,现在互联网进一步满足了人类的共享距离需求,QQ空间、MSN共享空间、人人网等。人们不满足于与身边近距离的人交往,还渴望与远距离的人共享期待的氛围。对空间需求的公共性可以满足个人归属集体不孤独的心理需要。人的交往需求很有意思,不仅需要亲情、友情、爱情这种个对个的交往,也需要在大的空间同陌生人、没有任何瓜葛的人共享一种文化氛围,如喜欢走进电影院与陌生人一起看电影,喜欢逛商店看别人如何在选购物品。如果电影院和商店人很少反而会不满足,如果人太多挤得水泄不通又会忧虑躁动。这叫适度从众心理。

由于个人空间强调个人身体周围的区域,以及由此带来的身体安全心理体验,那么公共空间非个体角色的交往是人们寻求社会性的本质需要。人们在非角色的公共交流场所彼此接触,互通信息,融洽相处,这在现代城市、乡村生活中显得非常重要,并且是角色交往所无法替代的。在大家都能看到和共同使用的共享空间中活动,可以获得社会感和安全感。然而,共享空间的形成与空间的形式密切相关。研究者通过对空间封闭性与人际交往之间关系的研究,认为空间封闭性越强,则共享空间越易形成;反之,则共享空间越不易形成。这说明共享空间能够促进人们彼此之间的人际交往,并且这种交往大多属于非角色交往。

从心理学的角度讲,一个人对空间需求的欲望是多样的。当一个人的所处空间大于他所需要的空间时,他就会感到孤独和寂寞;当一个人的空间小于他所需要的空间时他又会感到烦躁不安。这种空间语言表示出的人际交往需求,传达出共享距离原理:两个素不相识的人在荒郊野外相遇和他们在大城市拥挤的公共汽车里机遇,其结果会截然不同。两个人在野外相遇,相互致意后,几分钟里就会谈得火热,甚至交上朋友;而两人在拥挤的车上相遇,即使他们坐在或站在一起,也大都是"表情空白",缄默不语,互不理睬。因此,有人在室内发生争吵,可以将双方或其中一方叫到室外,或漫步到花园、树林里助他息怒散心。对热恋的情侣和相约一起游玩的朋友来说,郊外、公园、海滩、山野往往是可去的好地方,因为置身在很大的空间里,可以增进彼此之间的感情。正由于这个原因,城市拥挤、住房的密集,对人们的身心健康和相互关系有很不利的影响。当人满为患,个人空间总是被侵占时,人们就会时常感到急躁烦闷,所以在拥挤的车上和极度密集的棚户区,经常会发生争吵对骂,甚至大打出手的不良现象。

另一方面,人际关系的亲疏也影响双方距离的远近,或者说距离的不同会表示出关系的不同。如一位老师对三个学生的态度不同,其距离也就不同。对受表扬的学生距离最近,对表现一般的学生距离中等,对受批评的学生离得较远。再如总经理与来访者之间的空间变化,可以表明他们各自的地位和之间的关系不同。来访者进门后,不再往前走,仅站在门口问候、试探,或说明来意。这表明此人地位较低,或与总经理的关系疏远。来访者进门后,如果朝总经理走几步,中途停下来说话。这个距离表明他地位中等,与总经理大体可以平起平坐,或关系较近。假如来访者进门后,径直走到办公桌前,正对着总经理说话,那么这就表明他的地位较高,或与总经理关系密切。空间距离的变化可以传达出各种信息,充分认识和利用空间语言,使其与自己的有声语言和体态语言相配合协调,会取得更好的交际效应。

那么同学、同事之间不妨偶尔一起旅游、活动,在共享距离中交流,减少竞争带来的摩擦,减少个人空间产生的寂寞和烦躁。

(三)空间距离中的礼仪

1. 电话礼仪

电话是在不同点的两个人通过电波传输声音缩短距离的一种沟通方式。它是由1845年移居美国的意大利人安东尼奥·梅乌奇最早发明的。通常人们都认为是亚历山大·格拉汉姆·贝尔(Alexander Graham Bell)发明了电话。美国国会2002年6月15日269号决议确认安东尼奥·穆齐(Antonio Meucci)为电话的发明人。1900年,中国第一部市内电话在南京问世,随即上海、南京电报局开办市内电话,当时只有16部电话。现在家家有固定电话,每个成人、学生几乎都有移动电话。电话成了人们彼此交流信息、感情的最主要的载体。但打电话的礼仪不一定人人都了解,如果不懂电话礼仪,人际沟通中难免会效果不佳。

打电话要注意以下礼仪:

第一,电话如何接听电话:三声之内及时接听,接听先说"你好",第一句少问"你是谁""你哪里"。第二,电话打多久:工作电话以三分钟为限,长话短说,废话不说,简明扼要。第三,什么时间不宜打电话:三个时间段尽量不打。早上7:00之前;中午午休时间;晚上10:00点以后。第四,哪些地点不宜打电话:教室、图书馆、影剧院、报告厅等公共安静场合。而公交车、火车、公园、商场、医院等公共场合打电话则需轻声,以不妨碍旁人为原则。第五,如何挂电话:打电话的时候,地位高者先挂;和上司通电话,上司先挂;学生与老师,老师先挂;与客户通话,客户先挂。

2. 体态礼仪

体态语言亦称"人体示意语言"、"身体言语表现"、"态势语"、"动作语言"等,是人际交往中一种传情达意的方式。在日常人际交往中,体态语言是有一定规律可循的。在交际中常见的体态语言主要有:情态语言、身势语言、空间语言。体态语言有辅助、替代、传情、显示等作用。如身势语言中的握手、招手、摇手、挥手和手指动作等都能直观地表现人们的某种心理状态。学会读懂理解对方的体态语言,可以让我们在交往时不碰对方底线,避免窘境。

如去别人家做客,主人的话一旦减少,提议你吃水果喝茶或看电视时,你就要告辞了,人总是在感到无话可说时,才提醒别人做一些无关紧要的事。再待下去,你可能就不受欢迎了。你正在对上司汇报工作时,他的眼睛没再专注地看着你,或者他的手指不经意在桌上敲几下,很可能他已经对你的汇报不满意或不耐烦了。和一个新认识的人谈话时,他的双手总是不经意的抱在胸前,

那表明他对你是有所防备的。你在取得他的信任前,最好还是谨慎为之。在酒桌上,一个向你频频敬酒的人,不是有求于你,就是对你有敌意,你还是尽快弄清,他的意图究竟是属于前者还是后者。若是前者,就要尽快把话题引开,要么满足他的需求;若是后者,你就要装成喝醉了。一个人向你发出邀请,你兴致勃勃赶到时,他忽然顾左右而言他,其实,他的邀请不过是顺口一说,你就不要追究下去了,除非你想让他讨厌。一个面对你总是夸夸其谈的人并不是骄傲,而是他的内心恰好极度自卑,他需要通过夸夸其谈来掩饰他内心的空虚。

公元3世纪的时候,有一个叫刘劭的人写了一本书叫《人物志》,他在书中把人的举止概括为"神、精、筋、骨、气、色、仪、言"九项内容,称为"九征"。不难看出,这"九征"中,人的体态占了大半。我们平时很重视语言表达能力的训练,但我们常忽略了体态也是一种语言,它无声地向旁人传达着很多的信息。

如果一个男同事叉开双脚、双手叉腰站着说话,会让人觉得粗俗。如果一个女同事用二郎腿的坐姿,露出西装裙里的底裤,旁边的男生会不好意思地侧过脸去,人们会觉得她不端庄不得体。

这一代大学生没有上过形体课的不少,军训过后坐立行走又回到自然状态,有必要补上这一课,因为体态影响个人形象。言语经常是假的,可身体却时时流露真情。比如你去见一个朋友,他嘴里连声说"欢迎欢迎",身体却歪在沙发上,你真相信他欢迎你吗?

注重自己的体态,训练自己的体态,不仅美化个人形象,更能让自己在接人待物中处于不败之地。如果多年的坏习惯难以更改的话,请在办公室、在家中、在学校走道上多布置一些镜子。

关于站立:一般站立要求是:

头正:切勿作儿童歪头可爱状,哪怕正在沉思。

肩平:两肩放松自然下垂,稍向后人会显得人精神,向前则是一副畏缩样。

躯挺:是挺胸而非挺腹,因为挺胸使你自信,挺腹则只是傲慢无礼。腰要挺直不能塌,臀部尽可能向内向上收紧。

腿直:女子无论何时站立时两腿要贴紧,脚尖分开或者摆小丁字形;男士可以并腿也可叉开,但不能宽过双肩。脚尖分开呈60度。

站立时手的摆放有多种:

叉手:即两手在腹前交叉相握,这种姿势自然轻松,给人亲切感。

背手:双手在身后交叉,背手时如果双腿并立,表示尊重。双腿分开则表示威严(男保安经常用这个姿势。女性不可用此式)。

垂手：双手自然下垂，或者一手垂在背后，一手自然下垂。

除非和很熟的朋友或家人讲话，双手不要放在衣袋里。

站立时能充分地显示一个人的精气神，所以古人要求站如松。将身体靠在门上或者其他东西站立是典型的懒婆娘姿势。

生活中不难发现，有些人在站立时会不由自主地抖腿、脚尖在地上划来划去、用脚去勾东西或者用一只脚蹭另一只脚；用手撑腰，摸自己的头发或者摆弄衣扣等，再不就是脖子扭来扭去地东张西望。这些都告诉别人，这是一个心智不成熟的半成人。

关于坐：坐是一种静态造型，好的坐姿会展示你的文雅稳重和大方。

入座：在社交场所，入座要讲究顺序，优先尊长和女士。入座要静而缓，"一屁股坐下去"往往是性格豪爽的人，但无论你多么不拘小节，在自己家以外的空间还是请缓缓入座。女性则要把裙子理顺了再坐。

坐满整张椅子还是只坐在椅子的前部，要看面对的人。一般来说，靠前坐表示尊重和谦虚，但过分靠前，只挨着椅子的边沿，则有自卑和献媚之嫌。一般有位尊者在场时，只坐满座位的三分之二。

坐时上身要直，如果与人交谈，要略向前倾，表示关注交谈者，哪怕是与孩子交谈。身体向后倾或者靠在椅背上，表示相当的自信和优越感，一般交谈或者开会中都不能如此。塌坐在椅子上，身体弯曲放松，只能在家中。如果面对交谈者，不是表示病态就是极度放肆。

与人交流时，坐姿语言忌讳的有：

——仰头靠背、闭目养神或者低头看地下。这种漫不经心和傲慢会深深刺激对方。

——双肘支在桌上、双手端臂、双手抱头、抱膝盖、东摸西碰、敲桌子玩钢笔或者将手藏在桌下，这些都显示你的不成熟不自信和缺乏基本的修养。

——脚架在桌上或前面人椅子的后架上，抖腿、脱鞋子、晃脚尖，这些将你的散漫和懒怠暴露无遗。

关于行：一个成人很难再改变他的行姿，不过如果本人注意的话，还是可以做到以下几点的：

——不慌不忙，稳步前行。

——挺直腰和背走路，许多学生和把办公室白领由于多年伏案的原因，形成了勾背含胸的习惯，显得生活沉重无比的样子。

——男生的步子要大而稳，女生走路要轻而有弹性，切岂全脚掌着地，踩得楼板咚咚作响，也不要因为忙而脚底生风，让人误为孙二娘再世。

3. 不要忽视触摸语言

触摸语言是通过人体接触表意。如拥抱、接吻、拍肩膀。人与人需要触摸交际，既可代替语言，也可弥补语言的不足。触摸交际有益于友谊、亲情和身心健康。人类之间最好的身体接触方式就是拥抱，因为它很简单又很明确地表达着人与人之间最真的关爱。当同学在校运会上跑到终点时最需要的是给他慰问的拥抱；当同事取得一场营销或商务活动的成功回来，最好的欢迎方式是给他一个祝贺的拥抱。拥抱分亲情式和友情式。亲情式：全身贴紧拥抱对方，适用于恋人、夫妻、母女、母子等家人之间；友情式：上半身不贴紧，用手上下交叉拥抱对方，适用于同学、同事、朋友、商务、外交。

亲朋之间经常拥抱可以让彼此神采焕发：第一消除沮丧。如果发现家人恋人或朋友闷闷不乐，不如默默地靠近，给他一个温暖的拥抱；第二消除疲劳。在对方辛劳或出差回来，一个热情缠绵的拥抱，会让对方感觉到你的温暖，这足以消除他在外的疲劳，与你共享生活的激情。第三增强勇气。人在压力下往往会很烦躁，情绪失控时会失去奋斗的勇气，甚至想放手逃避压力、逃避你、逃避家。你的深情拥抱会鼓励平复烦乱的心绪，增强继续奋斗的勇气。第四抵抗诱惑。拥抱就是表达爱意，加深感情。恋人夫妻间拥抱的力度就是爱情的深度，当两个人很久没拥抱，或是只剩下敷衍的拥抱，表明这段感情已经不复从前了。第五注入活力。瞬间拥抱能为倦怠的躯体注入新生命，使彼此变得更年轻，更有活力。

礼仪世界，博大精深，人际底线，文化经典。崇尚礼仪，践行礼仪，"少成若天性，习惯成自然"。优化个人品质，提升自身魅力，美化生活环境，促进社会交往，改善人际关系，享受幸福人生。

第五章 朋友熟人相处底线
【工作生活篇】

什么样的人称朋友？百度百科解释："朋友指志同道合，交谊深厚，除情人或亲属之外彼此有交情的人"。唐初大儒孔颖达疏："同门曰朋，同志曰友。朋友聚居，讲习道义。"说明有交情且讲情义的人才可称朋友，而交情来自彼此真诚相待，志同道合，患难与共，重情重义。而熟人，是彼此比较熟悉，曾经打过交道，有一定关系却又不是十分密切的人。也就是缺乏交情和情义。如果按照距离来分，朋友是即使空间距离很远心理距离依然很近的人，而熟人是哪怕空间距离很近心理距离依然较远的人。朋友之间非常信赖，熟人缺乏信任感。

每个人从出生上幼儿园开始就不断接触这个世界除亲人以外的许多人，有些人可能陪伴一生，有的人可能伴随一阵，更多的人只是生命中的过客。岁月像流水一样流过去，一点没有痕迹，真的没有痕迹吗，不，它会留下对相逢者各种各样的记忆，有的深刻有的浅尝，有的美好有的丑陋。一个人就像葡萄藤上的一根权枝，其生命完全依赖在主藤上，枝权什么时候脱离它的主枝，什么时候就萎缩枯干。一串葡萄之所以味美色泽，是因为它依在葡萄的主枝上，假如把分枝从主枝上剪断下来，那么分枝上的葡萄就会枯萎。人是社会的人，人有多方面的需求：物质的、精神的、健康的、文体的，而参与社会活动结识朋友就是社会化程度的标志。一个人除了亲人还需要朋友，朋友是人生的最大收获，没有朋友会显得孤单和冷清，没有朋友连一起玩乐融入社会的机会也很少，没有朋友说明性格孤僻不合群，或为人吝啬难相处，总之，缺乏人际吸引力。朋友还是做人做事的最佳资源。一个人无论有多少学识、多大成就、多高地位、多么富有，假如不能群体生活，与别人互相往来，不能培养对他人的同情心，不能对别人的事情产生一点兴趣，不能辅助别人，也不能与他人分担痛苦，分享快乐，那么他的人生必将形单影只，寂寞萧条，缺乏创业的激情，缺乏喝彩的声音。而那些不管在何种环境下都能与人交上朋友，建立起真挚友谊的人，他的生活是多彩热闹丰富厚实的，他的事业是蓬勃向上生机无限的。美国好莱坞流行一句话：一个人能否成功，不在于你知道什么（what you know），而是在于你认识谁（whom you know）。中国流行一句话：一个好汉三个帮，一个篱笆三个桩。都说明朋友与人生的重要关系。人脉人气对一个人生存竞争的帮助，对事业人生的发展，其价值往往是无可估量的。

　　社会中有太多依靠朋友力量而成功的人，有政治家、企业家、发明家、科学家，也有商人、作家、律师、导演、记者、主持人等，一位作家说过这样的话：现代社会的人们完全靠一个规模庞大的信用组织在维持着，而这个信用组织的基础是建立在对人格的互相尊重之上，任谁也无法单枪匹马在社会的竞技场上赢得胜利，获得成功。这就是人们喜欢结交朋友的原因。有些心理学家认为：朋友间能互相取长补短，因为彼此能互相照顾支助。即使从头发里拨出一只虫子这种小举动，也是互相关心与体贴的表现。确实，复杂微妙玄乎动态的朋友熟人关系是很难以寥寥数语解释清楚的。中国古代成语中有很多哲理地描述交友状态的，褒奖的如患难之交、莫逆之交、情同手足；贬义的如酒肉朋友、狐朋狗友、朋比为奸等，说明喜也朋友伤也朋友。周围那么多人，为什么独独愿意与他亲密呢？有人说：看一个人就看他身边的朋友。这就是"物以类聚人以群分"的原理。不是遇上谁都可以成为朋友，交情是双向碰撞出来的。有的人相处很久依然觉得陌生，有的人刚刚见面几分钟仿佛觉得已认识很久。个中缘由就在于人际相处底线也。

　　你喜欢某人，愿意与他走近，愿意把好东西与他分享；她愿意把对家人都保密的心里话告诉你，愿意与你商量人生选择。其中一个重要因素就是：满足。他可以满足你的需求，你可以满足她的心思。彼此可以解除寂寞无助，供给快乐帮助。人与人相处中每样事物都合心意是不太可能的，但一个成功的相处关系必定存在着某种程度的互利满意或安全快乐。如朋友扩大了你的生活圈与见闻，协助你探索未知的世界和含辛茹苦的人生；朋友启发你思考纷乱的社会现象，梳理复杂的政治经济关系；朋友引领你学会更多的生活方式及接触大自然的源头，他将露营用具、运动器材慷慨地借给你，并告诉你一些好玩的地方和陪你一起锻炼；朋友介绍你读哪些好书，告诉你哪门课哪个培训班值得参加；朋友带来家乡的特产与你共享，带你到能以低价买到漂亮衣服和帽子的地方……你觉得有他与没有他前后的生活完全不一样，他带来了你期待的生活，他拓展了你人际圈子，点亮了你新的人生，于是你对他产生依赖，愿意经常与他在一起，有困难或高兴事会首先想到他。"好朋友"这个概念由此在你脑海里确立，你对他的情感分量与别人已然不一样。说明个人的智慧、知识、能力、激情、人品、义气等是吸引别人靠近你的磁石和力量。有人说得好：朋友是灯,驱散寂寥,照亮期盼;朋友是茶,过滤浮躁,储存宁静;朋友是水,滋润一时,保鲜一世;朋友是糖,冲淡苦涩,挂满甜蜜。

朋友有同性朋友和异性朋友,朋友性别不同还会带来不同的世界和感受。男人的友情往往是写意的,女人的友情常常是工笔的;男人的友情也许是精神的,女人的友情多半是物质的;男人的友情常表现为锦上添花,女人的友情则为雪中送炭;男人之间多是一起笑的朋友,女人之间多是一起哭的朋友。不管怎样,实质是一样的。朋友之间多是以交流方式来互相教导与学习的,其中的纽带是感情与互利。与别人共同分享感情是一件富足的事,朋友之间是没有算计的,算计的就不再是朋友。真正的朋友是"苟富贵勿相忘",而不是"人一阔就变脸"。俗话说吃点亏才能在一堆。所谓心领神会,心照不宣,相知相守,互助友爱都是建立在舍得付出与承担的基础之上。友谊是双向给予才能具有的,除了共同分享更要分担,光分享没有分担成不了好朋友。当然明智之人为人处世要识相,不要向朋友提过分为难的要求。得意时夹着尾巴做人,低调与朋友分享,失意时坚强面对,尽量不给朋友增加负担。

关于友谊,爱默生说过一句非常经典的话:"一个真挚的朋友胜于无数个狐朋狗友。"这就是舍得付出敢为人梯的友情力量,再也没有别的力量能像真挚的朋友一样帮助你去实现成功了。一个思想与你接近,理解你的志趣,了解你的优势,能鼓励你全力以赴地干每一件正当的事,能消除你做任何不科学不理智的事情的好友,是你一生最大的满足。对一个在校学生或刚跨入社会的年轻人,如果结交了认真做人做事做学问、有睿智和有能量的朋友,就会在工作和事业上得到了极大的帮助而一帆风顺,那是莫大的幸运。反之,结交酒肉黑道朋友,难免同流合污。

那么如何区分贤士、闲人,朋友分哪些层次,怎样才能赢得让自己受益终身的友谊?

 一　朋友的类型与特点

美国著名作家马克·吐温在《神秘陌生人》中说过:朋友就像一个一个锁链,如果其中一个锁链发生变化,也许整个人生就会变化。说明朋友也是一种生产力。一个人如果觉得自己的命运不济,那就尽量去与那些命运顺境的人在一起,不好的命运也许就会得到改善。

《战国策·齐策三》《周易·系辞上》记载:战国时期,齐国有一位著名的学者名叫淳于髡(kūn)。他博学多才,能言善辩,被任命为齐国的大夫。淳于髡经常通过寓言故事、民间传说、山野轶闻来劝谏齐王,而不是用讲大道理来说服君主,所以齐宣王很欣赏和信任他。一日齐宣王想招贤纳士,让淳于髡举荐人才。淳于髡一天之内接连向齐宣王推荐了7位贤能之士。齐宣王非常惊讶,问淳于髡:"寡人听说,人才是很难得的,如果一千年之内能找到一位贤人,那贤人就好像多得像肩并肩站着一样;如果一百年能出现一个圣人,那圣人就像脚跟挨着脚跟来到一样。现在,你一天之内就推荐了7个贤士,那贤士是不是太多了?"

淳于髡回答:"不能这样说。要知道,同类的鸟儿总聚在一起飞翔,同类的野兽总聚在一起行动。人们要寻找柴胡、桔梗这类药材,如果到水泽洼地去找,恐怕永远也找不到,要是到梁文山的背面去找,那就可以成车地找到。这是因为天下同类的事物,总是要相聚在一起的。我淳于髡大既也算个贤士,所以让我举荐贤士,就如同在黄河里取水,在燧石中取火一样容易,我还要给您再推荐一些贤士,何止这七个!"这就是与人相处之道:物以类聚,人以群分。同类的东西常聚在一起,志同道合的人相聚成群,反之就分道扬镳。

如何辨识交往对象,哪些人可信任,哪些人不宜告白?孔子曾经告知:益者三友,损者三友。友直,友谅,友多闻,益矣。友便辟,友善柔,友便佞,损矣。(《论语·季氏》)意即使人受益的朋友有三种,使人受损的朋友也有三种:正直的朋友,真诚而可信赖的朋友,博学而见多识广的朋友,可以让我们受益良多;而并不正直的朋友,善于迎合别人、讨好别人欠缺诚信的朋友,善于随口胡说却没有真才识学的朋友,只会让我们受到伤害。由此可见,遇见下面这几类人可以成为朋友:

1. 以德相聚患难与共型

所谓疾风知劲草,患难见真情。路遥知马力,日久见人心。在对方最困顿的时候,还能不变初衷的帮助扶持,那是真正的朋友。这也是大千世界识人的方法,因为世上更多的是酒肉之间的逢场作戏和相互利用。人与人的关系大都保持在利益之间,破灭于困苦之时。有的人在需要你的时候尽情奉迎,可当你处于困境之时却避而不见退避三舍,显现友谊的真伪。有一个发生在越南战争时期孤儿院里的故事,生动纯真地诠释了孩子对朋友的理解。由于飞机的狂轰滥炸,一颗炸弹扔进了这个孤儿院,几个孩子和一位工作人员被炸死了。还有几个孩子受了伤。其中有一个小女孩流了许多血,伤得很重。幸运的是,不久后一个医疗小组来到了这里,小组只有两个人,一个中国女医生和一个女护士。女医生很快给受伤的孩子进行了急救,但那个小女孩因为流血过多,急需输血,而她们带来的不多的医疗用品中没有可供使用的血浆。于是,医生决定就地取材,她给在场的所有的人验了血,终于发现有几个孩子的血型和这个小女孩是一样的。可是,问题出现了,因为那个医生和护士都只会说一点点的越南语和英语,而在场的孤儿院的工作人员和孩子们只听得懂越南语。于是,女医生尽量用自己会的越南语加上一大堆的手势告诉那几个孩子:"你们的朋友伤得很重,她需要血,需要你们给她输血!"终于,孩子们点了点头,好像听懂了,但眼里却藏着一丝恐惧。孩子们没有人吭声,没有人举手表示自己愿意献血。女医生没有料到会是这样的结局。一下子愣住了,为什么他们不肯献血来救自己的朋友呢?难道刚才说的话他们没有听懂吗?忽然,一只小手慢慢地举了起来,但是刚刚举到一半却又放下了,好一会儿又举了起来,再也没有放下。医生很高兴,马上把那个小男孩带到临时的手术室,让他躺在床上。小男孩僵直地躺在床上,看着针管慢慢的插入自己细小的胳膊,看着自己的血液一点点的被抽走,眼泪顺着脸颊流了下来。医生紧张地问是不是针管弄疼了他,小男孩摇了摇头,但是眼泪还是没有止住。医生护士有点慌了,总觉得有什么地方肯定弄错了,但是到底错在哪里呢?针管是不可能弄伤这个孩子的呀。关键时候,一个越南护士赶到了这个孤儿院。女医生把情况告诉了越南护士,越南护士忙俯下身子,和床上的孩子交谈起来,孩子竟然破涕为笑了。原来,那些孩子都误解了女医生的话,以为她要抽光一个人的血去救那个小女孩。一想到不久以后就要死了,所以小男孩才伤感。医生终于明白为什么刚才没有人自愿出来献血了,但是她又有一件事不明白,既然以为献过血之后就要死了,为什么他还自愿出来献血呢?于是越南护士用越南语问了一下这个小男孩,小男孩回答得很快,不假思索,只有几个字,却感动了在场所有的人。他说:"因为她是我最好的朋友!"孩子的真诚告诉我们,真正的友谊是可以超越生命,倾其所有的。

2. 以诚走近肝胆相照型

朋友相处,彼此以真实的言语、真实的感情交往,摈除利害关系,拥有手足般的义气情谊,能相知相惜,相互关爱,彼此扶助,就是真正的肝胆相照了。如战国时的隐士田光,为助燕太子丹刺秦王,举荐荆轲,更为守秘而刎颈,田光之忠诚,可谓肝胆相照。三国故事中刘备与关羽、张飞性情相投,同志同德,桃园三结义后忠于信义,以诚相待,肝胆相照。后关羽降曹,张飞酒后丢失徐州,放走徐庶,刘备都不予计较,信任兄弟;张飞、关羽为了大哥事业始终"随其周旋,不避艰险",忠心耿耿,在所不辞。所谓同流才能交流,交流才能交心,交心才

能谋事也。清朝红顶商人胡雪岩与浙江巡抚王玉林、晚清重臣、军事家、政治家左宗棠的友情也属于这一类型。

春秋时期著名政治家管仲和他的朋友鲍叔牙两个人是好朋友。管仲年轻时和鲍叔牙一起做生意，赚了钱之后，鲍叔牙知道管仲家里十分贫困，总是多分给管仲一些，绝不认为管仲贪心；管仲帮助鲍叔牙做事时，不一定件件做得很好，鲍叔牙不认为管仲愚蠢，而理解那是受客观条件所限；管仲做官，曾三次被逐，鲍叔牙深知并非管仲人品不好，或干得不出色，而是时机和运气问题……管仲深情感叹道："生我者父母，知我者鲍叔也！"鲍叔牙后来推荐管仲做了齐国之卿，帮助齐国大力推行改革，使齐国成了春秋的第一霸主。现在，人们常以"管鲍之交"形容友谊笃厚。

3. 以知识友见多识广型

多结交见识广博有内涵或具有专业知识能解决各种问题有能力帮助别人的人，这类人受到人们的尊重与信赖。为什么昔日"酒逢知己千杯少"，现在却"酒碰千杯知己少"？说明曲高和寡，物欲横流，身边有真知灼见的人不多也。人们大多渴望结交有远见卓识的人，与优秀的人相处自己也会更加优秀起来；与慷慨的人相处，自己也会学着大方起来；与有内涵的朋友结交，自己也懂得随时吸取新知识，也会吸引许多见多识广见解独到的人到身边来。刘禹锡《陋室铭》说得好"谈笑有鸿儒，往来无白丁"。南阳诸葛亮隐居的草庐，西蜀扬子云的亭子，因为居住的人有内涵有智慧所以受到人们的景仰。真正的知己朋友是心灵相通的二人世界，多一个人难免会有不能共同讨论的话题，少了对方感觉世界从此孤寂。知己朋友在一起不需设防不需揣度，有时在一起很安静，但是不冷清，心有灵犀一点通。

战国时期有一个人叫俞伯牙，这人琴弹得特别好。有一天他在深山老林里弹琴的时候，来了一个打柴人叫钟子期。俞伯牙一弹琴，钟子期就说了："峨峨兮若泰山。"俞伯牙心里很惊讶，因为他心里正想表现高山呢，就被听出来了。俞伯牙心想：我换一个主题，我表现流水，看你还能不能听出来。谁知，钟子期一听，又说："洋洋兮若江河。"不管俞伯牙弹什么，钟子期都能听出音乐表现的内容。于是乎两个人就成了好朋友，成了知音。但是，没多久钟子期去世了，俞伯牙痛失知音，伤心到极点的时候，就把自己的琴给摔了，发誓永远不再弹琴。这个故事后来就形成了"高山流水"的成语，形成了"知音"这样一个日常生活中常用的词。

明代诗人郑少谷与王子衡相距千里，素未谋面，却彼此倾慕，以诗赠答。郑少谷曾有诗赞王子衡："海内谈诗王子衡，春风坐遍鲁诸生。"意思是：当王子衡讲评诗歌时,就是鲁国孔子的弟子听了,也会如春风。后来郑少谷死了,王子衡惊闻噩耗,哀伤至极,他不顾千里奔波,特地赶到福建,为他办理丧事,宽慰亲属。

俗话说"文人相轻",但在唐代文坛上,却有两个文人给后人留下了文人相亲的佳话。他们是白居易和元稹。两人的友谊,是在共患难中建立起来的。元和十年正月,白居易与元稹在长安久别重逢,两人经常畅谈达旦,吟诗酬和。但事隔不久,元稹因为直言劝谏,触怒了宦官显贵,在那年三月被贬为通州司马。同年八月,白居易也因要求追查宰相武元衡被藩镇军阀李师道勾结宦官暗杀身亡一案,被权臣嫉恨,宪宗听信谗言,把他贬为江州(今江西九江)司马。元稹在通州听说白居易被贬到九江,极度震惊,不顾自己病重在床,提笔给白居易写信,并赋诗一首《闻乐天授江州司马》:

残灯无焰影幢幢,此夕闻君谪九江。
垂死病中惊坐起,暗风吹雨入寒窗。

不久,白居易收到了这首诗,被好友的关切之情深深感动,他在给元稹的信中写道:"垂死病中'这句诗,就是不相干的人看了都会感动得不忍再看,何况是我呢?到现在每次看到它,我心里还凄恻难忍。"元稹一收到信,知道是白居易写来的,还未拆开就已泪眼模糊。他的女儿吓得哭起来,妻子也忙问怎么回事。元稹告诉她们,自己很少这样动情,只除在接到白居易来信的时候。为此,元稹寄诗给白居易:

远信入门先有泪,妻惊女哭问何如。
寻常不省曾如此,应是江州司马书。

休戚相关的命运,把白居易与元稹紧紧联系在一起,他们一生交谊很深,世人称为"元白"。

4. 以道相遇志同道合型

古人云:道不同不相为谋,此处的"道"一指志向,二指术业。交往者彼此志向、志趣相同,为了共同的事业,休戚与共,互相扶持,团结合作,有所作为,不会为利益而斤斤计较,团队的目标就是自己的目标,队友的成功也是自己的心愿。事业平台有这样的朋友是值得欣慰的。当年林则徐告老还乡回归故里的途中,船泊湘江,他遣人到十里开外处请左宗棠来舟中叙谈,这就是史书上有名的"湘江夜话"。林则徐与左宗棠虽是初次谋面的两代人,却像神交已久的老朋友,开怀畅饮,倾吐见解。家事、国事、人物、政事,无所不及。林公对这位37岁的布衣"一见倾倒,诧为绝世奇才",期许良厚。左宗棠对这位65岁的前辈名臣,颂为"天人",崇敬至极。共同的经世抱负和情趣,填补了他们年龄

和身份悬殊的鸿沟。林公丰富的阅历、恳切的言辞使左宗棠听得如醉如痴。林则徐向左宗棠"谈及西域事务",力主富边强边,给左留下深刻印象。二十多年后左给朋友写信谈及此事,犹如发生在昨日那样历历在目。左后来经略西北,收复新疆,是继承了林公的遗志。可以看出湘江夜话对左宗棠的深远影响。当时林则徐约见左宗棠已无官在身,无需请幕僚,请左前来叙谈纯粹是爱才之心所驱。因为林则徐任云贵总督时,曾听贵州知府胡林翼和好朋友陶澍谈起过左宗棠,二人均对左的品学极为赞赏,推崇左为"近日楚材第一人"。现在眼见为实,大有相见恨晚之感。林则徐深信左宗棠一定能得到重用,所以毫无保留地把自己的经验、见解,作为一种财富传授给这位有潜质的人才,临终前还命次子代写遗书,向朝廷一再推荐左宗棠人才难得。后来左宗棠果然得到重用且不负众望,政绩显赫。1850年11月22日(道光三十年)左宗棠在获知林公逝世的当晚,悲痛写下一副传诵一时的长联:"附公者不皆君子,间公者必是小人,忧国如家,二百余年遗直在;庙堂依之为长城,草野望之若时雨,出师未捷,八千里路大星颓。"宋代陈亮《与吕伯恭正字书》(之二)中说:"天下事常出于人意料之外,志同道合,便能引其类。"

马克思在青年时期就有着改造社会的强烈愿望并付诸行动,因而受到反动政府的迫害,长期流亡在外。1844年,马克思在巴黎认识了恩格斯,共同的信仰使彼此把对方看得比自己都重要,马克思因长期流亡,生活很苦,常常靠典当维持生计,有时竟然连买邮票的钱都没有,但他仍然顽强地进行他的研究工作和革命活动。恩格斯为了帮助马克思生活,他宁愿经营自己十分厌恶的商业,把挣来的钱源源不断地寄给马克思,恩格斯不但在生活上帮助马克思,在事业上,俩人更是互相关怀,互相帮助,亲密合作。他们同住伦敦时,每天下午,恩格斯总到马克思家里去,一连几个钟头,讨论各种问题;分开后,几乎每天通信,彼此交换对政治事件的意见和研究工作的成果。他们之间的关怀还表现在时时刻刻设法给予对方以帮助,都为对方在事业上的成就感到骄傲。马克思答应给一家英文报纸写通讯稿时,还没有精通英文,恩格斯就帮他翻译,必要时甚至代他写。恩格斯从事著述的时候,马克思也往往放下自己的工作,编写其中的某些部分。马克思和恩格斯合作了40年,建立起了伟大的友谊,共同创造了伟大的马克思主义。正如列宁所说"古老的传说中有各种各样非常动人的友谊故事,后来的欧洲无产阶级可以说,它的科学是由两位学者和战友创造的。他们的关系超过了古人关于人类友谊的一切最动人的传说。"

道风德香传千里,有道德涵养的人,有能力心胸的人,无人不欣喜,不论远近,大家都会争相来亲近。所谓"与善友交,入芝兰之室,久而不闻其香,即与之化矣"。与有人格魅力、思想深邃的人相处,自己也会远离庸俗浅薄;反之,周围的人好逸恶劳,懒散庸常,自己也不可能勤奋敬业。个体的素质差异决定了人群的色彩。大千世界个体与个体自由组合着,配置着,或紧密,或松散,或聚合,或分离,形成了各式各样的朋友圈子,每个圈子其实都有有形或无形的规矩。有形的如团体的宗旨、章程、纪律;无形的如圈内人约定俗成的道德、信仰、观念等,正是这些有形的、无形的差异,决定了人际朋友圈的差异。志不同则道不合,言之不知其意,行之不得其解,莫若对牛弹琴,虽心之诚者,亦不为所知,义之所至,不为所动,何与之行?

"近朱者赤近墨者黑"。生活中既有值得交往让人敬仰的人,也有不宜走近令人害怕恐惧的人。俗话说:害人之心不可有,防人之心不可无。哪些人至多是熟人,不适合相处做朋友呢?

1. 爱说假话的人

做人最重要的是诚信,最可怕的是虚伪欺瞒说话不算数。若一个人十句话里有八句假的,这种人乘早远离,没有任何交往的必要;一个人爱夸夸其谈,可以交往,但没必要当真;一个人十句话里有一句或半句是假的,这种人属于"伪君子",通常心机颇深,交往时要特别小心。假作真时真亦假,当一个人失去诚信时是没有做人底线的。还有的人看似很热情,但他缺少起码的诚信,随便答应,答应的事情又办不到。你把她当高人给她说自己的心事或烦恼,她一转身就广播出去了。这样的人趁早远离,不能做朋友,最多是熟人。

2. 傲慢自大的人

这类人太自以为是,不易让人接近甚至讨厌,其实是虚弱没有多少功底的表现。真正有本领的人很谦虚亲和。当然有这样一些人,拿根鸡毛当令箭,遇到"混"得不如自己的,他就表现出不可一世优越感极强;遇到比自己地位更高更"牛"的人,他又格外"谦恭",低声下气。这类人缺少人格,也不宜做朋友,只能是熟人。

3. 一毛不拔的人

这类人社会上叫铁公鸡、小气鬼,书面语叫吝啬鬼、悭吝人,只知道拿进不知道付出,铁板一块不懂人情世故,与这类人相处很不爽。

第一次可以忍受,第二次勉强应付,第三次托词走开得了。吝啬是一种待人接物的坏习惯,他不知道布施是美好、光明、良善,给予别人是一种能力和心胸。朋友是互酬的,相处必须慷慨大方,小气的人朋友肯定很少,机会也很少。一个人之所以永久富有,人缘上比别人有人气,那是因为大方慷慨。吝啬的人活得没有高度没有情趣没有色彩,不仅对别人小气对自己也小气。它与自私

还是有区别,自私的人对别人小气对自己则奢侈。自私比吝啬更卑下。文学史上有几个典型的吝啬者形象可以比照。如莎士比亚喜剧《威尼斯商人》中的夏洛克,莫里哀喜剧《悭吝人》里的阿巴公,巴尔扎克小说《欧也妮·葛朗台》中的葛朗台,果戈理小说《死魂灵》里的泼泼留希金,以及中国名著《儒林外史》中的严监生。

4. **不学无术的人**

这类人只知吃喝玩乐不思进取属于懒惰散漫型,是社会的拖累,没有人生目标,没有做人尊严,生活如同浮萍没有支柱,没有想法,不知道创造勤奋的快乐,也懒得去尝试。不管男人女人,工作生活,勤劳是第一要素,勤劳的人可以从无到有,懒惰的人坐吃山空;勤劳的人让人敬仰,懒惰的人被人看轻;勤奋的人永远充实,懒惰的人始终空虚;勤奋的人阳光灿烂,懒惰的人暗无天日。因为懒惰,没有任何本事,浑浑噩噩,坐享其成,害怕艰苦,什么都不能担当。这样的人是家人、社会的寄生虫,绝对不宜交往。世界著名寓言家克雷洛夫说过:懒惰等于将一个人活埋。而与勤劳的人在一起是一种鞭策一种幸福一种提携。著名媒体策划人兼主持人阿忆说,他最信奉的交友原则是尊重比你强的人,同情比你弱的人,与和你一样的人结为同志和朋友。

真正的朋友不仅能够锦上添花,更能在危难中雪中送炭;不仅能在快乐时相娱相乐,更能在风雨中相互扶持。好朋友是一生的相濡以沫,祸福共倚,不离不弃。友情需要用自己的责任和信任去精心呵护。财富不是一辈子的朋友,朋友却是一辈子的财富。

 二 朋友相处的底线管理

俗话说"多一个朋友多一条路";"在家靠父母,出门靠朋友"。年轻人出门求学求职,都希望遇到"一句话、一辈子、一生情"的朋友。但如果不明了朋友相处的底线有时也会为情所伤。

(一)朋友与距离

女生雯雯大一第二学期遇到了交往上的困惑。她与莉莉是同寝室同学,一个宿舍四个女孩,她们俩同时报到,床铺面对面,自然也就二人一队如影相随了。第一学期不论做什么俩人几乎都形影不离,一起去上课,一起上食堂,一起自修，一起逛超市，就连到别的寝室串门也在一起。雯雯发觉自己已经将莉莉视为好朋友，成为一种感情支撑，超越了一般的同学关系。可是第二学期开学没几天，莉莉开始有意疏远雯雯了，出去的时候不再叫上她，雯雯唤她一起去图书馆，她说：我还有事你自己去吧。吃饭也自顾自了。雯雯感到百思不得其解，自己没有任何得罪她的地方啊，莉莉为何要如此绝情呢？

无独有偶。李航与方原也是同寝室同学，李航为人豪爽，经常用自己的饭卡给方原用，有什么好吃的也总有方原一份，从不计较。有一次李航打球，请方原为自己买晚饭，方原说，那你把饭卡给我。李航愣了好一会，他想，我给你买了很多次饭菜总用自己的饭卡，我叫你买一次你就计较啊。李航生气地说：叫你买饭是看得起你，居然要饭卡你还算朋友吗？此后他们的关系开始疏远。

其实，这两个故事源自同一个原理：就是朋友熟人之间的距离。朋友依然是有距离的，好朋友也要明算账，亲密有间才能相处长久，亲密无间反而感觉疲累。亲密无间只是一种向往，再亲密的人，哪怕夫妻恋人母女父子也要保持一定距离，距离产生美。天天粘一起会产生厌倦和不自在，甚至会感觉阻碍新的发展空间。雯雯与莉莉，李航与方原，都只是单方面的理所当然一厢情愿，她（他）并不了解对方的感受。莉莉与雯雯一学期形影不离也许已经觉得限制了自己与别人交往的机会，也许想自在自由些，并不是嫌弃雯雯，或雯雯有什么得罪；李航以饭卡不分彼此来表现友谊的深厚，方原不接受又不好，而要自己也与李航一样，也许能力上承担不起，也许心理上感觉疲累。所以就借此机会想表达还是亲兄弟明算账比较好。其实人在本性上都需要保留一定的私人空间，用自由填写，社交才快乐自在，伸缩自如。这好比欣赏一幅画，太远或太近都影响欣赏效果，只有适中的距离才能看出画面的精髓。人是最需要欣赏的景象，彼此之间要站在合适的距离相处，没有间距，彼此的利益空间或活动空间相对狭小，摩擦会增多。孔子说：有朋自远方来不亦乐乎。就是因为远方的朋友不会有空间和利益冲突。亲密关系不是因为空间小而亲密，而是心灵的相连，精神的契合，情感的沟通。我们不能要求朋友什么都跟自己一样想法一样做法，什么都与自己一样的节拍一样的风格。彼此不打扰对方的生活，尊重对方的主张才是可信赖的朋友。虽然说山与山无法相会，人与人总能沟通，但那只是人们美好的欲望。其实人与人之间是无法完全沟通的。所谓朋友间无话不谈，不计较金钱，也是有底线的，你能向朋友拿几万几十万元钱而不还吗？你能把朋友的东西随便拿来归己使用吗？朋友之间讲话可以随便吗？台湾师范大学教授曾仕强曾在《曾仕强说中国人》中精辟风趣地分析中国人朋友之间的随便：中国人请客吃饭时总是说："没有什么好菜，随便吃点。"实际上菜看十分丰盛。如果客人真的随便吃喝，丝毫都不客气，即使宾主交情甚深，主人看在眼里，也会不太舒服：又不是只有你我两人，当着我的妻儿，你也未免太随便了！好像家里饿着似的。说是随便其实并不能太随便。人说"随便"，意思就是说：衡量你自己的能力，可以提供什么。如果你真的"随便"，就是轻视他。随便不随便也，即使好朋友也不可太随心所欲。人际关系就是这样。如果你真的随便也许会损害原有的关系，多情却被无情恼。

西方哲学家认为，人有三大原始困境永远也无法解脱：第一，人是痛苦的（叔本华），因为人的欲望是无止境，当人的欲望不能实现时，人就会痛苦。所以人永远会被痛苦包围，人生犹如钟摆一样痛苦无聊。法国大作家巴尔扎克也认为：人生就是苦难。第二，人的内心是恐惧的，因为死亡不可逾越，无论一个人多美多强大总要死亡，因而人的内心充满恐惧，害怕失去世界，失去拥有，害怕死亡。第三，人与人之间无法完全沟通，即使恋人、夫妻、父子、母女也难以毫无保留地完全坦诚不计较，更不要说朋友熟人了。所以人的精神世界是孤独的。因而人要有丰富的内心世界，做好漫漫人生需要有一段路自己独立行走无人陪伴的准备。大哲学家康德说过：当我们独自一人穿越人生隧道的时候，有两样东西会始终陪伴着你，这就是"头上的星空和内心的道德法则"。还有人说：即使所有人都对你背过身，还有音乐和运动守护着你。因而孤独是一个人的狂欢，狂欢是许多人的孤独。

(二)友谊与阶层

几年前媒体曾经组织过"友谊可否跨越阶层"的讨论。众说纷纭，各有道理。

持肯定态度的人认为：友谊可以跨越阶层，只要彼此真诚，而且与"草根阶层"的友情更淳朴更醇厚更牢靠。持否定态度的人振振有词：友谊不可能跨越阶层。试问开着大奔搂着小蜜度周末的有钱人，可以和出没在建筑工地上、挥汗在马路上的农民工之间有真正的友谊吗？有人还提议坐城市公交车设民工专区呢，理由是干净的市民无法忍受民工身上的臭味。

如何理解阶层，阶层是人们基于不同的职业和收入、不同的社会地位等形成的社会群体。确有以阶层来看人处事的势利人，但那不会发展成朋友，因为没有交情。人与人一旦有了交情是可以超越阶层的。友谊分显层和隐层，显层由职业、生活圈子、面子决定，即什么圈子过什么水准的生活；隐层由人的本性决定，是人性的真正安慰，面子很累，人渴望暂时离开面子轨道，去暗合体验某种不可能的可能性，去寻找内心向往的某种气质，所以会有忘年交、布衣交、莫逆交、刎颈交、金石交、神交等。

有两个故事很能说明问题：街那边走来两位男子，一胖一瘦。乞丐向胖子伸出手说："先生，给一点吧。"胖子给了乞丐50元，乞丐受宠若惊连声道谢。乞丐又向瘦子伸出手，瘦子上上下下摸了一遍，摊开两手难为情地说："朋友，实在对不起，我一分钱也没带，下次给你好吗？"乞丐望着瘦子，眼里放出光来，好一会儿才激动地说："谢谢先生，我可以知道你的名字吗？"胖子很奇怪："喂，他一分钱也没给你，你怎么反倒问他的名字？"乞丐说："我走了许多地方，只有他一个人称我朋友。"无独有偶，一百多年前俄国作家屠格涅夫有一次在冬天黄昏时刻，到自己家附近的街上散步。突然间有一位衣衫不整的老人乞丐跪倒在地上，向他伸出了肮脏的手，红肿的眼睛里透露渴求的眼神对他说："先生，先生，可以给我一点食物吗？"屠格涅夫看着乞丐瘦弱的身躯开始找寻身上口袋里是不是有饼干或面包可以分给这位老人。找了个遍，才发现自己没有带任何食物在身边。这时候他觉得很抱歉，满脸通红，赶紧蹲下腰紧紧握住乞丐脏脏的手，诚恳地说："兄弟啊，我真的很抱歉，没能给你东西。"没想到这位老人立刻站起身来，紧握住屠格涅夫的手，脸上虽然留着眼泪，但却是带着笑容回答："谢谢，这样已经足够了！我原来只想找点东西吃了就去自杀，没想到你称我为兄弟，还有人看得起我，我不死了，我要活下去"

原来，这位老人从来没有遇到过屠格涅夫这样懂得尊重他的人，不会因为他是乞丐而嫌弃，反而将他称为"兄弟"，甚至愿意握手。因此这位乞丐觉得没有食物也没关系，做人有尊严就已足够。朋友是以人品衡量的，不是以阶层衡量的。无论哪个阶层都需要尊重。

友谊的本质是心灵安慰，所以可以跨越阶层。更何况某人处于某阶层不是一成不变的，是随着每个人境遇的变化而变化的。如彩票中奖一夜暴富，考上大学离开农村；又如股票崩盘一夜破产，失去官位归于平民等等。难道友谊也一夜变化了吗？如果阶层变了朋友也远离了，那就不是真正的朋友，只能算个熟人了。路遥知马力，日久见人心，真正深厚的友情是不会势利的。也许有自动疏远地位高升的朋友的人，也有因忙于事业而无暇经常顾及友情的人，但那不是因为阶层变化友情出现障碍了，那是友情不同的表达方式。

已经大学毕业好几年的小陈说：他与小凡小时候是很要好的朋友，后来走了不同的生活道路，渐渐缺少了交流和沟通，缺少了共同的欢乐和悲伤，日渐疏远。不是他与小凡不想维持友谊，其实彼此还是很真诚的，但是除了以前美好的记忆外，两人已经没有什么共同的话题或是爱好了，心里感觉很难过。人的一生，难得有几个一起成长的知心朋友，但是随着时间和生活的变化，朋友

竟从知心发展到陌生了。

　　林子的故事更感人：中学时我很顽皮，业余爱好打架。喜欢打架又要不吃亏就得有个好搭档。因为有华子，我从不吃亏。只要我大吼一声作势要上，出第一拳的肯定是华子，如果我惨叫一声转身就逃，挡最后一拳的还是华子。我和华子彼此有血浓于水的战友情谊。华子常常说，我只佩服你一个，你打架打得好，读书也读得好，我就有缺陷，只会打架这一样。为了这句话，直到毕业会考我仍冒着身败名裂的危险递条子给华子。会考发榜后我和华子去了学校后面的小山坡，我们用手中的西瓜刀挖了一个坑，两把用来吓人的武器就这么埋葬了。我们握握手，就此长大。我继续准备升学考试，华子将顶替父亲进机械厂当学徒工。华子说，没有你我不可能毕业，以后有什么事只管说。我说，都长大了，不打架了，不过你放心，一朝兄弟，一世兄弟，古人云：苟富贵勿相忘。这话说完，华子眼睛湿了，我第一次看到这个顽强的兄弟流眼泪。后来我离开家乡到沿海城市上大学，山高路远，加上计算机、托福、GRE、交女朋友、打游戏机，四年假期倒有三年没回家。当中一次我去找华子，他家的平房拆了变成商业大厦，呆站了一会儿只好扭头回家。大学毕业后只身一人去了深圳，商海里打滚摸爬被骗了赔了坚决不掉泪，发誓一天不衣锦一天绝不还乡。十八般武艺学到手，生意终于做得小有规模，每晚请人吃饭被人请，歌舞升平之间忽然想到华子，那晚唱着"朋友一生一世走，叫声朋友你会懂"，忽然眼睛有点儿湿，很多年没有想到华子了。

　　有一天打着中外合资的旗号回到故乡小镇受到领导亲切接待，镇领导还特地把我当年的班主任找来陪桌。酒足饭饱后拿着班主任给的地址我去找华子，看到班主任的白头发我想到真是很多年过去了。傍晚找到华子家，敲开门，华子站在门口，瘦小的身子满脸皱纹老了许多，背后是昏暗的灯光，屋内是狭小的房子，我的心一阵激动，像过去一样给他一个狗熊式的拥抱，可华子的身子是木木的。

　　我把华子请到酒店，我们两人闷头喝酒。有几次我提起以前一起打架的往事，华子嘿嘿笑笑。有几次两人好像想说些什么，可感觉总是半路上又打回来。"现在怎么发财？"我问他。"厂里做了六年钳工，现在下岗了，支个摊子卖早点。"我无语。一瓶红酒见底，华子说家里还有事，我只好买单一起走人。

　　和华子的见面很难说清楚心里的感觉，生活的压力已让华子磨光了当年的锐气。很多东西，青春、友谊、梦想、激情，过去就过去了，不可能再回头。你以为可以回头，其实回头只能带来更多的伤害。朋友的基础是互相帮忙互相打点，我不能和华子谈生意经谈名车谈高尔夫技巧，华子也不能跟我谈下岗该怎么办,我们总不能拽着以前那点儿回忆像两个小女人一样痛说革命家史。校后面埋葬两把西瓜刀的小山坡早已变成了图书馆。华子永远是我的好兄弟,但是我们的友谊已经跟那两把西瓜刀一样永远埋进了土里。

小陈和林子的伤感可以理解。过去的友谊已经成为过去,他们之所以伤感,是因为友谊的特质不可复制,它曾经伴随你成长。生活状态变了,现在交往少了,然友谊永远在心灵的某个位置里。有时打个电话,发个短信就已足够。朋友在于走动,走动加深交情。有交情可以跨越阶层,交情停止了阶层也就难以跨越了。阶层是人为的障碍,也是生活的无奈。无需惊喜也无需悲伤,友情淡忘了说明已经融入你的生命,朋友远去了说明刻在了记忆之柱中。往前走,新的友谊正在前方招手。

(三)朋友相处之道

球赛有球赛规则,游戏有游戏纪律,朋友熟人相处也有约定俗成无形的原则底线。如果说婚姻选择的三大本质是社会压力、地位、性爱,那么朋友选择的三大本质是安全、有利、快乐。人与人关系无非三种状态:感情关系、利益关系和感情利益关系兼具。感情关系主要是血缘关系的亲人;利益关系主要是同事、合作伙伴;感情兼利益,主要是朋友同学、夫妻恋人。言而有信是朋友相处的首要准则,不伤害人是熟人相处的最低底线,慷慨、关心、感恩是成为好朋友的三大准则。

1.朋友相处言而有信

孔子曰:与朋友交,言而有信。朋友维系的第一底线是言而有信,君子出口驷马难追,言必信行必果。言而无信恩断义绝就不再是朋友,两个戴着面具互相猜忌的人怎能做朋友。信是相信,信是人格,信是无形财富,信是纽带,信是一种默契,一种认同。任是托付,是使命。信任是互相的,首先是信任自己,让自己值得信任,因为信任更是一种沉甸甸的责任。然后是信任别人。当然不是所有人都值得信任,大千世界人与人不一样,生活的甜酸苦辣经验教训让人们学会选择自己值得信赖的朋友,远离自己排斥的类人。朋友是缘分的天空,每个人都以自己的标准和价值观在寻找朋友,人们既有选择的机会,也是被选择的时光。选择的原则是在一起快乐、安全、有益,可以在一起如切如磋,如琢如磨。朋友不是附庸、妥协。是那种执手相看无语却心事了然的对象。

爱因斯坦曾经说过:世间最美好的东西莫过于有几个头脑和心地都很正直的严正朋友。而要想真正交上几个知心朋友,首先自己是个讲诚信的人。因为人与人相处,应该坦诚相对,信守诺言。如果双方对自己的过去遮遮瞒

瞒,一点都不了解对方,怎会成为朋友?即使凑巧成了朋友,随着交往的深入,你所隐瞒的不光彩的一面总会有被对方发现的。到那时,朋友就会因你不是个坦诚守信的人,离你而去。反之,如果你把过去坦诚地告诉对方,并且表明你想结交他这个朋友,并会信守朋友间的诺言,相信对方一定会不计前嫌,与你交往,并因此而成为好朋友。由此可见与人交往唯有讲诚信,才不会吃亏。

朋友之间做不到的事情不要随便应付,而答应的事情必须尽力兑现。否则就会失去信誉。一个人的信誉比生命更重要。

东汉人郭汲,官至大司空、太中大夫,他一贯注重诚信,在当时老百姓中声誉很好。郭汲在并州任职时,一次下去考察,途经美稷县,当地的孩子们闻讯后,自发地聚集到一起夹道欢迎他。郭汲不知情,就问:"小朋友,你们这是在干什么呀?"孩子们回答说:"听说您要来,我们特来欢迎!"郭汲闻言赶忙下马,一一答谢。在美稷县办完事后,孩子们又闻讯赶来送郭汲,并问他什么时候返回。郭汲立即让随从计算返程的日期,告诉了他们。由于事情办得十分顺利,返回美稷县的日子比预期早了一天,但为了不失信于孩子们,郭汲下令在县城外的野亭露宿一晚,等到第二天才入城。

秦末有个叫季布的人,一向说话算数,信誉非常高,许多人都同他建立起了浓厚的友情。当时甚至流传着这样的谚语:"得黄金百斤,不如得季布一诺。"(这就是成语"一诺千金"的由来)后来,他得罪了汉高祖刘邦,被悬赏捉拿。结果他的旧日的朋友不仅不被重金所惑,而且冒着灭九族的危险来保护他,终使他免遭祸殃。一个人诚实有信,自然得道多助,能获得大家的尊重和友谊。反过来,如果贪图一时的安逸或小便宜,而失信于朋友,表面上是得到了"实惠"。但为了这点实惠他毁了自己的声誉而声誉相比于物质是重要得多的。所以,失信于朋友,无异于失去了西瓜捡芝麻,得不偿失的。

济阳有个商人过河时船沉了,他抓住一根大麻杆大声呼救。有个渔夫闻声而致。商人急忙喊:"我是济阳最大的富翁,你若能救我,给你100两金子"。待被救上岸后,商人却翻脸不认账了。他只给了渔夫10两金子。渔夫责怪他不守信,出尔反尔。富翁说:"你一个打鱼的,一生都挣不了几个钱,突然得十两金子还不满足吗?"渔夫只得怏怏而去。不料想后来那富翁又一次在原地翻船了。有人欲救,那个曾被他骗过的渔夫说:"他就是那个说话不算数的人!"于是商人淹死了。商人两次翻船而遇同一渔夫是偶然的,但商人的不得好报却是在意料之中的。因为一个人若不守信,便会失去别人对他的信任。所以,一旦他处于困境,便没有人再愿意出手相救。失信于人者,一旦遭难,只有坐以待毙。

2.朋友相处宁可自己吃亏绝不伤害对方

俗话说"害人之心不可有,防人之心不可无"。人生在世"不以善小而不为,不以恶小而为之"。陌生人尚且如此何况朋友。然现代社会有一"杀熟"现象,即越是熟人越是所谓好朋友,越是诈骗你,拉你一起下水,甚至为自己上岸而拉朋友、熟人下水,非常可怕。身边有两个朋友都被十几年的好朋友以帮她购买房产或投资为由骗光多年积累的近百万财产,伤心欲绝,生活艰难,气得生病住院。为什么会上当,就是因为知根知底,相信对方,面对朋友熟人失去警惕,丢掉防范。"杀熟"其实是对友情的亵渎,对朋友的侮辱。传销之所以受骗上当也是因为亲戚、朋友、熟人、老乡之间的"传、帮、带"。很多在校大学生,大多是受同学的蛊惑才加入进去的;很多在外地搞传销的人,是被自己的老乡拉拢入伙的。熟人之间的介绍和拉拢,成为传销队伍迅速扩大的主要原因。媒体报道有个传销团伙,20多人竟然都是亲戚关系。还有一家人,先是母亲骗儿子加入,儿子又把父亲骗来入伙。"杀熟"到这等地步,简直令人叹为观止。"杀熟"其实是对亲情友情的亵渎,是对朋友的侮辱。让社会变得愈来愈没有诚信,人与人之间愈来愈增加信任危机信心危机。朋友之道是宁可自己吃亏也不要亏待朋友,否则情义就会淡薄,裂痕也就产生。

3.朋友相处要慷慨、关心、感恩

对朋友不能亏欠人情债,该感谢的及时感谢,该看望的适时看望,该付出的立即付出。所谓仗义疏财,放长线钓大鱼,多付出多承担总没错。小气的人朋友少,慷慨的人朋友多。对朋友的困难境况要适时关心,嘘寒问暖,该出力就出力,该资助就资助,给别人的少提起,别人给你的要感恩。感恩的关键在于回报意识。回报,就是对哺育、培养、教导、指引、帮助、支持乃至救护自己的人心存感激,并通过自己十倍、百倍的付出,用实际行动予以报答。

"感恩"是一种处世哲学,是生活中的大智慧。感恩可以消解内心所有积怨,感恩可以涤荡人际一切尘埃。"感恩"也是一种生活态度,一种品德。如果人与人之间缺乏感恩之心,必然会导致人际关系的冷淡。韩信落魄的时候,一个漂母给他饭吃,韩信离开她的时候,告诉她以后一定来报答她。后来韩信做了楚王,不忘旧恩,奉黄金千两报答漂母。上海有一个出租车司机见搭载的客人没有带钱,不但没责怪,反而给了客人30元钱,说你办完事情可以打车回程。他没想到那个客户是新到上海的美国花旗银行上海支行行长。后行长为司机的敬业和服务精神感动,邀请他担任自己的司机。该司机果然职业素养非同一般,不仅开车技术高,而且不开车的时候总是找事干,非常勤勉。更让行长感动的是他远途坐飞机回来司机接他时总会带上几道可口的上海菜,说是自己老婆烧的，飞机上吃不饱也吃不好。没想到第三年司机脑袋疼，行长督促他去检查，医生诊断得了脑瘤。行长马上到医院，个人捐赠2万元，全行员工也捐赠。行长对司机说：要全力以赴医疗，所有医疗费用单位承担，工资照发，你什么时候好了什么时候回单位上班。这就是的哥滴水之恩行长涌泉相报的故事。

当然也有只想得到不知回报的所谓朋友，这是人际交往中的学费。

历史上有孟尝君食客三千的交友故事。战国四公子之一孟尝君家道发达时宁肯舍弃家业也给朋友熟人丰厚的待遇，因此使天下许多闲人无不倾心向往。他的食客多时有几千人，待遇不分贵贱一律与自己相同。后来当他不再为齐王看重以后，三千门客皆背弃他而去。孟尝君不明其理愤愤然说，那些往日的朋友还有何面目见我，让我再看见一定把唾沫星子吐到他脸上。依然忠诚于他的冯谖告诉他，富贵多士，贫贱寡友，这世道就是这个样子，任你把友情讲得天花乱坠也逃不出这一法则。

广交朋友绝不是件坏事，但不能太多太杂，将鸡鸣狗盗之徒都当作门客，精力财力也不够。不会选择朋友就不懂朋友之道，自己也成不了气候，只能算是江湖义气。孟尝君死了两千多年，今天，从养门客进化到志不同则道不合，我们可以悟道很多。人生道路上不能没有朋友，朋友是人生精神的支撑，也是成功人生的标志，但不是所有的熟人都可以成为朋友，朋友要看交情，交情可以从四个层次去把握：

第一层次，知己朋友。人生得一知己足矣，这儿的知己不一定经常在一起，不是常在一起吃喝玩乐热闹甚欢的人，而是不管你成功还是失败一定理解力挺你的人，是紧要关头可以为你两肋插刀，有能力为你排忧解难，在你困难时慷慨相助，为你真心付出的人。知己朋友很少，所以难能可贵。几乎所有生活得比较充实快乐的人，都有一个或几个好朋友，也许不经常见面，但始终有一种精神上的凝望，这是真正意义上的朋友，这类朋友一定要珍惜，在他需要的时你也要鼎力相助，成全对方。著名作家路遥的文学创作与爱情婚姻都与好朋友曹谷溪（《山花》刊物的主编）倾力相助分不开。而路遥也把自己的所有心事找好朋友协商，这就是互相欣赏和信任默契，鼎力相助。路遥是"文革"中初中毕业的返乡知青，在乡村劳作中遇上了玲珑小巧的北京知青林红，路遥和林红互有好感一见倾心，但那个年代自由恋爱有环境和心理障碍，曹谷溪等朋友就想方设法找机会促成他们，为他们找地方约会，给他们互递信息。后因为女孩上调去城里当工人，爱情变故，又加上政治气候转向，路遥的革委会主任职务被免，路遥遭遇两方面打击非常痛苦，男子汉禁不住痛哭流涕。又是好友曹谷溪来到路遥的住处，语气铿锵地对路遥说："一个汉子，不可能不受伤，受伤之后，应该躺到一个阴暗的角落，用舌头舔干身上的血迹，再到社会上去，还是一条汉子。那个官能当就当，不能当算球了，又不是先人留下的，有什么撂不开的？林红走了，那算个屁事，世上好女人多的是，又不是死光了，不值得你哭鼻流水。"好朋友的肺腑之言成了路遥感情历程中最重要的支撑，仁义之君曹谷溪、白炜又为路遥重新交往女友暗暗做着铺桥打路的奠基工作。于是原女友的女友后来成了路遥的伴侣。路遥非常庆幸有这么好的志同道合的知己朋友，一起互相勉励搞创作，探讨人生，有福同享有难同当。岁寒知松柏，患难见真情。人与人是不是可以信赖是不是值得付出，每个人心里都会判断，很多东西不能光看眼前，放到时间里去看就能看清楚。不是光看你在台上的时候，要看你在台下的时候；不光陪你阳光的时候，更要伴你在风雨时辰。

第二层次，比较好的朋友。以文会友，以友辅仁。与君一席话胜读十年书。这类朋友更多地在于价值观的相近或思想才情相同或信息沟通的需要而经常联系聚会。他们会给你事业上的一定帮助，如有事会互通有无，节日会互相祝福，经常在一起吃饭聊天，但保持思想独立，保持事业圈独立，没有经济上利益上的瓜葛。这类朋友不借钱，万一他不愿借钱会疏远关系，万一你还钱有困难会把感情破坏。这类朋友是你的面子，不必走得太近，距离产生美。这类朋友犹如奢侈品，奢侈的东西都是不实用的东西，如黄金、美女。拥有了就好好保存珍惜。

第三层次，一般的熟人。君子之交淡如水，熟人是没什么交情的人，碍于面子，见面会比较客气，过后很少想起。彼此没有利益联系，有好事也不会告诉你。不合作也不冲突，像一杯温水，不冷不热，没有节日的祝福也不会造化弄人，彼此永远保持适中的距离，各人自扫门前霜，不管他人瓦上霜。这类人一方面是性格原因比较冷淡自我，缺乏正直感参与度；另一方面是不愿添麻烦，多一事不如少一事。社会上这类人还不少，源自一种传统的价值观。传说从前一个小镇上，有两家商铺，一家是布店，另外一家对门是卖烟的店铺。两家铺子的关系非常好，店铺里的伙计你来我往都很熟悉。有一天，夜里下了很大的一场雪。清早，布店的活计很勤快地打开了门，拿起了扫把就清扫起自己店铺门前的雪，他扫着扫着，抬起头来，忽然看见烟铺门前的幌子上挂着一个竹筐，筐里放着什么东西，小伙计很好奇，于是便走过去看看，竹筐里竟然放着一个血淋淋的人头，吓得他赶紧转身回到了铺子里。过了一会儿，烟铺的门也开了，掌柜的发现了人头，立即向衙门报了案。地方官闻讯迅速来到了现场勘察，按照雪地上的脚印找到了布店的伙计身上，不容分说的将小伙计带到了衙门,小伙计有冤难诉,有口难辩,还遭到了严刑拷打,最后没有办法,屈打成招,收入大牢,等候处斩。过了一些日子,衙门的差官逮住了一个地痞流氓,他招认说他曾经将一颗人头装进竹筐拴在烟铺的幌子上。原来是烟铺的掌柜得罪了这个地痞,地痞想要报复,故意栽赃陷害找掌柜的麻烦。这样凶手被抓住了,烟铺的冤案真相大白,布店的伙计才得以无罪释放。于是"各人自扫门前雪,别管他人幌上筐!"这个故事就流传下来,时间长了,人们就把"幌上筐"给传成了"瓦上霜"。人家的事情少关切免得引火烧身出力不讨好,也就成了一种交际理念。当然这类人也很少有铁杆哥们和发财机遇。

第四层次,需要戒备敬而远之的熟人。这类人表现比较强势,优越感非常盛,喜欢当老大角色,处处要占人三分,不管利益分配还是话语架势,似乎世界是为他一人而存在的。也许他握有一些小权力,也许他狐假虎威,也许资格较老,也许能力较强。不管怎样,遇上这类人,你不妨敬而远之,如果刚好在她的管理范围,你千万要忍耐,多点头少摇头,韬光养晦,能避就避,保持远距离,不要正面交锋。他有时可能也会比较客气,似乎对你很热情,但千万不要为假象所迷惑,他口蜜腹剑,是带着假面具生活的人,你不设防可能会受伤。这类喜欢罩住他人的人其实内心很虚弱不安宁,他妒忌别人的成绩,担忧自己的生存环境,惧怕失去什么。对付这类人最妥当的方法是你走你的阳关道,我走我的独木桥,不必太在乎,不用凑份子。让熟人低估你的优点,让对手高估你的缺点。相信人际关系规律,太强势虚荣的人不长久,常言道枪打出头鸟,树大招风风撼树,人为名高名丧人。为人须顾后,上台总有下台时。

 三　熟人与朋友的转换艺术

熟人可以成为朋友,朋友也可以变为熟人,彼此的界限就是交情与情义。朋友相处两大经典:成全别人,以情感人。自己多吃苦多吃亏也不要让朋友吃亏。熟人没有这个情分,他会算计,我得益多还是你得益多。熟人是朋友的进阶,朋友是熟人的升温。熟人向朋友的转换艺术是:做对方的贵人,以情感人。

如何做对方的贵人？就是雪中送炭,雨中送伞,成全别人,给他想要的东西。能成全别人是一个人有能力的体现,当然这种成全帮助须建立在遵纪守法的基础上。给予别人不一定是财富、物质,视对方的需要,凭自己的特长尽力而为即可,如智慧、情感、友谊、安全、尊敬、陪伴时间、发展机会等等都可以给人带来安慰和奇迹。与人分享才能获得更多,一人独得连喜悦也吝啬。

(一)给别人机会就是给自己机会

当一个人在外面求学打拼,遇到困难或身体不适时,最想获得的是什么?当心情郁闷或在异乡过节感觉孤独时最想诉求的是什么?当做了蠢事或被误解最想得到的是什么?当求职不顺孤立无援最想发生的是什么?无非是理解和安慰,是出现帮助自己渡过难关的人。这个人就是贵人。贵人在人际交往中可理解为:一生中不可缺少的人或对自己有很大帮助的人,而非指地位显赫的人。人是精神动物,有时精神寄托可以支撑脆弱的生命。2010年8月5日智利北部阿塔卡马沙漠中一处名为圣何塞的铜金矿发生塌方事故,导致在井下作业的33名矿工陷于700米深的地下。随后救援工作立即展开。2010年10月13日,在智利科学营救和国际社会技术支援下,智利圣何塞铜矿33名被困矿工在经过长达69天的漫长等待后,终于迎来了获救的一天。这项史上最漫长的救援行动,对地面营救者而言,是艰巨的工程;对地下受困者而言,则是身心的严酷挑战。矿工们在井下暗无天日度过了将近70天,没有人崩溃,是什么支撑着他们?原因就是地上与地下的彼此呼应、打气、配合,在绝不放弃的信念下,使所有受困者得以走出炼狱,重返人间。矿工们坚信祖国不会抛弃他们,坚信家人需要他们,坚信地面国际救援部队有能力让他们重见天日。为了让矿工坚持到底,地面上的人想了很多办法,除了送生命必需的食品和饮料外,地面组织者让每个矿工写字条,你最想要什么;送摄像机下去,帮助他们记录井下点滴;牧师送下去33本迷你圣经,矿工们自己在地下组建了临时礼拜堂,以寻求精神支撑;当得知他们中有人喜欢足球时,球星还送签名足球下去,并告知将邀请他们去西班牙观赏皇家马德里队比赛;智利总统和第一夫人来到了现场,等待与每一位坚持生命的矿工拥抱……那是多么感人的场景啊!最后时刻,当33名矿工在音乐声、锣鼓声、掌声、欢呼声中一个一个全部升井时,所有的人都留下了喜悦激动的泪水。这33名创造生命奇迹的矿工绝对是地面等待着人的贵人,而营救、等待他们的技术工程专家、亲友团又是他们的贵人。人的精神是互相支撑的,哪一方出差错,都会导致另一方的巨大痛苦。这一事件再一次应验了成全别人,其实也是在成全自己的原理。做别人生命中的天使,才能活出属于自己生命的独特价值。在成全别人的同时,不但能在内心产生一种由衷的幸福,而且也会受到他人的敬重,也会得到他人的成全。

《曾子·制言》中说:人非人不济,马非马不走。一个人没有其他人帮助,就不能成功;一匹马没有别的马一齐拉车,车辆就不能急趋。没有人生下来就是天才,没有人永远是真正的强者。只有在他人的帮助和支持下,才会尽快走出生活的困境,跑向成功的终点。

诸葛亮成全了刘备也留下了千古英明;胡雪岩成全了左宗棠也实现了自己红顶商人的梦想;宋江帮助了晁盖而使自己坐上梁山头把交椅;姜太公成全了周武王也使自己得到齐国成为战国七雄之一。

在酒店餐厅,服务小姐不小心将汤水倒在一位客人身上,客人没有任何埋怨,微笑着说:没关系,你是新来的吧。客人知道,如果埋怨,这位服务生就会被老板克扣奖金或辞退,女孩子出来打工不容易。在医院注射室,一位实习护士给一位患者打针,扎了二次都没能扎进血管,小护士急得满头大汗,患者和蔼地说:没关系,不要急,慢慢来。第三针终于扎进去了。小护士感激地说:谢谢你,我是刚来实习的,要不是你这样宽容,我真不敢下手。谁没有第一次呢,每个人都是从生疏走向熟练的,给对方机会就是助人生存。

日本松下集团创始人松下幸之助的成功之道是:为他人着想,善于给别人留有余地才能成就企业。后藤清一原是三洋公司的副董事长,慕名而来,投奔到松下公司,担任厂长。他本想大有作为,不料,由于他的失误,一场大火将工厂烧成一片废墟,给公司造成了巨大的损失。后藤清一十分惶恐,认为这样一来不仅厂长的职务保不住,还很可能被追究刑事责任。这辈子就完了。他知道平时松下是不会姑息部下的过错的,有时为了一点小事也会发火。但这一次让后藤清一欣慰的是松下连问也不问,只在他的报告后批示了四个字:"好好干吧。"松下的做法深深地打动了后藤清一的心,由于这次火灾发生后没有受到惩罚,他心怀愧疚,对松下更加效忠,并以加倍的工作来回报松下。后他为公司创造的价值远远大于那个被烧的工厂。松下给下属留了余地,也给自己留下了更快发展的道路。敲碎别人的饭碗,自己的饭碗也脆弱。亨利·福特就犯过这样的错误。艾柯卡1946年大学毕业后进入美国第二大汽车公司福特汽车公司时只是一名普通的推销员。后来因他工作富有创造性,推销有术,经营有方,在福特公司步步高升,成为福特汽车王国的高层管理人员。俗话说功高震主,后因权力斗争的关系,艾柯卡被亨利·福特二世解雇,从事业的顶峰跌落到谷底。美国第三大汽车公司克莱斯勒公司,因经营不善,亏损严重,礼聘富有管理经验的艾柯卡作总裁和董事长。李·艾柯卡克服重重困难,经过三年努力,克莱斯勒公司不仅扭亏为盈,而且还提前偿还了十二亿美元的政府贷款。其股票价格从1981年的每股3美元,上升到1984年底的300.75美元,用商业社会最"男子汉"的方式回击了福特的排挤。这在美国被认为是创造了一个神话般的奇迹。艾柯卡因此成为在全美国范围内产生巨大影响的著名企业家和传奇英雄。他出版了《艾柯卡自传》,详细记述了他在两大汽车公司的工作历程。

我们每个人都有求生存求发展的本能,如果有一百条生存的路可行,在竞争中给对方断去99条,也要留一点余地给他,他也不会跟你拼命。倘若连他最后的一条路也断了,那么,他一定会揭竿而起,拼命反抗。这就是人际底线管理的重要和必要。想一想世界之大,何必逼人太甚,使人至此呢?给别人留有余地,本质上也是给自己留有余地。断尽他人的路径,自己的路径亦危;敲碎别人的饭碗,自己的饭碗也就危险了。

有一个教师在一所学校任职,工作认真努力,同事关系也很好,为人正直坦诚,但在一个地方呆久了,问题牵扯多了,也不免有点不和谐。有一次他在工作上与领导发生点摩擦,领导心胸不宽厚,经常找他的麻烦,他也克制不与领导有过激的言辞。但越是忍耐,越助长了领导的威风,领导反倒变本加厉作弄那位教师。教师感觉在这样的地方难以生存了,他最终选择了离开,换一所学校。事情发展到这一步本应告一段落了,人也走了,从形式上看领导的面子也有了,这个教师在学校的形象也让领导给整得不怎么样了——窝囊、受气的名早就传开了,总应该收场了吧。事情原没有像善良的人们想象的那样好。当这个老师来到另一所学校任职后,那个原来的领导又找到那所新学校的领导,有影没影的又给教师编了一堆,使他在新的学校也没有脱离原来的阴影,还是受到挤压,为此过得很压抑,情绪低落。一次因不公平的待遇终于激怒了有涵养的人,这一次教师选择的不是自己离开,而是与那个校长一起离开,他选择了人们最不愿看到的结局,杀死了那个校长。

事情到这样,人们很难为谁鸣不平,但从给人留有余地的处事策略上说,校长的做法显然太过分了。该悲剧是完全可以避免的。可由于强势一方没有给人留下勉强可走的路,自己的路也就断送了。逼人太甚,也会把自己逼向绝路。再老实的人也有忍耐的底线。

(二)掌握时机助人一臂之力

做人锦上添花易,雪中送炭难。友情相助在本质上是一种能力。有的人一辈子没有知己朋友,就因为没有友情能力。友情能力,并非全是物质性的,有时是精神性甚至心灵性的,在许多情况下,一个人的现实物质能力并不足以帮助自己的朋友,但只要有这份心,这份微薄力感动他,做朋友就足够了。

有一个建筑工地,来自北方的民工们吃了一夏天工地附近一块地里不知谁种的大葱。由于工地活儿累,每天三顿饭都是馒头,硬邦邦的,菜是水煮白菜,一点儿油花也没有。于是,每到吃饭时,就去拔两根绿嫩的葱就馒头吃。因为有这根葱,馒头就香甜许多。两垄葱快要吃完时,工人们发现不知什么时候在旁边又有人种上了两垄。一茬一茬地种葱人,默默地照顾着民工们。当大楼快要建成时,民工们才发现,原来是一位活得比较贫寒的拾荒女人种的葱。她用微薄之力默默地照顾着这些远离家门辛苦劳作的工人们。在那一刻,她是民工们的贵人,这样一颗纯美的心灵,对于爱的承受者,是刻骨铭心的。

因而当一个人被别人牢牢记住,很多时候,不是因为貌美,不是因为所处的位置高高在上,不是因为考试成绩出众,也不是因为所做的事情轰轰烈烈,恰是因为她竭尽所能地为他人解难济困,展现人性的美丽,给别人带去了及时雨。一个人无偿地帮别人做了事,对于一个需要爱并懂得感知爱的人来说,你就给了他心灵的全部。

为什么有的人交流沟而不通,大都因为自以为是,缺少换位思考也。总是从自己的需要的角度考虑问题,而不习惯从对方生存需要考虑问题。有一道心理测试题很有意思,是说一个人要去从未去过的原始森林探险,带着五种动物:老虎、猴子、孔雀、大象和狗同行。四周环境危险重重,食物饮料有限,迫于无奈要把动物们一个个放弃,会首先放弃谁。假若探险者是你,你会按什么次序把它们放弃呢?很多测试者会不假思索地按照"孔雀、老虎、大象、猴子、狗"顺序放弃。首先放弃的是孔雀,因为人们认为孔雀对自己是最没用的。但当测试者明了动物代表的对象时会感觉非常震惊。孔雀代表伴侣、爱人;老虎代表对金钱和权力的欲望;大象代表父母;猴子代表子女;狗代表朋友。这个问题的寓意意味着人在困苦的环境中首先放弃的是什么,首先放弃的是爱人。这也可以类推人们在选择婚姻、朋友时首先想的是:对方能给我什么。而很少有人会思考,我能给对方什么。正因为这个为自己着想的思维定式,才有了把最没有保护自己能力的孔雀首先抛弃的选择。顿时很多人陷入对婚姻的悲哀中,难道真的如古诗所云:夫妻本是同林鸟,大难临时各自飞?在我们选择的过程中,总是太多地考虑了别人对自己的付出,而没有想到别人需要我们首先付出。

人与人凭什么来沟通?通人我之情,想人所想,急人所急也。交往最好先求两情相通,情一通就万事OK。交往不是说来说去,而要用心建立关系,以真诚感动对方。感动是内心深处的共鸣,是心理得到了充分满足的感觉。情感是什么,是一个人对于客观事物和别人给予的刺激的心理反应,通常称为人在活动中对外界刺激所持的态度和内心体验。中国古代道家著作《关尹子》中说:情,波也;心,流也;性,水也。人性如果比作水,那么心就是水流,情就是水的波动。"感人心者,莫过于情"。情感交织在人们的思维中成为一种刺激,心灵深处的一种触动往往对人的认识和行为起着调节作用。

人心的真诚程度与物质付出的能力相当,在现实条件的约束下,有心无力不会造成对友情的伤害,心到了,力不到,人会感激;而力能到,心不到,会带来疏远甚至分离。友情能力本质是"仗义",是不是仗义是判断友情能不能长久存在下去的唯一标准,其他如地位、圈子、才华等等通通都不是最重要的——它们可能会导致友情的发生,但维系友情的却是仗义,也就是助人一臂之力。

白岩松曾经说起自己的经历:他北京广播学院毕业时原工作单位已落实,也电话告诉内蒙老家的母亲留在北京了,谁知临报到前用人单位将档案退回了学校。他在北京举目无亲,一下觉得走投无路了。这时班主任曹老师说:岩松啊,别难过,总有路可以走,要不先到我这儿来吧,咱们慢慢再想办法。在那一刻,白岩松的心底感到特温暖。后母校50周年校庆,白岩松作为杰出校友在会上发言,他说:我有两个母亲,一个是生身母亲,一个是我的班主任老师。坐在台下的曹老师眼睛湿润了,学生那么记恩,老师心中感到无限温情。是啊,当你辉煌时有人在乎你并不稀奇,当你落魄时那人支撑你,你要特铭记在心。

甲、乙两个好朋友吵架,乙打了甲一拳,甲在沙地上写了"今天我的好朋友打了我一拳"。又一次外出时,甲不小心掉进河里,乙把他救了上来,甲在石头上刻了"今天我的好朋友救了我一命。"乙问甲为什么要这样记录?甲说:"写在沙地上,是希望大风帮助我忘记;刻在石头上,是希望刻痕帮助我铭记。"生活中有许多事情可以忘记的,有许多事情又是需要铭记的。这是一种境界。

1944年的圣诞夜,两个迷了路的美国士兵拖着一个受伤的兄弟在风雪中敲响了位于德国西南边境亚尔丁森林中一栋小木屋的门。一个善良的德国女人,轻轻地打开门,让他们走进了温暖的小木屋。接着,女主人开始有条不紊的准备圣诞晚餐,没有丝毫的慌乱不安,没有丝毫的警惕与敌意。在她身后,美国大兵们则静静坐在炉火边烤火,除了燃烧的木柴偶尔发出一两声脆响外,静得几乎可以听到雪花落地的声音。

女主人忙着布置餐桌的时候,门又一次被敲响了。站在满心欢喜的女主人面前的,不是送来礼物和祝福的圣诞老人,而是四个同样疲惫不堪的德国士兵。女主人用西方人特有的方法告诉她的同胞,这里有几个特殊的客人。今夜,弥漫着圣诞气息的小屋里,要么发生一场屠杀,要么大家一起享用一顿可口的晚餐。

在女主人的授意下,德国士兵们垂下枪口,鱼贯进入小木屋,然后顺从地把4把枪放到墙角。于是,1944年的圣诞烛光见证了或许是二战史上最为奇特的一幕:一名年轻的德国士兵慢慢蹲下去,为一位年轻的美国士兵检查腿上的伤口,然后向自己的上司说点什么。人性中善和温情的一面决定了他们的感觉是奇妙美好的,没有人会担心对方会以迅雷不及掩耳之势把自己变成邀功请赏的俘虏。第二天,睡梦中醒来的士兵们在同一张地图上寻找着回到己方阵地的最佳路线,然后握手告别,沿着相反方向,他们消失在白茫茫的林海雪原。

人性就是如此的奇妙,当生命无条件地托付给曾把自己的血肉之躯当做靶子的对方时,敌人反而成了朋友,不但共同远离了死亡,反而会成为心底永远的感激。这就是信任的伟大力量,也是给别人机会就是成全自己的最高境界。当然有的人不愿给别人机会,自己也永远没有机会。

有一则寓言故事:说从前有一条大河,河水波浪翻滚。河上有一座独木桥,桥很窄,仅用一根圆木搭成。有一天,两只小山羊分别从河两岸走上桥,来到桥中间相遇了。但因桥面太窄,谁也无法通过,而这两只山羊谁也不肯退让。结果,他们在桥上用角顶撞起来,拼死相抵,最终双双跌落桥下并被河水吞没了。

皇帝要修理一座宫殿,请了一个木匠和一个石匠,木匠的徒弟做事不认真,被师傅狠狠地批评了一顿,徒弟心里不平衡,想报复木匠,于是把木匠的尺子磨短了一厘米。于是,木匠做出的木制物品都比原来计划的要短一厘米,于是他们面临着被砍头的命运。石匠看到之后,将地基降低了一些,和木匠做的相吻合了,于是救了木匠的一家。石匠是木匠的贵人,木匠会感激一辈子。徒弟与师傅再也没了交情,还背个忘恩负义的骂名,谁还会用他?断了别人的路径,自己路径亦危。人际交往不能把事情做绝,要给别人留有余地,给别人余地,就是给自己生机。

在别人寒冷时,学会做阳光,当别人饥渴时,变成清澈的泉水,当别人烦恼时化作亲切的笑脸。助人一臂之力,人与人之间就会生机盎然。

生活中有三种人:第一种精明,算自己也算计别人;第二种聪明:想自己也为别人着想;第三种高明:先满足别人需求,别人迟早也会满足自己的需求。这就是交际学上的互酬定律。需求是相互,搭建长长的交往平台,书到用时方很少,书到用时方恨少,人到难时知友情,天地生物永远依存。生意做小了是买卖,做大了是政治。事业做小了是技术,做大了是做人。把五个苹果分给别人,你就可以得到更多的梨、香蕉、菠萝、草莓和橘子。

一棵苹果树经过几年成长,终于结果了。第一年,它结了10个苹果,8个被别人拿走了,自己得到2个。对此,苹果树愤愤不平,于是自断经脉,拒绝多结果。第二年,它结了5个苹果,4个被拿走,自己得到1个,苹果树依然愤愤不平,拒绝再结果。这样苹果树连自己想要的苹果也归零了。宁可毁灭自己也不让人家得到,这是极其狭隘的自杀心理。假若苹果树第二年结100个果子,被拿走90个,自己还有10个。它还可以继续成长;第三年结1 000个果子,就更有资本给予别人。其实得到多少果子不是最重要的,最重要的是,苹果树年年在成长。等苹果树长成参天大树的时候,那些曾阻碍它成长的力量都会微弱到可以忽略。做人做事不要太在乎果子,成长是最重要的。

"好风凭借力,送我上青天"。人际交往,互利互惠。帮助别人,就是在为自己的人情信用卡储蓄,特别是在人患难之际施于援手,助人一臂之力,给予别人力量,尽管这只手本身的力量不大,但对于经历着困难的人来说,这一臂之力,是一份力量和希望,足以让别人感受温暖和安全。同时,尽力让自己两只手都变得强大起来,在改善自己的时候一定不能忘记身边和自己曾经有过相似经历的人们,用热心对待曾经的自己,用温情和爱心助人为乐,成人之美。

幸福的人生由三个部分构成:亲情是左手,爱情是右手,友情就是一生陪你走的力量源泉。珍惜友情,滋润关系。朋友是灯,帮你驱散寂寥,照亮期盼;朋友是茶,帮你过滤浮躁,储存宁静;朋友是水,帮你滋润一时,保鲜一世;朋友是糖,帮你冲淡苦涩,挂满甜蜜。成全别人,陌生人也可以成为朋友;挤兑别人,朋友也变成陌生人。

第六章 异性恋人相处底线

【生活篇】

异性交往是人之基本社会需求,两性互补是大自然的巧妙安排,犹如《易经》所述,天地万物,一阴一阳,阴中有阳,阳中有阴。男人和女人,共同构成了人类的两性平衡,阳刚与阴柔,理性与感性,严峻与热情,稳健与轻盈,两性共存协调熔融是人类社会赖以生存延续的目标。这个世界如果没有女人,男人没有动力去改变世界;这个世界如果没有男人,女人也不会打扮得花枝招展。没有女人,男人没有激情和奋斗的动力,男人靠征服女人证明自己;同样没有男人,女人会枯萎不再美丽,女人靠征服男人摆谱自己。男女相互依存,互为价值,无论从生理或心理,男人的一半是女人,女人的一半是男人。就像汉语的"伴"字,人各一半,缺了哪一半都不完整,或者至少是影响活着的质量。俗话说男女搭配干活不累,是因为男性女性都喜欢通过视觉获得有关异性的关注和欣赏,如异性的容貌、发型、肤色、身段、气息等特征都会引起彼此的极大兴趣和兴奋,并会对自己的感觉器官产生某种程度的冲击作用,使男女感到愉悦。为此男女两性都渴望了解对方,吸引对方,学习对方,接近对方。一个人从上小学中学乃至大学毕业工作,就学着与异性打交道。异性交往的最佳状态是两情相悦,最坏是由爱生恨。由友情到爱情,由爱情到无情,底线在哪儿?

 **一 男性和女性的特质**

在许多社交场合,当男女被介绍相识后,大多数女孩往往表现出矜持谨慎含羞的特点,习惯将首先开口讲话的权利谦让给男孩去做,这就是女性生理和心理上的特点表现。女孩气质敏感、细腻、脆弱,这一方面是女孩从小受传统礼仪的熏陶,社会和家庭要求女孩庄重、沉静、斯文、含蓄、柔美;另一方面女孩

的生理保护意识,交往范围被限制约束,异性接触上显得较隐秘、谨慎。而男孩从小被灌输要勇敢坚强果断担当,加上生理上的优势,男性的生活环境相对比女性辽阔,所以男子汉多是粗放型、宏观型、强悍型、进攻型。异性交往一般也是男的先向女的主动发出信息,主动行礼表示欣赏和友好。当然也有特例,尤其90后的女孩主动向男孩发出交往信息的不在少数。

男女因天性不同各有定律,了解彼此的不同属性,可以作出切合实际的相处策略,弹奏和谐美妙的心音,尊重异性,珍惜相处的时光:

(1)气质定律:女性爱幻想、爱哭泣、爱浪漫、爱依赖、爱虚荣、爱嫉妒、爱聚会;男性爱动手、爱冒险、爱刺激、爱吹牛、爱命令、爱新鲜、爱面子。

(2)希望定律:男人希望女人对社会充满热情,女人希望男人对家庭充满眷恋;男人希望女人不要只懂得爱情,女人希望男人不要只懂得事业;男人希望自己干得好,女人希望自己嫁得好;男人的爱情希望像广告,简短而精彩,女人的爱情希望像连续剧,漫长而复杂。

(3)性爱定律:男人需要性,女人需要爱。男人认为爱里头一定要有性,女人认为性里面不能没有爱。男人往往为性而付出爱,女人往往为爱而付出性。男人为了性而回家,女人为了爱而回家。

(4)征服定律:男人靠征服世界征服女人,女人靠征服男人征服世界。

(5)害怕定律:男人害怕长得矮,女人害怕长得胖;男人害怕权变小,女人害怕腰变粗;男人害怕失去自由,女人害怕失去保护;男人害怕入错行,女人害怕嫁错郎。

(6)面子定律:男人有没有面子,主要看自己在社会上混得如何;女人有没有面子,主要看身边的男人是否有出息。

(7)分类定律:男人把女人分成两类,即漂亮的和不漂亮的;女人把男人也分成两类,即有钱的和没钱的。

(8)秘密定律:男人的秘密是薪水,女人的秘密是年龄。所以,男人常常谎报收入,女人常常隐瞒年龄。

(9)金钱定律:男人有钱时,四周充满艳丽的女人;女人有钱时,四周充满像女人一样的男人。男人没钱时往往寸步难行,女人没钱时也能走遍天下。

(10)婚姻定律:女人做姑娘时在父母的庇荫下一般不大操心家务,恋爱了陶醉在爱情的幸福中,撒撒娇、耍耍小脾气,也能找找做公主的感觉;而婚后,女性则大多会迅速进入角色,掸扫烹洗,一心将属于自己的小天地建设得井井有条,并希望它能成为相伴一生的港湾。虽然与婚前的闲适相比要付出许多,但女性的这种投入往往比较主动。男性则不然,很多大男人骨子里都有些孩子气,这种孩子气表现为随心所欲,漫不经心,不愿受约束,原来的生活基本照旧,而且安之若素。所以结婚对女性像一个生活的分水岭,而对男性则影响不大。还有一个有趣的现象,很多男人结婚后体重会上扬,其原因是生活有人照料变得有规律了。说明男性的心理成熟期普遍晚于女性。

这种男女差别的痕迹其实在校园就可以看到,去学生宿舍楼,凭嗅觉就可以准确分辨男女寝室,女生的小天地总是尽可能地整洁,而男生的房间永远散发着一股混合着臭袜子、汗味和其他说不清的杂味。这个特点会延续到婚姻中。婚后如果女主人出差几天,男主人就完全有可能将家变成男生宿舍;若男主人出差,家里环境一切照旧,只是饮食上会有所马虎。所以由于操劳节约,女性结婚后会首先渐离最靓丽的时光。男人如果知道这个特点,会懂得珍惜与呵护妻子,如果大大咧咧,女性就会受到委屈。

女人是人类的母亲,女人的温柔、韧性与包容,为男人营造着甜美平和温馨的生活,女人愿意为男人付出全部。男人很自大自信自傲,离开女人会怎么样,他们珍惜女人的奉献吗?英国BBC(英国广播公司)真人秀节目2005年在英国的诺丁汉郡的哈比村请村民合作做过一场有趣的社会实验,拍了一部电视片《女人离开的一周》。在7天的拍摄时间里,村中的女人从第一天起就被剧组安排离开家庭,离开哈比村,前往邻近地区的一家饭店居住,度过为期一周的单独假期。留下那些男人们照顾孩子管理家庭,看看他们身上都会发生什么,还能维持原来的生活状态吗?哈比的村民们,特别是男人们勇敢地接受了挑战。一些男主人索性放下工作,给自己放假,专心在家照顾孩子;另一些男人则一边上班,一边把所有的业余时间投入家庭事务,没有了娱乐和悠闲。第一天感觉自由,没有了唠叨声轻松自在,第二天感觉杂乱,似乎生活没有了安排和规律,变得乱糟糟起来,第三天开始感觉陷入一种"生理缺席"和"心理缺席",简直有些力不从心了,第四天开始简直是在煎熬。终于等到第七天的下午三点,哈比的女人们终于回来了。家人团聚的场面非常感人,许多男人手捧鲜花迎接妻子;有些还特意烤制了"欢迎回家"的蛋糕。女人"缺席七日",男人好比孩子没了妈,可见男人对女人的依赖。那么七天里女人的感受如何呢,离开了家的女人们第一天还是有些不适应,如换了地方睡不好觉,牵挂孩子和宠物,担心家里的东西会不会因为老公的马虎而毁坏。但是到了第三天,大多数女人都已经进入了一个新的生活轨道,尽情访亲会友,结伴游玩。到第七天要回家之时,有些女人说她们想家了,但是大多数女人仍然意犹未尽希望摆脱家务束缚再多轻松几天。这与实验中的男人们的心路历程刚好相反。女人刚离开时,男人们跃跃欲试,为了这个可以不受束缚的自由假期,也为了能有展现自己治家本领的机会。但是他们很快发现,事情并没有他们想象的那么容易,女人离开的日子,独自面对家庭、孩子和社区交往,男人的生活没有了原来那么轻松。他们恍然大悟原来是女人智慧经营家庭为他们营造了温馨轻松的家庭生活。由此男人们更加理解和尊重妻子。大自然非常奇妙,男女匹配才能和谐幸福,少了谁都是欠缺遗憾。中央电视台主持人金龟子刘纯燕说曾经为她丈夫新闻频道著名主持人王宁写的一首打油诗感动。王宁是在老婆刘纯燕出差期间有感而写的:"第一天老婆不在家,心里乐开了花;第二天老婆不在家,像脱了缰的野马;第三天老婆不在家,两眼一抹瞎;第四天老婆不在家,像孩儿没了妈。"说明男人通过女人认识自己,认识人生,认识世界,没有女人,男人好像没有了生活定力。当男人珍爱女人感谢女人,女人会加倍厚待优遇男人,当然不是所有的男人都这样绅士,对于侵犯女人底线的男人,女人也会急风暴雨,放下温柔本性,维护自身的尊严。有一网友幽默地说:法律规定男人22周岁才可以结婚,可是18岁就能当兵。这说明三个问题:一是杀人比当丈夫容易;二是过日子比打仗难;三是女人比敌人更难对付。

男人和女人都需要哄捧攻略,这是男女相处的艺术,只是时间有区别。恋爱期间更多的由男人哄女人,婚姻期间更多的是女人捧男人。恋爱时男人追女人,结婚后女人挽男人。男人恋爱时是最有招数的,用最美丽的语言,最浪漫的方式,最勇敢的举动,最不惜血本,最不可思议的想法,追求心仪已久或与自己梦中人非常吻合的女人。德国当代大作家马丁·瓦尔泽(Martin Walser)出版的小说《恋爱中的男人》(Einliebender Mann),以大文豪歌德为主人公,写他在1823年,古稀73岁,戴着面具穿上青衣黄裤,模仿少年维特,参加温泉城马里昂巴德的化装舞会,对19岁女学生乌尔丽克一见倾心。"他看到她时,她早已捕获了他的目光"。老翁少女眉目传情,歌德神魂颠倒,再也不能自拔,先是百般勾引,继而发动连番情书攻势,欲娶少女入门。孰料歌德的女儿妒意横生,从中作梗,坏了老诗人的好事。歌德只得伤心作别,回到魏玛,终日郁郁寡欢,至1832年去世。时光如梭,乌尔丽克亦成老妇,临终前将歌德的情书付之一炬,一段奇特的祖孙恋情就此深埋。这段黄昏恋并非作家杜撰,而是大体上实有其事。

2004年11月82岁的诺贝尔奖得主物理学家杨振宁先生与28岁的翁帆女士结婚,一时成为媒体和公众议论的热题,人们佩服他们的勇气,惊叹爱情的力量,同时也觉得不可思议。杨振宁先生形容翁帆是"上帝恩赐的最后礼物,给我的老灵魂,一个重回青春的欢喜。"这就是爱情的奇迹。

哲学家尼采一辈子生活在孤独中,没有妻子,没有朋友,孤苦伶仃,攀登思想的巅峰。其实作为男人尼采也曾试图在爱情上寻找幸福,他先后爱上过美艳的演员拉贝,俏丽的荷兰姑娘索洛梅,但都以失败而告终。甚至在索洛梅嫁人的那一刻,尼采还眨巴着疑惑的近视眼,好久不能明白这个事实——一个聪明的女人怎么会去嫁给一个不是哲学家的男人,对于女人来说,男人的才华应是最大的魅力呀。哲学家不知道爱情与婚姻有时并非统一,哲学不是婚姻的决定因素。尼采自己对爱情更加曲高和寡。就在索洛梅嫁人的同年,一位年轻貌美的富家小姐写信向尼采求爱,尼采拒绝了。他在回信中写道:"我不想结婚了,我是如此的讨厌任何约束,我实在找不到一个有足够智慧的女人来追随我的思想。我觉得哲学家的生活方式越来越适合我。"所谓哲学家的生活方式,就是孤独着,一个人狂欢着,但他还是难以割舍爱情追求。尼采40岁时,遇上了20岁温柔典雅而又喜好哲学的女作家莎乐美小姐。尼采像初恋般地爱上了莎乐美,像爱着他死去的上帝一样爱上了莎乐美。天性羞怯的尼采完全陷入了狂热之中,他在给朋友的信中说"她是一个瞬间就能征服一个伟大灵魂的人","我在这个夏季所做的最有意义的事就是同莎乐美交谈,我们在智慧及趣味方面有最深层的沟通,使我们相互成了相得益彰的观察和被观察的主客体。像我们之间的这种开诚布公的哲理探讨过去从来未曾有过。"遇到理想的心上人谁都愿意结合在一起,尼采希望娶莎乐美为妻,但莎乐美拒绝了。莎乐美是一个不平凡的女子,才貌双全,犹如中国的林徽因,对爱情有自己的主见。在情爱上莎乐美一直信奉"精神上的好感绝不能代替感官上的激情",这让尼采深陷其中不能自拔,痛苦不堪,这场恋情在反反复复中持续了几年时间,莎乐美始终不想进一步深入,只愿意和尼采进行精神上的交往,最后还是跟尼采断绝了情丝。这对哲学家伤害挺大,在感情上受刺激的尼采把对女人的感受写在他最伟大的著作《查拉图司特拉如是说》中:"你要到女人那里去吗?请别忘了带鞭子。"说明智慧的男人也会受不了感情伤害。英国哲学家罗素在他所著的《西方哲学史》中对尼采的这一爱情观有一段精彩的评论。罗素说,尼采带着鞭子去找女人。可是,十个女人就有九个会夺去他的鞭子。是的拿着鞭子去找女人一定会吃亏,找女人只能用鲜花,其实尼采知道这一点,爱情是双向的,所以,尼采最终在孤独中离世。莎乐美是智慧的,尼采这样的天才不适合世俗的婚姻,如果两个人结合在一起说不定也会分开,因为尼采生活在自己的王国里,婚姻的本质是要放弃一些个人的东西,重组二人世界。莎乐美后来成了写尼采传记的作家。

　　面对异性追求保持理性智慧的女人不多,女人坠入爱河时往往是愚蠢的。因为女人爱幻想爱浪漫凭感觉,一辈子都在寻找梦中情人,一旦身陷其中就辨不清真伪善恶,就连一代才女张爱玲也不能免俗。张爱玲23岁时遇见比自己大14岁的有妇之夫胡兰成,把珍贵的初恋毫不犹豫地献给了对方,以为可以托付终身。她毫不遮掩地写道:"见了他,她变得很低很低,低到尘埃里。但她心里是欢喜的,从尘埃里开出花来"。高傲的才女,面对一见如故翩然走进自己内心的男人,突然不可自制,欣然捧出爱情的蓓蕾,将自己的姿态放得很低,卑微到尘埃里,然后开出花来。哪怕情场流氓,哪怕政界人渣。说明女人一旦遇到心中寻觅的那个人,就会什么都不顾。所以有人说男人不坏女人不爱,因为恋爱关乎的是情,两情相悦与政治无关,与道德无关,与金钱无关,与门第无关,与年龄无关。而婚姻与政治、金钱、道德、门第年龄相关。张爱玲写小说可以分析得头头是道,轮到自己糊里糊涂。她把自己裹在梦里,裹在飘缈的理想王国里。殊不知爱情其实很脆弱,它在一刹那是属于你的,过一会又进入社会的圈子。爱情不想奢求太多可以继续生长,一旦提出进一步的要求就会夭折。触及彼此利益底线或名誉底线,需要改变现状改变习惯的爱情其实已经不是真正的两情相悦,而是该社会所赋予的面子、尊严、生存、金钱、舆论等了。

  蒋碧薇这个名字,在中国当代社会里知名度并不高,然而在1949年前后她却是海峡两岸关注度很高的女性。这位出生于江苏宜兴名门望族的女性将一生情感掰成了两段历史,改变了当年分别叱咤画坛和政坛的两个人物的生命历程。前段是与著名画家徐悲鸿的"半生缘",后段是同国民党宣传部长张道潘的"交响曲",两个男人共同构成了蒋碧薇令人感慨难以评说的一世情缘,也一度让她暗香盈袖,羽衣翩跹。

  蒋碧薇13岁时在家族的交际圈里认识了徐悲鸿,徐悲鸿对其高挑的身材和优雅的气质一见倾心,称她可以入画,蒋碧薇对徐悲鸿的风华正茂和非凡画艺也钦慕不已,无奈奉父母之命,自己早早订婚,但她并不满意自己的对象,17岁时冲出家门勇敢地与徐悲鸿出国私奔,辗转日本,再赴欧洲……这在80多年前封建思想弥漫着的旧中国是相当震撼的,女主角戏剧性的故事,造成很大的社会轰动。在法留学期间,青年画家徐悲鸿带着夫人蒋碧微到德国游览,在中国驻德公使馆特意举办的酒会上,遇见青年才俊张道潘,张道潘在英国留学,学的也是绘画艺术,张对蒋碧薇一见钟情,后婉转向蒋碧薇暗示爱意,蒋婉拒。二十年后当蒋碧薇与徐悲鸿情感危机时,张道潘对蒋碧薇的爱慕丝毫未减,女人一生都在寻找真爱,此时蒋碧薇再次反抗命运,不愿与已经感情不纯的徐悲鸿虚伪承欢,决意追求灵魂的真实与完美,毅然与徐悲鸿分离,投入张道潘的怀抱。但那时张道潘已经有了家室,这就有了张道潘蒋碧薇凄苦缠绵的半生苦恋。作为女人,蒋碧薇既是世俗的,又是脱俗的。世俗的一面是,她享受男人对她美色的羡慕眼神和由衷赞美,当然,她也是当之无愧的;脱俗的一面是,虽与两个天才的男子爱恨了一生,然她竟然从来没有正式举行过婚礼。或许在她的心底,爱情的过程远比结果重要得多。古往今来,有多少宿命论者在这样的爱情悲剧下饮恨终身,不敢追求梦想解放自己的手脚。而蒋碧薇敢爱敢恨,敢作敢当,崇尚个性解放,心灵自由,精神超脱,这也是她的不平凡所在。蒋碧薇的一生真实、无畏,她敢于面对现实,忠于心灵,极力摆脱困袭的重复,拆除旧道德的藩篱,用执拗的心罔顾一切,甘冒不韪,追求爱情平台女性的尊严和平等地位,证实了她真诚的人性和爱情的神圣力量。蒋碧薇的人生经历告诉后人:人并不是因为爱过了就丧失了爱的权利,恋爱权不是一次性消费,就如同自由,不能因为你享有过自由,就必须失去自由,相反,越是有勇气享受自由,争取自由,享受自由的权利就越多。恋爱权也是,经受了爱的考验,说明爱的能力已经提高,说明爱过比那些没有爱过的人会爱得更好,更懂得爱。

　　在爱情态度上最可以看出一个人"本能的我"和性格特点,因为爱情是一个人最隐秘性情的展现。普通人如此,社会名流也如此。京剧大师梅兰芳有过三段婚姻,原配王明华,第二任妻子福芝芳,小妾孟小冬。一开始他对每一个女人都很好,当初与原配王明华也是琴瑟相合,王明华一切都为他着想,他也确实爱过这个女人,可是在王明华无法再生育时,他便另娶了。福芝芳过门后,他对福芝芳也好,福芝芳因幼年家贫,没有读过书,梅兰芳就给她请来先生,常年教她。从《三字经》、《百家姓》、《千字文》到《唐诗》、《左传》,直到福芝芳能自己读小说。福芝芳是个好妻子,也为梅兰芳牺牲很多,放弃了演艺事业,天天在家里操持家务,为他生了好几个孩子。常年如此琐碎地过日子,自然新鲜劲儿会过去。孟小冬的出现,激发了梅兰芳的热情,他又一次恋爱了。虽然遭到福芝芳强烈反对,但梅兰芳依然按照自己的感情行事。为了减少家庭矛盾,梅兰芳在另一地方"金屋藏娇",可是在他与孟小冬居住的四合院粉丝血案发生后,梅兰芳退缩了,他怕为此影响到自己的事业。梅兰芳对孟小冬这段轰轰烈烈的爱情也由此冷淡下来。这就是爱情的底线,说明梅兰芳真正爱的是自己,而不是别人,爱情不能触及他的利益底线,面子底线,如果为此而影响自己的声誉、事业和既得利益就会改变心意,舍弃所爱的女人。梅兰芳不属于那类勇敢侠义为爱情可以赴汤蹈火不惜付出的男人,这也是孟小冬内心的悲伤和遗憾。男人爱了,他得到的是一个完整的世界,因为女人把自己的身体和心都交给了他;女人爱了,往往却只得到男人的身体和一颗"候鸟的心",因为男人总在强调自己要有自由的来去,需要你的季节才会来到,他飞走的时候却带走了女人的世界。

当然也有男人是真正理解珍爱女人的,他们是男人中的精品。中国20世纪30年代有一段动人心魄长远追随的爱,建筑师兼诗人林徽因与哲学家金岳霖和建筑学家梁思成的爱情故事可以千古传唱。林徽因、梁思成夫妇都曾留学美国,加上家学渊源,他们中西文化造诣都很深,在知识界交游也广,在他俩北京的家里几乎每周都有沙龙聚会。金岳霖在清华教书,孑然一身,无牵无挂,始终是梁家沙龙座上常客。他们文化背景相同,志趣相投,交情也深,长期以来,一直是毗邻而居。金岳霖对林徽因人品才华赞美至极,十分呵护;林徽因对金岳霖的睿智真性情亦十分钦佩敬爱,他们之间的心灵沟通非同一般。有一天林徽因忧虑地对梁思成说,她苦恼极了,发现自己同时爱上了两个人,不知如何是好。林徽因对梁思成毫不隐讳,坦诚得如同小妹求兄长指点迷津一般。梁思成自然矛盾痛苦至极,苦思一夜,比较了金岳霖优于自己的地方,他终于告诉妻子:你是自由的,如果你选择金岳霖,祝你们永远幸福。林徽因又原原本本把这一切告诉了金岳霖,金岳霖的回答更是率直坦诚得令凡人惊异:"看来思成是真正爱你的。我不能去伤害一个真正爱你的人。我应该退出。"从此金岳霖对林徽因的至情深藏于一生,并与林徽因夫妇结下了超越世俗的伟大情谊。林徽因英年早逝,金岳霖悲痛万分,当着学生的面,号啕大哭。林徽因死后多年,梁思成重温二人世界,金岳霖终身未娶,因在他心中,世界上已无人可取代林徽因。

那个时代的人,对于感情十分珍惜爱护,爱得慎重又恒久。如今社会,人们总是爱计较谁付出更多,自私、贪婪让自己在爱里变得不再可爱。爱的能力如此羸弱,如何享受爱情呢?

有一个男孩爱上了一女孩,他决定向女孩求婚。第一次求婚,女孩拒绝了他。其实女孩是为试探他是否真心,也为了自己的矜持。而男孩却哭了,男孩的眼泪让女孩突然间感到失望。女孩说,你这么脆弱,这么不爱惜一个男人的坚强形象,我怎么敢嫁给你呢?男孩没有动摇爱意,于是有了一年后的第二次求婚。这时他已"戒"掉了眼泪,变得很坚强。女孩出于慎重,又拒绝了他。谁知男孩"扑通"一声跪在她面前,苦苦哀求。女孩更加失望,说:"人生不知有多少比爱情更难征服的困难在等待着你,那你打算一辈子跪着做人吗?你这么不爱惜自己的尊严,我怎么能嫁给你呢?"男孩仍不死心,于是有了又一年后的第三次求婚。这时他的性格已像钢铁般见棱见角,隐隐柔情藏匿于侠骨之中。女孩为了最后的考验,又拒绝了他。殊料男孩"腾"地从怀里掏出一把匕首,寒光一闪,他的一根指头已飞离了身体,汩汩血流浸润着男孩绝望的咆哮——

"你答应不答应?"女孩彻底失望了,她对男孩说:"我花了三年的时间来启发你,却仍然没能让你真正懂得爱情——你连自己的身体都不爱惜,你还会爱我吗?"不会爱自己,就不会爱别人。男孩终于明白,爱情是从爱自己开始的。

有些情窦初开激情满怀的大学生不善分辨男女之间究竟是暧昧还是爱情,我是爱上这一个人还是这一类人,大学谈恋爱好还是不谈恋爱好,是金钱重要还是感情重要,是外表第一还是性格首位,什么是爱的本质,判断爱还是不爱的界线在哪儿……以致常常迷失自我,为情所困,甚至不爱惜自己,为情所亡。人类发展千千万万年,一直在探索两性交流的奥秘、本质,因为它给人们带来明朗欢乐的同时,也造成深沉的痛苦。如果从理论认识再从实践上把握,年轻人在爱情的花园可以更加身手矫健洒脱超然些。

二　异性交往之爱情理论拾萃

爱情是人际吸引的最高形式。人的一生中有许多爱,爱祖国,爱家园,爱父母,爱老师,爱朋友……然狭义的爱仅仅指男人与女人相互倾慕所产生的爱,理论上叫爱情或称情爱。这份爱是每个人一生的追求,一世的企盼,精神世界最后的归宿。当一个人青春萌动时就在想象梦中的白马王子或白雪公主,青年人刻苦学习,努力奋斗有一半是想增强对异性的吸引力。带着梦想,闯荡世界,人在旅途听潮起潮落,岁月流逝看花看花谢,忽然有一天,眼前一亮,偶然邂逅一个人,这个人让自己久闭的心莫名的跳动,眼神不由地发光,很想去牵他(她)的手,很愿意为他付出。她(他)的一笑一颦都让你感觉美好。觉得以前一切一切的努力没有白费,长久地等待非常值得,辛劳和汗水又算得了什么。你庆幸自己终于遇到了梦想中的王子或公主,你相信诗人们所说的爱情可遇不可求是真的,于是乐其所乐,爱其所爱,恨其所恨,厌其所厌,你的世界再容不下其他人,你的眼中你的思绪只有他(她)一人,你每天有使不完的劲,你想大声呼喊,不停歌唱,你想告诉全世界,你找到了幸福,你感谢上苍,感谢所有帮助关爱你的人,你注意改变自己任性的性格,变得温柔,体贴,恬静,爱撒娇,或变得勇敢,豁达,执著,不再鲁莽,或许你也会患得患失,一种相思两种闲愁,因为他(她)在远方……呵呵,一切一切的落脚点就在你与他(她)彼此心有灵犀一点通,你们的未来将休戚与共,同一目标。于是,一句话,一个眼神,一个承诺就已足够。这就是美好的爱情。莎士比亚说过:忠诚的爱情充溢在我的心里,我无法估计自己享有的财富。甜蜜的爱就是珍宝,我不屑把处境跟帝王对调。爱情不是花荫下的甜言,不是桃花源中的蜜语,不是轻绵的眼泪,更不是死硬的强迫,爱情是建立在共同语言的基础上的。是的爱的基础,是尊重和爱护,爱的前提,是对等和平视。爱一个人不等于我是爱的奴隶,被对方爱也不等于我是爱的主人。当有一天郑重说出"我爱你"这三个字,意味着两个人的命运从此联在一起,意味着你在乎他,希望他快乐,愿意为他赴汤蹈火,承担相应责任。当遇到什么事的时候,想到的不会是你怎么样,我怎么样,而是我们怎么样。如果不愿意或没有二人命运共连理的心理准备就不要轻易去说"我爱你",给不起的承诺,是一种负担,伤害对方也欺骗自己。

情人眼里出西施。为什么西施在情人眼里,说明爱情是一种心理感受,爱情属于心理学范畴。由于历史和文化的原因在中国心理学界研究人际吸引和爱情原来是被禁止的,连文学作品也不能反映男女相恋的场景,所以相关理论并不多见。改革开放后开始重视人性、心理需求,学术界开始引入国外专家的爱情理论观点。其实关于爱情理论研究国外起步也较晚,也就60年左右。现将国内外研究爱情比较著名权威的理论介绍如下:

1. 弗洛姆《爱的艺术》

弗洛姆(Erich Fromm,1900—1980)是美籍人本主义哲学家和精神分析心理学家,1956年发表《爱的艺术》,立刻成为国际畅销书。弗洛姆认为"爱情是一种积极的,而不是消极的情绪。一般来说爱情首先是给而不是得。"能够给予别人,说明这个人自身有这方面能力,有对自身人性力量的信赖和达到目的的勇气。反之,是害怕献出自己,害怕去爱。因而弗洛姆提出:爱是一门艺术,要求人们有这方面的知识并付出努力。他指出有三种错误的爱情观值得正视,第一种是认为爱情首先是自己能否被人爱,而不是自己有没有能力爱的问题;第二种是认为爱的问题是一个对象问题,而不是能力问题;第三种是人们不了解"堕入情网"同"持久的爱"这两者的区别。弗洛姆提醒人们在收获爱情前一要掌握理论,二要掌握实践。如何掌握爱的艺术呢,弗洛姆将幼稚的爱情与成熟的爱情作了界定:"我爱,因为我被人爱。"这是天真的、孩童式的爱;"我被人爱,因为我爱人。"这是成熟的爱。"我爱你,因为我需要你"这是不成熟、幼稚的爱;"我需要你,因为我爱你。"这是成熟、稳重的爱。弗洛姆明确提出爱的本质是给予。爱,不仅仅是一种强烈的感情,更是一种勇气,一种抉择,一种责任……爱是人格整体的展现。弗洛姆《爱的艺术》还启示人们:爱是一个过程,是需要用实践来证明的。爱包括很多,当你发现你可以爱的事物有很多很多,而不只是倾注在某个人身上为之死去活来时,你就会豁达洒脱高尚。弗洛姆的观点让人们进一步理解什么才是真正的爱和如何去爱。

2. 罗洛·梅《爱与意志》

罗洛·梅（Rollo May,1909—1994）是美国以存在主义哲学思想为基础的人本主义心理学家。《爱与意志》是罗洛·梅的成名之作，该书在1969年由纽约诺顿公司一出版，就被《纽约时报书评》誉为"本年度最重要的书"。爱是什么，意志又是什么？罗洛·梅指在这本著作中指出：在西方传统中，爱可分为四种类型。第一种是性爱，第二是爱欲，第三种是友谊即朋友之爱，第四是博爱，也被称为"同胞爱"。20世纪作为人类文明的"过渡时代"，其主要价值危机就在于爱的全面异化和意志的普遍沦丧。在前一个过程中，由于现代人把性成功地分离出来，作为我们主要关切的事情，并以此来取代爱，遂导致性的放纵、爱的压抑和人的冷漠；在后一过程中，则由于人越来越陷入外在的技术决定论和内在的无意识决定论，遂不可避免地导致放弃个人责任，丧失个人愿望、意志和决心。今天的问题已不是弗洛伊德时代的性压抑，恰恰相反，性的泛滥倒是以爱的压抑作为其昂贵的代价。在我们今天的社会里，性行为如此之普遍，而其中的意义和乐趣却又是如此之贫乏。罗洛·梅认为：性的放纵由于越来越乞灵于技术，已变得越来越"非人化"，人们企图通过性来摆脱人生的困境，实际上反而加剧了这种困境。

罗洛·梅并不否认性的意义，但他始终强调性不能与爱分离；性一旦脱离了爱欲，就会丧失自身的活力，丧失对未来的想象和创造，丧失内在的激情，最终将导致性冷淡和性无能。性和爱欲构成了性爱的两个侧面：性来自后方的动力；爱欲则是一种来自前方的召唤。性与"理由"（原因）相关联；爱欲则与"目的"相关联。性指向的最终目标是满足与松弛；而爱欲的目标则是欲求、渴望、永恒的拓展、寻找与扩张。什么是爱欲？爱欲是人心中固有的倾向。爱欲是使人与他人，与万物，与真善美结合起来的一种内在动力。爱欲创造生活、唤起激情，爱欲给生命中纷纭杂多的质素以意义，给我们枯燥散漫的生活以形式，它是整合我们分裂状态的凝聚力。它是永恒的拓展，自我的延伸，是不断更新的动力。它推动人们不断寻找真善美的更高形式……这种自我的不断更新，乃是爱欲固有的属性。正如英国哲学家罗素所说："爱情源于性，又高于性。"

罗洛□梅《爱与意志》的深刻之处在于他40多年前所描述的爱与意志的困境，在今天的中国依然上演——孤独、焦虑、冷漠、暴力、空虚、抑郁、身份认同感的缺失，等等，他不仅揭示和预见了当今的时代困题，而且提出了一系列在当下仍然极富针对性和可行性的解决策略。因此，循着罗洛□梅的思想轨迹,去探寻爱与意志的根基,去整合爱与意志,很有必要。

3. 恩格斯:没有爱情的婚姻是不道德的

恩格斯(1820—1895)是德国社会主义理论家及作家、哲学家,马克思主义的创始人之一。1884年10月在瑞士苏黎世出版《家庭、私有制和国家的起源》一书。恩格斯研究了史前各文化阶段与家庭的起源、演变和发展,着重论述了人类史前各阶段文化的特征、早期的婚姻和从原始状态中发展出来的几种家庭形式。指出:一夫一妻制家庭的产生和最后胜利乃是文明时代开始的标志之一。恩格斯根据19世纪人类学家摩根关于人类四种婚姻形态(群婚、氏族婚、对偶婚和一夫一妻制)的研究,对爱情婚姻提出了三个重要的结论。第一,人类的一夫一妻不是因为社会需要和人的生理条件决定的,而是生产力发展的结果。但是人类从来没有真正实行一夫一妻,酋长的初夜权、黄帝的嫔妃制、社会上的金屋藏娇现象,都是对人类一夫一妻制的补充;第二,以性爱为基础的婚姻才是符合人的本性的,而没有爱情的婚姻是不道德的。恩格斯解释,每一个人的爱情持续时间不同,而无论长短,只要一方爱情消失,维持婚姻就是不道德的。这与我国现阶段的道德观是有很大区别的。第三,在将来人类最高境界的社会制度中,社会实现了真正的一夫一妻制,个人婚姻不再受社会的管制而成为纯粹的个人私事。诸如婚姻登记制度等均已消亡。恩格斯的爱情婚姻道德观是一个放在历史大系统中的动态观念,他既不赞成超越现实的破坏社会稳定的做法,也不同意用僵化的态度对待人类的性爱婚姻制度。恩格斯本人有两位妻子,玛丽·白恩士和莉希·白恩士,她们俩是亲姐妹,都是没有文化没有门第的纺织女工,但充满活力,美丽勇敢,纯朴大方,恩格斯关心贫民阶层的生活而与她们相遇。姐姐玛丽因病去世后妹妹倾慕恩格斯的为人成了他的第二位夫人。恩格斯一向认为结婚经过国家批准并在教堂举行仪式是多余的,不必要的。可是在莉希因病去世前他答应了妻子临终前的最后要求,于1878年9月11日晚上和她举行了婚礼。几个小时以后,莉希在恩格斯的怀抱里去世。恩格斯对待婚恋的历史唯物主义态度,对人们研究爱情婚姻家庭的发展无疑是一个方向。

现实社会往往强调的是家庭的维持和稳定,爱情被放到了次要地位。这种观念虽然适应当前的社会状况,但却是以牺牲个性和人的内心需求为代价的。当生产力进一步发展时,人们就会开始注重婚姻的内在质量,对于没有爱情的婚姻的不满程度愈加提高。这就与社会婚姻制度的稳定性发生了矛盾冲突。冲突的结果是在婚姻制度仍然稳定的表面假象中,更多的已婚男女偷偷或公开背叛了伴侣。也许,这正是社会生产力发展的必然结果。在一些经济发达的国家,未婚姓行为十分普遍,而在落后的穷国,对婚外恋却十分严厉,例如阿富汗,女人出门都要把脸蒙起来,婚外恋要被处以极刑。可见,经济的发达与人们对爱情的追求是成正比的。所以恩格斯预见:在人类最高境界的社会制度中,个人婚姻不再受社会的管制而成为纯粹的个人私事。那时性与爱情是统一的,爱情真正成为婚姻的唯一选择。

4. 斯腾伯格:爱情三角形理论

罗伯特·J·斯腾伯格(Robert J. Sternberg)是美国耶鲁大学社会心理学教授,他于1968年提出"爱情三角形理论"。

斯腾伯格把爱情这种复杂的情感混合体,用一种三角形的模型来描述,三角形三条边分别是:亲密、激情和承诺。这三个要素缺一不可,缺少其中一个要素就不构成爱情,这就是著名的"爱情三角形理论"。这一理论认为,亲密,是指爱人间亲近甚至感到彼此相连的感觉,彼此相互了解,属于情感向度;激情,是指爱情关系中令人兴奋的成分,混着浪漫、外表吸引力和性驱力的动力,属于动机向度;承诺,是指双方愿意厮守的决定和责任感,如希望和爱人相守到老,属于认知向度。爱情的这三种成分的不同组合形成了不同性质的感情,承诺的稳定性高,激情的稳定性低,但激情的短期效果强,而承诺和亲密则较具长期的效果。斯腾伯格认为,只有激情的爱是盲目的迷恋,只有亲密感的关系只是喜欢,只有承诺的关系则是虚无的爱。而既有激情又有亲密和承诺的感情,才是真正完美的爱情。男女之间恋情刚开始时有浪漫的气氛、经过特别修饰的外表和青春期的荷尔蒙分泌的作用,使在其中的人如痴如醉,而维持一分细水长流历久弥新的爱却需在情感向度的亲密和认知向度的承诺上多花时间培养和相互分享讨论。一个关系中的承诺、亲密、激情愈多,三角形则愈大,爱也愈深。

斯腾伯格的观点为人们把握是暧昧还是真爱,是好感还是爱情,是性冲动还是历久弥新的爱提供了一个识别的标准。

5. 苏格拉底:拣麦穗理论

苏格拉底(公元前469年—前399年)是古希腊著名的思想家、哲学家,他称自己是精神上的助产士,帮助别人产生他们自己的思想。他有一大批追随者,一天一个弟子来问苏格拉底,爱情是什么?苏格拉底说你到麦田里给我拣个最大的麦穗来吧!这个弟子跑到麦田边,看见一个很大的麦穗,很高兴就折了,可是走了一会儿又发现一个更大的,于是扔了先前一个,又折了这个,走了一会儿又发现一个超级大的,于是历史又重演了,这个弟子就这样走啊走啊,总是觉得往前还有更大的一个麦穗等着自己,于是一直走到了尽头,用了许多时间,最后却发现后边的这些还不如先前那个大,当他遗憾地一无所获回到苏格拉底面前时,苏格拉底微笑着说"这就是爱情了"。

为什么有的人经过爱情的麦田走到尽头还两手空空呢?是因为不珍惜抓在手里的那一枝,总期待前面还有更大的,时过境迁,麦田走完了,人生最佳时机也就过去了。其实在这块麦地里,肯定有一株麦穗是最大的,但你找不到。然大多数麦穗都差不多大,你摘取一枝抓在手里就应该相信它就是最大的,否则,你将一无所有。拣麦穗时机可以有三个,一是进入麦田看见一枝大的就拣,二是走到一半选其中最大的那个拣,三是走到尽头没有了只好随便拣一枝,不同的方法有不同的人生结局。哪一种较合适因人而异,较科学的是不要太着急,也不要太挑剔,一半的概率是比较理想的状态。

人的一生仿佛也是在麦田中行走,也在寻找那最大的麦穗。有的人见到那颗粒饱满的"麦穗",不失时机地摘下它;有的人则东张西望,一再错失良机。人生重要的是踏实及时地把选择好的麦穗拿在手里,好好珍惜知足常乐,不要再心猿意马得陇望蜀。

人世间最贵为情,最美为缘,两者可遇不可求,人与人在不经意间也许彼此碰面,在一转身的刹那也许擦身而过。人往往不懂珍惜身边的幸福,常常盲目追求荒唐的梦想,一旦当幸福远去才觉得痛苦,当失去才知道珍贵。苏格拉底拣麦穗方法其实要人们重视珍惜身边关心你爱护你的人。有些人有些事,你觉得明天还可以面对,一回头却发现已成为过去。爱一个人不一定要拥有,拥有一个人不一定就是最爱,但一定要珍惜。

6. 杜胜祥:爱情过滤器理论

杜胜祥(1966年—)安徽芜湖人,国家级心理咨询师,中国第一个恋爱艺术培训班创始人,对爱情心理学有深入研究,2008年出版《揭开爱情的面纱》,提出感情过滤器理论。认为每一个人情感都是不一样的,都有自己的爱情观和感情过滤器。对某个人在爱情上是否来电,是否有感觉,多半是受感情过滤器的影响。它是一个人最深的情感积淀,很隐秘,跟一个人小时候的经历有关系。感情过滤器往往是人的无意识或认知偏差所导致的,过滤器会跟随一个人一辈子,很难更改。如果两个人分手,再找的人,几乎是前一个人的翻版或者有相似之处,但是当事人往往自己并没有察觉到。感情过滤器是一见钟情的基础。感情过滤器在婚前如果没有被激发,婚后有可能被激发,激发后婚外恋就会产生。爱情是一只自由的鸟儿,它的产生不受人的意识的控制和支配。

为什么人们总是被特定类型的人所吸引?这就是感情过滤器的作用所

致。感情过滤器有两大构成:①来自于每个人的人格特质,分生理层次和心理层次,生理层次满足爱情元素中的激情元素,如喜欢高大帅气魁梧稳健的男孩,或皮肤白皙身材匀称的女孩。心理层次满足爱情元素中的亲密元素,如阳光、温和、善解人意、坦率真诚等心理品质。②来自于每个人的生活经历:主要包括童年少年的交往圈子和青春期的情感经历等,父母家庭和文学作品的影响占很大因素。感情过滤器一旦形成很难改变,会选择性注意那些符合自己感情过滤器的人。改变已形成和存在的感情过滤器是非常不舒服的,因为这要当事人重建大量信息,勇于审视自己的错误,否定自己以前的感受和信仰。所以理论上倾向于维持自己的感情过滤器,即使它给个人带来长久的孤独和等待。当杨振宁与翁帆结婚的消息传开后,人们发现杨振宁的二任妻子无论外表和爱好性情都非常相似。当英国王储查尔斯与卡米拉经过 34 年爱情长跑终于结婚时,人们才明白为什么查尔斯不喜欢戴安娜而钟情比自己长一岁的卡米拉。人们也终于感悟 1938 年英国国王爱德华八世为什么宁可选择退位而不愿与辛普森夫人分离,留下不爱江山爱美人的故事。

德国诗人拜伦在《唐璜》中说得好:"一切悲剧皆因死亡而结束,一切喜剧皆因婚姻而告终"。能在结婚前启动爱情过滤器,遇上心仪的对象并与之结合是人生的喜剧也。

三 大学生异性交往艺术

人生两大支柱,事业和爱情,没有事业的人生是空虚的,没有爱情的人生是苍白的。爱情婚姻是人生的大事,一个伟大的人一生选择一次,明白自己需要什么;一个平凡的人每天都在选择,优柔寡断举棋不定。对事业选择如此,对感情的认定也是如此。有爱的能力的人选择一次白头到老,缺乏爱的能力的人一生都为情所困,浪费时间也消耗人生。其实爱情太具个性,看一个人的品性就看他如何谈恋爱,每个人都可能成为生活艺术家,将体会故事与别人分享。对即将踏入爱河对爱情充满向往的在校大学生,不妨先明白自己喜欢什么类型的人,提高与异性交往的能力再迎接爱情。

(一)扩大交往范围,有更多选择的余地

前提是积极向上努力奋斗进入优秀人群圈子。恋爱的色彩与命运机遇与一个人的生活交往范围有关。恋爱无非两种方式,自己遇上自由恋爱或别人介绍彼此看上。不管哪一种都依赖于交往范围或生活圈子。生活在知识科技类领域,遇上知识精英概率高;活跃在金融商贾的圈子可能钟情商界成功人士;工作在政界、文化界可能与官员、社会名流家庭门当户对;生活在乡村山区则喜欢淳朴敦厚的姑娘小伙。王子爱上灰姑娘,是因为灰姑娘已经出落得光彩照人,上得厅堂下得厨房;公主爱上穷书生是因为穷书生符合社会人才选拔标准将来有能力挤入社会名流,穷是暂时的。请人介绍也要选择有一定社会地位和社交圈子的人做红娘。俗话说,拣亲不如择媒,就是看重媒人的交往能力。

如约旦皇后拉尼娅与约旦国王阿卜杜拉的邂逅,是拉尼娅有机参加阿卜杜拉姐姐举办的一次招待晚宴,在晚宴上她遇见了当时的约旦王子阿卜杜拉,两人一见钟情,几月后闪电结婚。而拉尼娅本身就生活在中产阶级家庭,父亲是医生,让女儿接受了西方式教育,拉尼娅学业非常优秀,大学毕业后进入美国苹果电脑公司安曼分公司工作,结识了不少高级白领,可以有机会参加很多名流聚会。前外交部长李肇星优秀的儿子与著名歌唱家阎唯文女儿结婚是著名歌唱家彭丽媛做的媒,而李肇星的老丈人则是中国著名外交家、前外交部领事司司长秦力真。中国电影演员章之怡与美国男友的相识是默多克的第三任夫人邓文迪介绍的,而邓文迪与世界传媒大亨默多克的相遇是因为她毕业于耶鲁大学,学业出色在默多克旗下香港星空卫星电视工作,有机会参加了默多克出席的在香港的一次活动。邓文迪对自己的际遇有一个很好的解说:我在耶鲁大学MBA做学生,真的特别快乐,仿佛全世界优秀的人在一起做朋友,坐在花园一样的校园里,成天在一起聊天、谈理想、谈世界大事、人人都关心政治、世界和未来。我的眼界从未如此开阔。对于喜欢读书的人,耶鲁生活就像天堂一样。而我始终坚信,人最宝贵的财富就是教育,当你没有容貌、青春时,这种教育会让你自信、开放、有知识的人内心会更加开放勇敢。耶鲁同学都很成功,也爱好广泛,我那时非常热爱媒体、还在耶鲁大学戏剧学院听了很多课,对媒体和电影非常感兴趣,哈哈,一心想进这样的大公司,找份好工作。一直记得小时候看过的第一个外国电影《音乐之声》给我留下非常美好的印象,事实上,那时我就明白,只有通过媒体,人们才能了解不同的文化和不同的世界,而了解最终会消除误解,让人类的文化更加丰富和进步。因此,后来第一份工作就在STARTV,他们觉得正好有我这样的文化背景和意愿,就让我来香港,开发中国这一个广大的市场。我是一个幸运的女人,但幸运同样需要选择,需要努力。

SOHO 中国 CEO 潘石屹与太太张欣相识是北大光华管理学院院长张维迎教授引荐的。毕业于剑桥大学在美国华尔街从事投资行业 15 年的张欣决定回国发展,在一次培训会上认识了张维迎教授,张维迎听说她的特长和志向后把她引见给正在创业的潘石屹公司。于是不是"冤家"不碰头,一段地产明星与旺财夫人的绝美联姻也就开始了。

著名主持人许戈辉与沈冰的爱情故事颇为相似,二人都是应邀主持商界名流论坛而与其中的一个企业家相识而共结连理,现在二人都已经升为幸福的妈妈。

每个人都是有故事的人。这个故事从何开始,都与人际圈子相关,而年轻的大学生希望扩大交往范围,进入优秀阶层,动机无非也是一为事业发展,二为爱情相遇。

大学是优秀青年最集中的地方,未来的社会精英大都出自那儿。在大学一起学习一起参加活动一起成长而相遇相知的机会最多,那种不带功利不计成本自然产生的爱情是最难得的。最理想的爱情就是双方一起成长,相互影响。大学生在把握学业的同时试着积极参加集体活动,如院系活动、社团活动、志愿者活动、联谊活动,多去图书馆多学选修课,这样不仅与本班本系同学交往,也有机会与其他科系同学交往,不仅增长见识,也扩大了交往圈子。同学之间既有自然了解的契机也容易营造互相吸引的磁场,是最理想的异性交往平台。

(二)学会交流,学会倾听和表达

前提是话题投机,感觉真诚,彼此投缘,与君交谈如沐春风,交情也就产生了。

异性交往两情相悦可以分为三个阶段:谈——恋——爱。首先是谈得拢,谈得起来,有相同的价值观、人生观、审美观、生活爱好等,谈着谈着一种发自于内心的一见如故的感觉油然而生,才可能进一步交流依恋。如果话不投机感觉别扭不可能依恋继而相爱。

原香港财政司司长,现黑石集团(The Blackstone Group)大中华区主席梁锦松说起与妻子伏明霞的第一次相识是一个很偶然的机会。2001 年 3 月 1 日,伏明霞在香港参加了一个活动,当时恰好我也在场,谁知就是这一次见面,让我们成了百年之好。我至今还清楚地记得,我和伏明霞一照面,双方就有一种触电的感觉,双方留下了电话,后来竟产生了感情,用中国的一句古话来说,我和伏明霞的结合就是一见钟情。伏明霞回忆与梁锦松第一次接触时的印象时说:当时在贵宾席上梁锦松就坐在我的旁边,我不认识他,可能他见到我坐着发闷,便拿出一部电子记事簿来,很亲切地教我玩那些内置的游戏。但可能是我笨吧,总是学不来,第一局就死了。我觉得他是一个有趣的人,因为他懂得逗我说话,而且态度很友善。从中可见谈吐在彼此吸引上的重要性。

  两个陌生人由不认识到相遇相知概率并不高,有人做过计算,一生在可选择范围内爱上一个人的概率是千分之七,排除单相思,彼此相爱的概率是百万分之四十九,而如果要成为伴侣,概率是千万分之一。说明二人相遇并擦出火花是人间胜境。所以许多人戏称两人来电是上帝的恩赐。在紧张的学习工作生活中如果你身边恰巧有一个你喜欢又谈得来的人,那么上帝已经眷顾你了,有可能已经进入第一个阶段——谈了。台湾女作家三毛曾经在一首诗中这样写:"记得当年年纪小,你爱谈天我爱笑。有一回并肩坐在桃树下,风在树梢鸟在叫,不知怎么睡着了,梦里花落知多少?"。在一起谈什么,往往是不经意的,谈家乡,谈工作学习,谈喜欢的音乐,谈欣赏的电影,谈爱吃的东西,哪怕只是谈谈天气,只要你们聊得来,想继续谈下去,那么你们会成为朋友,如果有缘分的话你们的关系会更进一步,进入第二个阶段——恋。怎么知道自己开始恋了?辛晓琪有一首歌《味道》说得很形象:"想念你的笑,想念你的外套,想念你白色袜子和你身上的味道。"你会常常想着他/她在忙什么呢,为何不在线上,你去图书馆如果他/她也去刚巧碰上该多好,周末能否约他/她一起看电影,组织一次春游邀请他/她一起参加会答应吗,等等。这个时候你是甜蜜的,又掺点苦涩,恐怕你已经恋上他/她了。如果对方也这样想,经常心有灵犀,四目相对时有热情热烈的光泽,如果对方不拒绝邀请,有时还主动营造在一起的时光,说明那个他/她也对你依恋着,那么你们可以进入第三个阶段——爱了。依恋与爱有一个明显的界限,就是肌肤相亲,由亲密、激情到承诺,从此进入二人世界,渴望与其合二为一。接下来就要学会相处,有一句话叫相爱容易相处难,而相处融洽与否经常表现在谈吐上,有时一句话一个表达可以生死相恋,又有时一句话一个电话可以破坏长久建立的感情。

  如何学会说话?恋人之间有几个底线不能碰,第一,不能揭对方的老底,如失败的经历、失恋的经历、暧昧的经历等;第二,在亲属朋友面前维护对方的面子,有争论有不快二人自己解决,不要波及外人,如果打冷战时间最长不能超过三天,否则冷战会变为冷漠;第三,对看不惯的事情表述委婉一些,语速悠着点儿,语气拖长一些,少质问"为什么",多一些"好不啦";第四,该关心的时候别忘了表示,如果对方为你做了什么多说"谢谢",没有理所当然的理由,有什么决定多征求对方意见,说明你心里有他/她;第五,不要随便说分手。一旦

说出口感情就不再牢固,对爱的认定就会变异。随便说分手其实是回避矛盾,缺乏解决问题的能力,也是对自己选择的否定和双方相爱岁月的空投。爱不仅是短暂激动,爱也是恒久忍耐。不仅是忍耐对方,包容对方的一切,更是高度地自我节制,对自己欲望的约束。要学会忠诚,学会包容,学会谦让,懂得温柔,懂得理解,懂得自制。在对方对爱情发展不够坚强的时候,你必须坚强。

百度 CEO 李彦宏可谓事业爱情双得意的典范。李彦宏是在美国留学生的聚会上遇见妻子马东敏的。他对马东敏第一印象:有魅力、有知识、大方得体。于是展开攻势,半年后将才女拥抱入怀。马出身于中国科技大学少年班,19 岁即大学毕业出国留学,聪慧度在圈里首屈一指,性格理性而恬淡,被誉为美人版的黄月英(诸葛亮妻子),她鼓励李彦宏放弃在美国舒适安逸的生活回国创业。学理工科出身的李彦宏最喜欢宋代词人辛弃疾的词《青玉案·元夕》:"东风夜放花千树,更吹落、星如雨。宝马雕车香满路。凤箫声动,玉壶光转,一夜鱼龙舞。蛾儿雪柳黄金缕,笑语盈盈暗香去。众里寻他千百度。蓦然回首,那人却在灯火阑珊处"。李彦宏是有运气的,对爱情对事业都是蓦然回首,欣然获得。李彦宏又是有能力的,知道爱情和事业的真谛是忠诚于追求执著于理想。

理想的爱情婚姻是建设性的,双方共同建设培植中让两个人越变越好,为对方欣慰自豪。不要期待别人培植好爱情苗圃等你摘取成熟的果子。没有一种爱是静态的,与爱情一起成长才是最智慧最幸福的。

(三)两情相悦底线

1. 维系爱情底线:忠贞专一

两性交往的美好在于它用最私密的语言实现爱,表达爱。它的终极意义不仅是肉体的合二为一,更是因为欣赏对方,渴望精神的合二为一。而精神的合二为一借助外在可见的体貌合二为一,那便是神圣而庄严的两情相悦。两情相悦主张自愿真诚忠贞专一,而忠贞专一是最关键的要素。恋爱婚姻期间可以与其他异性相处甚至可以有蓝颜知己或红颜知己,但有一条底线不能逾越,那就是两情相悦的止损点:彼此忠诚。如果一方不忠诚,另一方可以容忍到何种程度是因人而异的。有的完美主义者一次都不能原谅,尤其是自身条件比较好的男女。有的可以原谅一次,或者原谅一个,第二次或者第二个就到达爱情破裂的止损点即底线了。底线一旦碰触就会由爱转恨,"便作春江都是泪,流不尽,许多愁"。(秦观《江城子》)

忠贞专一也是爱情的属性。爱情与友情不一样,爱情是太阳,多一个则太热,大地万物生烟;少一个则太冷,世界冷寂冰封。友情是大海多一滴它未必宽广,少一滴它同样浩瀚。爱情容不下身心背叛,背叛之日也是爱情结束之时。如果没有养成忠贞的习性,最好不要妄称"爱了",免得自虐自己也伤害别人。社会上确有一部分人动物的本能比较多,天生的多情种,像一道流动的风景,不断地恋不断地分,每一段都倾心投入,但没有确定性,没有稳固性。自以为很有魅力风流倜傥,其实很不自知,不知道自己究竟喜欢什么样的人,不知道将自己的情安放何处,四处游走,看似处处有爱,其实无处安心。风流韵事无法填补他心灵的空虚,多情者必至寡情,难以持久的情,类似动物的冲动。无情未必真好汉,然多情自古空余恨。在某种程度上对爱情的忠诚与否是衡量一个人心理健康的标准,尤其在爱情上处于主动地位的男子。

如何评价一个男人,可以从两个层面考察:一是可靠度,二是可爱度。可靠度是前提,如果一个人不可靠,再可爱也没用。可靠度分为心理健康和身体健康。(1)心理健康。一个男人有宽厚的心胸,可以承担女人的撒娇和唠叨,可以承担生活的坎坷和劳累。这取决于责任心,男人有责任性就会有深度和宽度,男人没有责任心是男人的致命伤。(2)身体健康。一个整天病病歪歪的男人,一个整天去医院的男人,一个整天喊我这疼我那疼的男人,一个没有生活规律烟酒无度不爱运动的男人同样缺少魅力。身体好才能追求事业和激情,才有能力给妻儿幸福和满足。男人可以不高大,但一定要强壮;男人可以不强壮,但一定要健康。当然如果一个人只有可靠,缺乏可爱,平平淡淡的生活时间长了也会厌倦。所以男人还要学会将可靠度与可爱度适度地融合。

可爱度分为:(1)进取心。无论学业还是事业,都执著不怕苦,有勇气有毅力去争取,不懒散浑浑噩噩。(2)有头脑。善于思考生活,思考人生,有敏锐的洞察力和独立思考能力,不随波逐流,有自己的主见和信念。(3)有品位。生活的品位在于细节,细节彰显审美。如穿衣搭配,办公室布置,生活用品选择,生活情趣追求等。当然男人的终极品位是选择一个什么样的妻子。因为选择了什么样的妻子就等于选择了什么样的人生。蒋介石遇见宋美龄后,其他女人都不在眼里了。周恩来的男人魅力无人能比,无论才干、见识、气质和外貌都是世上无双,他的身边不乏美女才女,但他选择了忠诚坚定通情达理胸怀开阔的邓颖超,一辈子志同道合恩爱有加,没有子女没有积蓄,把毕生都献给了祖国和人民,连骨灰都不留。篮球明星姚明喜欢叶莉的低调淡定;导演冯小刚钟情徐帆的善解人意温婉可人。香港制衣大王邢李源二任妻子都是大美女,跳芭蕾舞的张天爱和电影演员林青霞;克林顿的妻子是光彩照人能力出众的美国国务卿希拉里,昔日总统配今日国务卿,无与伦比。俗话说女怕嫁错郎,男怕选错行,其实男人的最大软肋又何尝不是选错伴侣。选择什么样的妻子从二分之一意义上决定了男人生活的格调。

那么选择生活伴侣有什么共性吗?尽管每个人都有自己的感情过滤器,但在选择上还是有相似性,就如超过百分之八十以上的女人都喜欢高大魁梧稳健有安全感事业心的男人,百分之九十以上的男人都钟情美丽贤惠有气质有教养的女人。这也是社会的审美价值观主流,促使着年轻人往这些方向去增强自身魅力。

2. 维系婚姻底线:情感和经济双忠诚

如果发现一方感情出轨,可以从经济上鉴定他对家庭是否还牵挂,如果经济上也肥水外流,不再承担家庭责任义务,那貌合神离徒有虚名的婚姻就缺乏存在的必要了。

婚姻与恋爱不一样,恋爱是包装的,婚姻是全裸的。恋爱生活在虚拟的世界,把最美的东西给恋人看,说话有礼貌、讲修养,办事求效率、能办的事马上就办,倾其所有、投其所好,不需要碰触柴、米、油、盐,抚养、赡养、进项、支出等问题。婚姻生活在现实里,许多具体问题必须天天面对,如经济收入的高低,家务劳动的付出,生活习惯的碰撞,社会地位的变化,双方家庭以及老人小孩的需要等等,一项处理不当或者一方没有姿态,都有可能产生矛盾和纠纷,影响平静和谐的婚姻生活。另一方面,人是自私的,二人在一起生活不是把自己的一切都抛出去,什么都不要了。在家庭里,每个人都想留点地位、面子、私密、尊严,不少年轻夫妇由于这两点把握得不好使自己的婚姻走进了"红灯区",即使不离,也很痛苦。此外,两个恋人分手,只是精神的分手;而一对夫妻的分手,不仅是精神的分手,也是物质的掰分,如果有小孩更是骨肉的分离,这种物质、精神和牵挂的分离,有时会纠缠一生。

恋爱与婚姻均有得失,恋爱轻松浪漫,但缺少稳定性;婚姻琐碎平淡,但安全踏实;恋爱时两个口袋,都愿意拿出,结婚后一个账簿,都担心对方是否少入账。婚姻以感情为基础,但感情和物质之间的不当处理都会影响婚姻生活。处理物质利益与感情之间的微妙关系,可尝试用"模糊的计算"方法。如果二人都全心全意为家,矛盾一般不会恶化,如有一方移情别恋,潜伏的矛盾就会大爆发。如何避免碰触底线,需要学会经营爱情,管理婚姻。2010年热播的电视剧《婚姻保卫战》给了人们很多思考,但关键还是夫妻双方爱情的温度和做人的秉性。有责任心的人有较强的免疫力,缺乏责任心的人失去自控力。有的人恋爱期间可以做到忠贞,结婚后要求对方对自己忠诚,而自己却开始失控,这就容易滑向爱情毁灭的边缘,到头来自作自受自食苦果。忠诚是双方的义务,没有擦边球可以侥幸。

古代女子卓文君,一个美丽聪明,精诗文,善弹琴的有品位女孩,可惜17岁便在娘家守寡。司马相如,一介书生,好读书,善弹琴,风流洒脱,文章写得漂亮,特别擅长写赋。司马相如与名流王吉是好朋友,王吉曾对他说:临邛首富卓王孙有个女儿卓文君,生得聪明无比,美貌无双,如今在娘家守寡,与相如你是天生的一双。相如暗生情愫。一日卓王孙宴请官员文人,司马相如也被邀请之列。席间众人要求相如弹奏一曲,司马看到竹帘后面有一个影影绰绰穿白衣服的女子在听琴,知道是卓文君,就施展自己高超的琴技,弹起了一曲凤求凰,通过琴声,向卓文君表达了自己求爱的心情。原来,卓文君也早闻司马相如的才情,迫于礼仪规矩,只能在屏风后见识这位大才子。她本来就喜爱音乐,深懂琴理,听出了琴声中的意思。而宴席上的宾客,当然听不出个所以然来,只是为了恭维司马相如,一味地拍手叫好。

司马相如回去以后,就用钱买通了卓文君的仆人,通过仆人送给卓文君一封求爱信。卓文君接到求爱信激动不已,但她知道父亲不会同意这门亲事。便在一天晚上,偷偷地跑出来,投奔了司马相如。后司马相如被举荐做了官,一人久居京城,产生了弃妻纳妾之意。而千里之外的妻子文君独守空房,日复一日年复一年地等待着丈夫归来。终于某日,司马相如给妻子送出了一封十三字的信:一二三四五六七八九十百千万。聪明的卓文君读后,泪流满面。一行数字中唯独少了一个"亿",无亿?曾经患难与共,情深意笃的日子竟然忘却?!她,心凉如水,怀着十分悲痛的心情,回了一封《怨郎诗》。其诗曰:一别之后,二地相思。只说是三四月,又谁知五六年。七弦琴无心弹,八行书无可传,九曲连环从中折断,十里长亭望眼欲穿。百思想,千系念,万般无奈把君怨。万语千言说不完,百无聊赖十倚栏。重九登高看孤雁,八月仲秋月圆人不圆。七月半,秉烛烧香问苍天。六月伏天人人摇扇我心寒。五月石榴似火红,偏遭阵阵冷雨浇花端。四月枇杷未黄,我欲对镜心意乱。急匆匆,三月桃花随水转;飘零零,二月风筝线儿断。噫,郎呀郎,恨不得下一世,你为女来我做男。司马相如看完妻子的信,不禁惊叹妻子之才华横溢,遥想昔日夫妻恩爱之情,更羞愧万分。从此不再提遗妻纳妾之事。这首诗也便成了卓文君一生的代表作数字诗。卓文君是聪明的,她用自己的智慧挽回了丈夫的背弃。她用心经营着自己的爱情和婚姻,终于苦尽甘来。他们之间最终没有背弃最初的爱恋和最后的坚守,这也使得卓文君与司马相如的故事千转百回,成为历史上的爱情佳话。

3. 追求对象的底线：尊重对方不强求，不以破坏对方生存环境为要挟

一个人钟情某个异性可以勇敢追求，但必须注意方式和期限，不能不择手段，无休止地骚乱对方。如果对方决然拒绝或已有男友或已经结婚，应当停止追求。否则就会破坏被追求者的幸福而顿生怨气，也失去了爱的本意。

2009年5月24日晚南通职业大学女生李娟在校园内惨遭硫酸毁容，凶手是曾经追求过李娟的男生刘斌，两人相处七月因性格不合已经说好分手，但男生心有不甘出如此绝招。一个身高1.75米，相貌美丽，成绩优异，性格开朗，深受老师和同学欢迎，被誉为校花的女孩就这样给毁了青春人生。当然刘斌的青春岁月也将在高墙内度过。全国各地因追求不成而失去理智伤害对方的案例不止个案。

广州日报披露：2009年8月云南昭通市镇雄县泼机镇纪委女书记吴春菊在忍无可忍无法正常生活情况下刺死追求者宋驷，后当地人民法院以故意伤害罪判决吴春菊有期徒刑7年。宋驷长期追求心仪已久的吴春菊本无可厚非，但在遭多次拒绝且吴春菊已有结婚对象情况下宋驷仍像幽魂一般折磨女方，阻挠吴春菊追求幸福的权利，破坏她的爱情生活，吴春菊觉得生不如死，许多人在那一刻都会突破防线。

吴春菊父母都是地地道道的农民，吴春菊在家排名老五，自小长得很漂亮，吴春菊上大学时谈了恋爱。正当他们谈婚论嫁的时候，泼机镇兽医站职工宋驷突然闯入。他经常给吴春菊男朋友发短信诋毁吴春菊，同时宋驷总用一双色迷迷的眼睛贪婪地望着她，甚至在无人的时候用身子对她进行摩擦、碰撞，进行骚扰。宋驷的骚扰致使吴春菊婚姻失败。在2009年7月30日，积压已久的怨恨爆发了，吴春菊用西瓜刀将宋驷刺死。

吴春菊是一个优秀大学毕业生，镇纪委书记，是通过层层选拔走上这个领导岗位的，应该说具备了必要的心理素质和一定的法律知识，非到忍无可忍是不会铤而走险持刀杀人的。同时，吴春菊作为一个闺中待嫁的女孩子，自然希望自己能够得到一份美满的姻缘，但宋驷长时间的死缠烂打，让吴春菊的感情生活大打折扣，似乎无以摆脱，不动刀不足以平息心中的怒火。当然吴春菊拒绝爱的方式不可取，这样做失去理智两败俱伤。而宋驷跨越底线的追求也不可取，不仅失去自己的尊严，也让对方深恶痛绝。当一颗心不再相信另一颗心，你如何让她握紧你的手，接受你的橄榄枝。

性是美的，情是灿烂的，爱情可以带来极乐也可以带来悲情。爱情影响着人生也历练着人性。爱情收获于两情相悦之间，爱情是要互动的，双方自愿，相互爱慕、相互追求。哲学家周国平认为：亲密有间的爱情才爱得长久，捆绑式的爱情会让人窒息,迁就式的爱情失去本性,亲情式的爱情特别温暖美好。

(四)大学生谈恋爱礼仪:问世间情为何物,直教人生死相许

再激情澎湃的爱情也要遵守礼仪礼节,否则会情殇校园。大学生谈恋爱要注意三点:

第一,尊重对方的独立人格和意志,避免把对方管得特别死,无论是朋友还是恋人,都要给对方相对自由的空间,愈是信任愈是自觉。当然给了自由,不能超越底线玩三角恋,要珍惜彼此的感情,不能滥用自由。男孩子不要以同居才是真正的爱情为由强迫女孩子跨越雷池,要尊重对方的意志和底线。人生有很多阶段分界线,到什么时候做什么事,什么是主要的什么是次要的,是需要选择和把握的,这是人生的大智慧。上大学的主要任务是完成学业获取将来立业成家的本领,高校象牙塔如果世俗化琐碎化,大学校园成为风月场所,还叫科学的殿堂吗?还有心思苦读书吗?年轻人在为自己的青春增加燃料的时候,不能放纵自己在肉欲中消磨时光,避免偷吃禁果,今天的理性是为了明天的灿烂,把握爱情的尺度,做一个善于底线管理有尊严的人。女孩要明白,性应该是用最私密的语言实现的最完美的爱情状态,它是神圣而庄严的,安全而放松的、甜美而满足的,而不是提心吊胆偷偷摸摸担惊受怕的。爱情如果必须违背意志担惊受怕,已经不是一份健康的爱情。俄国作家陀思妥耶夫斯基说过:把身心交给一个你自己并不尊重的人,这是可怕的。用自食苦果而换来的这份情,不会长久。

第二,把握相处的尺度,做到感性与理性的和谐一致。俗话说距离产生美,再亲密的关系一天到晚粘在一起也会厌倦。大学读书时间有限,恋爱只是人生的一道风景,不要为此错过其他风景。完成学业提升实力,是收获爱情果实的阳光雨露。俄国哲学家车尔尼雪夫斯基说得好:"爱情的意义就在于帮助对方提高,同时也提高自己。唯有那因为爱而变得思想明澈、身手矫健的人才算真正爱着"。俄国作家别林斯基说:"爱情是两个相近的灵魂,在无限感觉中的和谐交融,是在生活及忠实、善良、美丽事物方面的和谐与默契。"北京师范大学教授于丹说:爱是化合反应堆,爱是两个人之间的一种场,这种场必须是蓬勃的、健康的,永远都在建设之中的,就是说他会有一种新奇,有一种创造,他让你觉得在这里面你这个人还在不断往一个更好的境界上走,这是一种大爱,所以仅仅有小爱,两个人之间就会计较,就会进行干涉。如果你有大爱的话,这个爱就会建设,它就会走得更明亮。

2006年中国作家协会主席著名女作家铁凝和燕京华侨大学校长经济学

家华生先生结婚了。朋友们都非常高兴,祝愿他们人到中年终于等到意中人。铁凝说,我一直记着冰心老人给我的话,"你不要找,你要等"。她的话在我听来充满禅机。就是说对爱情要有耐心,否则宁愿没有,不要一个凑合的婚姻。婚姻跟人的好坏没关系,好人非常多,但他不适合你,可能你也不适合他,这就是情感的难处。对爱情永远不要放弃自己的期待。华生先生说:当你内心有你的情感标准,你等待,寻找,追求,然后你又确实被命运指引,有机缘相遇的时候,你对爱情的预设和标准就都变活了。说明爱情有时需要感性也需要理性,需要进攻也需要等待,需要狂热更需要耐性。

第三,约会基本礼仪:

(1)约会时注意礼貌礼节仪容仪表仪态风度,这不是虚伪,这是对对方的看重,也留下美好的印象。外表风度在恋爱中的吸引力占据50%以上,这是人性的需求。

(2)交往费用共同分担,为你所爱的人埋单。上大学彼此都没有生活来源,主要靠父母支援,约会费用主张共同承担,如果不愿与对方天长地久不要随便化对方的钱。这是一个人格问题也是安全问题。听讲过一个故事:夫妻俩送女儿到北京上大学,每月给多少生活费呢,他们没有事先决定,想看看女儿同宿舍同学的生活水平再做打算。女儿宿舍四个同学,一个家境优裕每月一千多,一个家庭贫寒,每月二百都困难,另一个叫娇娇的同学家里每月给六百。夫妻俩觉得符合自己工薪阶层的水平,于是决定也每月给女儿锁定在这个数字上。两个月后有一天父亲给女儿打电话,说钱够花吧,并嘱咐说:"想买什么就买什么,别亏了自己。也别和人家老板的女儿比,你只要和娇娇保持同等生活质量就行了。"女儿听了,半天不吭声。父亲觉得奇怪问:"怎么了?"女儿犹豫了一下,说:"爸爸,我不知道应该说还是不说。"父亲说:"有什么事情快说,爸爸帮你分析,提建议。"女儿说:"娇娇和我一样,每月家里面也是给600元。但是她的生活质量比我高。她每天都有零食吃,每周去一次麦当劳,有时候还能去必胜客。"父亲一算,这样的话,600元根本不够花。"她是不是去打工了,你不要去,耽误学习。"父亲急忙说。"没有,她没有去打工,是在谈恋爱了。有一次她约会回来对我说。其实她不喜欢那个男生,只是喜欢他替她埋单而已。我们班上也有几个女生也是一样的。她们还嘲笑我,说我傻。可惜了这张脸,如果她们有像我这样漂亮能吸引男生的脸。根本不用向家里要钱。她们会找到愿为她们付费的长期饭票……"父亲愕然。第二天他给女儿的卡上存了700元钱,又回家发了一封邮件,他在邮件上写道:亲爱的女儿,从这个月起,爸爸妈妈每月给你700元的生活费。多出来的100元,你可以买零食,去麦当劳,必胜客。还有,如果你某一天喜欢上哪个男生,开始谈恋爱了,请一定要告诉我们。爸爸妈妈会每月再给你增加100元,作为恋爱经费。你要学会为自己所爱的人埋单,这样你才有资格得到一份有质量的爱情。这是一个高情商高智慧的父亲,他的女儿必定会获得一份真正的爱情,不会为了有人埋单去接受恋爱,为了排除寂寞而尝试恋爱,为了虚荣攀比而进行恋爱,最后成为爱的奴隶。

如何判断一个好女孩,对男孩是不是真心的,只要看她在和男孩外出时是不是拣最贵的买,挑最高档的吃,什么好买什么。好女孩懂得分担,懂得生活的不容易,懂得不让对方太破费。

2005年5月14日中午,浙江某高校一漂亮女生和同学在食堂吃饭,走出食堂门口下楼梯时,突然冲上来一个男生,手里那着一把刀,喊着"你为什么要骗我!你骗我!",就往那女生脖子上砍,女生从楼梯上滚了下来,当场死亡。后来人们才知道他们曾经是恋人关系,女生花了男生很多钱,现在遇到条件更好的要和他分手。原先老实敦厚的男生愤怒得失去理智,不该发生的事情发生了。那个男生在遗书中道出了他杀害女友的心理动因:我受够了,我真的受够了。三年的时间,每天帮你打水、打饭、占座位。我家本来就很困难,每逢情人节和生日我都要给你买很贵重的礼物。只要能看到你的笑容,我比什么都开心。我还记得那一个冬天的晚上,我在12号楼下拿着一个月的饭钱买来的玫瑰花等了你整整4个小时。在我看到你的那一刻,一直煎熬着我的紧张焦虑担心和失落全都消失得无影无踪。以后每每听说你和别的男生去跳舞、去K歌,只要想起那天晚上你在我脸颊上的吻,我就可以什么都不在乎。毕竟,我现在没有能力给你那些,所以没有资格阻碍你去享受。我原以为只要我努力对你好,总有一天你会明白我的心意。可是...这一切都随着那个男人的出现烟消云散。我永远也忘不了那天撞见你在他的保时捷上缠绵的情形。你居然搂着他介绍说我是你的普通同学。当时我的心就像被岩浆泡过再被投入冰窖当中。我恨你恨你恨你!我要报复,虽然我不能拿回我的爱情,但是我要拿回我的自尊!2010年4月安徽合肥某大学也发生类似案件,一大三男生刺死某女生。顷刻间恋情变成悲情,幸福化为乌有。当爱情超越艰辛的底线,天使常常会变为魔鬼。所以一方面要避免玩偶般的逢场作戏,另一方面当你一次次地包容对方的傲慢任性,原谅对方的背叛无礼,还不能挽留变心的恋人时,要学会理智地承认对方并没有很爱自己。当发觉理智一点一点回到自己内心时,证明你也已经不再那么爱他了。这样可以洒脱轻松地从头再来。上帝赐予我们眼睛,那是有更高尚的用途。

(3)态度明确坦诚交往。准时赴约大方诚恳,少问对方隐私,如家里经济状况,父母关系,初恋经历等,他愿意告诉你说明已很看重你。要了解对方不妨先谈自己,可以先谈家乡,谈专业,谈你新近看的一本书,谈体育文学爱好等,适当表现自己的长处如幽默、机敏、勇敢的故事。抓住恰当的时机,巧妙表白,关怀体贴。有哪些必须了解:他/她是不是你欣赏的那类人,他/她的修养才气情趣,他/她的价值观、家庭观(是否孝顺父母这点特别重要)、金钱观、交友观、生活习惯,他/她的性格大气还是狭隘,斤斤计较还是胸襟宽广,会不会主动道歉,能不能同甘共苦,处事是否有自制力,感情是否专一等。一个女孩光漂亮不够,还需要拥有一点艺术气质,一点不食人间烟火的优雅。漂亮只能吸引男人一时的眼光,优雅则能赢得男人长久的倾慕。男人一般不喜欢太实际的女性,薛宝钗和林黛玉的区别不是外表上的,是世俗气和艺术气的区别,所以宝玉更喜欢黛玉。但女人艺术气质不能过浓,浓到与现实格格不入,这正是林黛玉不幸的根源。男人深沉沧桑一点会给人一种可靠可信的感觉。年轻是女人的通行证,沧桑是男人的信用卡。

　　总之在现代社会,两性之间发生肉体关系不难,而产生爱情很难,最难的是要经受住岁月和荣辱的考验。新东方教育科技集团董事长兼总裁俞敏洪说:在大学里面谈恋爱的多,成的少。在大学中那些漂亮的女生是恋爱率最高的人,她们一般会有英俊潇洒的男友;可是她们又是受伤率最高的人,因为那些风流倜傥的人却不是陪她们走到最后的人。一个女生只是看上男生的英俊的外表而找他这叫好色;而男生是因为女生的外表而看上她这叫做审美。现在男女之间的恋爱,总是答应太快,结果分手也快。人性的规律是容易得到的就容易放弃。凡是通过努力得到的,不管是感情还是物品,都会使人顿生珍惜之感。所以在感情上,当有人追求你时,需要有一些矜持,即使心里很爱她/他,也需要给追求者时间和难度,这样两人走到一起才会珍惜感情、地久天长。

　　哲学家周国平说:爱情不是一件风流的事情,它实际上是两性之间最严肃的一件事情。如果你真在爱了,你必然是非常投入的,你的灵魂是在场的。只要你真在爱了,你必定是认真的,你是会很在乎的。如果你不在乎,说明你一定不是真在爱,你没有真爱上那个人,你只是跟她玩玩,你当然就不在乎了。她跟别人玩玩也没有多大关系,因为你也是跟她玩玩,你可以不在乎。但是,如果两个人互相真是爱了的话,互相一定是在乎的,一定是认真的,而且一定是会有失败的危险的,一旦失败了,就一定会受伤的,这种创伤很可能是终生不愈的。所以,这是很严重的事情,不是开玩笑的事儿。风流韵事灵魂是不在场的,内心深处是不认真的。两个人之间产生了非常美好的爱情,每人都觉得遇到了自己真正的另一半,这是人生的莫大幸运。

真正纯粹的爱情只有现在,只有当下,爱不问过去,不问未来你能给我什么。过去已成历史,未来还没有发生,为未来而爱就多了一份功利的世俗。爱情也不问因果,一问因果便落俗套。为什么爱?最好的回答就是因为爱所以爱。爱的最高境界就是把一瞬间的感觉变成永恒。2010年张艺谋导演的影片《山楂树之恋》或许为当代年轻人提供了一个如何对待爱情认识爱情的参考。影片中有几句对白感人至深:"你活着,我也活着。你死了,那我也就彻底死了。""我不能等你一年零一个月,我不能等你到25岁,但我能等你一辈子。"受那个年代压抑又彼此深深爱恋的一对年轻人,不能相守只有相思,不能相拥只能相望,他们从不埋怨,只愿对方过得好,只愿默默地为对方付出,最后他们用生命兑现了爱情的承诺,然是那样的伤感,那样的悲戚无奈。《山楂树之恋》表述了宁静、深沉、低调、浪漫、没有任何物质感和功利性的感情,观众们感动怀念的同时,也深深地为那个年代遗憾愤慨,年轻人相爱天经地义为何阻拦,对爱情的扼杀是对人性的最大残忍,是社会的愚昧封建不人道。愿爱情之树自由地生长,愿真正的爱情之花开在每个人的心里。

第七章 家人亲属相处底线

【生活篇】

  家人也叫亲人，特指与自己有血亲关系的人，即直系亲属，如父母、子女、兄弟、姐妹、伯父、叔父、伯母、婶母等。本章所指的家人亲属关系只限定父母与子女关系。
  家是每个人心灵温暖的港湾，亲人是人们最终的牵挂。人人都想有一个属于自己的家，无论这个家多么富有，多么贫穷。子不嫌母丑，狗不嫌家贫，家总是让你魂牵梦绕的地方。漂泊在外的学子更期待着学成回家，有了这个家再苦再累也心甘情愿，有了这个家，天涯海角也要赶回去。有父母就有家，有子女才叫家。父母是孩子的依靠，子女是父母的牵挂。家能包容一切，无需掩饰和伪装自己，家是一盏永远不熄的灯，永远等候着你。有人说家不是个讲理的地方，在这儿没有真理和原则，有的只是包容和爱。但我们要说家人的包容不是没有边际的，她也有底线的。如果说朋友相处的底线是共享，同事相处的底线是共存，那么家人相处的底线是共爱。爱是需要回流的，人际交流是双向的，父母对子女无私的爱是带着一定底线的：你可以不在物质上回报，但你要给予精神上的慰藉；你可以不孝顺，但不能缺德到虐待父母；你可以不给父母安享优裕的晚年，但不能侵占父母的财产，破坏他们原有的生存状态。同样子女对父母的孝道顺从也有忍让的底线：我可以接受你们的管教，但不能侵犯我的隐私；我可以承担赡养义务，但父母不能要求我同时承担兄弟姐妹的生活来源；我可以给大家庭一些资助，但不能因此而强占我辛苦挣下的财产，等等。父母与子女这对最亲近最不计较的关系，事实上也是有期望值的，如果心理上的期望落空，底线会突破，爱会减退，关系也会疏远。

一　家人亲属相处的特点

亲子关系是我们每个人来到世间的第一个人际关系，它对每个人的身心健康是最重要的。孩子降临于世，给予他生命的人升为了父母，于是一个小家庭完整了，人生的责任更重了，家庭的功能和关系也变得繁杂了，由单纯的夫妻二点线性关系变为三点的平面关系，父母与子女永久的亲子关系也开端了。家人相处是一门最有特色的学问，清官难断家务事，家家有本难念的经。俄国大作家托尔斯泰有句名言：幸福的家庭都是相似的，不幸的家庭各有各的不幸。这说明家人相处还是有共性特征可循的。

（一）依恋性

子女与父母的依恋关系来自人的天性。孩子出生因生命成长的需要天生依恋亲人，因为没有母亲父亲的喂养和照料，新生儿便无法生存下去，这就促使婴儿对母亲父亲产生依恋。依恋是人类最初始的也是影响最深远的一种情感，是生命成长不可缺少的环节，是几乎一切社会情感发展的基础。它通常在孩子五六个月至十个月明显地表现出来，而在一岁半至两岁半达到高峰。如果不是孩子大脑或身体发育有缺陷或障碍，不出现依恋的原因便是亲子关系出问题，例如，母亲和父亲并不爱孩子，很少接触孩子，不爱抚孩子，不跟孩子交流情感等。或父母工作繁忙无暇抚养孩子，交给祖父母、外祖父母或别人家养育或频繁地更换代理抚养人，也会使孩子无法产生依恋。从来没有过依恋感的孩子长大后可能成为只顾自己而对别人毫无感情的人，也可能成为缺乏安全感或对人过分猜疑而不信任的人，还可能成为具有破坏性和攻击性的人。所以父母要满足孩子精神和物质上的成长依恋需求。如一位母亲在孩子9岁时夫妻离异，她很要强，为了有更多时间赚钱，把孩子送到全寄宿学校读书。谁知半月后，老师打来电话让她去学校，说孩子精神状态不好，不吃饭也不做作业，好像有什么心事。她很吃惊，约了一个女友立即赶往学校，看到孩子便问：你为什么不吃饭不做作业？你知道妈妈有多辛苦吗，妈妈赚钱就是为了你啊。儿子不说话，光看着妈妈哭。一起去的阿姨于心不忍，就问孩子：你告诉阿姨原因好吗，阿姨跟妈妈说。儿子流着泪说话了：我想妈妈了，我就想让妈妈来看我,和我说说话。这时母亲搂着儿子泪流满面,她明白了孩子对母亲的依恋是物质和精神双重的。正因为儿女对父母的依恋,让父母对儿女的爱变得更加无微不至,强大而充沛。俗话说"天上太阳,人间母爱"。再多的物质玩具也代替不了母亲的拥抱和关怀。光有母爱是欠缺的,"父爱如山,母爱似水"。说明父爱与母爱各有特点,一个都不能少。母亲的和蔼慈祥,父亲的深沉执著,都在潜移默化影响着孩子的性格和品质。母爱如春雨滋养大地,绵绵不断,情深谊长,无私给予,倾情奉献。惠特曼说:"全世界的母亲是多么的相像!她们的心始终一样,每一个母亲都有一颗极为纯真的赤子之心。"父爱如山,坚强如刚,勇敢机智,沉着理性,父爱是一种力量,这种力量会支撑子女一生自尊自强。这就是亲子依恋关系产生的无私性和亲切性。

父母对孩子的依恋更多的是精神上的需要。孩子是父母生命的延续,人生希望的拓展,精神的寄托和安慰。父母在孩子身上的投入和付出是一种责任也是一种精神鞭策,孩子的到来让自己的工作赚钱变得更有动力,让自己的自然属性和社会属性更加满足,让自己的生活更有目标,内容更加丰富。等孩子长大成人后,父母又希望孩子平平安安,事业有成,给自己一种荣耀和慰藉。有一位儿子大学毕业,事业有成,但他在外地忙于工作,不能常回家看独居的母亲。于是每月会从邮局汇一笔钱给母亲,希望母亲物质上得到改善、满足。后来他觉得每月汇钱太费时间,于是一下子就把一年要邮的钱都汇了过去。谁知没多久,那笔钱又寄回来了。儿子同时还收到了母亲托邻居写的一封信。母亲说,"每次收到你的汇款单,我和村里的邻居都要高兴好几天。当邮电员叫妈妈领汇款单的时候,邻居们都会聚拢来,说你的好,说你小时候的故事,这时是妈妈最开心的时候。现在你把一年12个月的钱都一次汇来了,那还有11个月妈妈怎么办哪。现在退回去的钱我希望你在今年余下的每月能如期寄给我,也让我和邻居每个月都有好几天的喜欢与满足。"儿子恍然大悟,虽然自己每年寄一次钱减少了麻烦,但是,他给母亲的欢乐却大大减少了;反过来,如果增加自己寄钱的成本与时间,却可能大大增加母亲的快乐与心灵的满足。后来儿子进一步了解,其实母亲并没有花费自己汇去的钱,母亲都把它存到银行里了,说是以后给儿子办大事,母亲要的只是儿子的记挂,这就是父母对子女的依恋。

(二)代沟性

代沟是指子女在走向社会的过程中,背弃父母原有的观点,有了新的见解而造成的思想观念、行为习惯的差异。代沟往往因为年龄或时代的较大差异而形成。一般说来,年老者较保守,以不变应万变,而年轻者较激进,好尝试新异,在心理态度上有所不同。再加上上一代与下一代往往相差20年以上,从时间的观点说来,其所接触的社会及生活经验往往不一样,价值观也不一样,因而容易产生亲子之间对事情的看法之差距,被称为"世代差距"。这是古今、中外、东西方社会里普遍存在的心理现象。孩子的世界与成人截然不同,父母不能以自己以前的生活观念、价值观强求孩子,孩子也不能要求父母满足自己所有的想法。年龄不等的人,生活圈子不同,接触的事物、人物各异,故思想方法和行为都会有差别。如果这种差别不加以改善而让它扩大,两代人之间便会形成一堵无形的墙,误会便容易产生,这就是"代沟"。西方社会认为代沟是科技发展之快速造成的老一代与新一代在技能上的代际差异。在当今中国的绝大多数家庭,子女与父母之间在经济观念、爱情婚姻选择、学习理念、职业理念上都存在差异。

中央电视台有一期对话节目的嘉宾是一位参加过选美的小姐。主持人问:"现在很多人认为,选美是一种低级的活动,参加选美的人不过是一些花瓶,你怎么看?"这位漂亮的姑娘回答:"是的,包括我的父母在内,他们一开始就反对我参加。但我不这样认为,我觉得做一个花瓶没什么不好,我的理想就是做一个花瓶!"那位女孩的坦诚勇敢足以让她的父辈吃惊,敢于承认把"当一个花瓶"作为人生抱负只有80后、90后才敢大胆追求。这就是时代的烙印。

有二则对话很能说明父与子思维上的隔阂。父子二人经过五星级饭店门口,看到一辆十分豪华的进口轿车。儿子不屑地对他的父亲说:"坐这种车的人,肚子里一定没有学问!"父亲则轻描淡写地回答:"说这种话的人,口袋里一定没有钱!"

小男孩问爸爸:"是不是做父亲的总比做儿子的知道得多?"爸爸回答:"当然啦!"小男孩问:"电灯是谁发明的?"爸爸:"是爱迪生。"小男孩:"那爱迪生的爸爸怎么没有发明电灯?"父子就是这样的互不服气。父辈总认为一代不如一代,总爱用教训的口吻训诫儿女,儿女们又会对父母的循规蹈矩传统保守不屑一顾。历史总是这样,每一代人都对下一代人不满,但是下一代还是接了上一代的班,然后又获得了批评下一代的资格。21世纪的父母不能去做现代"九斤老太",也不能以一种落伍陈旧的价值标准和预设的立场去评价"看空"新一代。儿女们在成长过程中固然有各种各样的不足,但父母就没有问题吗,面对高科技常常需要文化反哺。社会在发展,时代在变化,出现一些代沟在所难免。因此,掌握话语权的父辈不要用放大镜去扫描孩子身上的不足。儿女们也不要将代沟作为排斥长辈教诲的遁词,父辈的人生经验是珍贵的良药,是用岁月熬制的，听不进是不懂礼数，也会使父母伤心。双方都要正视代沟的存在，又要努力从自我改良做起去消弭时代留下的缝隙，不能让代沟日益增高成为亲人之间一堵无形的厚墙。

(三)迁就性

迁就性是亲人关系很明显的一个特点，许多人认为亲情是不需要任何理由设边界的，家人之间不必争得面红耳赤，家人之间常常没有原则。孩子小时候常常是父母迁就子女，父母老的时候是孩子迁就父母。对这种迁就性台湾师范大学曾仕强教授比喻得很形象：西方家庭好比有限公司，中国家庭有如无限公司。西方家庭父母对孩子的要求是有条件的，你要获得必须付出，比如要零用钱必须做家务、修剪草坪；中国父母对孩子是有求必应，无条件满足，让孩子感觉只要撒野任性就可以得到。这种无限公司式的没有边界的爱其实是孩子的"温柔陷阱"。这种陷阱隐藏着三种常见的恶果：

第一，养成依赖习惯。对父母严重依赖，孩子不能接受独立，必须和其他人黏在一起，必须通过其他人对自己的在乎，才能觉得自己有价值，他们先是依赖父母，而后依赖同学老师，工作依赖领导同事，成家依赖配偶子女。他们是家人的地狱，因为他们只知道提出要求，让别人关注自己，却对别人的感受视而不见。久而久之，他们养成了自私自利的自我中心主义，这会导致他们严重缺乏同情心。他们习惯了愿望立即被满足，没有学会愿望的满足需要时间，需要依靠自己的努力去实现。

第二，对孩子心理健康危害很大。一味迁就一方面容易使孩子形成固执骄傲、唯我独尊的乖张个性，缺乏抗挫折的能力；另一方面，限制了孩子的独立意识，压抑了孩子的创造性和进取精神。过度去保护孩子，时间长了，孩子会觉得什么事情都不需要自己去做，在他的意识里，父母会为自己做好一切，依赖心理就这么滋长起来了，孩子主动去做事情去探索世界的积极性同时被扼杀了。父母用无条件无原则的爱为孩子铺好要走的路，使孩子逐渐丧失了自己开路的能力，在遇到困难的时候，往往垂头丧气甚至无法承受一点小小的挫折。一遇到不顺心的事情就大发脾气，不懂得体谅他人。英国教育界有句名言——"溺爱的双亲应该记住：每样事都替孩子做，不希望孩子做什么事，这是对他有害的。孩子通常不需要娇养，他们要能尽职负责；过度的溺爱与娇养其结果是侮辱。"([英]利斯)。

第三，过度的迁就是对孩子创造力的扼杀。事实上，孩子最原始的愿望是想通过自己的努力来满足自己的好奇心和需求，所以在还不会讲话的时候，便会用表情和声音传达出他的兴趣点。这种与生俱来的好奇心是产生成功欲望的一种动力,而父母过多的干预,过分的保护,逐渐地扼杀了孩子认识世界的积极性,让他懒于去实践,去追求,因为一切只要跟父母撒撒娇就可以轻松实现。那么一个没有独立意识,个性霸道乖张,以自我为中心,缺乏创造力的孩子,父母会喜欢吗?!本想给孩子最如意的生活,结果反倒为孩子的成长生涯徒增麻烦,所以,事实证明迁就不是没边,迁就是有界的。对有利学习健康成长合理的要求不仅要答应顺从,还要鼓励支持;而对不合理、助长坏习惯的要求不能随意迁就。这样反而会促使孩子的自立自强能力。美国著名作家马克·吐温曾说:一个健全的男孩子,一生之中总有一个时期,会热烈地盼望前往某个不知名的地方,去挖掘埋藏已久的宝物。那么就让孩子自己去探宝吧,适当指引就好。

(四)长期性

孩子与父母的联系是终生的,想要脱离也无法脱离。我国婚姻法也没有关于父母与子女可以脱离关系的规定。即使父子母女关系不好,子女长大不听父母的劝告与人私奔或自行同居结婚,最后吃了亏无依无靠时求助的还是父母,还是要回到父母身边。那些因父母离异归一方抚养的孩子,与不生活在一起的父或母的亲属关系也永远不会脱离。除非是养父母与养子女脱离收养关系,而自然血亲的父母子女关系,即使依法送养,依然难脱亲子关系。孩子是父母生命的延续,这种关系是生命的根系,生生死死,永难分离。孩子再大地位再高,在父母面前永远是晚辈,永远是孩子,永远要感恩,永远要听父母的话。家人关系的这种长期性说明家庭父母对孩子的教育、影响是深远的、本质的。家长的一言一行都是教材,亲子关系就是教养关系,教养关系就是成长环境。

有位大学生因与父母发生矛盾曾经很困惑地发问:孩子到底是家长的什么?他说:这个问题困惑了我很多年,今天我又跟妈妈吵架了,只因为我没收拾屋子里的卫生。她用苍蝇拍抽我,上面的拍子折了就直接用那根棍儿,我用衣服枕头扔她,她又改用皮带……我身上的印痕现在还没下去。我妈今天跟我说,她能养我就能打我。我十分不清楚她当初生我的目的,难道是为了发泄她偶尔心中的不满?然后用很难听的话骂我?后来我家来客人了,她又装模作样的用文明话教育我,以显示她教子有方。其实妈有时候对我是很好,可是偶尔又会疯狂地发作,她到底是爱我还是恨我?母爱就应该表现成这样吗?而且基本上每次我妈说我的时候我爸从不会帮我说一句好话从中缓解,却总

是在旁边对我冷嘲热讽,我真怀疑他俩的脑子都有问题!父母用他们自己认为正确的方式来"爱"我,我真的无法接受,但我依然需要忍。因为大学尚未毕业的我,还是得手心朝上跟他们要钱花,所以他们有理由可以打我。

这位大学生对家人亲属相处的特点不了解,简单地将他与父母的关系理解成利益关系、对抗关系,看不到母子父子依恋性、代沟性和长期性的特质,以致怨恨父母。而他的懒散、缺乏自制力可能与父母小时候对他的过分迁就有关。现在20多岁习惯已经养成,要再改变就有些费力了。但他父母还是企望转变儿子的不好习惯,这是爱的使然,只是态度方式不妥当。而他的父母不可能一开始就那么狠劲,是因为儿子一次次地屡教不改,才有了父母的恨铁不成钢。所以儿子要想父母不再喋喋不休,就应该自觉地把自己的屋子打扫干净。这也说明父母与子女都需要用底线艺术处理家人亲属关系,为了父母不再伤感,也为了孩子长久的幸福。

 二　家人亲属相处的底线管理

孩子是父母的希望,父母是孩子的家园。父母与孩子这对世界上最亲近的关系是其他任何关系无与伦比的,所以当父母在危急关头宁肯舍弃自我,把生的希望留给子女时;当子女在生命最后一刻依然牵挂着母亲,把最后的心愿告诉妈妈时,那是人间最感人肺腑、心灵震骇的时刻。

一天半夜,一场特大的泥石流吞没了熟睡的小山村。天亮时分,救援人员赶到小山村,那儿已夷为平地,全村无一人幸免于难。突然,有人惊叫"下面有声音!"大伙儿跑拢一看,声音是从一间埋在泥石流下的小木屋的一角屋顶发出来的。救援人员立刻刨开泥土,掀开屋顶,只见屋里全被泥沙填满,唯独房梁下还有小小的一点空间,一个赤裸裸的小女孩儿一动不动地蜷缩着,看样子还不到两岁。救援人员赶紧将她抱出来,她却死活不肯离开,指着小屋哭出了声:"妈妈——"顺着小女孩儿手指看去,在她蜷缩进的泥沙处,隐隐约约露出一双泥手,十个手指。有人惊叫:"下面还有人!"顿时,救援人员以那双手为中心,沿着四周小心翼翼地往外刨。不一会儿,眼前出现了一幅惊心动魄的画面:一个半身赤裸的女人,个子很矮,全身呈站立姿势,双臂高高举过头顶,像一尊举重运动员的雕塑。这女人竟是一个盲人!她被挖出来时已经僵硬了。小女孩儿仍不肯走,指着刨出的泥坑,又哭喊出一声:"爹——"天哪,难道下面还有人？大伙儿立刻继续往下刨，就在女人脚下，又刨出一个半身赤裸的男人，他昂然屹立，身子直挺，双肩高高耸起……这男人也是一个盲人！原来，矮女人正是站在男人的双肩上，双手高高举着小孩，给了女儿生的机会。足见父母之爱的博大和无我。

有一对母女在雪山上滑雪，迷了路，女儿已经冻晕了，这时，母亲听到有直升飞机的声音，毅然从包里拿出了一把小刀，割开自己的手腕，用自己的鲜血在雪地上写下了3个鲜红的大字母"SOS"，最后，母亲流血过多，去世了，女儿得救了。在危难时刻，大多数父母都会这么去做，因为他们爱子女胜过爱自己。

2001年9月11日当恐怖分子的飞机撞向美国世贸大楼时，银行家爱德华被困在南楼的第五十六层。到处是熊熊的大火和门窗的爆裂声，他清醒地意识到自己已没有生还的可能，在这生死关头，他掏出了手机。爱德华迅速按下第一个电话。刚举起手机，楼顶忽然坍塌，一块水泥板重重地将他砸翻在地。他一阵眩晕，知道时间不多了，于是改变主意按下第二个电话。可还没等电话接通，他想起一件更为重要的事情，又拨通了第三个电话……

爱德华的遗体在废墟中被发现后，亲朋好友沉痛地赶到现场，其中有两人收到过爱德华临终前的手机信号，一个是他的助手罗纳德，一个是他的私人律师迈克。可遗憾的是，两人都没有听到爱德华的声音。他俩查了一下，发现爱德华遇难前曾拨出三个电话。

第三个电话是打给谁的？他在电话里说过什么？他俩推断，很可能与爱德华的银行管理或遗产归属权有关。可爱德华无儿无女，又在五年前结束了他失败的婚姻，如今只有一个瘫痪的老母亲，住在旧金山。当晚，迈克律师赶到旧金山，见到了爱德华悲痛欲绝的母亲。母亲流着泪说："爱德华是打给我电话了。"迈克严肃地说："请原谅，夫人，我想我有权知道电话的内容，这关系到您儿子庞大遗产的归属权问题，他生前有没有留下相关遗嘱。"可母亲摇摇头，说："爱德华的遗言对你毫无用处，先生。我儿子在临终前已不关心他留在人世间的财富，他只对我说了一句话……"迈克含着激动的泪水告别了这位痛失爱子的母亲。

不久，美国一家报纸在醒目的位置刊登了"9·11"灾难中一名美国公民的生命留言：妈妈，我爱你！一个母亲一辈子最想听到的就是这句世界上最动听的话，爱德华年迈的母亲可以为儿子骄傲，也为自己自豪，因为她给了儿子健康的人格。

父母给孩子最重要的是一个健全的人格，懂得爱懂得感恩懂得感情懂得自立,这是孩子成功的基础,也是做父母的成功。父母要重视孩子的精神需求,兑现对孩子的承诺,给他必要的欣赏鼓励,公正公平评判他的行为。一个人老受到不公正不平等待遇,要么奋发有为,要么反社会。一个人品德基础良好,一生都会很稳固。1987年,75位获过诺贝尔奖的科学家在巴黎聚会。有人问其中一位科学家:您的一生中,什么时候受到的教育对您影响最大?那位白发苍苍的科学家平静地回答:在幼儿园。在幼儿园能学到什么呢?老人微笑着回答:在幼儿园里,我学会了很多很多,比如,把自己的东西分一半给小伙伴们,不是自己的东西不要拿,东西要放整齐,饭前要洗手,午饭后要休息,做了错事要表示歉意,学习要多思考,要仔细观察大自然。我认为,我学到的全部东西就是这些。这个小故事告诉我们孩子小时候的习惯对一个人的影响是终生的。所谓"三岁看大,六岁看老"。看一个人3岁时候的行为,大概就能够看出他长大以后是什么样子,到了6岁的时候,就可以想象他老了以后是什么德行。父母要给孩子规定做人做事的底线,订立家规,不能放任为所欲为。演员成龙17岁那年要去美国闯荡,在机场临走的时候,父亲抓住他的手说:"你在外,没人管你,你什么都可以干,但有三种事你决不可以做:第一不能吸毒贩毒;第二不能加入黑社会;第三不能去跟人家赌牌九。你能做到吗?"成龙回答:能。父亲说:"那你走吧"。成龙说,这是从小到大父亲留给自己最为沉重的一份嘱托。由当年懵懂无知的少年到今天驰名中外的大哥级演员,正是因为守住了这三条底线,才有今天的成龙。

(一)父母对子女的忍受底线

亲子底线:子女孝道、上进。一般常理,父母爱子女会倾其所有,但如果子女未成年时不求上进不努力学习,成人后好吃懒做游手好闲挥霍无度,甚至破坏父母的生活现状,父母便会忍无可忍冷却亲情。对丧尽天良打爹骂娘,侵害父母利益,不听规劝,不守法纪,甚至影响父母生存的子女,父母更只能忍痛割爱。

2008年1月在北京怀柔区庙城镇西台下村263号发生一起老年夫妇伙同儿媳勒死亲生儿子的案件。母亲在法庭上说因为儿子高昌林多年来游手好闲、酗酒滋事,经常打骂父母和妻子,当儿子扬言要杀死全家时,我们夫妇忍无可忍,伙同儿媳让其喝下了毒酒。刘瑞莲说到死去的儿子,神色平静:"他多年来给家庭和村里带来了那么多麻烦……"高昌林生前一需要用钱就跟父母要。母亲没有工作,父亲每月给人看门只有300元。父母满足不了他的欲望,他就以母亲生病需要手术为由跟亲友借钱。"八杆子打不着的亲戚都被他借遍了。"母亲刘瑞莲说。

不仅如此,高昌林还偷别人的摩托车和电视拿去换钱,并因此被判刑3年。高昌林是在2002年将媳妇娶进门的。当时母亲刘瑞莲曾私下问姑娘:"你了解高昌林吗?将来你会后悔的!"婚后的高昌林果然一如既往地吃喝玩乐,向父母和妻子伸手要钱。2003年高昌林的妻子怀孕要剖腹产,母亲刘瑞莲舍着脸面到亲戚家借来2 000元,急急忙忙赶到医院,钱还没递给儿媳妇,就被高昌林一把抢去:"2 000块钱能干吗?我打死你这老杂种!"一边说一边用钱抽母亲嘴巴,看得医院的医生护士们目瞪口呆。2007年7月初,高昌林要把父母的房子抵押出去弄点钱花,村委会拦了下来。高昌林于是用刀将一辆自行车砍坏,并举着车气急败坏地对父母说:"迟早有一天,你们也会和这车一样!"刘瑞莲夫妇和儿媳商量着:要么除掉这个祸害,要么被这个祸害除掉。他们不约而同地选择了前者。

法庭上300村民为善良的一家三口求情,说高昌林多年来在村里为非作歹,摧残家人,一点人性都没有。母亲说:"杀人偿命,欠债还钱。请法官放他爸和他媳妇出去吧,他爸可以还他欠的债,他媳妇要抚养孩子,偿命的事由我一个人承担……"父亲表示:"让儿媳妇出去吧,孩子不能没有妈!"媳妇听到公婆为自己求情,"扑通"一声哭倒在法庭上。检察官也被感动了,轻声对着无奈的一家说:"放心,会给予从轻处理的"。

哀莫大于心死。父母只有对子女完全绝望的时候才会出此一招,其实母亲的心里是极其悲凉的。她是拿生命换生命,对不孝之子再容忍就会要了全家的命。所以对孩子的爱绝不是无边无际的,也不能无边无际,否则是害了子女也害自己。

2010年6月3日,北京市东城区人民法院公开审理一起案件,原告是一位85岁的老太太,叫陆秀英。她告的是自己的女儿和外孙女。因为体弱多病,陆老太太已经上不了法庭,委托他的儿子张斌替她走上法庭,要求追回位于北京市东城区东皇城根北街40号院的一套房产。

事情的原委:2008年8月的一天,陆老太生病住院,女儿张志红给老太太提了一个这样的建议,说您老人家以后的日子就由我来负责,您往后的日子就不要再担心了,房子先过户到我的名下,我再给你37万,您又有房子住,手里还拿着这笔钱不就更踏实了吗?老太太一算,这个账对啊,得一笔钱,我自己可以花,还可以照顾生活拮据的儿子,是可以这么做的呀,于是她就同意了。

女儿写了一份合同,老太太不识字,以为与女儿说的一样,就在合同上盖了手印。哪知房产过户到女儿张志红名下后,女儿并没有兑现给母亲37万卖房款的诺言,更过分的是当老人出院后没有住处了,女儿不让母亲回到原来的房子了。让老母亲生气的还在后面,当老人委托儿子提出异议,要求返还房款时,她又将房子转让给自己女儿,即老太太的外孙女了,这样法院要执行37万房款也无法执行了。面对女儿高招占有自己的财产,85岁的陆秀英老太太只能说四个字:"真是混蛋。"当子女侵害父母利益,影响父母的生存时,亲情关系就出现裂痕了。

老太太女儿张志红这样对待自己年迈的母亲,为了一点利益抛弃亲情,不知她自己的女儿会作何感想,如果等她老去的时候,她的女儿也这样对待她,她会忏悔吗?那时恐怕忏悔也无门了。父母的财产最终也是子女的,但得到财产的时间应该是父母故世之后,父母辛劳一辈子,让他们踏实惬意地走完人生旅程,这是子女的道义,也是做人的底线。子女最应该从父母那儿继承的不是财产,而是艰苦奋斗自立自强的精神财富。

当子女长久懒惰荒芜,四体不勤,浑浑噩噩时,父母的忍受和爱心是无法再充沛的。如父母省吃俭用,辛苦劳作,倾其所有供孩子上学,原以为孩子会学业有成,立足社会,从此改变家庭命运出人头地,然当知道孩子并没有在学校努力学习,争取进步,而是不务正业,成天打游戏,睡懒觉,长期旷课,被学校退学或处分时,那是伤心至极的。

有一大学生自己叙述:进入大学后我看到其他同学纷纷购置电脑搬进了宿舍,我的心也痒痒的。我知道家里经济条件不好,父母靠种田为生,但我还是写信给父母希望买一台计算机,我以学习需要为理由。于是父母卖掉了家里的粮食又向亲戚借了三千元钱给我汇来了六千元,成全了我的电脑梦。

有了电脑,自有很多的方便,也有很多乐趣。特别是上网以后,那"花花世界"真够迷人的;还有那聊天室里,各式人等嬉笑怒骂,真有一种酣畅淋漓的感觉……自从有了电脑以后,我经常几个小时坐在电脑面前不挪一下身子,时间在不知不觉中悄悄逝去,但我似乎没有尽兴的时候。宿舍的卫生懒得打扫,自己换下的衣服有时泡上几天才草草洗晒。那些可上可不上的课,统统让位于电脑。我成了十足的"电脑痴"。虽然老师提醒我,让我从电脑中"拔"出来,学好各门基础课,否则后果严重,但那时的我对任何忠言都听不进去。不知不觉中,大半学年已经过去,期终考试来临,我猛然惊觉,匆匆拿起教科书,它跟我竟是那样陌生,而这时的电脑却一点儿忙也帮不上,我只好硬着头皮啃下去,硬着头皮进考场,最终欠债太多,竟有四门功课不及格。我终于落入了退学试读生的行列。学校将通知书寄到家里,淳朴的父母亲伤心至极。我后悔,无地自容。痛定思痛,我明白电脑本身是无辜的,如同水能载舟亦能覆舟的道理一样,电脑能助人成才,也能毁人终身。只能怨我自己没有自我约束能力,缺乏自律精神。我由衷感谢学校给了我第二次在校学习的机会,我一定要好好地把握住自己,做到"电脑为我所用,而不被电脑所误"。以实际行动痛改前非,求学上进,报答父母,不让他们伤心,让他们有一天可以安慰。

浪子回头金不换,知途迷返,这还是一个好儿子。父母对孩子是极其宽容的,只要知错就改,只要从头再来,父母依然会给予子女最大的支持和无私的爱。

2009年12月4日重庆晚报报道:重庆一个大学生毕业后找不到理想的工作,每天在家打游戏,已经3个月没下楼了。每天睡到上午9点,除了吃饭、上厕所,哪儿都不去,眼睛一睁就打开电脑玩游戏,直到凌晨。对父母的劝告极不耐烦,因为长期敲键盘,手腕上都形成了血泡。父母为此愁白了头。

大学毕业加入啃老一族是极不光彩的,自立是孩子对父母最起码的回报。相比那些没有生活来源到处打工也要完成学业,且要照顾家庭的大学生,打游戏虚度青春的年轻人应该惭愧。工作很难找是现实,但只要不怕吃苦,自食其力的机会到处都有。最要紧的是立即行动,改变现状,再苦再累的工作也比游手好闲没有社会立足点强,因为一个人有工作才能活得有价值有尊严。

一道美味的食品有人只尝了一小口,就给另一个人吃,这是谁和谁? 有人吃到只剩下最后一口,才给另一个人吃,这又是谁和谁? 答案很简单:前者是母亲与孩子,后者是孩子与母亲。母亲尝一小口是为了知道那食物是否烫嘴,是否走味,然后放心地给孩子吃;而孩子将最后一口给母亲,多半是因为他吃饱了不要吃了。母亲接受这一小口时非常满足非常欣慰。这就是上辈对下辈与下辈对上辈的区别,这也是孝与不孝的区别。

(二)子女对父母的忍受底线

父母含辛茹苦将子女养育大,按理来讲子女孝顺父母尊敬父母天经地义,但其实子女的孝顺和尊敬也有底线。这个底线一是人身自由的侵犯;二是权利的侵害,如上学权利、经济利益。

有一位母亲,悄悄地去配了一把儿子抽屉的钥匙,常在半夜翻看读高中儿子的日记和其他东西。有一天儿子终于发现了,母子关系很紧张。其实儿子很自律也很聪明,可是母亲则因为自己职业不理想,过于苛求孩子的优秀,总担心儿子会否早恋,会否交坏朋友。此事发生后,儿子一度坚持要在外面租房独立生活。隐私权是每个人的心理底线,即使家人也不能侵犯。另一位知识分子母亲害怕女儿早恋影响学业,不允许她与任何异性同学交往说话。读本科、硕士生阶段女儿都忍了,读博的时候,女儿要求住校,妈妈以为女儿依然会遵守自己的规矩就同意了,谁知女儿喜欢上了一个小伙子,而这个小伙子只是学校后勤部门的一名员工,大专学历。母亲知道后坚决反对,活生生把他们拆开。女儿这一次反抗了,决绝地与母亲以死抗争,最后离家私奔,追求她的爱情自由去了。

二位母亲,控制者的焦虑是相同的,出发点也是为了孩子好,然控制的效果却适得其反。孩子最需要的是精神自由,他们对母亲的孝道、控制是有忍受底线的。当他青春的自由被限制时,反抗是义无反顾,毫不留情的,一旦底线被触及,亲情孝顺都会靠边站。有些父母企图用"我爱你,所以你要听我的"谎言来控制孩子,然父母对孩子的永久控制只能是一种欲望,没有人会被真正地长久控制住,夫妻双方都不能互相控制,何况要长大独立主宰未来世界的孩子。所谓被控制也只是对方为了某种需求的妥协。其实爱得多了,反而成了伤害。

无独有偶,江西一个女大学生也因为父亲暴力干涉自己的自由恋爱而自杀。那位父亲最后还被以暴力干涉婚姻自由而判刑。真是赔了夫人又折兵。其实控制者永远处在不安全的焦虑之中。而最大的安全,是亲人之间能够打开心门,坦然接受事实,努力控制自己的情绪,接纳孩子的合理要求。

有一个湖,叫天鹅湖,湖中有一个小岛,住着一个老渔翁和他的妻子。渔翁摇船捕鱼,妻子养鸡喂鸭,除了买些油盐,他们很少与外界来往。有一年秋天,一群天鹅来到岛上,它们是从遥远的北方飞来,准备去南方过冬的。老夫妇看到这群远方来客,非常高兴,因为他们在这儿住了这么多年,还没有谁来拜访过。渔翁夫妇拿出喂鸡的饲料和打来的小鱼招待天鹅,渐渐地这群天鹅就和渔翁夫妇成了朋友。它们在岛上不仅敢大摇大摆地走来走去,而且在老渔翁捕鱼时,它们随船而行,嬉戏左右。

冬天来了,这群天鹅竟然没有继续往南飞,它们白天在湖上觅食,晚上在小岛上栖息。当湖面封冻,它们无法觅的时候,老夫妇就敞开他们的茅屋让它们进屋取暖,并且给它们食物,这种关爱一直持续到春天来临,湖面解冻。日复一日,年复一年,每年冬天,老夫妇都这样奉献着他们的爱心。最后,他们老了,离开了小岛,天鹅也从此消失了,不过它们不是飞向南方,而是在第二年湖面封冻的时候冻死的。有时候爱得多了,也是一种伤害,并且致命。有时少管,放手让孩子自由,不仅获得理解和尊重,而且飞得更高,彼此更快乐。这就是科学的底线管理。

有位母亲很辛苦,苦于与她那上中学的儿子不能有效沟通。儿子很贪玩,她苦口婆心地劝儿子学习要认真,作业要先做,一次次,却总是没有效果。这一天儿子在学校又惹了事,而这一天母亲却突然咽喉发炎失了音,当她拉着孩子的手与她面对面坐下时,她急啊,气啊,可不能说一句话,只是紧紧地将孩子的手握在手心,很久。第二天儿子对母亲说:妈妈,你昨天什么都没说,但我全明白了,你放心吧,我会认真学习的。出乎意料的效果,让母亲热泪盈眶,无限安慰。有时无声胜有声,静默的言语反而打动人心。

某电视台拍一个有关军队的专题片,那解说词几经修改都不尽如人意,好不容易才定稿。播出那日,荧屏上军人方阵变换队形进行时,不知什么缘故,录制好的充满激情的解说词没出来,只剩下"嚓嚓"的脚步声,它是如此统一而坚实,如同地平线上走过来一个巨人,当即受到专家与观众反馈:怎么想出来的,绝了! 可要是那位母亲没有失音,要是电视音频不出故障,他们肯不说吗? 事实上,没有人会认为自己说得不好,没有家长会认为自己不是孩子的权威。但有时少说比多说好,不干涉比指手画脚好。

生活中子女强占父母财产的例子较多,父母强要子女财产的案例近几年也不断被披露,说明亲情在利益面前,母爱在利益面前有时也会褪去无私的秉性。

中国妇女杂志2010年第六期刊登一篇故事《父母带着弟弟妹妹占了我的家》,讲的是女孩大学毕业和男友在北京工作、购房、结婚,生活过得还如意,二人年收入20余万,但因付房款和还贷没有积蓄,为了表示孝心,他们分别给在江西与河南农村的双方家人每月给每家寄2 000元钱,虽然压力很大,但因为自己节俭,日子还算过得顺心。春节前,女孩和丈夫商量,想把自己的父母接来北京过节,一来让他们住住楼房,二来把老爸的老寒腿治一下。母女难得在一起,见面亲得不得了,于是母女俩躺被窝里聊起了私房话。女儿把小家庭的生活状况和工作,统统跟妈说了。并告诉妈妈自己现在年收入有15万。矛盾也由此产生了,母亲"腾"的从被窝里坐直,说你们挣这么多钱,为什么每月只给家里2 000元? 因为在她们老家不富裕,一家人累死累活种地全年收入也就一万多,15万元年薪对母亲来说是天文数字。女儿解释说城里消费高,水电煤、物业、暖气费每项开销都不小,每月房贷要还银行五千多元。而且我们工作很辛苦,经常加班,有时三餐都在外面吃,攒不下几个钱。母亲才不管呢,说你知不知道咱全家人还睡大炕呢,你爸瘸着腿还下地干活,"你呀,光知道自己享福,根本没把爹妈放心里。"于是给女儿女婿提出要求,以后每月给家里4 000块钱,过几年再帮弟妹在北京买房,全家人都进城。女婿一听急了说这不太可能,他们小家庭未来几年还要生孩子,进一步读书进修,生活将面临严峻考验。彼此一争论母亲情绪激动起来,给老家打电话,让其他孩子亲戚迅速来北京谈分房产的事。结果 48 小时后,大队人马火速到京。于是爸妈把房子的主人——女儿女婿赶出了家门。小夫妻俩徘徊街头有家难回,女孩觉得特别对不住丈夫,而这一切,都是钱惹的祸。女孩非常后悔对妈托出家底,让简单的家庭关系因钱变得复杂扭曲。

这个故事里的母亲有极强的小农经济思想,一个孩子出息了就要负责全家人的生活,而他不知道每个人有为小家为自己考虑的本能,希望在不影响自己生存状态的前提下才去帮助别人,这不是自私,这是做人的底线。就如故事中女孩的丈夫扔给女孩的一句话:"限你家人一星期搬离咱家,否则,咱们就离婚。一个连自己小家都保护不了的人,根本没资格和我共度人生。"父母对子女恩重如山,需要回报没错,但不能因此而把子女当摇钱树,更不能强要姐姐给弟妹买房子,任何人都得靠自己的努力改变人生。有的父母喜欢在成年子女身上均贫富,这是在挑起家庭矛盾,很不理智。其实父母越不贪,子女反倒愿意给更多。强制反而伤害了亲情,破坏了子女原有的生活状态。子女不能依赖父母,同样父母也不能强取子女利益。养儿防老是儿女的孝心,但父母不能强求子女回报。

台湾师范大学曾仕强教授曾将父母分为三种状态:第一种是把自己当做神的神父母,子女抗拒时显无上权威;第二种是把自己当做鬼的鬼父母,把重担压在子女身上违背常理;第三种是自己当人的父母,绝不把宝押在儿女身上。

春秋战国时代,一位父亲和他的儿子出征打战。父亲已做了将军,儿子还只是马前卒。又一阵号角吹响,战鼓雷鸣了,父亲庄严地托起一个箭囊,其中插着一只箭。父亲郑重对儿子说:"这是家传宝箭,带在身边,力量无穷,但千万不可抽出来。"那是一个极其精美的箭囊,厚牛皮打制,镶着幽幽泛光的铜边儿,再看露出的箭尾。一眼便能认定用上等的孔雀羽毛制作。儿子喜上眉梢,贪婪地推想箭杆、箭头的模样,耳旁仿佛箭声嗖嗖掠过,敌方的主帅应声折马而毙。

果然,带宝箭的儿子英勇非凡,所向披靡。当收兵的号角吹响时,儿子再也禁不住得胜的豪气,完全背弃了父亲的叮嘱,强烈的欲望驱赶着他呼一声就拔出宝箭,试图看个究竟。骤然间他惊呆了。那是一支断箭,箭囊里装着一只折断的箭。

我一直挎着一只断箭打仗呢! 儿子吓出了一身冷汗,仿佛顷刻间失去支柱的房子,轰然意志坍塌了。结果不言自明,儿子惨死于乱军之中。

拂开蒙蒙的硝烟,父亲拣起那柄断箭,沉重地叹一口道:"不相信自己的意志,永远也做不成将军。"把胜败寄托在一支宝箭上,多么愚蠢。而当一个人把生命的核心与把柄交给别人,又多么危险。比如把希望寄托在儿女身上;把幸福寄托在丈夫身上;把命运寄托在朋友身上;把前途寄托在领导身上。

扬子晚报2010年9月13日报道:留居日本的女儿朱金红回国处理自己价值600余万的三套房产,因为此前委托母亲管理,母亲不愿交出女儿房产,竟以女儿"精神有病"为由,伙同其他女儿女婿强行将自己女儿朱金红送进了精神病院。且在朱入院次日,母亲就向南通市崇川区法院提起诉讼,要求认定"朱金红无完全民事行为能力",将其名下所有财产交由自己打理。问题的实质昭然若揭。感谢法院此案最后无果。而朱金红在精神病院被强行吃药、关押达半年之久。医院为了利益也失去应有的职业道德,不愿让朱金红出院。朱艰难写下求救信和遗书,委托好心人带出,才引起社会关注。朱金红母亲在中央电视台《经济与法》节目采访的时候,高声尖叫:"如果不写委托书,就是病没好透,我是不可能把她接回来的。"这一高潮时刻被央视镜头完整记录,引起观众的强烈愤慨。但愿在舆论的压力下,朱金红能够恢复健康人自由人的状态,拿回属于自己的财产。当然这亲情也难以恢复了。在金钱面前,连母爱都如此脆弱,只为自己,背叛亲情,说明人的社会本性是自私的,没有底线管理难以维持常态伦理。当然这样的母亲只是个案,绝大多数父母都是无私给予孩子,因为父母无私慷慨,子女也会相应孝顺报答父母。此案也进一步说明人与人之间是互为善恶的。

(三)亲人之间不欠四种账

亲人之间关系有时牢不可破,有时又脆弱到不堪一击。怎样才能让亲人之间和睦相处,避免亲人之间反目成仇呢?那就是亲人之间不欠下面四种账:

(1)不欠经济账。虽然说亲人之间应该是不分你我才显得亲热,但是钱是一切矛盾的来源,再亲的关系也会因为钱变脸的。俗话说:亲兄弟明算账。父母与成人子女之间除非说明互相赠送,若互相借用的同样要有借有还再借不难。这是相处之道,能够避免很多潜在的和不必要的矛盾。亲人之间的账有的确实无法算清,如养育孩子的费用,教育投资费用,但是有的账却不能马虎,如你委托对方买的东西,向对方借的费用等,该算的时候还是要算的。算明账不会造成不和睦,相反糊涂账时间长了反而会造成心里有阴影。

(2)不欠责任账。人生是一个大舞台,在亲人之间人们可能扮演不同的角色,父亲、母亲、儿子、女儿,每个角色都有自己的职责和义务。作为父母,生儿就要养儿,有对孩子抚养和教育的责任,不能欠对孩子抚养和教育的责任账。中国第一个研究性史的北大教师张竞生小时候曾状告父亲不让他读书,居然打赢了官司,父亲只好给他读书。后来张竞生成为"中国性学研究普及第一人"、"中国倡导计划生育第一人"、"中国发起爱情讨论第一人"。作为人子,应该肩负孝敬父母,赡养老人的责任,不能欠孝敬老人的责任账。但有的人却不孝敬父母,欠下了对父母的孝顺账。对不尽孝道不履行赡养义务的子女,父母会将财产留给别人。最近几年不断出现老人将财产留给外人的报道,原因就是子女在年迈的父母最需要照顾的时候没在身边。

(3)不欠人情账。一般人朋友相处不欠人情账能做到,而亲人间的人情账却比较不在乎,认为一家人没关系,以致有的父母从来没给子女过过生日,子女也常常忘了父母的生日。乔迁之喜、传统佳节也没有什么表示,生病住院身体不适也懒得探望。"投之以桃,报之以李。""滴水之恩,涌泉相报。"亲人之间也应该遵循这个原理。当然不要太计较人情的多少贵贱,只要心到了就好,礼轻情意重。人情靠互往维系,亲情高于金钱。

(4)不欠时间账。有一位母亲为了让子女经常来看望自己,不得已将子女告上法庭,不要子女的赡养费,只要求子女一星期看望自己一次。有对退休的夫妇为了能看见儿子,居然提出儿子回家吃一顿饭给予一百元的奖励。可是儿子依然没回家。俗话说养儿防老积谷防饥,现在的父母谁说衣食无忧,但精神上的寂寞和儿女长大后的空巢感觉是需要子女用时间来孝敬才能解除的。什么叫孝,《说文解字》:孝,子承老形,从子,意谓子背着父母,意即子能承其亲,并能顺其意。故其本意作"善事父母者",此之谓孝。有的子女以工作忙为理由,总想着以后再补偿陪伴父母亲,或想着自己功成名就衣锦还乡的那一天,可以从容尽孝。然岁月是不等人的,天有不测风云,人有旦夕祸福,生命本身有不堪一击的脆弱,父母有一天突然离你而去,会让子女失去心灵的家园,"子欲养而亲不待"遗留永无偿还的心情。有一些事情,当子女年轻的时候,无法懂得,当懂得的时候,已不再年轻。世上有些东西可以弥补,有些东西永无弥补。"孝"是稍纵即逝的眷恋,"孝"是无法重现的幸福,"孝"是一失足成千古恨的往事,"孝"是生命与生命交接处的链条。时间就是金钱,时间更是生命。其实父母亲想要的真的不多,他们需要的只是子女的孝心和关爱,希望求学在外和为事业奔波的儿女在自己需要时伸出扶助之手,当父母还健康力壮的时候,你常回家看看,一句随意的问候"爸、妈,你们好吗?"就足以让父母热泪盈眶。

三　家人亲属相处的艺术

有个男生说,他一学期难得给家里打个电话,暑假寒假也不愿意回家,因为与父母有沟通障碍。有个女生说,她回家很少叫"妈妈",因为从小由奶奶养大,觉得与父母生疏,叫不出口。早几年媒体曾经报道,有的大学生只有到没钱的时候才想着给父母写信,而信中只有一句话:没钱了。这不是大学生的冷漠绝情,而是他们不懂亲情是什么,不懂与父母的感情沟通艺术,没有学会换位思考,当然也与有的父母缺少亲情教育有关,使得孩子以为什么都理所当然。

亲情是人生的港湾,没有港湾你到哪儿躲风避雨,无处躲风避雨,就成了一叶扁舟,前途多艰难。没有亲情呵护的人,他的心是孤苦无助的,就像风中的云,不知所归。没有亲情的滋润,人格容易扭曲,心灵也容易玷污。亲情与爱情友情一样,也需要双方经营,光单向给予后劲不足。其实亲情期望的不多,适当的感恩关爱尊重是彼此的通道。

一把坚实的大锁挂在大门上,一根铁杆费了九牛二虎之力,还是无法将它撬开。钥匙来了,它瘦小的身子钻进锁孔,只轻轻一转,大锁就"啪"的一声打开了,铁杆奇怪地问:"为什么我费了那么大力气也打不开,而你却轻而易举地就把它打开了呢?"钥匙说:"因为我最了解它的心。"其实每个人的心,都像上了锁的大门,任你再粗的铁棒也撬不开。唯有关怀,才能把自己变成一只细腻的钥匙,进入对方的心中,了解别人。

(一)子女如何与父母沟通

子女有三种可能的类型:

一种是心存感激主动感恩的;一种是只要接受被动付出的;还有一种是大逆不道恩将仇报的。第一种沟通方法是最让父母感动的,人们把这类子女叫孝子。

2004年山东汉子田世国为母亲捐肾,感动中国大地。田世国大学毕业后一直从事律师工作,后又到广州发展。2004年3月,母亲查出患尿毒症,田世国非常难过心急如焚,母亲辛苦一辈子,应该让她享受晚年的时候却患上这样的病，无论如何要救母亲。他和弟弟妹妹一起，拿出所有的积蓄并借了一大笔钱，为母亲就医治疗。当医生说只有换肾才可以挽救母亲时，田世国毫不犹豫表示："换我的，越快越好，早一天母亲就少受一天罪。"田世国有位邻居也患尿毒症，虽然膝下子女众多，却无人捐肾，最终不治而亡。这件事给他留下深刻印象，"我，一定要救我的母亲！"于是，2004年9月30号这天，上海中山医院做了这样一个非常特殊的手术：田世国将自己的一个健康的肾脏移植给了他身患尿毒症的母亲。手术非常成功，不久后母亲出院回家修养。但她至今还不知道，给他捐肾的人，正是自己亲生的儿子。不能让母亲知道，因为母亲很爱儿子，如果知道是自己儿子捐的肾，她会受不了，所以只好隐瞒实情。动手术的医生说："父母将肾移植给子女的很多，子女这样做的还很少。"田世国说，"我是为天下的儿女尽一份孝心。"

很多人听了他的故事热泪盈眶，田世国被评为CCTV2004年度感动中国人物，他当之无愧。颁奖词这样写道："谁言寸草心，报得三春晖？"这是一个被追问了千年的问题。一个儿子在2004年用身体做出了自己的回答，他把生命的一部分回馈给病危的母亲。在温暖的谎话里，母亲的生命也许依然脆弱，但是孝子的真诚已经坚如磐石。田世国，让天下所有的母亲收获慰藉。

孝顺是做人的旗帜，孝顺的人有责任心受人敬重，连企业招聘，年轻人找对象都要求对方孝顺父母。有一次一家日本企业招聘新员工，面试时主考官问大学生，你给母亲洗过脚吗？小伙子不好意思地回答：没有。主考官说：那你回家给母亲洗完脚再来应聘吧。于是小伙子回家提出要给母亲洗脚，母亲不愿意，说自己的脚很丑，不能让儿子受累。儿子说，如果你不配合我，我就没法去应聘，就会失去一个好工作。为了儿子，母亲自己打好洗脚水，顺从地不好意思地让儿子洗脚了。儿子摸着母亲的脚板，突然感觉到生活的苦难艰辛，母亲操持这个家的不容易。母亲的脚又硬又粗糙，那是岁月的沧桑生活的印记啊，而自己有时还若母亲生气，儿子的眼睛湿润了。第二天他再去面试时告诉主考官：你录不录用我已经不重要了，我给母亲洗脚后知道了生活的艰难，知道了要珍惜得到的，要感恩回报父母亲。主考官说：好，你被录用了。

万事孝为先，孝敬是做人的责任和善良，这是人性最可贵的特质。现在不少学生出门或回家不与父母招呼；到外面求学，除了要钱，一般不给父母主动打电话；父亲节母亲节不知道祝福问候；甚至一些贫困家庭和父母残疾的学生，不愿意父母到学校来，生怕别人了解自己的家庭状况后没面子。这是对孝顺的背离，是对父母感情的伤害。有必要强调大学生的孝顺底线：

(1)"出必告，反必面"。"出必告"，就是儿女出家门时，必须先向父母禀告一声:爸爸、妈妈,我走了,我上学去了。或者:我上班去了,我要去同学聚会等。总之,要告知一下父母你去何方。孔子讲:父母在,不远游,游必有方。就是你去哪儿,到了哪儿,是否平安顺利,必须及时让父母知道,免得父母时刻牵挂心神不宁。"反必面",就是回到家里必定先跟父母报告我回来了,让父母看得到我,他的心也就安了。或者及早告知我何时可以回家。这些行为都是体现出一个孝子心里常常存着父母,所有的行为都不使父母担忧。曾经有个学生,他放学回到家,见母亲在厨房做饭,没有打招呼,马上就跑进书房玩游戏了。过了一个多小时,他的母亲以为他没有回家,居然还到学校去找。自己已经回到家里,还要让父母多操了很多心。所以,一个"出必告,反必面"的良好习惯一定要养成。这是做人的道理和待人接物的礼貌常识。将来走上工作岗位后,上班进办公室,下班离开办公室,也要与同事招呼,同事关系就会比较融洽,这叫重视同事,目中有人。

(2)有一颗感恩的心并有行动。当子女在外求学或工作,不能常在父母身边时,记住常打电话,多嘘寒问暖。父母对孩子无太多的要求,只是想听到儿女在外平安的消息,这样他们才会安心;当我们在父母身边时,多说说话,做些家务,如为父母做一次饭,给父母盛饭,给母亲搔背,陪父亲聊天,让父母高兴;多尊重,少顶撞,少说你烦不烦哪。孝顺,孝顺,最主要的是顺从父母。当然不是唯命是从,但是,绝不能和父母争辩,那样父母会伤心。在外面时,记得他们的生日和相关节日,可以发个短信:妈妈(爸爸),我爱您。有一个男生说他原先很少与父亲交流,因为父亲比较严厉,到了大学后,在父亲生日的那天给他发了一条短信:老爸,祝您生日快乐。没想到过年回家时,老妈说,你发的那条短信你老爸一直储存着,舍不得删掉,还给亲戚们看,骄傲地说:你们看,我儿子发来的。那男生很触动,父母给了我那么多,我一条短信就让父亲那么满足,做儿女的多惭愧啊。是啊,你在外读书成了父母的骄傲,你回家,父母像贵宾一样招待你,你心安理得。然而有无想过:我到底为父母做过什么?

人们常说父母恩最难回报,如果子女能以二分之一当年父母对待自己小时候那样的爱和耐心,父母会感觉无限幸福。乌鸦有反哺之恩,小羊有跪母之心。奉敬父母就要以感恩之心孝顺父母,哪怕只为父母买条围巾,为父母煲一锅汤,为父母搽搽风湿油,按摩酸痛的腰背,挽着父母的手,陪他们慢慢散步……父母的幸福快乐就是儿女的责任所在。

1962年,新中国外交部长陈毅元帅出国访问回来,路过家乡四川,抽空去探望身患重病的老母亲。陈毅的母亲瘫痪在床,大小便不能自理。陈毅进家门时,母亲非常高兴,刚要向儿子打招呼,忽然想起换下来的尿裤还在床边,就示意身边的人把它藏到床下。陈毅见到久别的母亲,心里很激动,上前握住母亲的手,关切地问这问那。过了一会儿,他对母亲说:"娘,我进来的时候,你们把什么东西藏到床底下了?"母亲看瞒不过去,只好说出实情。陈毅听了,忙说:"娘,您久病卧床,我不能在您身边伺候,心里非常难过,这裤子应当由我去洗,何必藏着呢。"母亲听了很为难,旁边的人连忙把尿裤拿出,抢着去洗。陈毅急忙挡住并动情地说:"娘,我小时候,您不知为我洗过多少次尿裤,今天我就是洗上10条尿裤,也报答不了您的养育之恩!"说完,陈毅把尿裤和其他脏衣服都拿去洗得干干净净,母亲欣慰地笑了。

陈毅元帅是个大人物,有繁忙的公务在身,但他不忘家中的老母亲。在百忙中抽空回家探望瘫痪在床的母亲,为母亲洗尿裤,以关切的话语温暖抚慰病中的母亲。虽然陈毅元帅为母亲所做的只是一些平常得不能再平常的小事,但从这些平常的小事,看出了他对母亲浓厚的爱。他不忘母亲曾为自己付出的点点滴滴,理解母亲的艰辛和不易,知道报答母亲的养育之恩。他的一片孝心,值得天下所有儿女学习效仿。

孝顺是个很重要的行为,它会产生后续效应,因为每个人都会老。从前在某个地方住着唐姓一家,唐老爷过世了,唐夫人的婆婆年纪很大了,嘴里的牙齿也都掉光了,所以没有牙齿可以吃东西。唐夫人是个非常孝顺的媳妇,她担心婆婆营养不够,所以每天都用自己的奶喂婆婆,就这样,婆婆的身体一直很不错,好几年都不曾生病。有一次婆婆生了一场大病,她知道自己岁月到头已经没有希望了,便在临死前对所有人说:"我每天都受媳妇的照顾,现在我也没有什么东西可以报答他了,我只希望你们每一个人都可以像她孝敬我那样去孝敬她,这是我唯一的愿望。"由于唐夫人很孝敬自己的婆婆,所以她的子孙也都很爱戴她,孝敬她。人在做,子在看,上行下效,人心是环境熏陶的。

有一则流传在国外的民间故事:在某个小国家的一个小城镇上,住着一户人家。爷爷由于年纪老了,吃东西时手总是会抖,不仅饭菜常常洒出来,碗也常常摔破,后他的儿子竟然不让他用普通的碗,而是特制了一个铁碗给他。儿子还规定爷爷不可到饭桌上吃,因为饭菜会洒出来,叫爷爷坐在墙角的一张破椅子上吃。可怜爷爷就这样度过了剩下的人生。爷爷死了以后,不孝儿子的小孩就把爷爷生前用的破铁碗洗干净收起来,此后又把那张丢在角落爷爷坐过的破椅子擦干净放好。不孝儿子看到了说:"这些东西已经那么破旧,而且爷爷也用过,早可以丢了,你为什么还把它们留起来呢?"小孩说:"因为我想先把它们收好,等爸爸你老了,就拿出来给你用啊!"可见孝顺其实是做给后辈看的,最终是自己受益的,你怎么对待父母,你的子女也会效仿如此对你。

(二)父母如何放手让孩子独立

这个世界上所有的爱都以聚合为最终目的,只有一种爱以分离为目的,那就是父母对孩子的爱。父母真正成功的爱,就是让孩子尽早作为一个独立的个体从你的生命中分离出去,这种分离越早,你就越成功。

美国第32任总统富兰克林·罗斯福有六个孩子,他十分注重培养孩子们的独立人格,反对孩子依靠父母过寄生生活。大儿子詹姆斯20岁去欧洲旅行,回家前买了一匹好马但路费没有了,只好打电报向父亲求援。父亲回电话说:"你和你的马游泳回来吧。"儿子只好卖掉了马,作为路费回家。

台塑集团创始人王永庆教育子女说:"要忍耐,凡事不要只看眼前,要看长远。"王雪红是王永庆的三女儿,顶着"经营之神女儿"的头衔,王雪红却坚持不靠家庭,自己独立创业,唯一的经济支持是母亲送给她的一套房子,王雪红用它作抵押,贷款来500万新台币(合100多万人民币),创办了威盛集团。王雪红说,是父亲给了自己榜样。经常看到父亲每天三点钟起床,做毛巾操、写文章,亲身展现凡事要有毅力、有原则,对她的影响很大。现在王雪红也有晨跑的习惯,每天坚持5点半起床,风雨不改,即使出差生病也无例外。王雪红解释说:"神一直告诉我,懒惰的人会很苦,你如果再睡,你的'粮仓'就要被别人抢光了。"王雪红正是靠着这股认真、坚持的劲头,将一个名不见经传的小公司发展成全球三大芯片商之一,她本人也被封上"科技第一女创业家"的称号。2001年,威盛遇到来自于英特尔的专利侵权诉讼,王雪红始终不肯低头,最终两年后威盛和英特尔达成了十年的交互授权协议。

王雪红在国外读高中的时候,王永庆每一两个星期就会给她写一封信,虽然那时候王雪红觉得爸爸的字又草,写得又深,实在很难理解,但王雪红把每一封信都细心保存,几年前重新翻过,有很多启发。有时候,不用文字表达,父母的身体力行也能对子女产生潜移默化的影响。

父母是孩子的榜样,父母给予孩子最重要的东西就是做人做事的道理、聪明的脑袋、明亮的眼睛、勤劳的双手和自立社会的能力。

日本20世纪70年代有一部著名的纪录片《狐狸的故事》,以狐狸作为主角阐述了父母如何培养孩子独立能力的道理:在茫茫的原野中有两只各自觅食的狐狸走到了一起,他们相爱了。狐狸妈妈怀孕了,狐狸爸爸便主动承担起觅食、警卫的职责。特别是在那白雪皑皑的漫漫冬季,靠大自然恩赐而生存的狐狸是最难度过的劫期。但是责任心强的狐狸爸爸毫不畏惧地主动去雪地里觅食物。那种艰难、那种坚忍的毅力真的令人感动。为了觅食,狐狸爸爸被群狼咬得遍体鳞伤,但还是拖着被咬伤的后腿把食物叼回家来让怀孕的妻子食用。狐狸妈妈看到狐狸爸爸的遍身伤痕,呜咽着为他舔着伤口。

在青草刚刚长满山坡的春天,狐狸妈妈顺利地生下了三只可爱的小狐狸。三只小狐狸在妈妈爸爸的精心呵护下渐渐长大。初秋的一个早晨,狐狸的爸爸、妈妈像往常一样领着它们的孩子走向了草原的深处。突然,它们飞快地向前奔跑着,小狐狸们也撒着欢地追随着。在一块草木茂盛、小溪流水的地方他们停了下来。狐狸的爸爸妈妈们围着还在喘息的孩子转了两圈,趁着它们还在好奇地张望时,向回家的路飞奔而去……太阳落下了西山,夜幕悄悄降临。狐狸的爸妈在洞口处看到了像火焰一样跳跃的身影。是它们的孩子找回了家。但是它们却挡在了洞口不让自己的孩子回来。小狐狸们多么想和爸爸妈妈分享离别后团聚的喜悦啊。它们哪里知道,它们的爸妈把它们送出去那么遥远的地方,就是因为它们已经到了能够独立生存的时候了,就得要离开父母独闯世界了。

天渐渐地黑了下来,在洞口争执的父母也都疲倦了,突然,狐狸的父亲发出了凄凉而威严的吼声,并开始凶猛地向自己的孩子愤怒地扑过来,小狐狸们被惊吓得连连后退,在狐狸爸爸的紧紧驱逐下小狐狸们凄惨地叫着向后退着,边叫边跑边回头,它们不理解曾是那么温暖的家、曾是那么疼爱自己的爸爸妈妈为什么把自己撵出了家门,它们留恋这个家啊!小狐狸终于无奈地走了,一步一回头,走向茫茫原野,小狐狸长大了。看着孩子们渐渐消失的身影,狐狸爸爸妈妈顿时昂起了头仰天长嚎。

从这个故事中可以让很多父母感悟:什么是真正对子女的爱。

父母与子女相处把握二大底线:距离和独立。既是对人格的尊重,也是给他人生世界最大的馈赠。

蒋友柏是蒋介石的第四代孙,蒋家后代的代表,他在美国完成大学学业后回台湾创业,遵从父训不碰政治进军商场,19岁时做马来西亚厂进首金160万美元的佣金。2003年7月,蒋友柏与其弟蒋友常创计公司(DEM Inc.),蒋友柏担任CEO,定位所属公司为"soluti(解决方案提供者)。2008年,他的设计公司悄然开进了上海。言:蒋家再起,不会从政治起来。说明蒋家后代依靠自己的实力进入名流阶层,成为台湾媒体的宠儿,让公众认可,符合主流价值观。蒋友柏也曾是一掷千金的贵族子弟,也经历过家族没落的艰苦日子,他说我的第一单业务是求来的。我的姓给我带来好处,也带来不利。当时对方已拒绝了我,我想起公司即将倒闭,跪在地上,求对方给我这个机会。当对方看见你这么诚意,就同意给机会。我为人家设计,从未失手过,最少的赚200万,最多的赚35亿。我不会把钱留给子女,留给孩子干什么,搞不好还让他们骂。让孩子败光,还不如教他们怎样赚钱,把公司留给他们。蒋友柏虽然远离政界,但身上那种大家族的硬气、不卑不亢、不媚俗的贵族气质及身高1.85米的帅气外表使他成为台湾女孩的心中偶像。蒋友柏曾受邀在台湾大学和北京大学演讲,深受大学生的欢迎,一方面是他特殊的血统,另一方面是他独特的气度,深厚的文化功底和成功的自强不息的人生经历。蒋友柏北大演讲的主题是三品中华:一是品味中华,二是品性中华,三是品牌中华。没有独到见解的人是难以征服精英听众的。这就是不依赖父母自立社会的收获。

(三)父母如何对子女施行管教

俗话说,养不教父之过;严是爱松是害,不管不教要变坏。父母爱子女必须给子女限制不良行为,设定做事底线。

父母的爱也有三种:第一种有爱无限过分放纵,这是最大的杀手;第二种有限少爱不教而罚,这会让子女觉得冤枉而逆反,爱是子女生长的必需品,父母有限无爱无理独裁,容易导致孩子优柔寡断或暴躁如雷的性格;第三种爱限兼施约法三章,言传身教较有权威。第三种无疑是最理想的。从小养成孩子良好的生活学习态度,培养基本必需生活技能,家风传承受惠无穷。子女若被宠坏,要不折不挠极力补救,营造良好的生活学习环境,打好习惯基础再讲求其他。态度决定一切,习惯影响一生。

1. 营造优雅家庭格调,培养孩子阳光心态

第一,教给孩子尊重的理念:礼貌礼节礼仪是最重要的家庭教养;

第二,养成家庭运动理念和习惯,一起参与户外活动,定期旅游,享受生活;

第三,经常举行家庭会议,培养民主意识,举办家庭联欢会,培养活泼和谐的性格;

第四,培养高雅的兴趣爱好,执著规律地做每个人喜爱的事情,如写作、书法、弹琴、舞蹈、下棋、打球、品茶等;

第五,培养家庭责任感,周末与家人一起过,晚上在孩子睡觉前尽量回家,互道晚安;

第六,给每个家庭成员过生日,准备礼物,培养爱的能力;

第七,教会孩子对失败、挫折说OK,"失败乃成功之母",挫折是人生的财富;

第八,家庭成员之间经常有触摸语言如抚摸、拥抱,大学生放假回家给母亲一个拥抱,传达真诚与爱。

2. 教会孩子与别人分享,培养大气的人格

独占小气是小孩的天性,但如果父母合理引导能够培养孩子慷慨大气的性格。周先生的孩子非常喜欢吃橘子,有一天家里的橘子只剩下一个了,按周先生平时的教育,孩子每次吃橘子时,都要同时拿出3个,一个给自己,另外两个给父母。现在只剩下一个橘子了,孩子把它捧出来时,眼睛里似乎在说"就这一个了,没法分了"。但周没让孩子说出来,马上就说:"你能不能把它分成两半,一半给爸爸,一半给妈妈?"孩子一听,眼泪都快掉下来了,但还是把橘子分给了父母。父母接过来,毫不犹豫地吃了下去。

对于大部分父母来说,会把这一个橘子让给孩子,但时间长了会养成孩子自私的心理。所以父母要坦然地与孩子分享,成为让孩子分享的对象,与孩子分享的伙伴。在家里,可以让孩子为家人分苹果、分饼干等,教给他先分给爷爷奶奶等长辈,再分给爸爸妈妈,然后才分给自己。在这种分东西的过程当中,孩子不仅学会了与人分享,而且明白了应该尊敬长辈,关心父母。当子女把好吃的第一口给父母尝时,父母不要推辞,接受下来然后表扬他。如果推辞你就永远吃不到了,孩子会想,反正父母不要吃的。

有位妈妈是这样教育孩子与他人分享的。一天,这位妈妈带着孩子去公园玩,她们来到公园休息的地方,妈妈拿出一瓶从家里带来的牛奶给孩子喝。这时候,妈妈注意到旁边有一个小男孩正用渴望的眼神看着自己女儿手中的牛奶,这位小男孩的妈妈可能暂时离开了。这时,妈妈对女儿说:"丽佳,给这位小弟弟喝一瓶牛奶好吗?"

"不,我要自己喝!"丽佳显然不乐意。妈妈耐心地对女儿说:"丽佳,要是妈妈有事不在你身边,而这位小弟弟在喝牛奶,你想不想喝呢?""想喝。"丽佳毫不犹豫地回答。"这就对了,现在你拿一瓶牛奶给这位小弟弟喝,等下次妈妈不在你身边的时候,这位小弟弟也会把好吃的东西给你吃的。"丽佳看了看妈妈,又看了看小男孩,终于给了小男孩一瓶牛奶。

分享的习惯就是这样炼成的。这就是父母言传身教的力量。

感谢父母给了孩子生命和人格目标,感谢孩子给了父母完整地走完生命旅程的动力。亲情是上苍赐予的最盛大的一份礼物,血浓于水,手足情深,舐犊情深。亲情是千里之外父母思儿心切的温情惦念,是除夕晚上那餐其乐融融的团圆饭,是儿女告诉父母取得好成绩的那个电话,是父母千里迢迢寄来的包裹……亲人关系没有友谊那样易碎,也没有爱情那样浪漫,它散发着淡淡的清香不离不弃,留香永远,回味无穷。珍惜它,如同珍惜自己的生命。

第八章 其他待人接物底线
【社交礼仪篇】

礼仪是一种和谐文化，是世界性的文化发展现象，表明人类进入文明时期。礼仪既有民族性，如每个国家、民族有自己的见面礼、待客礼和生活习惯；也有国际性，如各国认可的迎接国家元首鸣21响礼炮，由儿童或姑娘献花等。迎来送往，朋友社交，没有礼仪，不成方圆。中国素有"礼仪之邦"之称，儒家学说中，礼为天下先，强调以礼治国、以礼治家，在中国古代礼制甚至比法制更看重。如今，社会进入了法治时代，礼仪的作用固然已没有封建时代那么重要，但却仍然是一个须臾不可少的程序。如果说法律、制度属于社会规范的底线，那么礼貌礼仪是为人处世的底线。有礼走遍天下，无礼寸步难行。出门求学、旅游、打工、经商，如果不以礼相待，不同民族之间，如果不互相尊重各自的风俗习惯或礼仪，就可能挑起矛盾和不快。如果与外国人打交道，不注意文明礼仪，也会被人家看轻。在人类文明史上，礼仪文化源远流长，涵盖了社会的方方面面，从穿着打扮到行为举止，从公德领域到私德范畴，从交谈语态到餐桌吃相，从家人相处到国际交往，礼仪无处不在，礼仪塑造形象，礼仪创造价值，礼仪展示素养。在现代社会，随着世界政治、经济、文化和社会交往日益频繁，社会对个人的文明素质要求越来越高，礼仪教育和建设重要性日益突出。

当然，讲礼仪是有条件的。首先，礼仪需要一定的物质基础，就是我们平时所提倡的一些基本礼仪也不例外。如不随地吐痰需要纸巾，不乱扔垃圾需要污物桶，不随地大小便需要完善的公共厕所，这些都是文明礼仪不可少的物质基础。第二，讲礼仪要切合实际，礼仪过于繁琐或讲究会成为负担。如大学毕业求职面试时，家里条件好的同学可以穿西装打领带，条件不好的只要整洁庄重的服饰就可以了，不一定非要穿西服。又如演员走红地毯要穿礼服，农民工上舞台就没必要了，穿工装会更美。第三，礼仪具有鲜明的地域性。在多数国家，朋友见面时握手是礼仪，但到了中东，异性之间随便握手是要受惩罚的。又如，在西方国家，朋友相见互相拥抱贴脸非常正常，但在中国，如果普通的异性朋友之间动不动就拥抱贴脸,就会受到人家的取笑,甚至会被认为是性骚扰。同样是在国内,在街上随地吐痰是不文明、不礼貌的表现,但农民在田间耕作或游客在山间攀爬时,如果也要求吐痰入盂则会太拘泥。所以,讲礼仪要符合国情和实际,要弘扬自己民族的优良传统,也要尊重其他民族的风俗习惯。礼仪的本质就是尊重生命尊重人格。

一　外交场合礼仪

外交一般是指国家间的交往,指国家间合法的中央政府的官方交往。这儿的外交场合是指民间外交,每一个人走出国门时需遵循入国问忌入乡随俗之准则,否则会遭遇尴尬。若在国内与外宾打交道时也需遵守一定的外交礼仪。外交礼仪是指对外交往中向外宾表示尊重友好的各种惯用交际礼宾形式及各种礼节。目前国际上流行的涉外礼仪通则主要有以下十条:

(1)维护形象。在对外交往活动中,每一名相关人员的一言一行,往往代表着一个国家、一个民族、一个地区、一个城市的形象,若是对自我形象毫不修饰,不但难言对交往对象的尊重,而且属失礼行为。所以不论是政府官员还是商务人员,不管是教师学生还是一般市民,在外事活动中,都应时时刻刻注重个人言谈举止、服饰仪容,不可蓬头垢面、不修边幅。

(2)不卑不亢。这是事关国格、人格的问题,不卑不亢即既不畏惧自卑、低三下四,妄自菲薄、自我贬低、自轻自贱、过度谦虚;又不自大狂傲、放肆嚣张、自吹自擂、自我标榜、一味抬高自己。而要堂堂正正、坦诚乐观、豁达开朗、从容不迫、落落大方、一视同仁。

(3)入乡随俗。当自己身为东道主时,通常讲究"主随客便";当自己充当客人时,则要讲究"客随主便"。接待人员必须充分地了解交往对象的风俗习惯,无条件地加以尊重,不可少见多怪、妄加非议。

(4)信守约定。在一切公务接待活动中,都必须认真而严格地遵守自己的所有承诺,说话务必算数,许诺一定要兑现,约会必须准时。万一由于难以抗拒的因素而失约,必须尽早向有关各方通报,如实解释,郑重致歉,主动承担损失。

(5)热情有度。待人接物热情友好要注意分寸,过犹不及。比如与人交谈不要挨得太近,请客人参观保持一定距离,请客吃饭不要劝酒夹菜,嘘寒问暖不要问得太细等。既保持热情,又给对方相对自由的选择空间。

(6)尊重隐私。国际交往非常强调尊重隐私原则,不该问的问题不要问,凡涉及客人收入支出、年龄大小、恋爱婚姻、身体健康、家庭地址、个人经历、信仰政见、所忙何事等等,皆属个人隐私,与对方交谈时要避开涉及"隐私权"的话题。

(7)女士优先。在一切社交场合,每一名成年男子,都有义务主动自觉地以行动去尊重、照顾、体谅、关心、保护妇女,并且还要想方设法,尽心竭力地去为妇女排忧解难。这并不代表女性是弱者,而是像尊重母亲一样尊重女性。"女士优先"也被称为天下第一礼。

(8)不宜先为。在对外交往活动中,面对自己一时难以应付、举棋不定,或者不知道到底怎样做才好时,最明智的做法,是尽量不要急于采取行动,尤其不要急于抢先、冒昧行事,以免闹笑话。可以观察别人怎么做,然后仿效。

(9)爱护环境。不可毁损自然环境,不可虐待动物,不可损坏公物,不可乱堆乱挂私人物品,不可乱扔乱丢废弃物品,不可随地吐痰,不可到处随意吸烟,不可大声喧哗,任意制造噪声。

(10)以右为尊。在各种类型的对外交往中,大到政治磋商、商务往来、文化交流,小到私人接触、社交应酬、接待参观,但凡有必要确定并排列主次尊卑时,"以右为尊"都是普遍适用的,以右为上、以左为下、以右为尊、以左为卑,就肯定不会失敬于人。如男左女右,尊重女士;主左客右,尊重宾客。

(一)外交礼仪中的一些禁忌

(1)颜色禁忌:日本人认为绿色是不吉利的,他们喜爱红、白、蓝、橙、黄等色;巴西人以棕黄色为凶丧之色;欧美国家以黑色为丧礼的颜色;叙利亚黄色为死亡之色;比利时人忌蓝色;土耳其人认为花色是凶兆,布置房间时不用花色;埃及人喜欢绿色、白色,而忌讳黑色与蓝色,尤其认为蓝色是恶魔的象征;尼日利亚视红、黑为不吉利;中国香港地区:白、黑、灰色不大受欢迎,红黄和鲜艳的色彩则很受欢迎。泰国人喜爱红、黄色,禁忌褐色。马来西亚伊斯兰教区喜爱绿色,忌用黄色,认为是死亡之色,一般马来西亚人不穿黄色衣服。单独使用黑色被认为是消极的,喜欢红、橙以及鲜艳的颜色;印度人忌讳黑、白色和灰色;沙特阿拉伯人崇尚白色(纯洁)、绿色(生命),而忌用黄色(死亡)。国王身着土黄色长袍,象征神圣和尊贵,一般人不能"皇袍加身"。中国人对颜色没有什么特别的忌讳,但喜庆的场合忌讳戴白花黄花白帽黑帽,葬礼时忌讳红色。

(2)各国图案的忌讳:大象,在印度是吉祥动物,它代表智慧、力量和忠诚,在英国,则忌用大象图案,认为它是蠢笨的象征;孔雀在中国是喜庆的标志,在英国却被视为是淫鸟、祸鸟,孔雀开屏被认为是自我炫耀吹嘘的表现;仙鹤在中国和日本被长寿的象征,在法国,却作为蠢汉和淫妇的代称;日本人对饰有狐狸和獾图案的物品很反感,认为是贪婪、狡诈的象征;北非一些国家普遍忌用狗作商标。

(3)一些特殊的忌讳:罗马尼亚人忌过堂风;西班牙人忌女士上街不带耳饰;印度尼西亚人忌夜间口哨;阿拉伯人忌在后窗眺望;蒙古人忌带马鞭、打狗棍进蒙古包;西方人忌打碎镜子,把镜子看作是运气的先兆;西方人对待年代久远的树木非常小心谨慎,不少西方人不愿折断随风飘拂的柳条。

(4)一些国家的手势语:在美国,表示"好"或"同意"时,常将食指和大拇指联搭成圈,其他三个指头伸直,代表"OK";在法国南部的葡萄农在向客人斟献葡萄酒时,看到代表"OK"的手势,则认为是"劣等品"的意思;这个手势不能用在巴西,它被认为是不文明的动作;在马耳他、希腊等地,这种手势则是一句无声而恶毒的骂人话。

在中国和日本,招呼他人过来时,通常伸出右臂,手掌向下挥动,而在英美国家,这种动作只能用来招呼动物;反之,英美国家伸出右臂,手掌向上挥动,表示招呼他人过来,而在中国和日本只用来招呼动物。

在德国,人们常常喜欢用食指敲敲额头,以表示某人的思想或行动不正常;而在荷兰,这个恰恰是表示很有头脑的意思。

在中国,人们常用大拇指表示夸奖之意,小指头表示藐视和嘲弄;日本人则用大拇指表示"老爷子",用小指头表示"情人";而在英美,翘起大拇指左右晃动是拦路要求搭车之意;在法国表示数字"1";在阿根廷和澳大利亚则表示侮辱人的信号。

英美人士表示小孩身高的手势与我国相同,都是手心向下与地面平行放在小孩头部高度位置上;但在墨西哥等拉丁美洲国家,这一手势只可用来表示动物的高度。他们表示小孩身高的方法,是将手心向左,或手心向前,手指第二关节处弯。如果我们还照国内的做法,拉丁美洲人会误认为把人当成动物去有意侮辱了。

在中国和东南亚,为表示礼貌,人们进屋要脱帽;可是到了墨西哥的富好谷,入屋脱帽会被认为怀有恶意,因为只有仇人才这样做。

用右手食指和中指构成"V"字是现在世界上流行的表示胜利的手势,这是第二次世界大战时英国首相丘吉尔在一次演说中首创的,代表英文 Victory

(胜利),以后便广为流传。但是如果在英国要做这一手势,一定要注意手心向外。手背向外做此手势,是表示伤风败俗之含意。

(二)外交礼仪中的餐饮礼仪

民以食为天,食以安为先,然还要加一句:食以礼为贵。同学朋友一起吃饭,或酒桌上应酬,无论多饿,无论多喜欢吃,还是要注意吃相。所谓宁可做没落贵族,也不做暴发户,就是保持一种生活上的礼仪风度。俄罗斯人在20世纪90年代初期经济大萧条时,物质匮乏,买黑面包都要排队,寒冷的冬天,大雪飘飘,人们排一个上午买不到面包是经常的事情,但没有人拥挤、加塞,没有人起哄谩骂,每个人都表情淡定,不仅是中年男女,即使是排队的青少年也只是耸耸肩而已,他们坚信困难和变故是暂时的。这种坚韧和平静就是素养。家里来客人时,虽然没有牛肉和洋葱,只有土豆和不多的西红柿酱,但俄罗斯人依然讲究杯盘餐具,中国的青花瓷盘,银质的刀叉,银质的杯子,摆放得一丝不苟,到了夜晚,还点燃蜡烛,为了节省,五个头的蜡烛台只点燃两支蜡烛,主人还会给客人演奏手风琴曲,唱起《在莫斯科郊外的晚上》。这就是俄罗斯人的品位。

1. 西餐桌上的礼仪

在欧洲,所有跟吃饭有关的事,都备受重视,因为它同时提供了两种最受赞赏的美学享受——美食与交谈。除了口感精致之外,用餐时酒、菜的搭配,优雅的用餐礼仪,调整和放松心态,享受这环境和美食、正确使用餐具、酒具都是进入美食的先修课。

要注意的是,在西方去饭店吃饭一般都要事先预约,在预约时,有几点要特别注意说清楚,首先要说明人数和时间,其次要表明是否要吸烟区或视野良好的座位。如果是生日或其他特别的日子,可以告知宴会的目的和预算。在预定时间到达,是基本的礼貌,有急事时要提前通知取消定位一定要道歉。

再昂贵的休闲服,也不能随意穿着上高档西餐厅吃饭,穿着得体是欧美人的常识。去高档的西餐厅,男士要穿整洁;女士要穿晚礼服或套装和有跟的鞋子,女士化妆要稍重因为餐厅内的光线较暗,如果指定穿正式的服装的话,男士必须打领带,进入餐厅时,男士应先开门,请女士进入,应请女士走在前面。入座、点酒都应请女士来品尝和决定。

一般西餐厅的营业时间为中午11点半至下午、晚上6点半后开始晚餐,如果客人早到了可以先在酒吧喝点酒然后再进入主餐厅。

就座后可以不急于点菜,有什么问题可以直接问服务生,他们一般都非常乐意回答你提出的任何问题呢,若他们不是很清楚会问询餐厅经理或主厨。

就餐时间太早,中午11点或下午5点半就到了西餐厅、匆匆吃完就走、在餐桌上大谈生意、衣着不讲究、主菜吃的太慢影响下一道菜,或只点开胃菜不点主菜和甜点都是不礼貌的行为。

高档西餐的开胃菜虽然分量很小,却很精致,值得慢慢品尝。

餐后可以选择甜点或奶酪、咖啡、茶等等,不同的国家都有不同的小费习惯。但是一定要多加赞美和表示感谢。

吃西餐在很大程度上讲是在吃情调:大理石的壁炉、熠熠闪光的水晶灯、银色的烛台、缤纷的美酒,再加上人们优雅迷人的举止,这本身就是一幅动人的油画。为了您在初尝西餐时举止更加娴熟,费些力气熟悉一下这些进餐礼仪,还是非常值得的。

就座时,身体要端正,手肘不要放在桌面上,不可跷足,与餐桌的距离以便于使用餐具为佳。餐台上已摆好的餐具不要随意摆弄。将餐巾对折轻轻放在膝上。

使用刀叉进餐时,从外侧往内侧取用刀叉,要左手持叉,右手持刀;切东西时左手拿叉按住食物,右手执刀将其锯切成小块,然后用叉子送入口中。使用刀时,刀刃不可向外。进餐中放下刀叉时,应摆成"八"字型,分别放在餐盘边上。刀刃朝向自身,表示还要继续吃。每吃完一道菜,将刀叉并拢放在盘中。如果是谈话,可以拿着刀叉,无需放下。不用刀时,也可以用右手持叉,但若需要作手势时,就应放下刀叉,千万不可手执刀叉在空中挥舞摇晃,也不要一手拿刀或叉,而另一手拿餐巾擦嘴,也不可一手拿酒杯,另一手拿叉取菜。要记住,任何时候,都不可将刀叉的一端放在盘上,另一端放在桌上。每次送入口中的食物不宜过多,在咀嚼时不要说话,更不可主动与人谈话。

入座后,主人招呼,即开始进餐。

取菜时,不要盛得过多。盘中食物吃完后,如不够,可以再取。如由招待员分菜,需增添时,待招待员送上时再取。如果本人不能吃或不爱吃的菜肴,当招待员上菜或主人夹菜时,不要拒绝,可取少量放在盘内,并表示"谢谢,够了。"对不合口味的菜,勿显露出难堪的表情。

吃东西要文雅。闭嘴咀嚼,喝汤不要啜,吃东西不要发出声音。如汤、菜太热,可稍待凉后再吃,切勿用嘴吹。嘴内的鱼刺、骨头不要直接外吐,用餐巾掩嘴,用手(吃中餐可用筷子)取出,或轻轻吐在叉上,放在菜盘内。

吃剩的菜,用过的餐具牙签,都应放在盘内,勿置桌上。嘴内有食物时,切勿说话。剔牙时,用手或餐巾遮口。

作为主宾参加外国举行的宴请,应了解对方祝酒习惯,即为何人祝酒,何时祝酒等等,以便做必要的准备。碰杯时,主人和主宾先碰,人多可同时举杯示意,不一定碰杯。祝酒时注意不要交叉碰杯。在主人和主宾致辞、祝酒时,应暂停进餐,停止交谈,注意倾听,也不要借此机会抽烟。奏国歌时应肃立。主人和主宾讲完话与贵宾席人员碰杯后,往往到其他各桌敬酒,遇此情况应起立举杯。碰杯时,要目视对方致意。

宴会上相互敬酒表示友好,活跃气氛,但切记喝酒过量。喝酒过量容易失言,甚至失态,因此必须控制在本人酒量的三分之一以内。

不管冷餐会、酒会,服务员上菜时,不要抢着去取,待送至本人面前再拿。周围的人未拿到第一份时,自己不要急于去取第二份。

中餐的餐具主要是碗、筷、碟子,西餐则是刀、叉、盘子。通常宴请外国人吃中餐,亦以中餐西吃为多,既摆碗筷,又设刀叉。刀叉的使用是右手持刀,左手持叉,将食物切成小块,然后用叉送入嘴内。欧洲人使用时不换手,即从切割到送食均以左手持叉。美国人则切割后,把刀放下,右手持叉送食入口。就餐时按刀叉顺序由外往里取用。每道菜吃完后,将刀叉并拢排放盘内,以示吃完。如未吃完,则摆成八字或交叉摆,刀口应向内。吃鸡、龙虾时,经主人示意,可以用手撕开吃,否则可用刀叉把肉割下,切成小块吃。切带骨头或硬壳的肉食,叉子一定要把肉叉牢,刀紧贴叉边下切,以免滑开。切菜时,注意不要用力过猛撞击盘子而发出声音。不容易叉的食品,或不易上叉的食品,可用刀把它轻轻推上叉。除喝汤外,不用匙进食。汤用深盘或小碗盛放,喝时用汤匙由内往外舀起送入嘴,即将喝尽,可将盘向外略托起。吃带有腥味的食品,如鱼、虾、野味等均配有柠檬,可用手将汁挤出滴在食品上,以去腥味。

基本原则是右手持刀或汤匙,左手拿叉。若有两把以上,应由最外面的一把依次向内取用。刀叉的拿法是轻握尾端,食指按在柄上。汤匙则用握笔的方式拿即可。如果感觉不方便,可以换右手拿叉,但更换频繁则显得粗野。吃体积较大的蔬菜时,可用刀叉来折叠、分切。较软的食物可放在叉子平面上,用刀子整理一下。

宴会进行中,由于不慎,发生异常情况,例如用力过猛,使刀叉撞击盘子,发出声响,或餐具摔落地上,或打翻酒水等等,应沉着不必着急。餐具碰出声音,可轻轻向邻座(或向主人)说一声"对不起"。餐具掉落可由服务员送一副,不用自己去捡。酒水打翻溅到邻座身上,应表示歉意,协助擦干;如对方是女性,只要把干净餐巾或手帕递上即可,由她自己擦干。

餐巾布的使用礼仪:从餐桌上拿起餐巾,先对折,或三分之一折叠,再将褶线朝向自己,摊在腿上。绝不能把餐巾抖开,如围兜般围在脖子上,或塞在领口。

餐巾是用来擦拭嘴巴的。吃了油腻的食物后满嘴油渍,若以这副尊容与人说话,委实不雅。况且喝酒时还会把油渍留在玻璃杯上,更是难看。所以用餐巾轻轻擦拭嘴角。中途暂时离席时,可让餐巾留在椅面上,不要放桌子上。餐巾用毕无须折叠整齐,站起来之前,首先将腿上的餐巾拿起,随意叠好,再把餐巾放在餐桌的左侧,然后起身离座。如果站起来后才甩动或折叠餐巾,就不合乎礼节了。

2. 中餐桌上的礼仪

中国人吃饭第一非常讲究等级,所以就餐座次排位不可忽视;第二非常讲究吃什么,所以菜谱很重要;第三一般都很讲究吃相。所以随着社交礼仪越来越被重视,饭桌上的吃和吃相也更加讲究。

中国饭桌上的座次是"尚左尊东"、"面朝大门为尊"。若是圆桌,则正对大门的为主客,主客左右手边的位置,则以离主客的距离来看,越靠近主客位置越尊,相同距离则右侧尊于左侧。若为八仙桌,如果有正对大门的座位,则正对大门一侧的右位为主客。如果不正对大门,则面东的一侧右席为首席。

如果为大宴,桌与桌间的排列讲究首席居前居中,左边依次 2、4、6 席,右边为 3、5、7 席,根据主客身份、地位、亲疏分坐。

如果你是主人,你应该提前到达,然后在靠门位置等待,并为来宾引座。如果你是被邀请者,那么就请听从东道主安排入座。

一般来说,如果你的老板出席的话,你应该将老板引至主座,请客户最高级别的坐在主座右侧位置。

点菜礼仪:定位三吃:吃特色(这个地方的特色菜,这个饭店的招牌菜),吃文化(以什么形式吃,如手抓、自助、冷拌等),吃环境(讲究环境优雅干净或有音乐伴奏等)。点菜风格:客人土,吃洋;客人洋,吃土。城里人去乡村要吃农家菜;农村人到城里要吃些城市风味菜,不能再点农家菜。点菜数量可根据以下三个规则:

第一看人员组成。一般来说,人均一菜是比较通用的规则。如果是男士较多的餐可适当加量。第二看菜肴组合。一般来说,一桌菜最好是有荤有素,有冷有热,尽量做到全面。如果桌上男士多,可多点些荤食,如果女士较多,则可多点几道清淡的蔬菜和特色点心。第三看宴请的重要程度。若是普通的商务宴请,平均一道菜在 50 元到 80 元左右可以接受。如果这次宴请的对象是比较关键人物,那么则要点上几个够分量的菜,例如龙虾、刀鱼、鲥鱼,再要上规格一点,则是鲍鱼、翅粉等。还有一点需要注意的是,点菜时不应该问服务员菜肴的价格,或是讨价还价,这样会让你公司在客户面前显得有点小家子气,而且客户也会觉得不自在。

吃菜礼仪:中餐宴席进餐伊始,服务员送上的第一道湿毛巾是擦手的,不要用它去擦脸。上龙虾、鸡、水果时,会送上一只小小水盂,其中飘着柠檬片或玫瑰花瓣,它不是饮料,而是洗手用的。洗手时,可两手轮流沾湿指头,轻轻涮洗,然后用小毛巾擦干。

用餐时要注意文明礼貌。对外宾不要反复劝菜,可向对方介绍中国菜的特点,吃不吃由他。有人喜欢向他人劝菜,甚至为对方夹菜,外宾没这个习惯,你要是一再客气,没准人家会反感:"说过不吃了,你非逼我干什么?"依此类推,参加外宾举行的宴会,也不要指望主人会反复给你让菜。你要是等别人给自己布菜,那就只好饿肚子。

客人入席后,不要立即动手取食。而应待主人打招呼,由主人举杯示意开始时,客人才能开始;客人不能抢在主人前面。夹菜要文明,应等菜肴转到自己面前时,再动筷子,不要抢在邻座前面,一次夹菜也不宜过多。要细嚼慢咽,这不仅有利于消化,也是餐桌上的礼仪要求。决不能大块往嘴里塞,狼吞虎咽,这样会给人留下贪婪的印象。不要挑食,不要只盯住自己喜欢的菜吃,或者急忙把喜欢的菜堆在自己的盘子里。

用餐的动作要文雅,夹菜时不要碰到邻座,不要把盘里的菜拨到桌上,不要把汤泼翻。不要发出不必要的声音,如喝汤时"咕噜咕噜",吃菜时嘴里"叭叭"作响,这都是粗俗的表现。不要一边吃东西,一边和人聊天。嘴里的骨头和鱼刺不要吐在桌子上,可用餐巾掩口,用筷子取出来放在碟子里。掉在桌子上的菜,不要再吃。进餐过程中不要玩弄碗筷,或用筷子指向别人。不要用手去嘴里乱抠。用牙签剔牙时,应用手或餐巾掩住嘴。不要让餐具发出任何声响。

用餐结束后,可以用餐巾、餐巾纸或服务员送来的小毛巾擦擦嘴,但不宜擦头颈或胸脯;餐后不要不加控制地打饱嗝或嗳气;在主人还没示意结束时,客人不能先离席。

喝酒礼仪:俗话说,酒是越喝越厚,但在酒桌上也有很多学问讲究,酒桌上要注意的小细节有:

(1)长者相互喝完才轮到自己敬酒。敬酒一定要站起来,双手举杯。
(2)可以多人敬一人,决不可一人敬多人,除非你是长者。
(3)自己敬别人,如果不碰杯,自己喝多少可视乎情况而定,比如对方酒量,对方喝酒态度,切不可比对方喝得少,要知道是自己敬人。

(4)自己敬别人,如果碰杯,一句,我喝完,你随意,方显大度。端起酒杯(啤酒杯),右手扼杯,左手垫杯底,记着自己的杯子永远低于别人。自己如果是长者,不要放太低。

(5)如果没有特殊人物在场,碰酒最好按时针顺序,不要厚此薄彼。碰杯,敬酒,要有说词。如祝你越来越潇洒;祝您高升;祝你快乐等。

(6)桌面上不谈生意,喝好了,生意也就差不多了,大家心里面了了然,不然人家也不会敞开了跟你喝酒。

(7)餐桌上的敬酒顺序依次为:主人敬主宾——陪客敬主宾——主宾回敬——陪客互敬。作为客人不能喧宾夺主乱敬酒,那样很不礼貌,也是很不尊重主人的。

3. 自助餐礼仪

第一,要排队取菜。在享用自助餐时,尽管需要就餐者自己照顾自己,但这并不意味着他可以因此而不择手段。实际上,在就餐取样时,由于用餐者往往成群结队而来的缘故,大家都必须自觉地维护公共秩序,讲究先来后到,排队选用食物。不允许乱挤、乱抢、乱加队,更不允许不排队。

在取菜之前,先要准备好一只食盘。轮到自己取菜时,应以公用的餐具将食物装入自己的食盘之内,然后即应迅速离去。切勿在众多的食物面前犹豫再三。让身后之人久等,更不应该在取菜时挑挑拣拣,甚至直接下手或以自己的餐具取菜。

第二,要循序取菜。在自助餐上,如果想要吃饱吃好,那么在具体取用菜肴时,就一定要首先了解合理的取菜顺序,然后循序渐进。按照常识,参加一般的自助餐时,取菜时标准的先后顺序,依次应当是:冷菜、汤、热菜、点心、甜品和水果。因此在取菜时,最好先在全场转上一圈,了解一下情况,然后再去取菜。如果不了解这一合理的取菜顺序,而在取菜时乱装乱吃一通,难免会使本末倒置,咸甜相克,令自己吃得既不畅快又不舒服。举例而言,在自助餐上,甜品、水果本应作为"压轴戏",最后再吃。可要是不守此规,为图新鲜,先来大吃一通甜品、水果,那么立即就会饱了,等到后来才见到自己想吃的好东西,很可能就会心有余而力不足,只好"望洋兴叹"了。

第三,要量力而行。参加自助餐时,遇上了自己喜欢吃的东西,只要不会撑坏自己,完全可以放开肚量,尽管去吃。不限数量,保证供应,其实这正是使自助餐大受欢迎的地方。因此,在参加自助餐时,大可不必担心别人笑话自己,爱吃什么,只管去吃就是了。不过,在根据本人的口味选取食物时,必须量力而行。切勿为了吃得过瘾,而将食物狂取一通,结果是自己"眼高手低",力不从心,从而导致了食物的浪费。严格地说,在享用自助餐时,多吃是允许的,而浪费食物则绝对不允许。这一条,被世人称为自助餐就餐时的"少取"原则。有人亦称之为"每次少取"原则。

第四,要多次取菜。在自助餐上遵守"少取"原则的同时,还必须遵守"多次"的原则。它的具体含义是:用餐者在自助餐上选取某一种类的菜肴,允许其再三再四地反复去取。每次应当只取一小点,待品尝之后,觉得它适合自己的话,那么还可以再次去取,直至自己感到吃好了为止。换而言之,这一原则其实是说,在自助餐选取某菜肴时,却取多少次都无所谓,一添再添都是允许的。相反,要是为了省事而一次取用过量,装得太多,则是失礼之举,必定会令其他人瞠目结舌。"多次"的原则,与"少取"的原则其实是同一个问题的两个不同侧面。"多次"是为了量力而行,"少取"也是为了避免造成浪费。所以,二者往往也被合称为"多次少取"的原则。

餐饮礼仪事实上并不繁杂,它是一种约定俗成的习惯,也是一种合理化的规则,让大家在不致对他人造成困扰的情况下,用最恰当的方式进食。把这些基本原则放在心里,那么进食任何一种餐食都不会忐忑不安,而能对自己的行为举止有安全感。餐桌是观察一个人是否有良好教养的最佳地方,用餐者在进食过程中,处处可显示其品位与教养。遵守这些礼仪规范,并不是要你做作地卖弄自己的教养,真正懂礼仪而且境界修炼到炉火纯青的人,是能够为他人着想,不论跟什么阶层的人士在一起,不论身边人懂不懂得礼仪,都能态度自然、得体,令他人有说不出的舒服和自在。有一次一位男士跟着夫人参加一次朋友聚会,他为了保持形象,表现得特别内敛,几乎没有动过筷子,一直坐在那儿,既不吃菜喝酒,也不说话,搞得其他的人也不自在起来,以为他不舒服,以为晚上的菜不符他的口味。这就有些过了。

(三)送花礼仪与花语

送花是一门学问,送花也是一门艺术,用花来表达的语言非常丰富。了解花语花意,才能使物有所值。如给老人祝寿,宜送长寿花或万年青,长寿花象征着"健康长寿",万年青象征着"永葆青春"。热恋中的男女,一般送玫瑰花、百合花或桂花。这些花美丽、雅洁、芳香,是爱情的信物和象征。对祝贺结婚的宜用玫瑰、百合、郁金香、香雪兰、扶郎花、剑兰、大丽、风信子、舞女兰、石斛兰、嘉特兰、大花慧兰等。新娘子在披纱时所用的捧花,除了有玫瑰、百合、郁金香,香雪兰、扶郎花、菊花、剑兰大丽、风信子、舞女兰石斛兰、嘉特兰、大花慧兰等外,适当加入两枝满天星将更加华丽脱俗。

在国际交际场合,忌用菊花、杜鹃花、山竹花以及黄色的花献给客人。然菊花却是日本皇室的专用花卉,人们对它极为尊重。

夫妻之间可互赠合欢花。合欢花的叶长,两两相对,晚上合抱在一起,象征着夫妻永远恩爱。

节日期间看望亲朋,宜送吉祥草,象征幸福吉祥。春节则可送些新颖别致的小盆花,例如报春花。富贵菊、仙客来、荷包花、紫罗兰、花毛莨、报岁兰等。朋友远行,宜送芍药,因为芍药不仅花朵鲜艳,且含有难舍难分之意。

对爱情受挫折的人宜送秋海棠,因为秋海棠又名相思红,寓意苦恋,以示安慰。

给病人送花有很多禁忌,探望病人时不要送整盆的花,以免病人误会为久病成根。香味很浓的花对手术病人不利,易引起咳嗽;颜色太浓艳的花,会刺激病人的神经,激发烦躁情绪;山茶花容易落蕾,被认为不吉利。看望病人宜送兰花、水仙、马蹄莲等,或选用病人平时喜欢的品种,有利病人怡情养性,早日康复。

拜访德高望重的老者,宜送兰花,因为兰花品质高洁,又有"花中君子"之美称。

新店开张,公司开业,宜送月季、紫薇等,这类花花期长,花朵繁茂,寓意兴旺发达,财源茂盛。祝贺乔迁则以巴西铁,鹅掌叶、绿萝柱、彩叶芋等观叶植物或盆景为宜

祝贺友人的生日,属喜庆的花都可相赠。母亲节为康乃馨、百合花;父亲节为红莲花、石斛兰;圣诞节为一品红、南洋杉;教师节为剑兰、菊花。对婴儿出生满月最好送给各种鲜艳的时花和香花。

不同国家既有相近的花语,如玫瑰代表爱,又有不同的含意,如国花的选择。

如中国国花——牡丹,朝鲜国花——朝鲜杜鹃(金达来),韩国国花——木槿,日本国花——樱花、菊花,泰国国花——素馨、睡莲,马来西亚国花——扶桑,印度尼西亚国花——毛茉莉,新加坡国花——万带兰,印度国花——荷花、菩提树,伊朗国花——大马士革月季,以色列国花——银莲花、油橄榄,土耳其国花——郁金香,瑞典国花——欧洲白蜡,芬兰国花——铃兰,丹麦国花——木春菊,俄罗斯国花——向日葵,波兰国花——三色堇,德国国花——矢车菊,南斯拉夫国花——洋李、铃兰,英国国花——狗蔷薇,爱尔兰国花——白车轴草,法国国花——鸢尾,荷兰国花——郁金香,加拿大国花——糖槭,美

国国花——月季,墨西哥国花——大丽花、仙人掌,哥伦比亚国花——卡特兰、咖啡,巴西国花——卡特兰,智利国花——野百合,阿根延国花——刺桐,澳大利亚国花——金合欢、桉树,新西兰国花——杪椤、四翅槐,埃及国花——睡莲,塞内加尔国花——猴面包树等。

二　如何培养良好的气质风度

　　气质是一个人内在涵养或修养的外在体现,气,指气场,质,是质地,是一个人内在气场与外表质地的有机表现。犹如一个皮球,没有气冲进去就不会膨胀,没有良好的圆形皮质形状,气冲进去也不会长久圆鼓起来。气质是内在学识素养与外在风度形象的完美结合。有气质是对一个人很高的评价,既需要博学笃志,才智过人,谦和内敛,善待他人,又要穿着美观得体,举止端庄稳重,说话温文尔雅,处事落落大方。气质一般形容女人,风度大多形容男人。

　　现今社会很多人都看重形象,就是在乎公众的评价。人是社会的人,社会是人的社会。每个人都活在别人的嘴里,众口铄金,人言可畏,就是说明形象的重要。当然你也可以不在乎别人的评价,那就可能与环境格格不入,很难融入社会被别人接受。除非你有扭转乾坤改变人们理念的才能和胆识。

　　个人形象指数上如何评判一个人修养之高低,主要看三点:一看是否知书达理,就是懂礼貌礼节礼仪,如果见面不知问候、称呼,人家帮了他也不会感谢,出口粗俗行为放肆,就很难得到别人的认可。得不到周围人的认可,就难以抓住机会求得事业发展。二看自律精神,就是秩序意识,能自觉遵守法律、规章制度。在学校求学遵守校纪校规,到单位工作严守操作规程,社会上遵守公德不闯红灯、不插队等;三看团队合作精神,是否乐于助人,别人有困难时,愿意把自己会的东西传授给别人,互相讨论;是否乐于合作,开展活动或项目开发中遇到困难,解决不了,愿意找人一起讨论,而不是闭门造车,善于组织大家一起干,发挥大伙的积极性;是否乐于问人,主动听取别人的意见,并接受别人提出的意见等。

　　如何看一个女人,可以从浅层和深层两方面考察:浅层看仪容仪表仪态,深层看说话语态(是否稳重、不俗、温婉)、待人接物(是否仁慈、热情、大气)、气质(是否妩媚、典雅、知性)。女人是人类的母亲,女人的素养决定着民族的素养,因为母亲是孩子的第一任老师,再伟大的人也是母亲养育出来的。经济发

展是暂时的,但民族素养是永恒的。英、法、德比起以前衰落了,但他们的文化影响力、国民素质、生活格调依然是人类的楷模。现代化就是西欧化,文明就是民主、理性、法治、博爱、和平、和谐、环保、天人合一。

女人的气质不是学来的,而是主观努力潜移默化培养出来的。深层的气质需要多学东西,多看书,富有内涵才能睿智、自信、有气场,眼睛会更明亮,眼睛里的自信淡定是化妆化不出来的。有些女孩子虽然外表漂亮时尚,但眼睛里分明空洞无物;浅层的气质需要加强形体训练,学学舞蹈或者形体训练,多参加运动,掌握交际艺术礼仪规范。一个仪态端庄,步姿洒脱、意气风发、充满自信的女性,绝对灵性优秀气质高雅。

有气质的女人,总是微笑着对人,她的眼神中透出自信。因为她的内心极其丰富,做事成竹在胸。英国大剧作家萧伯纳有句名言:"有自信心的人,可以化渺小为伟大,化平庸为神奇。"自信,就是相信自己的力量,确信自己所追求的目标是正确的,并坚信自己有力量和能力去实现所追求的目标。一个人自信心的建立不是天生的,更不会随心而得。自信心与他的成功概率成正比。自信心越强,越能够不畏失败,不怕挫折,不懈进取。自信心越大,越能够产生强大的精神动力和进取激情。所以一个女人自尊自爱自立,才能达到自强,自强是最高进阶,自强与自信相融合。自信的女人一定是神定气闲,形成一定气场的。如邓亚萍、杨澜、张越、王利芬等。

如何看一个男人。如果说女人看气质,那么男人就看风度。"风度"一词最早出自《晋书·安平献王孚论传》:"风采度量也"。所以看男人不是看他有多少钱或多高地位或写了多少本书,男人的真正魅力来自风度。风度看二点,一是慷慨,二是勇敢。一个男人如果小气和懦弱,那叫小男人,在人际吸引力上是致命的。犹如一个教师首先是课好,其次是人好,最后才是学术研究好。因为课好人好是直接与学生相关的,而学术研究是间接影响学生的,更多的是个人受益。所以社会地位、职位、教授头衔只是表明个人职场攀爬能力,但它与风度无关,风度与为人处世的风格和性格相关。当一个人所有的外在光环都不在的时候,人们是否还愿意敬重他,靠近他,是否还愿意与之合作分享做朋友,这就取决于个人风度魅力。慷慨是一种对金钱利益的态度,就是不吝啬,愿意给予,而且是一种不图回报的给予。如大海慷慨地给予人类丰富的水产品和每日不可缺少的食盐。慷慨还表现为充满正气,情绪激昂。文人多的地方经常互相妒忌排斥,就是因为不够大方,生怕自己比别人拿得少;还有的知识分子趋于小利,吵吵闹闹,当头的先拿大头,下属的怨声载道,如何形成团队的合力?勇敢是看一个人危急关头的态度,危急关头是否会保护女人、孩子、家人,是否会把安全的机会让给他人;市场经济的大海里是否敢搏击风浪,敢为人先,不怕失败,东山再起。如史玉柱、马云、李彦宏、丁磊等。

有人说"一年可以培养一个富翁,三年也难成一个贵族。"那么四年可以培养一个大学生,但难培养一个气质高雅的人。说明气质、风度的形成不是一朝一夕可以成功的,需长时间学习、修炼。只有当漂亮与智慧长久地结合后才能滋生出气质风度。

现代女性对风度的追求主要有:

(1)高雅,雅是俗的对立物,是一种合乎规范的,高尚大方的定型式评价。体现女性把握自身风姿格调的一种高超的控制能力,灵活机动的把握美的"度",在任何环境中都不失其雅。

(2)自然,"清水出芙蓉,天然去雕饰",风度之美贵在自然。自然让人舒适、悦目。如语言谦逊文雅而不庸俗,举止稳重而不矫饰,气质活泼开朗而不轻浮,态度热情大方而不造作,性情善良和蔼而不怯懦。

(3)温柔,女性的温柔是一种神奇微妙的东西,它听不见,看不出,摸不着,但却实实在在感受得到。温柔和仁慈、宽厚、善良相伴,使人景仰崇拜。

(4)勤劳,勤劳之成风度,在于它给人勤快伶俐的快感。如勤奋刻苦的生活格调,活跃的思维习惯,事业心责任心,都为她的风采加上朴实的光彩。

(5)真诚,真实诚信,该说的说,该笑的笑,该哭的哭,无论成功还是失败都敢于面对,客观正视自己和别人,心地坦荡纯真无瑕。

(6)妩媚,是女性对美追求的集中点。德国美学家莱辛说:"媚就是在动态中的美,稍纵即逝而却让人百看不厌的美"。美得生动而不呆板。

一个女人的气质和她所生活的环境,所受的教育及性格特点都有很大的关系。有气质的人也许粗看上去不起眼,但是把她放在一堆人里,用不了多久你就会注意到她的存在。和她在一起,你会觉得身心都很舒服。

现代男性对风度的追求主要有:

(1)加强形体训练:具有强健的体魄,塑造男人的身材、肌肉和力量;坚持运动,每天抽出半小时到一小时,把运动当作生活不可缺少的一部分。生命在于运动,运动不仅会减少你的焦虑,使你产生积极的情绪,而且会使你身体强健起来,更有男人的风度和魅力。

(2)加强气度训练:第一,尊重女性。坐车坐电梯就餐时做到女士优先,为女士开门、搬椅子,约会结束把女友送到住处等;第二,该付钱的时候抢先掏钱;与朋友在一起购物讨价还价后就买下来;坐出租车坐在副驾驶座,便于付钱;有利益相争时,保持沉默或主动谦让。

(3)加强礼仪训练:举止不粗俗蛮狠,说话不夸夸其谈,身姿不弓腰驼背,做事不风风火火。

一位中国女学生在一次欧洲旅行中,被一个4岁的白人小男孩在进电梯时抢了先,那个男孩的父亲当即把孩子从电梯里拉出来,让女学生先进电梯,还让男孩给她道歉。她感叹西方的绅士原来是那样培育出来的。

一位女孩曾默默暗恋一个同系男生,但无缘表白,毕业后各奔东西。十年后去他所在的城市出差,终于有了一个被他送行的机会。那个男同学帮她在火车床位边安放好行李之后转身离去,在走过长长的过道时,她看见他几次伸手帮助刚上火车的陌生人安放行李。他白皙的手,举向行李架,腕表从手腕往胳膊的方向斜着。他就在那样的举动中走下了火车,然后,再到她的窗户边挥挥手,道再见。女孩躺在卧铺上流了好久眼泪。她觉得多年爱恋的那个男人是一个有品行和风度的人。她从那件小事了解了一个值得钦佩的男人和自己那一份感情的价值。

女人喜欢有风度的男人,如同男人喜欢有气质的女人。气质与风度是女人和男人努力的方向,也是人性执著的追求,人们喜爱的品位。与之相反的如狭隘、固执、猜忌、多疑、懒惰、怯懦、残忍、暴戾、粗野等均是人们个性、气质上不足的表现,一旦成为一种固定的东西,就会给他人带来伤害,也会给自己带来形象的损失。每个人都应该自觉地培养自己的气质和风度。

 三 礼仪是一种生活艺术

生活需要艺术,生活就是艺术。如果说道德法治是一个国家的软实力,那么礼仪修养是一个人的软实力。古人早就告诉我们,以柔克刚,涵容以待人,恬淡以处世。必有容,德乃大;必有忍,事乃济。以虚养心,以德养身,以仁义养天下万物,以道养天下万世。

河北大学的撞车事件发生时,如果李启铭立即道歉,马上认错,马上抢救伤者,不要那么强硬叫嚣:"我爸是李刚",也许人们还不会这样愤怒,也许受害者家属还能接受道歉。其实越是在公开场合狂妄的人内心越是虚弱,越是破坏自我形象。

一个婴儿为什么生机勃勃?为什么生命力这么旺盛?就是"守柔曰强"的机理。一个老年人,到了八九十岁骨头都强硬了,生命力就变得弱了,而看似柔弱的婴儿却潜伏着强大的生命动力。老子说:"柔弱者生之徒。"老子在柔弱中看到了恒久的力量,成功的力量。水是最柔弱的,它往下流的时候,坚硬的岩石和强壮的树枝都想拦住它,但它一点不对抗,不强硬,只是绕开它们,避开强硬,直奔目标,最后它归属大海,变成世界上最深广的地方。

礼仪就是这样一种"柔之胜刚,弱之胜强"的艺术,以礼待人,以礼感人是人生的大智慧。五千年的中华文明之所以绵延不绝,就是因为中华文化中宽厚坚忍的品性。

近代中国国学大师辜鸿铭曾经非常执著忠诚地向西方推荐中国的礼仪,传播中华优秀文化,他创造性地翻译了中国"四书"中的三部——《论语》、《中庸》和《大学》,当时还被一部分人笑话。辜鸿铭(1857-1928),中国文化坚定的护卫者、弘扬者。他生在南洋(出生在马来西亚),学在西洋(9岁到欧洲,学贯东西,精通英文、法文、德文、拉丁文、希腊文、马来文等9种语言,通晓文学、儒学、法学、工学与土木等文、理各科),婚在东洋(一妻一妾,妾是日本人),仕在北洋(1885年回国,应邀入军机大臣张之洞幕府,帮助张之洞统筹洋务20余年)。辜鸿铭把中国人的优点概括为温良(gentleness),认为中华民族精神不朽的秘密就是中国人心灵与理智的完美谐和。他极力向西方人倡扬东方的文化和精神,产生了重大的影响,在西方形成了"到中国可以不看紫禁城,不可不看辜鸿铭"的说法。

辜鸿铭认为,要估价一种文明,必须看它"能够生产什么样子的人,什么样的男人和女人"。(《中国人的精神》,又名《春秋大义》),他批评那些"被称作中国文明研究权威"的传教士和汉学家们"实际上并不真正懂得中国人和中国语言"。他独到地指出:"要懂得真正的中国人和中国文明,那个人必须是深沉的、博大的和纯朴的",因为"中国人的性格和中国文明的三大特征,正是深沉、博大和纯朴",此外还有"灵敏"。辜鸿铭从这一独特的视角出发,把中国人和美国人、英国人、德国人、法国人进行了对比,凸显出中国人的特征之所在:美国人博大、纯朴,但不深沉;英国人深沉、纯朴,却不博大;德国人博大、深沉,而不纯朴;法国人没有德国人天然的深沉,不如美国人心胸博大和英国人心地纯朴,却拥有这三个民族所缺乏的灵敏;只有中国人全面具备了这四种优秀的精神特质。也正因如此,辜鸿铭说,中国人给人留下的总体印象是"温良","那种难以言表的温良"。在中国人温良的形象背后,隐藏着他们"纯真的赤子之心"和"成年人的智慧"。辜鸿铭写道,中国人"过着孩子般的生活——一种心灵的生活"。

从1901至1905年,辜鸿铭分5次发表了172则《中国札记》,反复强调东方文明的价值。1909年,英文本《中国的牛津运动》(德文译本名《为中国反对欧洲观念而辩护:批判论文》)出版,在欧洲尤其是德国产生巨大的影响,一些大学哲学系将其列为必读参考书。1915年《春秋大义》(即有名的《中国人的精神》)出版。他以理想主义的热情向世界展示中国文化才是拯救世界的灵丹,同时,他对西方文明的批判也是尖锐的深刻的。很快《春秋大义》德文版出版了,在正进行"一战"的德国引起巨大轰动。

　　辜鸿铭生活在一个不幸的时代,在那样一个时代里,只要你是一个中国人,你就只能是病弱的,任人宰割的。如果你是清醒的,你要抗争,就需付出分外沉痛的代价。面对当时内忧外患的祖国,辜鸿铭为中华传统之断落而忧患,为炎黄文明之涂炭而忧患,他在笔记《张文襄幕府纪闻》中表达了自己对中国文化的自尊与忧患的深层叹息。

　　辜鸿铭狂放的姿态,是他带泪的表演,是以狂放来保护强烈的自尊。当时西方人见到中国街市当中,遍挂"童叟无欺"四字,常对辜说:于此四字,可见中国人心欺诈之一斑。辜顿时语塞,无以自遣。实际上,因为眼界比同时代的人要开阔许多,那种悲愤与悲悯,辜鸿铭比任何人都体会得更清楚、更深刻。由此,他不惜用偏执的态度来表达自己对中华文化的热爱。他学在西洋,却喜欢东方姑娘,尤其喜爱中国姑娘的小脚。他的夫人淑姑是小脚,他一见钟情、终身不负。民国建立后,他在北大讲授英国文学,用偏激的行为方式——留辫子,穿旧服,为纳妾和缠足进行头头是道的辩解,来对抗整个社会弃绝中华传统的畸形走向。辜鸿铭一生主张皇权,可他并不是遇到牌位就叩头。慈禧太后过生日,他当众脱口而出的"贺诗"是"天子万年,百姓花钱。万寿无疆,百姓遭殃"。袁世凯死,全国举哀三天,辜鸿铭却特意请来一个戏班,在家里大开堂会,热闹了三天。

　　辜鸿铭在北京大学任教,梳着小辫走进课堂,学生们一片哄堂大笑,辜教授平静地说:"我头上的辫子是有形的,你们心中的辫子却是无形的。"闻听此言,狂傲的北大学生一片静默。

　　辜鸿铭生平喜欢痛骂西方人,反以此而见重于西方人,不为别的,就为他骂得鞭辟入里,并总能骂在要穴和命门上。故很多西方人崇信辜鸿铭的学问和智慧,几乎到了痴迷的地步。

　　当年,辜鸿铭在东交民巷使馆区内的六国饭店用英文讲演"The Spirit of the Chinese People"(他自译为《春秋大义》),中国人讲演历来没有售票的先例,他却要售票,而且票价高过"四大名旦"之一的梅兰芳。听梅的京戏只要一元二角,听辜的讲演却要两元,外国人对他的重视由此可见一斑。

辜鸿铭在西方人面前表现出来的优越感源自于他的机智与幽默。某天，辜鸿铭在他位于北京椿树胡同的私邸宴请欧美友人，点的是煤油灯，烟气呛鼻。有人说，煤油灯不如电灯和汽灯明亮，辜鸿铭笑道："我们东方人，讲求明心见性，东方人心明，油灯自亮。东方人不像西方人那样专门看重表面功夫。"你说这是谈佛理，谈哲学，还是故弄玄虚？反正他这一套足够唬住那些洋鬼子。

辜鸿铭辩才无双。中日甲午海战后，日本首相伊藤博文到中国漫游，在武昌时，与张之洞有过一些接触。辜鸿铭是张的幕僚，作为见面礼，他送了伊藤一本自己刚出版的《论语》英译本。伊藤早知辜氏是中国保守派中的先锋大将，便乘机调侃他道："听说你精通西洋学术，难道还不清楚孔子之教能行于两千多年前，却不能行于20世纪的今天吗？"辜鸿铭见招拆招，回答道："孔子教人的方法，就好比数学家的加减乘除，在数千年前，其法是三三得九，如今20世纪，其法仍然是三三得九，并不会三三得八。"伊藤听了，一时间无词以对。

在北大，受蔡元培、黄侃、洋教授的青睐，但却是西化分子的死对头。对于胡适等人的白话文运动给国人带来传统文化断层上的灾难，曾经早有预见，但最终，民国政府还是在小学课本废除了文言文，给中国的传统文化的继承和发展造成了难以弥补的巨大损失。辜鸿铭，作为一个出生在马来西亚的华侨，用自己的努力捍卫着中华民族的尊严，是他，促使世界第一个孔子学院的诞生，近代中国的人物中，唯有他是最受到世界各国学者文人尊敬的人物，然而在他自己的祖国中国，却屡屡被自己的同胞和学生嘲笑唾骂误解着，我们不能不遗憾那样的时代里，我们大多数青年的幼稚和愚蠢。

1928年4月30日，辜鸿铭在北京逝世，享年72岁。英国的一个学者写道：把东方文化传播给西方的那个人去世了，而把西方文化传播给东方的那个人还没有出生。

曾任耶鲁大学校长的小贝诺施密德特，前不久在耶鲁大学学报上公开撰文批判中国大学，引起了美国教育界人士对中国大学的激烈争论。他认为，中国大学日益严重的"官本位"体制，使得"宙斯已被赶出天国，权力主宰一切"。"新中国没有一个教育家，而民国时期的教育家灿若星海。"而辜鸿铭就是那个时代的坚持自己教育理念的一个大家。

有一个故事说，能够到达金字塔顶端的只有两种动物，一是雄鹰，靠自己的天赋和翅膀飞了上去；二是蜗牛，蜗牛是一点一点爬上去的。从地面爬到顶端可能要一个月、两个月，甚至一年、两年。在金字塔顶端，人们确实找到了蜗牛的痕迹。人们相信蜗牛绝对不会一帆风顺地爬上去，一定会掉下来、再爬、

掉下来、再爬。但是蜗牛只要爬到金字塔顶端，它眼中所看到的世界，它收获的成就，跟雄鹰是一模一样的。青春逼人的年轻一族有的是雄鹰，天赋极高；有的是蜗牛，执著爬行。雄鹰不费力就达到了目标，令人羡慕，但蜗牛只要你在爬，就足以给世界留下感动的过程。弱与强是相对的，不能坚持的人是真正的弱者，弱者只有一个选择，那就是死亡。

两人结伴横穿过沙漠，水喝完了，其中一个中暑生病，不能行动。剩下这个健康而又饥饿的人对同伴说："好吧，你在这儿等着，我去寻找水源。"他把手枪塞在同伴的手里说："枪里有五颗子弹，记住，三个小时后，每一小时对空鸣枪一声，枪声指引我，我会找到正确的方向，然后与你会合。"

两人分手，一个充满信心地去找水源，一个满腹狐疑地卧在沙漠里等待。他看表，按时鸣枪。除了自己以外，他很难相信还会有人听见枪声。他的恐惧加深，认为那同伴找水失败，中途渴死了。不久，又想象同伴找到水，弃他而去，不再回来了。到应该击发第五枪的时候，这人悲愤地思量："这是最后一颗子弹了，伙伴早已听不见我的枪声，等到这颗子弹用过之后，我还有什么依靠呢？我只有等死而已。而且，在一息尚存之际，兀鹰会啄瞎我的眼睛，那是多么痛苦，还不如……"他用枪口对准自己的太阳穴，扣动扳机。

可是不久，那提着满壶清水的同伴领着一队骆驼商旅寻声而来，他所找到的是一具尸体。信念和信任的缺失使生病的同伴不能坚持到最后一刻。定下目标一定要执著，任何事情要想做成功，第一要执著目标，持恒坚韧，才能云开日出；第二要有良心，要做好事，要做对得起自己对得起别人的事情，要有和别人分享的姿态，要有愿意为别人服务的精神。有良心的人相信自己也被别人信任，他所做的事情也一定会对他未来的生命产生影响。

生命是一泓清水，你让它流动，推开心灵的堤岸，就会融入溪流，汇入大江，奔腾入海。也许会变得浑浊，也许会被暗礁撞得遍体鳞伤，但生命将奔腾不息，变成大海不可分割的一部分，在浩荡之中再次变得清澈、变得博大、变得宽阔无边。在阳光的照耀下，这样的生命将会进一步升华。

青春无价，生命无价，生命的价值由每个人自己定位。学习礼仪不仅在于掌握操作程序，更在于做人做事的理念和思想，在于为人处世的方式和方法，在于对待学习和生活的态度。

2006年起哈佛大学出现一个奇特的现象，最受欢迎的选修课不再是王牌课《经济学导论》，而是《幸福的方法》，教这门课的是一位名不见经传的年轻讲师，名叫泰勒·本－沙哈尔。在一周两次的"幸福课"上，本－沙哈尔没有大讲特讲怎么成功，而是深入浅出地教他的学生，如何更快乐、更充实、更幸福。

本-沙哈尔成了"哈佛红人"。校刊和《波士顿环球报》等多家媒体，报道了积极心理学课在哈佛火爆的情景。

"幸福课"为何会在哈佛大受欢迎？说明美国的年轻学子身在最强大的国家，学在最著名的大学，但他们的内心深处依然感觉窒息压抑不快乐，或无法持久快乐。

"我们越来越富有，可为什么还是不开心呢？"这是同样令许多美国人深感困惑的问题。据统计，在美国，抑郁症的患病率，比起20世纪60年代高出10倍，抑郁症的发病年龄，也从上世纪60年代的29.5岁下降到今天的14.5岁。而许多国家，也正在步美国后尘。1957年，英国有52％的人，表示自己感到非常幸福，而到了2009年，只剩下30％。但在这段时间里，英国国民的平均收入却提高了3倍。

我们来到这个世上，到底追求什么才是最重要的？本-沙哈尔坚定地认为：幸福感是衡量人生的唯一标准，是所有目标的最终目标。人们衡量商业成就时，标准是钱。用钱去评估资产和债务、利润和亏损，所有与钱无关的都不会被考虑进去，金钱是最高的财富。但人生与商业一样，也有盈利和亏损。具体地说，在看待自己的生命时，可以把负面情绪当作支出，把正面情绪当作收入。当正面情绪多于负面情绪时，我们在幸福这一"至高财富"上就盈利了。长期的抑郁，可以被看成是一种"情感破产"，整个社会，也有可能面临这种问题，如果个体的问题不断增长，焦虑和压力的问题越来越多，社会就正在走向幸福的"大萧条"。

一项有关"幸福"的研究表明，人的幸福感主要取决3个因素：遗传基因、与幸福有关的环境因素以及能够帮助人们获得幸福的行动。

我们的很多课，都在教学生如何更好地思考、更好地阅读、更好地写作，可是为什么就不该有人教学生更好地生活呢？幸福，应该是快乐与意义的结合。本-沙哈尔说："在追求有意义而又快乐的目标时，我们不再是消磨光阴，而是在让时间闪闪发光。"

有一天，在哈佛的食堂，有个学生走到本-沙哈尔面前，问他：你就是那个教人如何快活的老师吧。学生接着又说：你要小心，我的室友选了你的课，如果哪天我发现你并不快乐，我就要告诉他，别再上你的课。本-沙哈尔看着这个学生，笑着道：没关系，我现在就可以告诉你，我也有不快乐的时刻，因为我们是人。

本-沙哈尔说：总有人问我，你能帮我消除痛苦吗？可是为什么要用这种态度来对待痛苦。痛苦，是我们的人生经验，会让我们从中学到很多。人生的成长和飞跃,经常发生在你觉得非常痛苦的时刻。漫漫人生,每个人都不可避免地会面临悲伤的时刻,比如经历失败或失去,但我们依然可以活得幸福。事实上,期盼无时无刻的快乐,只会带来失望和不满,并最终导致负面情绪的产生。一个幸福的人,也会有情绪上的起伏,但整体上,能保持一种积极的人生态度。他经常被积极的情绪推动着,如欢乐和爱;很少被愤怒或内疚,这些负面情绪所控制。快乐是常态,而痛苦都是小插曲。

为了让学生更好地记住"幸福课"的要点,本-沙哈尔为他的学生简化出10条小贴士:

(1)遵从你内心的热情。选择对你有意义并且能让你快乐的课,不要只是为了轻松地拿一个A而选课,或选你朋友上的课,或是别人认为你应该上的课。

(2)多和朋友们在一起。不要被日常工作缠身,亲密的人际关系,是你幸福感的信号,最有可能为你带来幸福。

(3)学会失败。成功没有捷径,历史上有成就的人,总是敢于行动,也会经常失败。不要让对失败的恐惧,绊住你尝试新事物的脚步。

(4)接受自己全然为人。失望、烦乱、悲伤是人性的一部分。接纳这些,并把它们当成自然之事,允许自己偶尔的失落和伤感。然后问问自己,能做些什么来让自己感觉好过一点。

(5)简化生活。更多并不总代表更好,好事多了,也不一定有利。你选了太多的课吗?参加了太多的活动吗?应求精而不在多。

(6)有规律地锻炼。体育运动是你生活中最重要的事情之一。每周只要3次,每次只要30分钟,就能大大改善你的身心健康。

(7)睡眠。虽然有时"熬通宵"是不可避免的,但每天7到9小时的睡眠是一笔非常棒的投资。这样,在醒着的时候,你会更有效率、更有创造力,也会更开心。

(8)慷慨。现在,你的钱包里可能没有太多钱,你也没有太多时间。但这并不意味着你无法助人。"给予"和"接受"是一件事的两个面。当我们帮助别人时,我们也在帮助自己;当我们帮助自己时,也是在间接地帮助他人。

(9)勇敢。勇气并不是不恐惧,而是心怀恐惧,仍依然向前。

(10)表达感激。生活中,不要把你的家人、朋友、健康、教育等这一切当成理所当然的。它们都是你回味无穷的礼物。记录他人的点滴恩惠,始终保持感恩之心。每天或至少每周一次,请你把它们记下来。

其实在中国的高校也有类似的课程,如《大学生思想道德修养与法律基础》、《心理学》、《社交礼仪》等。让学生感受课堂快乐不仅在于课名,更在于教师如何讲,如何以学生为本,贴近学生的想法,给他们需要的东西。当然教师不是神,教师也需要从学校和学生的尊重中得到快乐,而学生的认可是教师最大的快乐。

哈佛大学的本－沙哈尔老师快乐秘方中,特别强调了亲密的人际关系是幸福感的信号。这也是作者编写这本书的初衷。希望带着无限憧憬、激情和梦想进入高校的中国大学生能处理好各种人际关系,做自己生活的主人,做别人快乐的映衬。

赵朴初先生的《宽心谣》写道:"日出东海落西山,愁也一天,喜也一天。遇事不钻牛角尖,人也舒坦,心也舒坦。每月领取养老钱,多也喜欢,少也喜欢。少荤多素日三餐,粗也香甜,细也香甜……心宽体健养天年,不是神仙,胜似神仙。"这就是许多大家人际快乐的奥秘所在,也是《人际底线管理与沟通艺术》的内涵所在。

结　语

　　生活中总有一份期盼,一种向往,一种坚持,一份感动。无论成功还是失落,无论相逢还是分别,人需要释放需要交流需要抚慰需要鼓励,这一切都离不开礼貌礼节礼仪。礼仪体现人文关怀,体现个体素养,体现社会文明程度,体现对生命的尊敬和欣赏。您好,您请,你辛苦……不经意的细节会令人感动。

　　有一种人让你赏心悦目历久弥新,有一种声音充满磁性悠远隽永,有一种人外表并不美丽然魅力永存,有一种快乐如果不体会就不知道其中的纯粹——这就是礼仪的奥秘。

　　亲爱的同学、朋友,让我们把行走、梦想、家乡、父母、学业、友谊、爱情,所有所有对祖国的祝愿和对未来的憧憬,通过礼仪轻轻地轻轻地流淌出来。"你好,同学们好,老师好……"让教室想起最温暖的声音,让校园想起最温暖的声音,让城市、乡村、窗口响起最温暖的声音。走近客人:一张笑脸,一声问候,一份温情;与人交往:带着快乐,尝试沟通,展现魅力。出门修饰面容:如果今天没有太阳,我们的脸上要有阳光;回家放下烦恼:如果今晚没有月亮,我们的内心要月光如水。上班穿着端庄,约会穿着时尚,休闲穿着宽松,运动穿着矫健。与人交谈,平等尊重,温和委婉,表情自然,亲切和蔼,声徐气柔,音量适中,多说赞美、欣赏、祝福、鼓励的话。待人接物,落落大方,举止优雅,品位高尚。你就是精神贵族,大气高贵丰富,礼貌温和儒雅。你就是人类文明的播种机,无论走到哪儿,就把礼仪播撒到那儿。

　　张燕梅女士曾在索尼美国公司工作,后任索尼中国公司副总裁,现为盛大网络高级副总裁,她对美国、中国、日本三种文化有一个形象的比喻:美国文化是国际象棋,日本文化是围棋,中国文化是中国象棋。国际象棋代表最先进的一个文化,每个人的权力和职责分配都刻在脸上,游戏遵循的是公开、公平、公正的原则;而中国象棋,权力和职责分配既刻在脸上又会有暗棋;至于围棋,它每个子都是相同的,不会刻意突出某个人的力量,依靠团队的力量。张燕梅认为三种文化各有各的特点,适合的就是最好的。是的,礼仪文化也一样,不同的个体可以有不同诠释,不同人有不同的人际交往方式,但所有文化的目的同一,都是为了让生命更珍爱,让生活更快乐,让自己更精彩,让家人更幸福。

  这本书是作者近十年教学心得和研究的结晶。这本书既可以作为增强大学生人际沟通能力的读本,也可以作为大学《社交礼仪》或《沟通艺术》或《交际学》选修课程的教材,作为《大学生思想道德修养与法律基础》必修课的辅助教材。

  感谢浙江省哲学社会科学规划办和浙江省教育厅的立项支持,感谢宁波大学多年来对《社交礼仪》这门课的支持,使它成为宁波大学学生最喜爱的课程之一,2009年宁大又将它列为核心通识课程,加快了这本书的出版。本书出版时得到宁波市马克思主义理论研究基地(宁波大学点)的资助,在此表示衷心的感谢。本书在写作过程中得到宁波工程学院徐挺教授、宁波大学张芝萍、李桂英等老师的真诚指导,得到宁波大学图书馆聂远老师、宁波大学硕士研究生王朝东、李佩霞、李春青(我的三个好弟子)的得力帮助,在此表示深深的谢意。

  还要特别感谢我的家人和亲爱的儿子的鼓励和支持,使我能坚持做自己想做的事;感谢所有朋友的关心和帮助,没有你们也许就没有那么深的关于朋友相处的感悟;最后要感谢宁大我课堂上的每一位学生,感谢你们的掌声,感谢你们的支持,感谢你们的鼓励,感谢你们的信任,千言万语在一躬,谢谢。

  由于作者的水平有限,本书难免会有疏漏和不当之处,希望读者给予指正。

附录 礼仪自测题

【社交礼仪篇】

一、单项选择题

1. 下列选项中,又被称作国家公务员礼仪的是(C)。
   A. 商务礼仪　　　B. 国际礼仪　　　C. 政务礼仪　　　D. 服务礼仪
2. 穿西装时,应穿(B)。
   A. 旅游鞋　　　　B. 皮鞋　　　　　C. 布鞋　　　　　D. 凉鞋
3. 穿西服套裙时,应(D)。
   A. 穿短袜　　　　B. 穿彩色丝袜　　C. 光腿　　　　　D. 穿肉色长筒丝袜
4. 领带夹应别在七粒扣衬衫上数的(A)个纽扣之间。
   A. 第四与第五　　B. 第二和第三　　C. 第三和第四　　D. 第五和第六
5. 佩戴首饰原则上不应超过(C)件。
   A. 五　　　　　　B. 四　　　　　　C. 三　　　　　　D. 二
6. 理想的洗澡次数是(A)。
   A. 每天都洗澡　　B. 每周洗一次　　C. 两天洗一次　　D. 每月洗一次
7. 应坚持经常洗头,最好是(C)。
   A. 每周洗一次头　B. 每周洗两次头　C. 每天洗一次头　D. 每天洗两次头
9. 与人相处时,注视对方双眼的时间应不少于相处总时间的(A)。
   A. 三分之一　　　B. 一半　　　　　C. 五分之一　　　D. 十分之一
10. 公务员着装时全身服装的色彩不应超过(B)种。
    A. 二　　　　　　B. 三　　　　　　C. 四　　　　　　D. 五
11. 国家行政机关所使用的最重要、最频繁的通讯工具是(D)。
    A. 传真　　　　　B. 电脑　　　　　C. 电邮　　　　　D. 电话
12. 打电话时,话筒与自己的口部最规范的距离是(C)。
    A. 5到6厘米　　　B. 4到5厘米　　　C. 2到3厘米　　　D. 1到2厘米
13. 在正常情况下,每一次打电话的时间应当不超过(C)。

A. 1分钟　　　　B. 2分钟　　　　C. 3分钟　　　　D. 5分钟
14. 接电话时,拿起话筒的最佳时机应在铃声响过(B)之后。
　　A. 一声　　　　B. 两声　　　　C. 四声　　　　D. 五声
15. 通电话过程中,如有事需暂时需要让通话对象等待,时间一般不超过(B)。
　　A. 1分钟　　　　B. 2分钟　　　　C. 3分钟　　　　D. 5分钟
16. 欢迎元首时,鸣礼炮(B)响。
　　A. 18响　　　　B. 21响　　　　C. 25响　　　　D. 28响
17. 欢迎政府首脑时,鸣礼炮(A)响。
　　A. 19响　　　　B. 21响　　　　C. 24响　　　　D. 28响
18. 橄榄是(C)的国花。
　　A. 朝鲜　　　　B. 新加坡　　　　C. 希腊　　　　D. 印度
21. 我国的国花是(A)。
　　A. 牡丹　　　　B. 茉莉　　　　C. 玫瑰　　　　D. 郁金香
22. 被称为"紫皮护照"的是(D)。
　　A. 外交护照　　B. 公务护照　　C. 因公普通护照　　D. 因私普通护照
23. 我国现行的护照有效期最长不超过(B)。
　　A. 一年　　　　B. 五年　　　　C. 十年　　　　D. 二十年
24. 下列机构不悬挂国徽的是(D)。
　　A. 区政府　　　B. 区法院　　　C. 区检察院　　　D. 区公安局
25. 我国国旗的长与宽之比是(C)。
　　A. 5比3　　　　B. 5比4　　　　C. 3比2　　　　D. 1比1
26. 下列肤色中宜穿深色服装的是(D)。
　　A. 肤色偏黑　　B. 肤色苍白　　C. 肤色发红　　D. 肤色白净
27. 穿西服时,最理想的衬衫颜色是(B)。
　　A. 蓝色　　　　B. 白色　　　　C. 灰色　　　　D. 咖啡色
28. 一位女士拥有5枚戒指、3条手链、4条项链、2副耳环,则她应该(D)。
　　A. 全部佩带　　　　　　　　　B. 各佩带一件
　　C. 佩带某一类的全部　　　　　D. 佩带总共不超过3件
29. 男士剃胡须的次数应该是(A)。
　　A. 每天至少一次　　　　　　　B. 每两天至少一次
　　C. 每三天至少一次　　　　　　D. 每星期至少一次
31. 迎宾活动一般提前多长时间到达迎宾地点(C)

A. 30分钟　　　　B. 20分钟　　　　C. 15分钟　　　　D. 10分钟

32. 招待来宾的最佳室内温度是（ B ）
    A. 23℃　　　　B. 24℃　　　　C. 25℃　　　　D. 26℃

33. 主人一般应该送客人到（ D ），后转身离去。
    A. 办公室门外　　B. 楼门外　　　C. 院门外　　　D. 自己的视野之外

34. 下列哪些是不允许正式赠予的礼品（ A ）
    A. 烟、酒　　　B. 书画　　　　C. 纪念章　　　D. 产品模型

36. 西餐中以（ B ）为第一顺序
    A. 男主人　　　B. 女主人　　　C. 男客人　　　D. 女客人

37. 菜未吃完而中途离开,可以将餐巾放在（ C ）
    A. 桌面上　　　B. 椅子背上　　C. 椅子面上　　D. 随手带着

38. 西餐中表示这一道菜不用了,应该将刀、叉放在（ D ）上
    A. 餐桌上　　　B. 餐巾上　　　C. 菜单上　　　D. 食盘上

39. 在西餐结束之际可选用（ D ）以化解油腻
    A. 香槟酒　　　B. 白葡萄酒　　C. 红葡萄酒　　D. 红茶

40. 西餐进餐时,中途离开可将刀叉放成（ A ）形
    A. 八字形　　　B. 二字形　　　C. 十字形　　　D. 随意形状

41. 西餐吃开胃菜时,喝（ A ）酒
    A. 鸡尾酒　　　B. 白葡萄酒　　C. 红葡萄酒　　D. 干红葡萄酒

42. 西餐吃鱼或海鲜时,喝（ B ）酒
    A. 鸡尾酒　　　B. 干白葡萄酒　C. 红葡萄酒　　D. 白兰地

43. 西餐吃甜品时,喝（ D ）
    A. 鸡尾酒　　　B. 干白葡萄酒　C. 红葡萄酒　　D. 白兰地

44. 国家公务员在宴会上饮酒,酒量应该控制在平日的（ B ）
    A. 1/2　　　　B. 1/3　　　　C. 1/4　　　　D. 1/5

45. 领舞者与伴舞者之间应该有（ C ）厘米左右的距离
    A. 20厘米　　　B. 25厘米　　　C. 30厘米　　　D. 35厘米

46. 国宾是指在任的、正式前来我国进行访问的（ C ），或者政府首脑。
    A. 政务大臣　　B. 外交使节　　C. 国家元首　　D. 地方要员

47. 在俄罗斯,主人请来宾品尝（ A ）和盐,是规格最高的见面礼。
    A. 面包　　　　B. 牛奶　　　　C. 马黛茶　　　D. 红酒

48. 在蒙古,主人请来宾品尝（ B ）和盐,是规格最高的见面礼。
    A. 面包　　　　B. 牛奶　　　　C. 马黛茶　　　D. 红酒

49. 在阿根廷,主人请来宾品尝(C)和盐,是规格最高的见面礼。
    A. 面包　　　　B. 牛奶　　　　C. 马黛茶　　　　D. 红酒
50. "不要把自家的规矩带到别人家里去"是(D)谚语
    A. 美国　　　　B. 英国　　　　C. 日本　　　　D. 俄罗斯
51. 13 与星期五在(C)教中是不吉利的
    A. 天主教　　　B. 佛教　　　　C. 基督教　　　D. 伊斯兰教
52. 唯有真主安拉才是主宰一切决定一切的神。这是(D)的教条。
    A. 天主教　　　B. 佛教　　　　C. 基督教　　　D. 伊斯兰教
53. 尊玛利亚为圣母的是(A)教
    A. 天主教　　　B. 佛教　　　　C. 基督教　　　D. 伊斯兰教
54. "五戒"、"五荤"是与(B)
    A. 天主教　　　B. 佛教　　　　C. 基督教　　　D. 伊斯兰教
55. (A)是菲律宾的国花
    A. 茉莉花　　　B. 牡丹　　　　C. 玫瑰花　　　D. 石榴
56. (C)是美国的国花
    A. 茉莉花　　　B. 牡丹　　　　C. 玫瑰花　　　D. 石榴
57. (D)是西班牙的国花
    A. 茉莉花　　　B. 牡丹　　　　C. 玫瑰花　　　D. 石榴
58. 主要采用国际礼仪,并适当参照一下对方独特的习俗礼仪,是在接待(B)时采用的原则。
    A. 少数民族　　B. 外国友人　　C. 特区　　　　D. 宗教人士
59. 国际交往中,涉及位置的排列,原则上都讲究(B)
    A. 左尊右卑　　　　　　　　　B. 右尊左卑
    C. 左右一样　　　　　　　　　D. 不同场合不同尊卑
60. 在工作的空隙,同事们喜欢在吸烟室一起抽烟聊天,点烟时一支火柴最多点(B)支烟就该熄灭。
    A. 一支　　　　B. 两支　　　　C. 三支　　　　D. 四支
61. 领带的下端应(B)
    A. 在皮带上缘处　　　　　　　B. 在皮带上下缘之间
    C. 在皮带下缘处　　　　　　　D. 比皮带下缘略长一点
64. 用餐吃面包时,应(B)
    A. 用嘴撕着吃　B. 用手撕着吃　C. 用刀切着吃　D. 随意吃
65. 在对外交往中,女士切勿穿(C),在国际社会里,此乃"风尘女子"之标志。

A. 红色百褶裙　　　　　　　B. 颜色过于艳丽的裙子
C. 黑色皮裙　　　　　　　　D. 牛仔裙

66. 与商界其他行业的行业礼仪相比,(C)更关注集体形象和员工素质。
A. 宾馆礼仪　　B. 银行礼仪　　C. 企业礼仪　　D. 商店礼仪

67. "一米线"服务是(B)礼仪中提出的。
A. 商店礼仪　　B. 银行礼仪　　C. 宾馆礼仪　　D. 企业礼仪

68. 在商务性会议中商务色彩最为淡薄的是(D)
A. 发布会　　　B. 赞助会　　　C. 展览会　　　D. 茶话会

69. 在阿拉伯国家里,人见面的问候语是(C)
A. 家人都好吗　B. 水还足吧　　C. 牲口还好吧　D. 粮食多吗

70. 工作餐通常在(B)举行
A. 公务结束后　B. 中午　　　　C. 晚上　　　　D. 下午3:00

71. 在正常情况下,做东者应当至少提前(D)分钟抵达用餐地点。
A. 2、3分钟　　B. 5分钟　　　C. 7、8分钟　　D. 10分钟

72. 工作餐中,主人(B)是吩咐侍者为自己结账。
A. 将刀叉放在桌上　B. 将餐巾放回餐桌上
C. 举手示意　　　　D. 起身站立

73. 自助餐取菜顺利为(D)
A. 汤、冷菜、热菜、点心、甜品、水果
B. 热菜、汤、冷菜、点心、甜品、水果
C. 汤、冷菜、点心、热菜、甜品、水果
D. 冷菜、汤、热菜、点心、甜品、水果

74. 男子与妇女握手时,应只轻轻握一下妇女的(C)
A. 指尖　　　　B. 手掌　　　　C. 手指　　　　D. 手腕

75. 进餐时倘发现菜肴中有昆虫和碎石,应该(D)
A. 立即告知一同进餐者加以注意；　B. 自己悄悄处理掉；
C. 立即喊来侍者处理；　　　　　　D. 轻声告知侍者更换。

76. 如果在你的餐巾前有大、中、小、高脚杯四个杯子,应该分别装(A)
A. 水、红葡萄酒、白葡萄酒、香槟酒　B. 啤酒、水、红葡萄酒、香槟酒
C. 水、啤酒、白酒、红葡萄酒　　　　D. 水、红葡萄酒、白葡萄酒、香槟酒

77. 与西装最配套的鞋子是(B)
A. 猪皮鞋　　　B. 牛皮鞋　　　C. 羊皮鞋　　　D. 驼鸟皮鞋

78. 商界男士所穿皮鞋的款式应是（ A ）
   A. 系带皮鞋　　　B. 无带皮鞋　　　C. 盖式皮鞋　　　D. 拉锁皮鞋
79. 一套套裙的全部色彩至多不要超过（ B ）
   A. 一种　　　　　B. 两种　　　　　C. 三种
80. 套裙的裙长应以不短于膝盖（ C ）厘米为限。
   A. 5 厘米　　　　B. 10 厘米　　　 C. 15 厘米　　　 D. 20 厘米
81. 在五人座的轿车上,最尊贵的座位应当是（ C ）
   A. 副驾驶　　　　B. 后排左侧　　　C. 后排右侧　　　D. 后排中间座
82. 握手的全部时间应控制在（ B ）秒钟以内。
   A. 1 秒钟　　　　B. 3 秒钟　　　　C. 5 秒钟　　　　D. 7 秒钟
83. 吻手礼的受礼者,应是（ B ）
   A. 妇女　　　　　B. 已婚妇女　　　C. 男子　　　　　D. 已婚男子
84. 阿富汗人的见面礼是（ C ）
   A. 握手　　　　　B. 合十礼　　　　C. 抚胸礼　　　　D. 脱帽礼
85. "真主保佑"这是（ A ）教徒的习惯做法之一
   A. 伊斯兰教　　　B. 佛教　　　　　C. 道教　　　　　D. 基督教
88. 根据礼仪规范,在握手时,由谁首先伸出手来"发起"握手（ D ）
   A. 年幼者　　　　B. 晚辈　　　　　C. 下级　　　　　D. 尊者决定
89. 行亲吻礼时,长辈吻晚辈应当吻（ A ）
   A. 额头　　　　　B. 嘴唇　　　　　C. 面夹　　　　　D. 下额
90. 行拥抱礼时,一共拥抱（ C ）次
   A. 一次　　　　　B. 二次　　　　　C. 三次　　　　　D. 四次
92. 礼仪是对＿＿＿＿和＿＿＿＿的统称。（ A ）
   A. 礼节、仪式　　B. 礼貌、形式　　C. 仪式、礼貌
157. 使人有温暖、热烈、兴奋之感的色彩,叫（ A ）色。
   A. 暖　　　　　　B. 冷　　　　　　C. 寒
94. "礼者,贵贱有等,长幼有差,贫富轻重,皆有称也"出之（ C ）
   A. 孔子　　　　　B. 孟子　　　　　C. 荀子　　　　　D. 老子
95. （ A ）曾说过:"人无礼则不立,事无礼则不成,国无礼则不宁。"
   A. 荀子　　　　　B. 孔子　　　　　C. 老子　　　　　D. 孟子
96. 当代中国外交的一大主题是（ A ）
   A. 求同存异　　　B. 不卑不亢　　　C. 以右为尊　　　D. 以人为本
97. 在西方国家送人的鲜花通常为（ C ）

A. 双数　　　　　B. 数量自定　　　　C. 单数　　　　　D. 越多越好

98. 作为一种表达语言,外交语言的风格特征是(　A　)

　　A. 委婉含蓄　　　B. 坦率真诚　　　　C. 求同存异　　　D. 诙谐幽默

100. 穿着西装,纽扣的扣法很有讲究,穿(　D　)西装,不管在什么场合,一般都要将扣子全部扣上,否则会被认为轻浮不稳重。

　　A. 两粒扣　　　　B. 三粒扣　　　　　C. 单排扣　　　　D. 双排扣

101. 中国菜肴品种繁多,风味各异,民间有(　B　)之说

　　A. "南咸、北甜、东酸、西辣"　　　　B. "南甜、北咸、东辣、西酸"
　　C. "南辣、北酸、东甜、西咸"　　　　D. "南酸、北辣、东咸、西甜"

103. 日本人很风行祝寿,而且颇有趣。日本人到了(　A　)祝贺"米寿"

　　A. 88岁　　　　　B. 55岁　　　　　C. 66岁　　　　　D. 77岁

104. 在国际交往场合,菲律宾主人常把(　A　)献给客人

　　A. 茉莉花　　　　B. 红罂粟　　　　　C. 兰花　　　　　D. 紫罗兰

106. 在法国人心目中,花是有一定象征意义的,不同的花表示不同的感情。他们认为郁金香(　B　)

　　A. 象征热情　　　　　　　　　　　　B. 表示爱慕之情
　　C. 象征悲伤　　　　　　　　　　　　D. 象征信赖和安全

107. 到新加坡、马来西亚商务访问的最好时间是每年的(　C　)

　　A. 1月和2月　　　　　　　　　　　　B. 6月和12月
　　C. 3月和7月　　　　　　　　　　　　D. 5月和10月

108. 在介绍两人相识时,总的规矩是(　A　)

　　A. 先卑后尊　　　B. 先尊后卑　　　　C. 先女后男　　　D. 先主后宾

109. 在中国,人们见面时习惯问什么话,这反映了几千年来中国"民以食为天"的传统观念,表现了人与人之间的关切之情(　B　)

　　A. "早上好!"　　　　　　　　　　　B. "你吃饭了吗?"
　　C. "在哪发财?"　　　　　　　　　　D. "你身体好吗?"

111. 英国《牛津英语词典》指出:"小费"这个词最早出现在1755年前后的哪国作品中(　C　)

　　A. 美国　　　　　B. 德国　　　　　　C. 英国　　　　　D. 日本

112. 应邀参加西方人家宴的客人必须(　B　)

　　A. 一分钟也不要迟到　B. 提前五分钟到达　C. 提前半小时到　D. 迟到五分钟

113. 男女一同进入餐馆,行进的顺序应该是(　A　)

　　A. 侍者—女人—男人　　　　　　　　B. 侍者—男人—女人

C. 女人—男人—侍者　　　　　　D. 女人—侍者—男人

114. 泰国人的经商方式是（ B ）
　　A. 跑着做生意　　　　　　B. 卧着做生意
　　C. 家庭公社式做生意　　　　D. 坐着做生意

115. 中国人同西方人都是好客的,中国人的待客之道是"给予",西方人的待客之道是（ B ）
　　A."给予"　　B."提供"　　C."介绍"　　D."坦诚相待"

116. 涉外交往中的礼仪距离为（ B ）它适用于会议、演讲、庆典、仪式以及接见,意在向交往对象表示敬意,所以又称"敬人距离"。
　　A. 大于1米,小于2.5米　　　B. 大于1.5米,小于3米
　　C. 大于0.5米,小于1.5米　　D. 大于1.5米,小于2.5米

117. 在希腊进行商务活动,切记（ C ）,这是他们最忌讳的动作。
　　A. 单个手指不可指向人　　　B. 手背面不可对着别人
　　C. 手掌心不可对着别人　　　D. 不可竖大拇指

118. 一般情况下,服务距离以（ B ）米之间为宜。
　　A. 0.2—0.5　　B. 0.5—1.5　　C. 1.0—2.0

119. （ B ），是一种程度最浅的笑,它不出声,不露齿,仅是面含笑意,意在表示接受对方,待人友善。
　　A. 轻笑　　　B. 含笑　　　C. 微笑

120. 服务人员与他人一起出入房门应该（ B ）
　　A. 先入后出　　B. 后入后出　　C. 先出后入

121. 入座时从座位的（ A ）侧就座。
　　A. 左　　　　B. 右　　　　C. 后

122. 就座时占椅面的（ C ）左右,于礼最为适当。
　　A. 1/2　　　　B. 2/5　　　　C. 3/4

123. 服务人员在运用手势时应牢记（ A ）
　　A. 宜少忌多　　B. 宜多忌少　　C. 尽量不用

124. 服务人员招呼别人时,应该（ B ）
　　A. 掌心向下　　B. 掌心向上　　C. 手掌直立

125. 服务人员岗前培训的重要科目之一是（ A ）
　　A. 微笑　　　　B. 握手　　　　C. 站立

126. 服务人员佩戴饰物,不应超过（ B ）个品种。
　　A. 3　　　　　B. 2　　　　　C. 1

128. 下列属于应答用语(C)
　　A. 您真有眼光　　B. 真替你高兴　　C. 这是我的荣幸
130. 服务人员使用书面用语的首要要求是(B)
　　A. 书面规范　　B. 正确无误　　C. 工整清晰
131. 通话者的(C)态度和使用的言语被人们称为"电话三要素"。
　　A. 内容　　B. 情感　　C. 声音
133. 在饮用咖啡时,为了不伤肠胃,往往会同时备有一些(A)。
　　A. 甜点　　B. 啤酒　　C. 饮料
134. 既不加糖,也不加牛奶的纯咖啡是指(B)。
　　A. 白咖啡　　B. 黑咖啡　　C. 爱尔兰式咖啡
135. 饮盖碗茶时,可用(C)轻轻将漂浮于茶水之上的茶叶拂去。
　　A. 手　　B. 口　　C. 杯盖
136. 在端起茶杯时,应以(A)持杯耳。
　　A. 右手　　B. 左手　　C. 双手
137. 使用带杯托的茶杯时可以用(A)端起茶杯,而不动杯托,也可以用(A),将杯托连杯盖,托至左胸高度,然后以 A 端起茶杯饮之。
　　A. 右手、左手、右手　　B. 左手、右手、右手
　　C. 左手、左手、右手
138. 为客人端上头一杯茶时,通常不宜斟的过满,更不允许动辄使其溢出杯外。得体的做法是应当斟到杯身的(A)处,不然就有厌客或逐客之嫌。
　　A. 2/3　　B. 3/4　　C. 1/2
139. 酒会上所提供的酒水、点心、菜肴均以(A)的东西为主,因此它有时也被称做(A)餐会。
　　A. 冷、冷　　B. 暖、暖　　C. 热、热
140. 提议干杯时,应起身站立,(C)端起酒杯,或者用(C)拿起酒杯后,在以 C 托扶起杯低,面含笑意,口诵祝颂之词。
　　A. 左手、左手、右手　　B. 左手、右手、右手
　　C. 右手、右手、左手
141. 佐餐酒,又叫餐酒,西餐里的佐餐酒均为(B)。
　　A. 白酒　　B. 葡萄酒　　C. 啤酒
142. 餐后酒指的是用餐之后,用来以助消化的酒水。最有名的餐后酒,则有"洋酒之王"美称的(A)酒。
　　A. 白兰地　　B. 威士忌　　C. 曼哈顿

143. 香槟酒以在摄氏(B)度左右饮用为佳。
   A. 10   B. 6   C. 8
147. 在花语之中,(B)表示和平。
   A. 丁香   B. 橄榄   C. 柠檬
149. 在日常生活里,被誉为(A)的电话早已成了现代人重要的、不可缺少的、交际工具之一。
   A. 顺风耳   B. 千里眼   C. 蓝牙
150. 每逢获得理解、得到帮助、承蒙关照、接受服务、受到礼遇之时,都应当立即向对方道一声(B)。
   A. 再见   B. 谢谢   C. 失陪
151. 握手的标准方式,是行礼时行至距握手对象约(A)米处。
   A. 1   B. 0.5   C. 1.5
152. 俄罗斯人的姓名由三个部分构成,首为(A),次为父名,末为姓氏。
   A. 本名   B. 妻名   C. 母名
153. 我国民航规定:旅客必须在机票上列明的航班规定离站前(B)分钟到达指定机场办理登机手续。
   A. 60   B. 90   C. 120
154. 中国民航规定:在机票上列明的航班规定离站前24小时之前退票,收取客票价(A)的手续费。
   A. 5%   B. 20%   C. 10%
156. 选择正装色彩的基本原则是(B)原则。
   A. 两色   B. 三色   C. 五色

二、多项选择题

1. 公务员在行走时应该做到(CD)。
   A. 大步流星   B. 一路小跑   C. 步伐大小适中   D. 速度不紧不慢
2. 香水涂抹的适当部位包括(AC)。
   A. 手腕   B. 脸上   C. 耳垂   D. 腹部
3. 与人交往中,不恰当的举止有（ABCD）。
   A. 架起"二郎腿"   B. 斜视对方
   C. 以食指点指对方   D. 头部仰靠在椅背上
4. 人的表情之中,尤以(BCD)的变化引人注目。
   A. 鼻子   B. 眼睛   C. 嘴巴   D. 眉毛

5. 公务员在选择谈话内容时须遵守的规则有(ABC)。
   A. 符合身份　　B. 区分对象　　C. 考虑兴趣　　D. 不说闲话
6. 所谓着装过异可分为(ACD)三种。
   A. 款式过异　　B. 头型过异　　C. 搭配过异　　D. 穿法过异
7. 公务员在对待上级时,应当遵守的原则有(ABCD)。
   A. 服从命令　　B. 维护威信　　C. 以礼相敬　　D. 不得越位
8. 公务员在对待下级时,应当把握的原则有（ABC)。
   A. 认真尊重　　B. 悉心照顾　　C. 主动体谅　　D. 维护威信
9. 公务员在应当遵守的会议纪律包括（ABCD)。
   A. 规范着装　　B. 严守时间　　C. 维护秩序　　D. 专心听讲
10. 提问的最佳时机包括(ACD)。
    A. 对方发言的间歇之时　　　　B. 对方发言中
    C. 对方发言结束之后　　　　　D. 自己发言前后
11. 国宾包括在任的、正式到我国访问的(AB)。
    A. 国家元首　　B. 政府首脑　　C. 外交部长　　C. 州长
12. 欢迎国宾的正式仪式包括（ABC)。
    A. 奏国歌　　　B. 鸣礼炮　　　C. 检阅仪仗队　D. 献花
13. 悬挂国徽,其直径的通用尺度有三种(BCD)。
    A. 40厘米　　　B. 60厘米　　　C. 80厘米　　　D. 100厘米
14. 下列场合中可以演奏国歌的有（AB)。
    A. 升旗仪式上　　　　　　　　B. 进行大型体育比赛时
    C. 商业演出时　　　　　　　　D. 婚丧庆典上
15. 汇报的基本形式有（ABC)。
    A. 口头汇报　　B. 书面汇报　　C. 电话汇报　　D. 邮件汇报
16. 参观下列场合时,应着正装的有(AB)。
    A. 部队　　　　B. 学校　　　　C. 风景名胜　　D. 寺庙
17. 在大庭广众面前,公务员不应当有的举动有(ABCD)。
    A. 化妆或补妆　　　　　　　　B. 整理服装或饰物
    C. 梳理头发　　　　　　　　　D. 剔牙
18. 一般迎宾仪式的主要内容是（ABCD)
    A. 宾主双方热情见面　　　　　B. 向来宾献花
    C. 宾主双方其他人员见面　　　D. 主人陪同来宾与欢迎队伍见面
19. 选择迎宾人员时要注意(ABC)

A. 数量加以限制 B. 身份大致相仿
C. 职责划分明确规定 D. 性别、年龄搭配

20. 可用哪些方法确认来宾身份（ABCD）
 A. 使用接站牌 B. 悬挂欢迎横幅 C. 佩戴身份胸卡 D. 进行自我介绍

21. 引导来宾时，引导者最主要的礼仪问题是（BCD）
 A. 引导者的举止 B. 引导者的身份 C. 引导中的顺序 D. 引导时的提示

22. 为来宾选择房间时最重要注意的是（ABD）
 A. 区分类型 B. 注意朝向 C. 面积大小 D. 考虑安全

23. 对宗教礼仪，从思想上如何树立正确的认识（ACD）
 A. 尊重为本 B. 积极参与 C. 不得干涉 D. 遵守法规

24. 学习国旗礼仪要注意的问题有（ABC）
 A. 珍爱本国国旗 B. 熟知国际惯例
 C. 通晓相关礼仪 D. 熟记各国国旗图案

25. 外交礼仪适用的礼遇适度是指（BC）
 A. 不卑不亢 B. 礼宾序列 C. 身份对等 D. 人数对等

26. 正式的邀约，有（BCDF）等等具体形式。它适用于正式的商务交往中。
 A. 当面邀约 B. 请柬邀约 C. 书信邀约 D. 传真邀约
 E. 电话邀约 F. 便条邀约

27. 在正规的商务应酬中，白色衬衫是商界男士的第一选择。除此之外，（ABCE）有时亦可加以考虑。
 A. 灰色 B. 蓝色 C. 黑色 D. 黄色
 E. 绿色 F. 紫色

28. 袜子应选（BCE）色。
 A. 白色 B. 黑色 C. 藏青色 D. 蓝色 E. 棕色

29. 握手原则有哪些？（ADE）
 A. 女士主动将手伸向男士 B. 男士主动将手伸向女士
 C. 年轻者主动将手伸向年长者 D. 年长者主动将手伸向年轻者
 E. 上司主动将手伸向下属 F. 下属主动将手伸向上司

30. 问候原则有哪几项？（ACDE）
 A. 男士主动向女士问候 B. 女士主动向男士
 C. 年轻人主动向年长者问候 D. 别人主动伸手时，不应拒绝
 E. 下属主动向上司问候 F. 握手时，不要正视对方的眼睛

31. 行业礼仪的基本宗旨是(CD)

A. 热情至上　　　　B. 服务至上　　　　C. 客人至上　　　　D. 客人至尊

32. 举行开业仪式时赠予来宾的礼品,应具有如下特征(ABCE)
    A. 宣传性　　　　B. 独特性　　　　C. 便携性　　　　D. 实用性
    E. 荣誉性

33. 举行新闻发布会的最佳时间为(CD)
    A. 周一至周五上午九点至十一点　　　B. 周二至周四下午两点至五点
    C. 周一至周四下午三点至五点　　　　D. 周一至周四上午九点至十一点
    E. 周二至周五下午两点至四点

34. 外出携带手机的最佳位置有(BC)
    A. 皮带上　　　　B. 公文包里　　　　C. 上衣口袋内　　　　D. 后裤袋里

35. 最好的领带是由(AD)制成的。
    A. 真丝　　　　B. 皮　　　　C. 棉　　　　D. 羊毛
    E. 麻

36. 商务礼仪中女士的唇彩的颜色应与(CD)的颜色相同
    A. 手提包　　　　B. 腮红　　　　C. 衬衣　　　　D. 指甲
    E. 套装

37. 衬衫从图案上讲,正装衬衫大体可选择(CE)
    A. 印花　　　　B. 格子　　　　C. 细竖条　　　　D. 不规则图形
    E. 无任何图案

38. 主人在自助餐上对主宾所提供的照顾,主要表现在(ACE)
    A. 陪同其就餐;　　　　B. 给其介绍食品菜肴;
    C. 与其适当地交谈　　　D. 始终陪伴左右
    E. 为其引见其他客人

39. 休闲型派对的着装应选择(ACE)
    A. 牛仔装　　　　B. 时装　　　　C. 运动装　　　　D. 礼服
    E. 休闲装

40. 交际型派对的形式应根据具体目的而加以选择。如果你只想见一见或聚一聚,你应当选择(BCE)
    A. 咖啡会　　　　B. 家庭舞会　　　　C. 联欢会　　　　D. 座谈会
    E. 节日晚会

41. 鸡尾酒是用各种不同的酒,以及(ABCD)等其他饮料,按照一定的比例,采用专门的技法调配而成的
    A. 果汁　　　　B. 汽水　　　　C. 蛋清　　　　D. 糖浆

42. 上、下楼梯需要注意（ACD）
　　A. 单侧行走　　　　　　　　　　　B. 右上右下
　　C. 不应交谈　　　　　　　　　　　D. 为人带路应走后头

43. 进出电梯时应注意（ABCD）
　　A. 注意安全　　　　　　　　　　　B. 长者先进先出
　　C. 长者后进先出　　　　　　　　　D. 与熟人同乘要讲先来后到

44. 下火车时有哪几个细节不容忽视（ACD）
　　A. 提前准备　　B. 关窗户　　C. 与人道别　　D. 排队下车

45. 乘坐飞机应提前准备的工作主要有（BCD）
　　A. 打扫卫生　　B. 选择航班　　C. 购买机票　　D. 打点行李

46. 在现实生活中，对面之交，关系普通的交往对象，可酌情采取下列（ABCD）方法称呼
　　A. 同志　　　　　　　　　　　　　B. 先生/女士/小姐/夫人/太太
　　C. 以职务职称相称　　　　　　　　D. 入乡随俗

47. 自我介绍要不失分寸，必须注意（ACD）
　　A. 注意时间　　B. 热情洋溢　　C. 讲究态度　　D. 力求真实

48. 握手时应注意（ABC）
　　A. 神态、姿态　　B. 手位力度　　C. 时间　　D. 地点

49. 点头礼又叫领首礼，它所适用的情况主要有（ABCD）
　　A. 路遇熟人　　　　　　　　　　　B. 在会场剧院等不宜交谈之处
　　C. 同一场合多次碰面　　　　　　　D. 路上多人而又无法问候之时

50. 合十礼通常用于（BC）国家
　　A. 欧洲　　　　　　　　　　　　　B. 东南亚南亚地区
　　C. 我国的傣族聚居区　　　　　　　D. 美洲

51. 在君主制国家，哪些人应按习惯称为"陛下"（AB）
　　A. 国王　　　　B. 王后　　　　C. 公主　　　　D. 王子
　　E. 亲王

52. 今天汽车行驶仍实行"左行"规则的国家有（CE）
　　A. 中国　　　　B. 美国　　　　C. 英国　　　　D. 加拿大
　　E. 日本

53. 在剧场，下面正确的礼貌行为有（ABDE）
　　A. 看戏的观众应该在开场前入座
　　B. 议论剧情或演员的演技最好是在幕间休息时

C. 为演出所打动,随时应报以掌声

D. 陪同女士,男士应当坐在最靠近走道的位子

E. 如果你对演奏的乐曲不太熟悉,最好勿为人先,等大家掌声响起之后再跟着鼓掌

54. 拜访时以不妨碍对方为原则,所以相约的时间要非常注意,(BD)是最恰当的时间

  A. 上午八、九点   B. 下午四、五点   C. 中午十二点

  D. 晚上七、八点   E. 下午一、二点

55. 关于各国赠礼习俗,下面说法正确的有(ABDE)

  A. 在日本,礼品包装是一种精巧的艺术

  B. 大多数美国人不喜欢老一套,追求的是新奇

  C. 欧洲人一般不当着客人面打开礼物的包装

  D. 第一次和阿拉伯人见面时不要送礼,避免行贿之嫌

  E. 法国人最受欢迎的礼物是书

56. 有些信件永远要用手写,下面决不能用打字机打的信有(BCDE)

  A. 介绍信   B. 邀请信   C. 祝贺信   D. 慰问信

  E. 辞谢信

57. 世界三大宗教是(BCE)

  A. 东正教   B. 佛教   C. 伊斯兰教   D. 道教

  E. 基督教

58. 欧美人认为,接吻所传达的情感要比握手强烈得多,但接吻的方式要因人而异(ACE)

  A. 辈分高的人对辈份低的人,只吻额头或脸部

  B. 辈分高的人对辈份低的人,只吻下颌

  C. 辈分低的人对辈份高的人,只吻下颌

  D. 辈分低的人对辈份高的人,只能脸颊相贴

  E. 辈份相同的人只能脸颊相贴

59. 瑞士位于中欧南部,哪几种语言为官方语言。(BCD)

  A. 英语   B. 法语   C. 德语

  D. 意大利语   E. 斯瓦希里语

60. 递送物品时,服务人员应该注意(ABCD)

  A. 双手为宜   B. 递于手中   C. 主动上前

  D. 方便接拿   E. 尖、刃向内

61. 挥手道别时应该注意（ABCDE）
    A. 集体站直　　　B. 目视对方　　　C. 手臂前伸
    D. 掌心朝外　　　E. 左右挥动

62. 服务人员可以注意服务对象的常规身体部位（ABCD）
    A. 双眼　　　　　B. 面部、　　　　C. 全身
    D. 局部　　　　　E. 头顶

63. 服务人员要做到口齿清晰,主要有在（ACD）等方面合于服务礼仪的基本规范。
    A. 语言标语　　　B. 快慢有度　　　C. 语调柔和　　　D. 语气谦恭

64. "三T"原则的含义是（BCD）
    A. 文明　　　　　B. 机程　　　　　C. 时间　　　　　D. 宽容

65. 根据社交礼仪的规范,选择正确、适当的称呼,有三点务必应当注意。即（ABD）。
    A. 要合乎常规　　B. 要照顾习惯　　C. 要照顾饮食　　D. 要入乡随俗

66. 时尚的主题,即以（ABC）正在流行的事物作为谈论的中心。
    A. 此时　　　　　B. 此刻　　　　　C. 此地　　　　　D. 它地

67. 交谈由（ABC）等三个要素组成。
    A. 谈话者　　　　B. 听话者　　　　C. 主题　　　　　D. 地点

68. 社交礼仪规定,在交谈中应遵循（CD）规则。
    A. 专一　　　　　B. 排斥　　　　　C. 双向　　　　　D. 共感

69. 在处理亲缘关系时,着重需要从三个大的方面着手,即要（ABC）。
    A. 尊敬长辈　　　B. 厚待同辈　　　C. 爱护晚辈　　　D. 唯我独尊

70. 酒水的种类大体分为（ABCD）、香槟酒、白兰地酒、威士忌酒等。
    A. 白酒　　　　　B. 啤酒　　　　　C. 葡萄酒　　　　D. 鸡尾酒

71. 威士忌酒可以干喝,不过加入（AD）或姜汁后其味道更好。
    A. 冰块　　　　　B. 水果汁　　　　C. 糖　　　　　　D. 苏打水

72. 下列哪项为酒会的特点（ABCD）。
    A. 不必准时　　　B. 不限衣着　　　C. 不限席次　　　D. 自选菜肴

73. 以茶敬客时,最重要的是注意（ABCD）等几个要点。
    A. 客人的嗜好　　　　　　　　　　B. 上茶的规矩
    C. 敬茶的方法　　　　　　　　　　D. 续水的时机

74. 根据制作方法的不同,咖啡大体上可被分为（ABD）等三种。
    A. 现煮的咖啡　　　　　　　　　　B. 速溶的咖啡

C. 块咖啡　　　　　　　　D. 罐装的咖啡

三、判断题

1. 在商务活动中,男同志在任何情况下均不应穿短裤,女同志夏天可光脚穿凉鞋。(对)

2. 舞会的第一支曲子要请你认为最重要的朋友,但是第二支曲子,就要换舞伴。(错,第一支曲子应选自己带来的朋友挑)

3. 在国际交往中,在位置的排列上与中国的传统相同,都是"以左为上"(错,我国是"以左为上",而国际上是"以右为尊")

4. 吃西餐时,把刀和叉向右叠放在一起,握把都向左,这表示你已经就餐完毕。(错,握把都向右表示就餐完毕)

5. 在星级饭店里发现桌上餐具不干净,要立即自行擦拭,以免影响进餐。(错,应招呼侍者更换干净的餐具)

6. 餐巾主要防止弄脏衣服,兼做擦嘴及手上的油渍,可摊开后放在大腿上,也可挂在领口,以防弄脏衣物。(错,不可挂在领口)

7. 与客人一起走楼梯时,要让客人走楼梯的外侧,主人走内侧。所谓内侧是绕着中心的一侧。(错,客人走内侧,主人走外侧)

8. 正规舞会上,通常不宜独舞,也不提倡两名同性共舞(对)

9. 作为大会的接待人员,当客人和主人初次见面时,应不分男女、不看长幼、无论职务高低,应先把主人介绍给客人,让客人优先了解情况。(对)

10. 在商务礼仪尤其是国际礼仪当中,主客座位该讲究"右高左低"(对)

11. 有地位有身份的男士比较重要的场合出来的话,腰带上一定要少挂东西。(错,是不挂任何东西)

12. 男子穿西装时要注意"三一定律",即鞋子、腰带、袜子应控制在一种颜色,以黑色为首选。(错,不是袜子,是公文包)

13. 对商界人士来说,化妆的最重要的功能是塑造形象、体现尊重。(对)

14. 商店中,只要顾客走进店里,就应该立即主动上前热情服务。(错,应该实行"零干扰",将顾客购物过程中所受到的打扰减少到零,服务既要热情,又要有度)

15. 商务人员在草拟合同的具体条款时,要优先考虑自己的切身利益。(对)

16. 绝大多数商界人士认为:剪彩仪式"劳民伤财",应该取消。(错,是少数人,多数人还认为剪彩仪式的作用是不可替代的)

17. 参加交际型派对通常不宜早到,可以迟到五分钟。(对)
18. 观赏舞剧、音乐会时,观众可以着休闲服。(错,往往要求观众着正装)
19. 现场演出结束后,观众即可自行退场。(错,宜在演员谢幕后退场)
20. 工作餐要求规模尽量大一些。(错,要较小一些)
21. 工作餐的付费方式通常是主人付费。(错,分为主人付费和各付其费两种)
22. 工作餐在一般情况下,要由宾方首先提议终止用餐。(错,是宾主双方均可提出)
23. 自助餐是目前国际上通行的一种正式的西式宴会。(错,是非正式的)
24. 自助餐每次用餐的时间不宜长于两个小时。(错,不长于一个小时)
25. 绝大多数工作环境许可的单位,要求自己的员工,不论男女老幼,一律在工作岗位上必须做到:化妆上岗,淡妆上岗。(对)
26. 在正式场合与窗口岗位工作者,一般不宜染彩发。(对)
27. 舞会上女士不能主动邀请男士跳舞(错,舞会上女士可以主动邀请男士跳舞)
28. 在实业界不分男女老幼,社会地位较高的人总是被介绍给社会地位较低的人。(对)
29. "女士优先",并不是男子处处让女士走在前面,而是使妇女成为受尊重的对象,处处给她们以照顾。(对)
30. 在西式宴会上,你想吸烟,只能在吃过了饭菜开始喝咖啡之后。(对)
31. 便餐通常只能是"四菜一汤",不可变相超标准(对)
32. 那些用餐叉就可毫不费劲地分割开来的肉类食品通常不用餐刀来切割。(错)
33. 协定不由两国元首而由两国政府缔结,谈判者无需全权证书。协议当场签字,一般不需得到批准,可在短期内生效。(对)
34. 与拉美商人洽谈时,常听他们说:"明天就办",他们会说到做到。(错,到了明天,他们仍然是这句话)
35. 在南非进行商务活动只允许使用英语对话。(对)
36. 澳大利亚人对猫特别忌讳,认为它是一种不吉利的动物,人们看到它都会感到倒霉。(错,是兔子)
37. 在世界上美国人是最著名的"自由主义者",他们的纪律性很差。(错,是法国)
38. 爱尔兰咖啡的最大特点是在饮用咖啡之前不加入牛奶,而是加入一定数量的威士忌酒(对)。

39.西餐吃水果时,不能用手取(错,西餐吃水果时可以用手取,或用刀切好之后现以手取食)

40.西餐进餐时,只能右手持刀,左手持叉(错,当用刀将食物全部切好后,可以放下刀,然后用右手持叉进食。)

41.土耳其人反感熊猫,主要是因为他们认为熊猫看起来像猪。(对)

42.就餐时彼此之间可以让菜,必要时可以为客人布菜(错,就餐时切不可为他人布菜。)

43.送人鲜花绝对不能是13枝。在日本、韩国、朝鲜、中国等国家送4枝鲜花也是招人白眼的。(对)

44.接待贵宾通常只安排一次宴会,并且大都是为对方洗尘的宴会(对)

45.吃西餐时的各道菜式主要包括开胃菜、面包汤、主菜、点心、甜品、果品等。(对)

46.在用餐期间必要时可以宽衣解带,松领带(错,在用餐期间不准宽衣解带,松领带。)

47.每逢一个节目结束之后,应当热烈鼓掌。在演出进行期间不要频频鼓掌(对)

48.观看正式演出女士应着单色旗袍或深色西服套裙(对)

49.不要在握手时带着墨镜,只有患有眼疾或眼部有缺陷者方可例外。(对)

50.五色原则,是选择正装色彩的基本原则。(错,是"三色原则")

51.当两人相距在1.5米之内时,即为私人距离。(错,是0.5米)

52.不要在握手时带着手套,只有女士在社交场合带着薄纱手套与人握手,是被允许的。(对)

53.中山服不能作为我国国家公务员的礼服之用(错,中山服可以作为我国国家公务员的礼服之用)

54.在任何情况下,都不允许拒绝与他人握手。(对)

55.观看高雅演出,男士应该穿浅色西装和黑色皮鞋(错,观看高雅演出,男士应该穿深色西装和黑色皮鞋)

56.公务员的社交完全不是政府行为(错,在公务员个人社交活动中,其一言一行仍被视为一种"政府行为")

57.黄菊万万不可送给西方人,在西方黄菊代表死亡。(对)

58.按照常规,道别应该由来宾率先提出来(对)

59.宴会,通常所指的是出于一定的目的,由个人出面组织的,以用餐为形式的社交聚会。(错,是由机关团体或个人出面组织)

60.简单地讲,酒水指的就是酒。(对)

61.饮白兰地酒的最佳温度为摄氏10度以上。(错,是摄氏18度以上)

62.葡萄酒与威士忌酒和茅台酒被并称为"世界三大名酒"。(错,不是葡萄酒,是白兰地)

63.鸡尾酒,并非某一种类的酒,而是一种混合型的酒。(对)

64.酒会,不过是葡萄酒会的简称而已。(错,是鸡尾酒会的简称)

65.公务员不准参加营业性歌厅、舞厅、夜总会等公共场所的开业庆典活动(对)

66.红茶其性温热,故适宜在夏日饮用。(错,适宜在冬天饮用)

67.咖啡匙可以舀起咖啡来饮用。(错,不可以)

68.国家公务员的着装一般应当相对保守、朴素大方。(对)

69.男性公务员在上班时身着花衬衫被认为是引导时尚潮流。(错,公务员在上班时应选择与身份相适应的相对保守、朴素大方的服装)

70.在当今社会,男性公务员可以留胡须,做个"美髯公"。(错,不宜留胡须,既是为了清洁,也是对交往对象的一种尊重)

71.对于国家公务员来说,修剪头发通常要求忌短求长。(错,忌长求短)

72.在人际交往中,借助举止传递的信息占45%,借助语言传递的信息占55%。(错,比例相反)

73.与他人交谈时,公务员应将头部仰靠在椅背上。(错,头部须离开椅背,否则即是不尊重他人)

74.在通电话时,如果电话中断了,依照惯例,应由发话人立即再拨打一次。(对)

75.男女之间通电话结束之时,通常由男士先挂断电话。(错,由女士先挂断电话)

76.上下级之间通电话结束之时,通常由下级先挂断电话。(错,由上级先挂断电话)

77.在欧美的许多国家,两名同性不可同居于一室。(对)

78.在机场举行的欢迎国宾的仪式上,应邀请该国驻我国使节到场。(对)

79.一般情况下,我军仪仗队只用以欢迎来访的外国元首和政府首脑。(错,还包括外国军方的高级将领)

80.在欢迎国宾的仪式上演奏中外两国国歌时,一般先演奏外国国歌,再

演奏我国国歌。（对）

81. 在一个主权国家的管辖范围内,可以演奏任何国家的国歌。（错,只能演奏本国国歌,不可随便演奏其他任何国家的国歌）

82. 我国护照分为外交护照、公务护照、因公普通护照三种。（错,共四种,除上述三种外,还包括因私普通护照）

83. 我国现行护照各项目使用中、英、法三种文字。（对）

84. 在中国境内悬挂外国国旗时,必须同时升挂中国国旗。（对）

85. 任何企业与个人都可以制作我国国旗。（错,我国国旗法明确规定:"国旗由省、自治区、直辖市的人民政府指定的企业制作"）

86. 使用领带夹时只要夹住领带就行。（错,应同时把领带与衬衫的前襟夹住,防止领带自由晃荡）

87. 穿露脚趾的凉鞋时,不宜再穿袜子。（对）

88. 穿单排扣西服时,应扣上全部衣扣。（错,最下面一粒扣子不宜扣上）

89. 公务员在谈话时为了平易近人,可以使用方言。（错,公务员忌用方言,应说普通话）

90. 为了醒目,使用接站牌尽量使用白纸黑字（错,使用接站牌尽量不使用白纸黑字,让人感到晦气

91. 招待来宾时室内光线应该以人造光源为主,自然光源为辅（错,招待来宾时室内光线应该以人造光源为辅,自然光源为主

92. 通常以面对房门的座位为上座,应该让之于来宾；以背对房门的座位为下座,宜由主人自己在此就座。（对）

93. 在轿车之上,座次的常规一般右座高于左座,后座高于前座（对）

94. 任何时候客人都不能坐在副驾驶座上（错,当主人亲自驾驶轿车时,客人可坐在副驾驶座上

95. 工作餐通常不上含有酒精的饮料。（对）

四、简答题

1. 商务交往中哪五种话题不得涉及？

不能涉及国家和行业秘密；不能够涉及对方内部的事情；不能在背后议论领导、同事、同行的坏话（来说是非者,必是是非人）。不能够谈论格调不高的问题,我们都是现代的人,要有修养。不涉及私人问题,关心人要有度,关心过度是一种伤害。

2. 礼仪的功能有哪些？

(1)它有助于提高人们的自身修养

(2)它有助于人们美化自身,美化生活

(3)它有助于促进人们的社会交往,改善人们的人际关系

(4)它有助于净化社会风气,推进社会主义精神文明的建设

3.修饰头发,应注意的问题有哪几个方面?

(1)勤于梳洗。(2)长短适中:包括性别因素,身高因素,年龄因素,职业因素。(3)发型得体:包括个人条件,所处场合,(4)美化自然:包括烫发,染发,作发,假发。

4.化妆时,应遵守的礼仪规范是什么?

(1)勿当众进行化妆,(2)勿在异性面前化妆,(3)勿使化妆妨碍于人,(4)勿使妆面出现残缺。(5)勿使用他人化妆品,(6)勿评论他人的化妆。

5.禁忌的坐姿有哪些?

(1)头部乱晃,(2)上身不直,(3)手部错位,(4)腿部失态,(5)脚部乱动。

6.遵守社交礼仪,在行路时就要对自己始终自律,具体而言应注意哪几方面?

(1)不吃零食,(2)不吸香烟,(3)不乱扔废物,(4)不随地吐痰,(5)不过分亲密,(6)不尾随围观,(7)不毁坏公物,(8)不窥视私宅,(9)不违反交通规则。

7.什么是"保护环境原则"?

具体来讲包括三重含义。其一是要求保护人类的生存环境。其二是要求保护地球的自然环境。其三是要求维护公共场所的卫生环境。作为与环境荣辱与共、唇齿相依的人类社会的一名成员,国家公务员对于保护环境是责无旁贷的。

8.与外国朋友进行交往时,应遵守哪些交际惯例?

(1)求同存异:入乡随俗、兼容并包。

(2)遵守惯例:信守承诺、热情有度、尊重隐私、女士优先、不必过谦。

9.微笑有哪些良好的作用?

一是可以调节情绪;二是可以消除隔阂;三是可以获取回报;四是有益身心健康。

10.什么是礼宾序列?它有哪几种主要的排列方法?

它又叫礼宾次序或礼宾排列。它是指在外交活动中,依照国际惯例与本国的习惯做法,对于应邀而至的众多国家、团体或个人的尊卑顺序,所进行的合乎礼仪的排列。

当前,在各国的外交实践中,礼宾序列共有以下五种具体排列方法。

(1)按照来宾的职务高低的顺序进行排列。

(2)按照外交活动的参加国国名的拉丁字母的先后顺序进行排列。

(3)按照来访国告知东道主该国组成代表团,或是决定派遣代表团的日期的先后顺序进行排列。

(4)按照有关各方正式抵达活动地点的具体时间的先后顺序进行排列。

(5)不进行明显的尊卑顺序的排列。

11.零度干扰要特别注意哪三个方面？

(1)创造无干扰环境

(2)保持适度的距离

(3)热情服务无干扰

12.服务人员在为自己化工作妆时,有哪些禁忌？

离奇出众、技法出错、残妆示人、岗上比妆、指教他人

13.不良的站姿有哪几种？（说出六种即可）

身躯歪斜、弯腰驼背、趴伏倚靠、双腿大叉、脚位不当、手位不当、半坐半立、浑身乱动

14.什么情况下,才允许服务人员采用蹲的姿势？

(1)整理工作环境 (2)给予客人帮助 (3)提供必要服务 (4)捡拾地面物品 (5)自己照顾自己

15.入座后,下肢的体位主要有几种标准作法？（说出六种即可）

(1)正襟危坐式(2)垂腿开膝式(3)双腿叠放式(4)双腿斜放式(5)双脚交叉式(6)双脚内收式(7)前伸后曲式(8)大腿叠放式

16.什么是习俗？

习俗和礼貌很相似,习俗也包括服装的规矩、问候、告别以及就餐的礼貌等,不过它集中地体现了在某一特定国家或地区受欢迎的举止,而不具有更广泛的普遍性

17.什么是合十礼？

信奉佛教的国家,如印度、斯里兰卡等国,盛行合十礼,合十礼就是两个手掌在胸前对合并微微上举,同时头微向下俯下,合十礼以跪拜为最尊敬,蹲着行礼次之,平常是站着行礼。

18.应当如何对待中外礼仪与习俗的差异性？

首先,对于中外礼仪与习俗的差异性,是应当予以承认的。再者,在涉外交往中,对于类似的差异性,尤其是我国与交往对象所在国之间的礼仪与习俗的差异性,重要的是要了解,而不是要评判是非,鉴定优劣。

19.什么是打电话的"通话3分钟原则"?

(1)在正常的情况下,每一次打电话的全部时间,应当不超过3分钟。

(2)一般在通话时,都要有意识地简化内容,尽量简明扼要。

(3)这个原则在许多国家,都要求公务员当作一项制度来遵守。

20.什么是"电话形象"?

(1)指的是人们在使用电话时,所留给通话对象以及其他在场者的总体印象。一般来说,它由使用电话时的态度、表情、语言、内容以及时间等各个方面组合而成。

(2)"电话形象"在人际交往中发挥着重要的作用,国家公务员在使用电话时要注意维护自身的"电话形象"。

21.个人形象六要素是什么?

第一,是仪容。仪容,是指一个人个人形体的基本外观。

第二,是表情。表情,通常主要是一个人的面部表情。

第三,是举止。举止,指的是人们的肢体动作。

第四、是服饰。服饰,是对人们穿着的服装和佩戴的首饰的统称。

第五、是谈吐。谈吐,即一个人的言谈话语。

第六、是待人接物。所谓待人接物,具体是指与他人相处时的表现,亦即为人处世的态度。

22.共乘电梯有什么讲究?

(1)伴随客人或长辈来到电梯厅门前时:先按电梯呼梯按钮。轿厢到达厅门打开时:若客人不止1人,可先行进入电梯,一手按"开门"按钮,另一手按住电梯一侧门,礼貌地说"请进",请客人们或长辈们进入电梯。

(2)进入电梯后:按下客人或长辈要去的楼层按钮。

若电梯行进间有其他人员进入,可主动询问要去几楼,帮忙按下。电梯内可视状况是否寒暄,例如没有其他人员时可略作寒暄,有外人或其他同事在时,可斟酌是否必要寒暄。电梯内尽量侧身面对客人。

(3)到达目的楼层:一手按住"开门"按钮,另一手做出请出的动作,可说:"到了,您先请!"。客人走出电梯后,自己立刻步出电梯,并热诚地引导行进的方向。

23.商务交往中私人问题五不问指什么?

第一不问收入;第二不问年龄;第三不问婚姻家庭;第四不问健康;第五不问经历。比如婚姻家庭问题,因为家家都有难念的经;两种人尤其不问年龄,一是将近退休的人,白领丽人的年龄。商务人员不谈健康,老板得了癌症谁给我贷款？经历不能问，英雄不问出处，重在现在，你是大学生，人家不一定是。为什么不讨论收入？收入和个人能力和企业效益有关，谈论就要比较，痛苦来自比较之中。朋友可以问，外人不可以问。

24.商界男士在穿着西装时务必特别注意的穿法有哪些？

(1)要拆除衣袖上的商标；(2)要熨烫平整；(3)要扣好纽扣儿(4)要不卷不挽；(5)要慎穿毛衫；(6)要巧配内衣；(7)要腰间无物；(8)要少装东西。

25.小费的计算方法有哪三种？

(1)按账单金额的15％左右计算，在欧洲，所有的饭店在算账时都要加收10—15％的"服务费"。

(2)按件数计算。国外大多数机构，搬运工是按件收小费的，每件行李收50美分。

(3)按服务次数计算，如在影剧院给发节目单的服务员25美分的小费。

26.握手是交际场合最自然而常见的一种礼节，请谈谈握手的有关礼节。

第一，适当的握手应时间短暂，有些人习惯性地握着别人的手不放，甚至猛摇，实在令人无所适从。

第二，握手应有适当力度，过轻或过重均非适宜。太轻表示冷淡或傲慢，太重会使人感到疼痛。

第三，握手时要精神集中，注视对方，微笑致意，千万不要一面握手，一面斜视他处，握手时左顾右盼是最不礼貌的。

第四，握手时，男士以脱去手套为原则，手套不易脱去或不便脱去，须申明原因，请求原谅。女士虽可戴手套握手，但遇地位高的人，仍应先脱去手套。

第五，多人同时握手注意不要交叉，可待别人握完再握。到朋友家中，可只与主人及熟识的人握手，向其他人点头示意即可。

27.请解释涉外礼仪中的不卑不亢原则

它的主要要求是：每一个人在参与国际交往时，都必须意识到自己在外国人的眼里，是代表着自己的国家，代表着自己的民族，代表着自己的所在单位的。因此，其言行应当从容得体，堂堂正正。在外国人面前既不应该表现得畏惧自卑，低三下四，也不应该表现得自大狂傲，放肆嚣张。

28.在国际交往中，究竟遵守哪一种礼仪为好呢？

一般而论，目前大体有三种主要的可行方法。其一，是"以我为主"。所谓"以我为主"即在涉外交往中，依旧基本上采用本国礼仪。其二，是"兼及他方"。所谓"兼及他方"，即中涉外交往中基本下采用本国礼仪的同时，适当地采用一些交往对象所在国现行的礼仪。其三，则是"求同存异"。所谓"求同存异"是指在涉外交往中为了减少麻烦,避免误会,最为可行的做法,是既对交往对象所在国的礼仪与习俗有所了解并予以尊重,更要对于国际上所通行的礼仪惯例认真地加以遵守。

29. 服务人员在提供服务时,应严禁哪些举止?请举例说明。

(1)不卫生的举止,例:当众挖鼻孔、擤鼻涕、掏耳朵。

(2)不文明的举止,例:当众脱鞋、更衣、提裤子。

(3)不敬人的举止,例:对服务对象指指点点,甚至拍打、触摸、拉扯、堵截对方。

(4)不负责的举止,未经服务对象要注,一厢情愿地将自己正在销售的商品或说明书硬塞到对方的手中,呈请对方"看一下"、"试一下"。

30. 入座与离座时,有何需要注意之点?

入座要求:(1)在他人之后入座或落座(2)在适当之处就座。(3)在合"礼"之处就座(4)从座位左侧就座。(5)向周围之人致意。(6)毫无声息地就座,以背部接近座椅坐下后调整体位。

离座要求:(1)先有表示。(2)注意先后。(3)起身缓慢。(4)站好再走。(5)从左离开。

31. 礼仪的原则有哪八条?

第一,遵守;第二,自律;第三,敬人;第四,宽容;第五,平等;第六,从俗;第七,真诚;第八,适度

32. 在交往中,善解人意的人常常被认为是文明守礼的人,请问你怎样理解?

(1)善解人意体现了礼仪的原则中的互动原则。这是人际交往若想取得成功所必须遵守的原则。

(2)人们在交往中必须善于体现交往对象的感受,主动进行换位思考。

(3)人们在交往中要时时、处处努力做到"交往以对方为中心",不能以自我为中心。

33. 什么是公务员与别人谈心时所应遵守的"六要六不要"?

(1)要说百姓的话,而不要说官话;

(2)要说实在的话,而不要说空话;

(3)要说真诚的话,而不要说假话;

(4)要说文明的话,而不要说粗话;

(5)要说正派的话,而不要说闲话;

(6)要说知心的话,而不要说怪话。

34.什么是行政礼仪,其核心思想是什么?

行政礼仪,又称公务礼仪。它是指国家公务员在从事公务活动、执行国家公务时所必须遵守的礼仪规范。

行政礼仪的核心思想,是要求国家公务员真正自觉地恪尽职守,勤于政务,廉洁奉公,忠于国家,忠于人民,以民为本,从自己做起,从小事做起,从而提高整个国家行政机关的工作效率。

35.一般而言,席次的安排必须注意哪些原则?(说出八条即可)

(1)以右为尊,前述桌席的安排,已述及尊右的原则,席次的安排、亦以右为尊,左为卑。故如男女主人并座,则男左女右,以右为大。如席设两桌,男女主人分开主持,则以右桌为大。宾客席次的安排亦然,即以男女主人右侧为大,左侧为小。

(2)职位或地位高者为尊,高者座上席,依职位高低,即官阶高低定位,不能逾越。

(3)职位或地位相同,则必须依官职传统习惯定位。

(4)遵守外交惯例,依各国的惯例,当一国政府的首长,如总统或总理款宴外宾时,则外交部长的排名在其他各部部长之前。

(5)女士以夫为贵,其排名的秩序,与其丈夫相同。即在众多宾客中,男主宾排第一位,其夫人排第二位。但如邀请对象是女宾,她是某部长,而她的丈夫官位不显,譬如是某大公司的董事长,则必须排在所有部长之后,夫不见得与妻同贵。

(6)与宴宾客有政府官员、社会团体领袖及社会贤达参加的场合,则依政府官员、社会团体领袖、社会贤达为序。

(7)欧美人士视宴会为社交最佳场合,故席位采分座之原则,即男女分座,排位时男女互为间隔。夫妇、父女、母子、兄妹等必须分开。如有外宾在座,则华人与外宾杂坐。

(9)遵守社会伦理,长幼有序,师生有别,在非正式的宴会场合,尤应烙遵。如某君已为部长,而某教授为其恩师,在非正式场合,不能将某教授排在该部长之下。

(10)座位的末座,不能安排女宾。

(11)在男女主人出面款宴而对座的席次,不论圆桌或长桌,凡是八、十二、二十、二十四人(其余类推),座次的安排,必有两男两女并座的情形。此或然无法规避。故理想的席次安排,以六、十、十四、十八人(余类推)为宜。

(12)如男女主人的宴会,邀请了他的顶头上司,经理邀请了其董事长,则男女主人必须谦让其应坐的尊位,改坐次位。

36.在国际礼仪中,应遵守的原则有哪些?

答案:(1)在人际交往中,应遵守"信守时间原则";

(2)在公共场合中,应遵守"勿碍他人原则";

(3)在社交活动中,应遵守"女士优先原则";

(4)在相互关系中,应遵守"不得纠正原则";

(5)在言谈话语中,应遵守"维护隐私原则";

(6)在位次排列中,应遵守"以右为尊原则";

(7)在保护环境中,应遵守"保护环境原则"。

37.吃自助餐时应注意什么礼仪?

进餐厅后,先看一圈,对菜点的摆布和服务设施有个了解,这样取菜时可做到心中有数。每种菜点取用时都不要贪多,特别是大家都爱吃的东西更如此,宁可吃完后再取,也勿取满满一盘让人笑话,甚至吃不下造成浪费。取菜时要有秩序,顺序 排队取,不要挤在一起取菜。人多时可礼貌地在一旁等一会儿。取菜点时要依菜点 原来摆放的样子顺序取,不要在盘中翻来找去,这样既不美观,又不礼貌。热菜、冷食要分开放入自己盘中,切勿堆成一团。取到自己盘在的菜点,即使不爱吃,也绝不能再倒回去,可剩在盘中,放在边桌上,待服务员取走。尽量做到吃什么取什么,吃多少取多少,不够再取,避免浪费。如不小心取多了菜点而没吃完,可待服务员收盘时道声"对不起"。

38.《礼记》中说:"夫礼者,自卑而尊人"。请问你怎样理解?

(1)这体现了礼仪的原则中敬人原则。

(2)人们在交际活动中,与交往对象既要互谦互让,互尊互敬,友好相待,和睦共处。而且更要将对交往对象的重视、恭敬、友好放在第一位。

(3)在礼仪中,对待他人的要求比对待个人的要求更为重要。要做到敬人之心常存,处处不可失敬于人,不可伤害他人的个人尊严,更不能侮辱对方的人格。

39思考题:下面是我们生活中的几个镜头

①"课间"主要剧情:宿舍同学甲正在睡觉,这时同寝室学生乙从外面气冲冲地回来,回到宿舍,将书包狠狠地一摔,借以出气,却惊醒了学生甲。于是两人发生争执,甲指责乙影响别人休息,乙本已生气,更加火上浇油,心情更加糟糕。两人互不相让……

②"课堂上"主要剧情:上课铃声已响过,班级仍然乱哄哄一片。年轻和蔼的女教师走上讲台,用微弱的声音,勉强维持了秩序。可是没过多久,同学

们又像菜市场一样,说话的说话,吃东西的吃东西,还有照镜子的,睡觉的,发短信的,女教师十分生气,便停止讲课……

③"在家里"主要剧情:一名女生放假回家,坐在电视机旁看自己喜欢的节目,一会儿,妈妈下班回来了,非常劳累,这名同学嚷着要吃水果,要妈妈洗水果,妈妈端来果盘,女孩又缠着要买新衣服,妈妈不耐烦地说了她几句,她就生气与妈妈顶嘴起来,还说不吃饭了……

④"路上"某同学萧起床晚了,因为怕迟到,便快步飞车,路上不管不顾与迎面走来的一位女同学相碰,结果将对方手上的东西撒了满地,而这位萧同学却甩下一句"走路不长眼睛呀!"便继续飞奔……

请你分析以下几个问题:
①小品剧①中两者是否都有错误?如果一方退步是否会有所缓和?
②小品剧②中,如果同学站在老师的位置,会怎样想呢?
③小品剧③中,孩子的做法是不是太过分呢?
④小品剧④中,换做是你,你会怎样做呢?

参考文献

[1] 曾仕强:《人际关系与沟通》,清华大学出版社
[2] 洪朴正:《做事的底线》,中国城市出版社
[3] 许仕辉:《做人要大气》,中国长安出版社
[4] 何怀宏:《底线伦理》,辽宁人民出版社
[5] 谭培文:《从底线伦理到终极关怀》,广西师范大学出版社
[6] 景天魁:《底线公平:和谐社会的基础》,北京师范大学出版社
[7] 曾仕强:《胡雪岩的启示》,陕西师范大学出版社
[8] 曾仕强:《亲子关系》,清华大学出版社

图书在版编目(CIP)数据

人际底线管理与沟通艺术/孔伟英著.—厦门:厦门大学出版社,2010.12
(2014.2重印)
ISBN 978-7-5615-3785-5

Ⅰ.①人… Ⅱ.①孔… Ⅲ.①大学生-人间交往 Ⅳ.①C912.1

中国版本图书馆 CIP 数据核字(2010)第 259330 号

厦门大学出版社出版发行
(地址:厦门市软件园二期望海路 39 号 邮编:361008)
http://www.xmupress.com
xmup @ xmupress.com
厦门集大印刷厂印刷
2010 年 12 月第 1 版 2014 年 2 月第 2 次印刷
开本:787×960 1/16 印张:17.5 插页:2
字数:307 千字 印数:3 000~6 000 册
定价:28.00 元
本书如有印装质量问题请直接寄承印厂调换